조선의 口碑漢詩, 口碑短文의 해설

李相敦 著

도서출판 월인

머 리 말

옛날에 문인들이 서로 만난다면 경조상문(慶弔相問) 외에 제향이나 시회(詩會), 강학 등 학문관계로 만났을 것입니다. 그 때 경조상문이나 학문적인 본 행사 외에 여가시간에는 무슨 화제로 대화가 오갔을까 생각해 봅니다.

물론 가정의 안부인사, 그리고 본인들의 그 동안의 신상정보와 세상 돌아가는 사회문제도 화제에 올렸겠지만, 주로 글에 관한 얘기가 주조를 이루었을 것으로 생각됩니다. 자기가 읽은 경사자집(經史子集)의 학문적 얘기는 물론이고, 때로는 재미있는 분위기를 위하여 구비시화도 교환하였을 것입니다. 그리므로 나는 구비시화를 '여가문학(餘暇文學)' 또는 '한담문학(閑談文學)'이라 말하고 싶습니다.

강나루 건너서 / 밀밭 길을 / 구름에 달 가듯이 / 가는 나그네.
길은 외줄기 / 남도 삼 백리 / 술 익은 마을마다 / 타는 저녁 놀.
구름에 달 가듯이 / 가는 나그네.

위 시를 박목월 시인은 자작시 해설에서 '과객'을 소재로 하여 썼다고 했습니다.

조선 시대, 아니 해방 후나 자유당 시대만 해도 시골 마을에는 통상 과객이 있었습니다. 과객이란 보통 생면부지의 사람이 어느 집 사랑 간에 찾아들어가 아침저녁 얻어먹고 자고 가는 사람을 일컫는 말입니다.

이 과객 중에는 어떤 사정이 있어 여관이 없는 동리나, 여관이 있다 해도 여비가 없어 불가피하게 하루 저녁을 남의 집 신세를 지는 이나, 먼 곳에서 관광차 온 일회성 과객도 있었습니다. 그러나 그보다는 집에 들어앉아 있기가 갑갑하여, 소위 출입한다는 명분으로, 불과 백리 안에서 살면서 친분관계를 정해 놓고 다니는, 서로 문벌과 신분을 아는 과객도 있었습니다. 이런 과객질하는 이들은 그래도 그 당시 팔자가 좋은 사람이었다고 보면 되겠습니다.

내가 강보(襁褓)에 있을 때 일입니다만, 우리 집에 정기적으로 오던 과객 중에는 격암(格庵)과 북창(北窓)의 비기(秘記)를 많이 보던 이로서 이북에 자기 집을 둔 과객이 있었답니다. 자기의 가족을 이남으로 이사시키자마자 곧바로 해방이 되었기 때문에 우리 집에서는 그를 뭘 좀 아는 술객이라 하였는데, 그 후로는 다시 오지 않았다고 합니다.

이 과객들은 세상 돌아가는 모든 정보와 다른 마을에서 일어난 일들을 나름대로 전해주기도 하고, 또 그 마을에서 생긴 일을 다른 곳에 전하기도 하였습니다. 그러다 보니 정기적인 과객은 주인과 친해져서 친지로 교분을 갖기도 했습니다. 그래서 주인 측에서는 "그 영감이 올 때도 되었는데…"하고 은근히 기다리기도 하고, 과객 쪽에서도 단골 마을에 사랑채 주인이 무척 궁금하기도 했습니다.

그 과객들은 집에서도 일 아니하고 번둥번둥 놀기만 하는 글줄이나 읽은 노인층으로, 사율(四律)을 지을 정도가 못 된다면, 남의 글귀라도 좀 외어 옛날 애기와 엮어 구연할 실력이 있어야 과객 노릇도 할 수 있었습니다.

주로 과객질하는 이들은 비교적 학식이 깊은 학자도 아니고, 대개는 구비시를 좀 외고 있어서 사랑방 주인과 사이에는 옛날 애기, 구비시화, 기발한 단문 등을 구연하였으니, 이러한 모든 것들을 나는 또 '과객문화'라고 표현하고 싶습니다.

이렇게 구비시화나, 구비단문이 이런 수준의 과객에 의하여 많이 전파되었다고 생각합니다. 그것은 내가 어릴 때 주로 그들에 의하여 들었기 때문입니다. 학식이 듬뿍한 학자들도 구비시를 많이 들었겠지만, 작자도 분명하지 않고 내용이 허무맹랑한 것이 많은 파적문학이 문헌에 있는 시문보다는 등급이 낮다고 생각하여 별 관심을 갖지 않기 때문에 구비시문을 즐기고 전파하는 데에는 큰 역할을 하지 못했다고 생각이 듭니다.

일반적으로 볼 때, 구비시 모두가 꼭 과객에 의해서만 구전된 것은 아니었습니다. 글을 배운 이들이 만나는 장소마다 언제 어디서든지 하나의 여가문학으로 즐기며 전파되었습니다. 그러나 나의 경험으로 볼 때는 주로 과객들에 의하여 많이 듣지 않았나 생각합니다. 그러나 어릴 적에 들은 것들을 기록하지 않아, 50여 성상이 지난 오늘 그저 생각나는 것만 지면에 올렸습니다.

이러한 과객문화의 소산인 구비시화, 구비단문들이 사라져 가는 것이 안타까워 내가 외우고 있던 것에다 단국대 동양학연구소에서 근무할 때 동료들, 민족문화추진회 국역연수반 제5기 동기들, 그리고 단대출판부에 근무하던 한 동료의 자료제공에 힘입어 부족하나마 한 권의 책으로 엮게 되었습니다.

이렇게 책으로 엮게 될 줄을 미리 알았더라면, 어려서부터 들어온 구비시문들을 차곡차곡 기록해 놓아, 보다 풍부한 내용이 되지 않았겠나 하는 아쉬움과 후회도 남습니다. 어찌되었던 조선시대 한문학 내지 유교시대 문학의 한 단면과 풍습을 아무도 찾지 않고 찾기도 힘든 이 컴퓨터시대에 재발견하여 기록한다는 것은 의미가 있는 일이라 생각합니다.

동시에 이 책은 과객을 무척이나 좋아하시던 나의 선친, 그리고 그들의 음식대접에 얼굴 한 번 찌푸리지 않으셨던 내 자친의 모습을 떠올리며, 나는 이 책을 엮음에 있어 어린 시절을 회상하면서 각별한 성의로 엮었습니다만. 너무 소략합니다. 옛날 서당 세대의 노인들이 거의 없어진 이 시대에, 다행이 아직도 남아 있는 주옥같은 구비시문을 주워 모아, 더욱 내용이 풍부한 책이 또 이어 나오기를 바라는 바입니다.

이 책의 출판에 즈음하여 필자가 중국 양주대학에서 근무하게 되었습니다. 중국의 구비시와 공유하는 것도 분명 있으리라 생각하여, 중국인에게도 이 내용이 흥미가 있어, 앞으로 기회가 주어진다면 중국어로 번역하는 것도 생각하고 있습니다.

그 동안 자료수집에 친절히 응해주신 여러분들께 감사하게 생각하며, 마지막 교정을 자청하여 보아준 장아(長兒)에게도 그 수고에 고마움을 표한다.

끝으로 요즘 서적 출판이 어려운 컴퓨터 시대에 이 책의 출판을 선뜻 허락해 주신 월인출판사 박성복 사장님께 진심으로 감사를 드리며, 편집에 애를 쓰신 한병순 부장님께도 아울러 감사를 드립니다.

2007년 5월 25일

중국 양주대학 농학원 한 모퉁이에서

李 相 敦 씀

엮으면서

1. 이 자료의 내용을 보면 확실한 역사적 근거가 있는 것이 있는가 하면, 황당한 엽기적인 내용도 있다. 그리고 사실적인 부분과 괴이한 내용이 혼재하는 내용도 많다. 어디까지나 사랑방의 얘기라는 데 치중하여 엮어 실었고, 학문의 수준적인 측면에서도 여러 계층적 측면이 혼재되어 있다 하겠다. 그리하여 독자들은 항목의 낱낱을 독립하여 이해해 주었으면 좋겠다.
2. 편집에 있어, 처음에는 부류별로 엮었다가 다시 흩으러 놓은 것은 편집자로서 책 속에 있는 내용 모두를 독자들에게 읽게 하고 싶어서였다. 부류별로 묶어놓으면 독자들이 자기가 좋아는 부분만 읽고 말기 때문이다.
3. 그러나 독자들이 시간상 꼭 자기가 좋아하는 분야의 것을 찾아 읽고 싶다면, 그렇게 하도록 뒤에 색인을 달아 놓았다.
4. 이 구비시나 단문 중에는 문헌에 없는 것도 많지만, 문헌에 있는 것도 있다. 문집에 있다하더라도 여러 사람의 입에 많이 오르내려 사랑방에 화제가 되었다면 구비시로 채록하여 싣는 방향으로 하였다.
5. 구비문학은 입에서 입으로 전하다보니 원문보다 글자나 문구, 그리고 대상의 인물까지도 많이 개변되었다. 이 책 속에 내용이 원문과 틀렸다 하더라도 구비문학이란 점에서 필자가 조사한 구비내용에 더 충실해서 기록하였으며, 원문이 있는 것은 끝에 출전을 밝혔다.
6. 개변 내용을 보면, 지은이가 불분명할 경우, 시에서는 거의가 김삿갓의 것으로, 아동시로서는 거의가 매월당 김시습인 것이 많다. 또 대를 잘

하는 인물은 윤행님이며, 탐정을 잘하는 인물은 박문수 박어사, 사내답고 활달한 이는 이문원 이판서, 해학과 재치는 오성대감 이항복인데, 구전되다가 잊거나 확실치 않으면 그네들의 시라고 돌려 붙여서 자기의 구연시를 더 가치 있고 돋보이도록 하기 위해서일 것이다. 이 책은 여러 사람에게서 자료를 들어서 채록하다보니 이처럼 대표적인 인물에 귀속시키는 일은 적지 않았나 생각된다.

그러나 아직도 중국에서 일어난 것이라면 으레 성삼문이나, 목은 이색이고, 지방에서 수집된 것들은 그 지방의 대표 격인 인물에 귀속시키기 마련인데 구비라는 특성 때문이니, 이는 어쩔 수 없는 일이었다. 또 시에 있어 한자(漢字)나 문구가 구연하는 자마다 각기 다른 것은 이 책을 보는 이들이 원자나, 더 좋은 글자로 고쳐 주리라 믿는다.

7. 필자는 이 책을 출간함에 있어 '編'으로 하느냐, '編著'로 하느냐, '著'로 하느냐 하고 생각하다가 어느 원로교수께 상의했더니, 해설을 했으니 해설에 중점을 둔다면 '著 '가 무난하다하여 그 의견에 따르도록 하였다.

차 례

1 어느 마을의 祝文

옛날 어느 과객이 두메산골 길을 가다가 그만 날이 저물어 어떤 집에 들어갔는데, 마침 그 날이 그 집의 제삿날이었다. 한 밤중이 되자 주인이 자기 아들에게 동리에 축문 쓰는 사람을 모시고 오라 하였다. 이 말을 들은 과객선비는

"아니 여보시오, 축문을 쓰는 게 뭐 그리 대단하다고, 이 밤중에 가서 사람을 데려 온단 말이요. 제가 써 드리리다." 하였다. 주인은

"아, 그래요? 댁에서 정말로 축문을 쓰실 줄 아신단 말이요?" 하였다.

"아, 축문이란 판에 박힌 글인데 누가 써도 같습니다." 이렇게 말하고, 축문을 써서 주인이 제사 지내는 데 읽어주기까지 하였다. 그런데 이 집에서는 야단이 났다. 주인은 있는 대로 화가 나서,

"세상에 이런 축문은 내 난생 처음 들어보오, 그게 무슨 축문이란 말이요? 나는 댁이 축문을 쓸 줄 안다기에 그런 줄만 알았지. 누가 이럴 줄 알았겠소? 올해 우리 집 제사는 헛지냈으니, 안 되겠소. 기왕 해놓은 음식도 있고 하니, 내일 저녁에 그 축관을 모셔다가 제사를 다시 지내는 수밖에 없소" 하였다.

과객은 미안하기 짝이 없었다. 또 그 동리 사람이 쓰는 축문이 궁금하기도 하고 해서

"죄송합니다만, 하루저녁만 더 묵어갈 수 없겠습니까? 저는 그 축문을 한번 들어보고 싶습니다." 하니, 주인은 올바른 축문을 구경시킬 겸 해서 그렇게 하라 하였다. 다음 날 저녁 제사의 축문은 이러하였다.

"지역(ㄱ), 니은(ㄴ), 지글(ㄷ), 이을(ㄹ), 해에엥~(ㅇ)."

하고 읽었다. 이응(ㅇ)을 옛날에는 '행'이라고 읽었다. 선비가 주인의 얼굴을 보니, 아주 행복해하고 만족스러워 하였다. 주인은 제사를 마치고 나서 "야, 이제야 제사지낸 것 같구나" 하고 온 집안에 화기가 넘쳤다.

조선시대, 한글은 하루아침이면 깨칠 수 있다 하여 '아침글'이라고도 했다는데, ㄱ, ㄴ, ㄷ, ㄹ은 그 쉬운 글 중에서도 기초이니, 그 동리에 사람들의 학식 수준을 알고도 남음이 있다.

또 같은 내용의 얘기가 있다. 조선 시대 이기형(李基亨)이란 사람이 함경도 어느 마을에 가서 잔 일이 있었는데, 그 날이 제삿날이라. 그 집에서는 축 쓰는 사람을 모셔오려 하기에, 이기형이 '유세차(維歲次) 운운(云云)' 하는 축문을 정식으로 써서 읽어주었다. 역시 주인이 인정하지 않고 동리에 축 쓰는 사람을 불러다 축을 다시 써서 읽게 하였다. 그 축문에 가로대,

甲子 乙丑갑자을축, 丙子 丁丑병자정축, 戊子 己丑무자기축, 庚子 辛丑경자신축, 壬子 癸丑임자계축

하고 읽었다. 주인은 너무 좋아하였다. 그러나 이기형은 제대로 알려주고 싶어서,

"그것은 육십갑자(六十甲子)의 일부요, 축이란 그런 게 아니다."

라고 가르쳐 주었으나, 무식한 사람과 대화가 통할 리가 만무하였다. 그 사람은 완강히 자기의 축문이 진짜라고 우겨대는 바람에 드디어 원님 앞에까지 나가서 판결을 기다려야 했다. 그런데 판결에서 원님은 그 지방축관의 손을 들어주었다. 원님이 그 지방축관을 보내 놓고서, 이기형에게 하는 말이

"그대는 어찌하여 입향순속(入鄕循俗: 그 지방에 들어가면 그 지방 풍속에 따라야 함)을 모르는가?" 하였다.

위에서 이기형이란 사람은 고지식한 사람이다. 원리원칙과 옳은 것을 고수하는 일은 좋은 것이지만, 여기에서는 남에게도 자기에게도 피해가 가지 않는 한, 융통성을 가지는 것이 필요하였다. 일 처리나 행정 업무에 관해서는 소견과 관심이 별로 적건만, 지식에 관해서만은 기어코 양보하지 않으려는 이러한 부류의 사람들은 대개 샌님 출신들이다. 필자도 여기에 속하는 것 같아서 아래에 하나를 더 소개한다.

2 너무 고지식해도 출세 못 한다

서울에서 인물이 잘생긴 한 선비가 있었는데, 하루는 출행하였다가 갑자기 비가 와서 비를 피하러 숭례문 밖, 어느 여염집에 들어갔다. 그 집에 처녀가 젊은 선비의 아름다운 풍채를 보고는 반하여, 심부름하는 아이를 시켜 술대접을 하려고 술상 위에다 다음과 같은 시를 써 보냈다.

何處騎驢客 하처기려객(이)
蕭蕭帶雨來 소소대우래(오)
어디에서 나귀를 타고 온 손이
쓸쓸히 비를 가지고 왔소이까?

隔窓無限意 격창무한의(는)
紅露數三盃 홍로수삼배(라)

창을 사이에 두고 애타는 뜻은
홍로주 몇 잔을 하시옵소서.

이 시를 본 선비는 "아녀자로서 행실이 좋지 않구나." 생각하고, 응대도 없이 그냥 가버렸다. 그 후 그 선비는 평생 현달하지 못했다 한다.

사람과 사람이 부딪혀 사는 사회에는 임기응변도 할 줄 알아야 하고, "먼저 기선을 제압함도 중요하다." 어느 주막에서 8명의 과거보러 가는 젊은 선비들이 화려한 옷차림에, 생김새도 늠름하고 매우 준수해 보였다. 그래서 주막 주인은 그들을 특별히 후대하였다. 그런데 그 전에 들어온 손님은 폐의파관(弊衣破冠)으로 주제가 남루한데다 키도 작고 못 생긴 얼굴이었다. 그는 생각하기를 '다 같은 손님이고 숙식비도 같은데, 차별대우를 하는구나.' 하고 몹시 불쾌하게 여겼다. 그리하여 그는

"여보시요 주인, 나도 같은 손님인데 어찌 이렇게 차별할 수가 있소?" 하였더니, 주인이 하는 말이

"미안합니다. 사실은 어제 저녁에 제가 꿈을 꾸었는데, 황룡(黃龍) 8마리가 승천하는 것을 보았소. 저 여덟 분들은 모두 급제할 분들입니다. 그렇다고 댁을 홀대한 것이 아니고, 이 분들을 숙식비와 관계없이 특별히 후대한 것뿐입니다." 하였다. 항의하던 선비는 주인의 말을 듣자마자,

"여보, 그런 말 마오. 내 이름이 팔용(八龍)이요. 주인이 꿈에 본, 그 여덟 마리 용은 바로 나란 말이요." 하였다.

그런데 그 과거에서, 앞에 잘생긴 8명의 젊은이들은 다 낙방하고, 자기 이름이 팔용이라고 말하던 그 사람이 도리어 급제하였다 한다. 그것은 꿈을 빼앗았다기보다 응기응변으로 기선을 제압한 것이었다.

3 雙龍이 爭頭鳴하니

옛날에 16세쯤 된 처녀가 씨아(쐐기: 목화씨를 빼는 기구)에서 목화의 씨앗을 가리고 있었다. 이렇게 하려면 씨아의 바탕을 타고 올라앉아 손잡이를 잡고 돌리면서, 그 맞물려 돌아가는 가락 사이로 목화를 넣으면 씨는 앞으로 떨어지고 목화는 씨아 너머로 구름처럼 넘실넘실 피어나가게 된다.

씨아의 구조는 두 개의 가락 끝에 용트림한 것같이 생긴, 단단한 나무로 깎은 해리컬 기어가 달려 있다. 이 용트림한 것 같은 해리컬 기어를, 사람의 귀같이 생겼다하여 쐐기의 귀라고 부르는데, 이 귀가 맞물려 반대방향으로 돌아가게 되어 있다. 이 반대방향으로 돌아가는 가락 사이에다 물체를 넣으면 물체는 아래 위 가락에 끼어서 뒤로 빠져나가게 된다.

한국전쟁 이전에 농촌에 살아본 경험이 있는 사람이라면 집집마다 이 씨아가 있었으므로 설명이 필요 없겠지만, 현대의 젊은이들에게는 자세히 설명을 해도, 귀로 듣기만 해서는 이해하기 힘들 것이다. 실물은 민속박물관에서나 볼 수 있다.

위와 같은 과정을 거쳐서 씨를 뺀 목화는 활로 퉁퉁 타서 소캐(솜)를 만든다. 이것은 여간 힘 드는 것이 아니어서, 옛날 우리 어머니들의 고생을 알기에 충분하다. 일제강점기 이후로는 솜틀집이 생겨서 기계로 목화를 타서 소캐를 만들고 있다.

이렇게 처녀가 쐐기에서 목화씨를 빼고 있을 때, 일곱 살 된 동생이 그 방으로 들어왔다. 누나는 동생에게

"야, 너 이 씨아를 보고 글을 한 번 지어볼래?" 하니, 그 동생은 대뜸

雙龍爭頭鳴 쌍룡(이) 쟁두명(하니)

聲聲白雲興 성성 백운홍(이라)

두 마리 용이 머리를 다투며 우니,
소리마다 흰 구름이 일도다.

吾姊非仙女 오자(ㅣ) 비선녀(ㄴ데)
何以戱白雲 하이 희백운(고)

우리 누나가 선녀도 아닌데,
어찌 이리도 흰 구름을 희롱하는고.

하였다. 운(韻)도 평측(平仄)도 맞지 않지만 시가 아주 깔끔하다. 씨아의 귀를 용에 비유한 것이나, 맞물려 돌아가며 "삑~삑" 하고 나는 시끄러운 소리를 가지고 머리를 다투며 운다고 표현한 것이나, 구름처럼 피어나는 모양과 그 시끄러운 소리를 결합시킨 점이나, 이것은 선녀가 구름을 희롱하는 것이란 발상이 기특하다. 이 시가 훌륭한 것은 작자가 7세의 어린이이기 때문이다.

옛말에, 세상에 듣기 싫은 소리가 3가지가 있는데, 곧 쐐기소리, 아기 울음소리, 아이들의 글 읽는 소리라 하였다. 이를 삼악성(三惡聲)이라 하는데, 잘 되는 집안은 이 삼악성이 끊어지지 않는다고 하였다.

또 이 시가 호남지방에서는 다음과 같이 전하고 있다.

兩龍相抱周 양용(이) 상포주(하니)
星落白雲起 성락백운기(라)

두 마리의 용이 서로 안고 도니
별은 떨어지고, 흰 구름은 일도다.

4 중이 벗은 아이의 시

옛날 여름철, 가난한 농촌에서는 3~4세 아이는 대개 중이를 벗고 다녔다. 가난해서 그런 경우보다는, 아이들이 소변보기가 편리해서 부모들이 그냥 두는 경우도 있었다. 그런데 어느 집 다섯 살 배기 아이가 중이를 해 달라고 보채도 그 어머니는 해주지 않았던 모양이다. 아이는 고추보라고 놀려대는 것이 싫어서, 집에만 들어오면 중이를 해 달라고 졸라댔다. 어머니는

"너 글 배웠으니 글을 지으면 중이를 해 주지." 하였다. 그러자 아이는 중이만 해 준다면 글을 짓겠다고 하였다. 그래서 어머니는

"그러면, 저 마당가에 있는 모란꽃을 보고 글을 한 번 지어 보아라." 하였다. 그러자 아이는

問爾牧丹花 문이목단화(하노니)
何事笑中腿 하사(로) 소중퇴(오)

너 모란꽃에게 묻노니,
무슨 일로 내 아랫도리를 보고 웃느뇨?

我知爾笑事 아지이소사(하니)
笑我無衣袴 소아무의고(로다)

네가 웃는 이유를 나는 알겠다.
내 중이가 없어, 나를 웃는 거지

하였다. 그 어머니는 자기 아이가 하도 대견스럽고 기특해서 당장에 중이를 해 주었다고 한다.

5 金時習, 3세에 시 짓다

매월당 김시습(梅月堂 金時習)이 3살 때 일이다. 겨울에 눈이 함빡 내린 날 아침, 아이 김시습은 그의 할아버지 등에 업혀 있었다. 그의 할아버지가

"너 이 아름다운 눈 온 풍경을 가지고 시를 한번 지어 보아라."

하니, 등에 업힌 김시습은

> 雪來皆白髮설래개백발
>
> 눈이 오니, 모두가 백발이네.

하니, 그의 할아버지는 "예끼! 이 놈" 하고 업은 손자를 땅에 얼른 내려놓았다. 김시습은 땅에 내리자마자 곧바로

> 風吹更少年풍취갱소년
>
> 바람이 부니, 다시 소년이로구나.

하였다. 그의 할아버지는 "역시 내 손자로구나" 하고 다시 업었다 한다.

"눈 온 풍경을 백발노인이다"라고 표현한 것은, 어린아이의 생각으로서는 착상이 탁월하다 할 수 있지만, 그 할아버지는 어린아이의 시에서 백발은 단명구(短命句)라고 생각했기 때문이다. 이러한 단명구의 시를 짓는 아이들은 옛날부터 대개 오래 살지 못한다고 하였다. 그래서 그의 할아버지는 화를 냈던 것이다.

그러나 바람이 부니, 소나무 가지에 눈은 다 떨어지고 그 푸르고 싱싱함을 소년에 비유함으로써 그의 앞날이 창창함을 상징하기 때문에 그의

할아버지는 너무 좋아서 다시 손자를 얼른 업었던 것이다. 3살 김시습의 재치는 참으로 대단하였다.

6 어떤 短命句

단명구 하나를 소개하면, 옛날에 어느 집에서, 겨울철에 할아버지가 손자와 놀다가 문을 닫고 방으로 들어가면서, 손자에게

"너 지금 글 하나 지어 보아라." 하니, 손자가

風失舊行道 풍실구행도

바람은 옛 가던 길을 잃었도다.

하였다. 곧 문을 닫으니, 바람은 가던 길을 잃을 수밖에 없다. 할아버지는 그만 몹시 화를 냈다. 이 시는 앞이 콱 막혀 죽을 수밖에 없는 단명구라고 생각했기 때문이다. 그래서 손자는 자기 할아버지가 매우 언짢아하시는 모습을 보고는 곧바로

月得新照處 월득신조처

달은 새로 비출 곳을 얻었도다.

하였다. 달이 문에 비추는 것을 생각한 것이다. 문을 닫음으로써 달이 새로 비출 곳을 얻었으니, 이것은 무한한 것이다. 그 할아버지는 그만 희색이 만면하여 손자를 꼭 안아 주며 칭찬했다고 한다.

7 懶齋 洪命耉의 얘기

나재 홍명구가 어렸을 때, 가족과 함께 봄 구경을 나갔다. 때는 늦봄이라 꽃들이 막 떨어지고 있었다. 그의 조부가 글을 지어보라 하니, 홍명구는 다음과 같은 시를 지었다.

花落天地紅 화락천지홍(이라)
꽃이 떨어지니, 온 천지가 붉구나.

이 홍씨 가문은 그 당시 명문이었는데, 이 아이가 이 시를 썼다는 소문이 그 당내(堂內)에 퍼졌다. 그런데 그의 종조모 유씨(從祖母 柳氏)가 듣고는 이 시를 평하기를,

"이 아이가 나중에 크면 부귀는 누리겠지만, 수(壽)는 못 하겠다. 왜 하필 花落, 꽃이 떨어지니 천지가 붉다라고 했는가?

花發天地紅 화발천지홍(이라)
꽃이 피니, 온 천지가 붉다.

라고 하였다면, 그 수복(壽福)이 한이 없을 텐데, '落'자는 먼 복이 있는 기상이 아니니, 아깝다." 하였다.

나중에 홍명구는 문과에 장원하고, 인조반정에 참여하여 홍문관 벼슬을 거쳐 40세에 평안감사가 되었을 때 병자호란이 일어났다. 정예병 2천을 거느리고 적군을 많이 격파하여 전공을 크게 세웠으나, 중과부적(衆寡不敵)으로 결국 장렬히 전사하고 안타까운 생을 마감하였다.

8 김시습의 7세작

매월당 김시습이 7세 때, 글 잘한다는 소문이 임금님 귀에까지 들어갔다. 때마침 중국에서 사신이 조선의 선비와 글짓기 시합을 하러 온다하여, 조선 조정에서는 압록강에서부터 중국사신의 기를 꺾어놓으려고 어린 김시습을 데려다 사신이 오는 강가에서 놀게 하였다. 사신이 당도하여 압록강 가에 늘어진 나무 한 가지를 꺾으며,

馬得千里鞭 마득천리편(이요)

말은 천리를 달리게 하는 채찍을 얻었고,

라고 시를 지어 부르자, 거기서 놀던 아이 김시습은 그것을 받아

鶯失一枝花 앵실일지화(라)

꾀꼬리는 한 가지의 꽃을 잃어버렸도다.

하였다. 馬-鶯기, 得-失, 千-一, 千里-一枝, 鞭-花, 기막히게 훌륭한 대구로 화답하였다. 마부로서는 좋은 채찍을 얻었겠지만, 꾀꼬리로서는 꽃피는 나무 가지 하나를 잃은 것이다. 중국 사신은 그만 놀라서 '조선은 아이들도 저렇게 글을 잘 하는데, 한양에 가봐야 소용이 없겠다' 생각하고 , 배도 타지 않고 그냥 되돌아가 버렸다 한다.

조선시대 학문은 오직 한문뿐이었다. 선비들은 한학공부를 열심히 하여 중국인에 못하지 않는 수준에 이른 자들이 많다. 그래서 여기에서는 매월당 같은 신동을 내세워 자기들의 자랑을 하였다고 본다.

9 눈이 온 길

이 시 또한 매월당 김시습이 어렸을 때, 눈 내린 설경을 가지고 쓴 것이라 하는데 확실하지 않다.

狗走梅花發 구주(하니) 매화발(이요)
鷄行竹葉成 계행(하니) 죽엽성(이라)

개가 가니 매화꽃이 피고,
닭이 가니 댓잎이 생기도다.

눈이 온 위에 글씨를 쓰는 아이가 있는가 하면, 그림을 그리는 아이도 있다. 그러나 그 하얀 원시적인 세계에 아무것도 장식을 하고 싶지 않은 생각이 들 때도 있다. 그래서 아이들은 어른들이 길을 가려면 못 가게 가로막기도 한다.

그러나 개가 딱 한 마리 지나갔을 때, 그 발자국은 흰 종이에 매화꽃을 그린 모양과 같이 아름답고, 닭이 지나갔을 때는 댓잎이 그려졌다고 보았다. 이 시를 통하여 선인들의 미를 발견하는 재치를 엿볼 수 있다.

10 어떤 아이의 시

옛날에 어느 눈 오는 날, 5~6세 되는 아이가 그 할아버지와 함께 있었다. 함박눈이 펑펑 쏟아지자, 아이는 기분이 매우 좋았다. 강아지는 덩달아 좋아하고, 아이와 강아지는 하나가 되어 함께 뛰어다녔다.

강아지 발에는 눈덩이가 둥글게 뭉쳐지고, 아이의 신발에도 저절로 눈이 뭉쳐졌다. 할아버지는 담배를 피우며 손자가 귀엽게 뛰노는 모습을 지켜보았다.

이 때 할아버지는 물고 있던 담뱃대를 가리키며 손자에게 "이것을 가지고 글을 지어보라" 했다. 그러자 아이는 다음과 같이 시를 지어 불렀다.

犬足何當襪 견족(에) 하당말(이며)
人口不當草 인구(에) 부당초(라)

개발에 무슨 버선이 해당하며,
사람의 입에 풀은 온당치 않도다.

라고 지었다. 곧 강아지 발에 눈이 뭉쳐지니까 버선을 신은 것으로 본 것이며, 할아버지가 담배를 피우니까 '사람이 어찌 풀을 먹는가?'라고 생각한 것이다.

11 어느 武弁의 글

조선 성종 때 어떤 이가 무변의 신분으로서 선전관(宣傳官)에 임명되어, 성종대왕을 가까이 모시게 된 사람이 있었다. 선전관은 임시관원으로 왕명을 출납하며 시위(侍衛) 등을 맡아보는 벼슬이었다. 선전관은 문관도 무관도 할 수 있었고, 직급도 정해진 것이 없다. 그런데 이 무관은 위풍당당한 헌헌대장부였으나 글공부를 하지 못하였다. 상께서는 그 사람에게 매우 호감을 가지시고, 가까이 불러

"너는 능히 문자를 아느냐?" 하고 물으셨다.

"예, 겨우 그저 몇 자를 알 뿐입니다" 하였다.

"아 그래, 몇 자만 알아서 시를 쓸 수 있을까? 그래도 남산(南山)을 두고 글을 한 구 지어 보아라." 하셨다. 이 선전관은 왕명에 못한다고 할 수는 없고, 한참 동안이나 생각하고 고심하더니,

南山虎伏人去黃 남산(에) 호복 인거황(하더라)

남산에 범이 엎드렸다가, 사람이 가니 누르더라.

'黃'자를 황색이란 뜻으로 쓰지 않고, 누르다(壓)의 뜻으로 썼다. 성종은 크게 웃으시고, "이 시는 통쾌한 무인다운 기상이 있구나." 하시며, 응대할 사람을 찾아 좌우를 돌아보시고,

"그대들은 문신이니, 이 글에 대하기가 쉬울 것이다. 누가 한번 대를 해 보아라" 하였다. 모두 잠잠하였는데, 그 중, 승정원에 주서(注書)로 있는 자가 선뜻 나서며,

"신이 대를 써 올리겠나이다." 하였다.

北岳蛇蟠兎來玄 북악(에) 사반 토래현(하더라)

북악산에 뱀이 서렸다가, 토끼가 오니 감더라.

'玄'은 색이 검거나 현묘하다는 뜻이 아니고, '칭칭 감는다'는 뜻으로 쓰였다. 「춘향전」에서 '天, 地, 玄, 黃'을 읽을 때, '玄을, 휘휘칭칭 감을 현, 黃을, 꾹 눌렀다 누르 황' 하는 식이다. 그 후 이 선전관과 주서는 친한 사이가 되었고, 성종으로부터도 각별한 사랑을 받았다 하니, 성종대왕의 너그러우신 품성을 여기서도 엿볼 수 있다.

12 세 사람이 다듬은 珠玉

문장가 세 사람이 시 한 연(聯)을 다듬어 만든 글이 있다. 오봉(五峰) 이호민(李好閔)은 조선 중종 때 사람인데, 다음과 같은 시를 지었다.

古壇生碧草 고단(에) 생벽초(요)
殘月易黃昏 잔월(은) 이황혼(을)

옛 토단(土壇)에 푸른 풀 돋아났고,
이지러진 달은 곧 어스름 되네.

이 시를, 선조 때 문장가인 오산 차천로(五山 車天輅)가 듣고, 아래와 같이 고쳤다.

野壇生碧草 야단(에) 생벽초(요)
山月易黃昏 산월(은) 이황혼(을)

들판 토단에는 푸른 풀이 돋아났고,
산에 걸린 조각달은 곧 어스름일레.

이 시를 보고, 같은 시대에 석주 권필(石洲 權韠)이 다시 고쳤다.

野壇空碧草 야단(엔) 공벽초(요)
山月自黃昏 산월(은) 자황혼(을)

들판 토단은 텅 비어 풀만이 푸르고,
산에 걸린 조각달은 저 홀로 어스름이네.

후세에 이 시를 평하여 말하기를, 차오산이 古와 殘을, 野와 山으로 고침으로 하여, 글의 정채(精彩)가 갑절이나 더해졌고, 권석주가 生과 易

를, 空과 自로 고침으로 하여 정취(情趣)가 다시 갑절이나 더하여졌으니, 이것은 진실로 주옥의 연마라 아니할 수 없다고 하였다.

그런데 위에서 한글풀이는 그러한 한시의 묘를 발휘하지 못하였으니, 이것이 내 번역의 한계점이라 할 수 있다.

하나 덧붙여, 이 글을 보니, 필자가 어릴 때, 들은 얘기가 생각난다. 충청도 청풍부(清風府)에 사는 어떤 사람이 금강산을 다녀온 후, 절구(絶句) 한 수를 지어놓고 자기도취에 빠져 있었다.

金剛山水踏來後 금강산수답래후(에)
閑臥淸風第一樓 한와청풍제일루(라)

금강산 구경을 다녀온 후에
한가로이 청풍 제일루에 누웠더라.

※그 다음을 필자가 잊어버린 것이 너무 안타깝다.

그는 그 날도 한벽루(寒碧樓)에 누워서, 이 절구를 큰 소리로 읊으며, 의기양양해 하고 있을 때, 누(樓) 밑에서 어떤 사람이

"글 때우시오, 글 때우시오" 하고 크게 외쳤다. 그 소리를 들은 작자는 '세상에 솥을 때우기는 하지만, 글을 때우는 자가 다 있다니' 하고, 소리 질러 그를 누 위로 불러 올렸다.

"아니 당신은, 솥땜장이가 아니고, 글땜장이란 말이오?" 하였다. 옛날에는 솥땜장이가 마을에 들어와 솥을 때우라고 외치곤 하였다.

"예, 저는 남이 지은 글을 때워주는 사람입니다" 하였다. 금강산에 다녀온 이는 자기의 글은 손색없이 매우 잘 지었다고 생각하고 있는데 글땜장이가 매우 가소로웠다.

"그렇다면 지금 내가 금강산에 다녀온 후에 지은 이 절구를 당신이 때

울 수 있겠소? 할 수 있다면 어디 때워 주오" 하고 오만하고 퉁명스럽게 말하니, 그는 누 밑에서 작자가 읊고 있던 것을 다 들은 터라,

"50냥짜리로 때워드릴까요? 아니면 100냥짜리로 때울까요?" 하였다.

"50냥짜리는 무어고, 100냥짜리는 무어요? 도대체…" 하니, 그는 읊어 들려주었다.

이 사람은 다 듣고 매우 탄복하였다.(※이 역시 모두 절구인데, 내용을 필자가 잊은 게 너무나 아쉬울 뿐이다. 이 책을 읽다가 아는 분이 있으면 가르쳐 주시기 바랍니다.)

그리고 그는 바로 글땜장이와 작별하였는데, 더 대화하고 싶어서 누 밑으로 내려가 보니, 간 곳이 없었다 한다.

13 松長他日에 塔還低라

정인홍(鄭仁弘)이라면 광해군 때 대북파(大北派)의 영수로서, 광해군을 즉위시키는 데 공을 세웠던 사람이다. 그의 생애에 잘한 일도 있었겠지만, 사람들은 우선, 그를 이이첨(李爾瞻) 등과 함께 선조의 적자 영창대군(永昌大君)을 증살(蒸殺)하고, 영창의 어머니 인목대비(仁穆大妃)를 유폐시키는 일에 앞장섰으며, 이퇴계(李退溪), 이회재(李晦齋)의 문묘배향(文廟配享)을 반대한 인물로 다들 알고 있을 것이다.

그는 출세 지향적으로 승승장구하다가 인조반정으로 끝내는 몰락하고 말았지만, 어려서부터 의지가 대단한 인물이었다. 7살 때 그 고을 원님이, 어린애가 시 잘한다는 소문을 듣고, 불러서 시험을 해 보았는데, 마침 눈앞에 어린 소나무가 보여서 원님은

"너는 탑 옆에 이 솔을 가지고 시를 지어 보아라." 하니,

一尺孤松在塔西 일척고송(이) 재탑서(하니)
塔高松短不相齊 탑고송단 불상제(라)

한 자의 작은 솔이 탑 서편에 서있으니
탑은 높고 솔은 작아 서로 키가 같지 않다네.

莫謂當年松卑塔 막위당년(에) 송비탑(하라)
松長他日塔還低 송장타일(에) 탑환저(라)

당년에 솔이 탑보다 작다고 비웃지 말라.
솔이 자란, 먼 훗날에는 탑이 도리어 작으리.

위 시는 물론 정인홍 문집인 『내암집(萊菴集)』에 들어 있다. 그러나 인구에 많이 회자되어, 모르는 이가 없을 정도로 유명하기에 적는다. 어린 애로서, 자기가 나중에는 자기 눈앞에 있는 원님보다도 더 높은 지위에 오르겠다는 의지를 비유하여 표현하였으니, 이 어린이의 의지가 사람들로 하여금 혀를 내둘리게 한다.

그런데 구비시란 작자가 바뀌는 수가 많다. 위에 말한 이 시를, 어떤 곳에서는 그 지방에서 출중한 사람의 이름으로 바뀌어 나타난다. 곧 작자를 잊어버리거나 정확히 모를 때는, 그 지방에서 자기가 아는 유명인사로 대치해도 무방하다고 생각하여서 바꾸기 때문에 다음에 구연자는 계속 그렇게 내려가다가 또 같은 방식으로 작자가 변하게 된다.

14 雪月空山에 虎養精이라

번암 채제공(樊庵 蔡濟恭)은 조선시대 가장 원만한 사람으로 손꼽힌다. 당시는 노론의 세상으로, 그가 아무리 같은 서인(西人)이라고는 하나,

10년 동안이나 일인지하요 만인지상(一人之下, 萬人之上)인 영의정 자리를 홀로 누렸으니, 참으로 원만한 인물임을 알 수 있다. 조선시대 십년독상(十年獨相)을 한 이는 세종대왕 때 방촌 황희(尨村 黃喜)와 정조대왕 때 번암 채제공, 이 두 사람이 있을 뿐이다. 번암이 어릴 때는 매우 곤궁하게 살아서, 서당에 나가면 부잣집 아이들이 가난하다고 업신여겨 놀려대곤 하였다. 그리하여 그는 어릴 때 다음과 같은 시를 썼다.

> 秋風古栢鷹生子 추풍고백(에) 응생자(하고)
> 雪月空山虎養精 설월공산(에) 호양정(이라)
>
> 가을바람 잣나무 고목엔 매가 새끼를 치고,
> 눈 내린 달 밤, 빈 산에선 호랑이가 정력을 기르네.

이렇게 시를 짓자, 아이들은 아무 뜻도 없는 시를 지었다고 비웃었다. 한 재상이 그 시를 보고, 자기 아이에게

"너 그 뜻을 아느냐?" 하니, 아들은 별 뜻이 없는 줄만 알았기 때문에 의아해하며 대답을 못했다. 그러자 재상은

"매는 가을에 새끼를 치지 않는 법인데, 새끼를 쳤다면, 그것은 별 신통하지 않은 것이니, 너희 무리를 비유한 것이고, '雪月空山虎養精'은 자신을 비유한 것이다. 이 아이는 커서 반드시 현달하게 될 것이다"

하였다. 어린이의 시로서는 아주 무서운 의지가 있다. 나중에 성장하여서는 가장 원만한 사람이 되었지만, 어릴 때는 가난으로 인하여 날카로운 예지와 강인한 정기가 서려 있다. 추운 겨울에 호랑이가 정력을 기르는 것은 강한 의지와 무서움을 느끼게 한다.

번암이 어렸을 때 또 이런 일화도 있다. 7세 때 옆집 모 대감의 집 정

원에 앵두가 탐스럽게 익어 몰래 그곳으로 들어가 앵두를 따먹고 있었다. 그 때 그 집 안방 문이 열리더니 대감의 부인이

"여봐라! 저 녀석이 누군데, 감히 대감께서도 아직 맛보시지 않은 앵두를 다 훑고 있느냐? 어서 저 녀석을 잡아 오너라" 하였다.

종들이 달려들어 팔을 잡아당기고 바지를 잡아끌고 하니, 아이는 앵두나무 가지를 잡고 버티며, 앙탈을 부리기를

"이 놈들, 감히 양반을 무례하게 잡아끄느냐?" 하고 실랑이가 벌어졌다. 사랑채에서 대감이 듣고 "어린 아이에게 무슨 짓들이냐? 그 아이를 이리로 데려 오너라" 하고 명하였다. 아이는 부끄럼 없이 대감 앞에 가서

"이놈들이 양반을 몰라보고 욕을 보입니다." 하니, 대감이

"양반이 체면이 있지, 왜 남의 앵두를 허락도 없이 따먹느냐?" 하니, 아이는

"양반도 먹고 싶으면 먹어야 하지 않겠습니까?" 하여, 대감이

"양반은 글을 할 줄 알아야 하는데, 너 글을 배웠느냐?" 하니, 아이는

"그럼 양반이 글을 모르겠습니까?" 하여, 대감이

"좋다, 내가 운(韻)자를 부를 테니, 응구첩대(應口輒對)로 짓거라." 하였다. 그리고

"붉을 홍(紅)!" 하고 대감은 운자를 불렀다. 이어 아이는

大監櫻桃也自紅 대감앵도(가) 야자홍(하야)

대감 댁에 앵두가 저절로 붉어서

"가운데 중(中)!" 하고, 대감은 또 운자를 불렀다.

我欲食之入園中 아욕식지 입원중(이라)

내 그것을 따먹고자 정원에 들어갔다네.

"바람 풍(風)!"

夫人大怒當門叱 부인(이) 대노당문질(하니)
苟不我食寧落風 구불아식 영락풍(하라))

부인께서 크게 노하셔 문을 열고 꾸짖으시니
내가 따먹을 수 없다면, 차라리 바람에 다 떨어져라.

하였다. 대감이 "그 놈 참, 심술이 대단하구나!" 하며,

"여봐라, 오늘 우리 집에 큰손님이 오셨다. 앵두 좀 많이 따서 은쟁반에 받쳐서 들여오너라." 하였다.

아이는 입이 비좁게 먹으며, 또 제 어머니 갖다 드린다고 호주머니에 꾸역꾸역 넣는 것이 아닌가. 대감은 그 거동을 보고 기특히 여겨

"너나 실컷 먹어라. 너의 어머니께는 또 따로 보내 드리마" 하였다.

그가 영상(領相)을 할 때, 정조는 친히 과거시험의 제목을 어렵게 출제하여 많은 사람이 그 뜻을 몰라 낭패한 사람이 많았다. 한번은 정조가 여러 신하들에게 '화부화(花復花)'가 무어냐고 물었다. 번암은 곧바로 알았지만, 다른 신하들은 모두 알지 못하였다.

번암이 죽은 후, 정조는 이 '화부화'를 가지고 과거시험의 제목으로 출제하려고 했다. 영남의 어떤 선비가 과거시험에 응시하러 서울로 올라가는 길에서 한밤중에 어떤 노인이 나타나 말하기를

"이번에 과거 제목은 '花復花'가 날 터이니, 미리 생각하였다가 잘 쓰게" 하였다. 그 선비는 '화부화'가 무엇입니까? 하니, 노인은 '목화'라 알려주고는 사라져 버렸다. 목화는 꽃이 진 후, 열매가 자라서 목화송이가 꽃처럼 하얗게 다시 핀다. 그래서 꽃이 다시 핀다는 뜻이다. 그 선비가 과거시험장에 들어가 보니, 과거시험제목이 과연 '화부화'였다. 그 선비는

그 노인으로 인하여 물론 장원을 하였다. 왕은

"그대는 화부화가 어찌 목화인 줄 알았는가?" 하니, 선비는 길에서 어느 노인이 가르쳐 주고 사라져버렸다고 하였다. 왕은 노인의 생긴 모습을 들어보고 또 그 만난 곳을 추적해 보니, 그 선비는 번암의 묘 옆을 지나왔던 것이었다.

15 奇蘆沙의 7세작

노사 기정진(蘆沙, 奇正鎭)이 7세 때 일이다. 뒷동산에서 자기 조상의 산역(山役)을 하고 있었는데, 아버지, 할아버지가 청룡이 어떻고 하니, 기정진이 산에도 용이 있느냐고 물었다. 모두들 산에도 용이 있다고 하니, 정진은 다음과 같이 시를 썼다.

青龍本在水 청룡(은) 본재수(인데)
何故在青山 하고(로) 재청산(고)

청룡은 본래 물에 있는 것인데,
무슨 이유로 청산에 있는고.

初出九年水 초출 구년수(라가)
未歸七年旱 미귀 칠년한(이라)

처음에는 구년 홍수에 나왔다가
칠년 가뭄에 돌아가지 못했도다.

한국에서도 홍수하면 중국 순(舜) 황제 때에 구년간의 홍수(九年洪水)를 말하고, 가뭄하면 중국 은(殷)나라 탕왕(湯王) 때 칠년대한(七年大旱)

을 말하였으니, 당시 어린이의 교과서는 모두 중국 고전이었기 때문이다. 그런데 필자가 어릴 때에 흉년이라 하면, 보통 '병자년 흉년'을 말하곤 했는데, 병자는 어느 병자였던가? 1936년이었던가?

16 김시습의 7세작

다음 시는 김시습이 7세 때에 서울에 있는 삼각산을 두고 지었다고 하나, 확실치는 않다.

束聳三峰串太淸 속용삼봉(이) 천태청(하니)
登臨可摘斗牛星 등림가적 두우성(이라)

묶은 듯한 세 봉우리가 하늘을 꿰어 솟았으니,
정상에 오르면 북두와 견우성을 딸 수 있겠네.

非徒嶽峀興雲霧 비도악수(에) 흥운무(라)
能使王都萬歲榮 능사왕도(로) 만세영(을)

뫼부리에서 구름과 안개만 일으킬 뿐 아니라.
능히 왕도를 영원토록 영화롭게 할 것을…

17 尹明齋 5세작

蜘蛛結網罟 지주 결망고(하니)
摸截下與上 모절하여상(이라)

거미가 그물을 얽으니,

아래 위를 잘 마름질하도다.

我爲蜻蜓言 아위청정언(하노니)
愼莫簷前向 신막첨전향(하라)

내 잠자리를 위하여 말하노니,
삼가, 처마 앞으로는 가지 말라.

위 글이 어린아이의 5세작이라 하는데, 겉으로는 잠자리를 위한 아이의 생각이지만, 그 내용에는 풍자한 교훈이 그 의미가 심장하여 5세 아이에 작품이라고 보기 어렵다. 특히 명재 윤증(明齋 尹拯)이 살았을 그 당시, 사색당파가 머리 터지게 싸울 때라, 이 시에서 주는 풍자적인 교훈은 매우 절실하여 5세 아이가 지었다고 하면 무난히 넘어간 듯도 하다.

또 5세라고 한 것은 윤명재가 당시에 우암 송시열(尤庵 宋時烈)에 맞설 정도로 부각되어 있어서, 다른 이들과 차별화하기 위함이라고 생각된다. 조선시대에는 누가 훌륭하다 하면 과장하기에 여념이 없었다.

18 麟蹄 楊氏입니다

옛날에 매우 영리한 아이가 있었는데, 그 소문이 대궐까지 알게 되었다. 왕이 시험하고자 이 아이를 불러 앞에 앉혀놓고 아이에게 물었다.

"너는 성이 무엇이며, 관향이 어디냐?"

하니, 아이는

"전의 이가(全義 李哥)이옵니다" 하였다. 왕이 농(弄)으로

"전의(전에) '이'가라면 지금은 성이 무엇인고?"

하니, 아이는 눈을 깜작깜작하고 생각하다가

"인제 양씨(麟蹄 楊氏)입니다" 하였다.

곧 왕이 전에는 이씨였다면, 인제는 성씨가 무엇인가? 하는 물음에, 전에는 '이'씨였지만 인제(지금)는 '양'씨라고 대답하였는데, 실제로 인제 양씨가 존재한다. 어린아이로서 아주 기발한 명답이었다. 이 사람은 실존 인물이었다는데 필자가 그 성명을 잊었다.

19 汝ㅣ 由我而死하니

오성(鰲城)과 한음(漢陰)이라면 한국에서 모르는 사람이 없을 것이다. 몇 10년 전만해도 『오성과 한음』이란 책이 너무 많이 출판되었었다. 우리나라에서 재미있는 어린애의 해학과 재치는 모두 오성의 행동이라고 하는 경우가 많았다. 이것이 구비의 특성이도 하다.

오성 이항복(李恒福)은 어릴 때, 새를 잡아 실로 다리를 매어 날리며 놀다가 새가 그만 애성에 받쳐 죽고 말았다. 새는 어떻게 하면 탈출할까 푸드덕거리며 날아 도망가려고 몇 번 시도하다가 제 애를 이기지 못하고 죽은 것이다. 아이는 새를 무척 사랑했지만 새야 그것을 알 리가 없었다.

아이는 몹시 슬퍼하여 눈물을 질금질금 흘렸다. 그것을 뒤에서 그의 훈장이 지켜보고 있었다. 조금 있더니 아이는 괭이를 들고 산으로 올라가서 땅을 파고 새를 묻어 주는 것이었다. 그러더니 다 묻고 나서 "어이 어이" 하고 곡(哭)을 하였다. 뒤에서 훈장이 "에헴" 하고 기침을 하자, 아이는 깜짝 놀라며 계면쩍어하고 있었다. 아이의 손에는 무엇을 감추고 있기에 좀 보자고 했더니, 손을 꼭 쥐고 보여주지 않았다. 야단을 치고 강제로 빼앗아 보았더니 새를 장사지내는 제문(祭文)이었다.

汝여(는), 鳥也조야(오). 吾오(는), 人也인야(라). 鳥死人哭조사인곡(은), 不當之事부당지사(라). 然연(이나), 汝여(ㅣ), 由我而死유아이사(하니). 是以시이(로), 吾오(ㅣ), 哭之곡지(하노라)

너는 새이고, 나는 사람이다. 새가 죽었는데 사람이 곡을 한다는 것은 부당한 일이지만, 네가 나로 인하여 죽었으므로 내 곡하노라.

이렇게 써 있었다. 아이들의 순진무구한 모습이 잘 나타나 있다. 이러한 구비의 글은 구연하는 이마다 한두 자씩 글자를 첨가하거나 바꾸기 때문에 사람마다 조금씩 다르다. 일부러 더 좋은 글자로 변경하는 수도 있겠지만, 대개는 구비이기 때문에 전달이 정확하지 않기 때문이다.

다음의 얘기도 있다. 시천재(詩天才) 필신동(筆神童)인 오성이 7세 때 일이다. 어느 날, 자기의 할아버지 친구가 찾아와서 놀다가, 오성을 보고 귀여워하며 벽에 걸린 보검(寶劍)과 거문고를 보고, 그것을 가지고 시를 지으라 하니, 그는 대뜸

劍有丈夫氣검유장부기(하고)
琴藏千古音금장천고음(이라)

검에는 대장부의 기가 서려 있고
거문고는 천고의 소리를 간직하고 있도다.

하였다. 이 시는 시에 능한 어른도 얼른 짓기 어렵기 때문에 좌중이 모두 놀랐다 한다.

20 家君臂上에 加一鞭하니

어느 모 대감 집 손자가 7~8세 정도 되었는데, 그 몽학훈장(蒙學訓

長)이 시를 지어주고는 그 아이가 지었다고 계속 헛소문을 내니, 그 아이는 그만 시 잘 짓는 신동으로 소문이 서울 장안에 파다하게 되었다.

하루는 대감의 유일한 친구인 손대감이 친구도 만날 겸, 친구 손자의 시 재주도 볼 겸, 이 집에 놀러 와서 그 아이와 시 짓기 내기를 하기로 양쪽 대감끼리 약속을 하였다. 대감은 집에 돌아와서 손자에게

"내 친구 손대감이 너의 시재(詩才)를 듣고, 너와 시 짓기 대결을 하기 위하여 내일 우리 집에 오시니, 너 내일 시를 잘 지어야 한다."

하고 당부하였다. 놀란 것은 아이보다도 그 훈장이었다. 그래서 그 훈장은 미리 시를 지어놓고, 아이와 입을 맞추어 놓았다. 예정대로 손대감이 도착하여 인사를 마친 다음 주인 대감과 술상이 벌어지고, 이어서 아이와 시 짓기 내기가 시작되었는데, 손대감이

"얘, 시의 제목은 무엇으로 할까?"

하여, 아이는 자기 훈장과 준비한 연극대로, 생각하는 척하고 두리번거리며 살피다가

"저기 마구간이 보이니, 마구간에 매여 놓은 말로 하는 게 어떻습니까?" 하였다.

훈장과 아이는 계획대로 되는 것이 기뻤다. 손대감은

"그래, 좋다. 그러면 5언으로 할까?, 아니면 7언으로 할까? 그래, 7언으로 하자." 하고, 손대감은 자기 혼자 결정해 버렸다.

애초에 계획은, 손대감이 물으면 아이가 5언으로 하자고 하려고 5언 시를 준비해 놓았는데, 손대감이 먼저 7언으로 하자고 하니, 어린아이로서는 어른의 결정에 따르는 수밖에 없었다. 훈장은 몹시 당황하였다. '계획대로 진행되는가 싶더니 이게 무슨 날벼락인가?' 이어 손대감은 잔뜩 기대를 가지고

"네가 먼저 불러라. 어서 불러라" 하고 재촉하였다.

훈장은 민첩하게 대감들 몰래 <家君> 두 글자를 써서 아이에게 보여 주었다. 아이는 얼른 지어 놓은 5언에다가 '家君' 두 글자를 더하여

(家君)櫪上白馬繫,가군역상(에) 백마계(하니)

(우리 아버지) 마구간에 백마가 매여 있으니,

하고 부르니, 두 대감은 고개를 끄덕끄덕하며,

"그래, 마구간은 제 것이 아니고, 분명히 제 아비 거렷다. 그런 대로 됐다. 또 불러라"

하고 흥미를 가지고 독촉하였다. 아이는 다음에도 훈장의 눈치만 살필 수 밖에 없었다. 그러나 눈속임이란 한 번도 어려운데 또 어떻게 한단 말인가? 아이와 훈장은 속이 타도 이만 저만이 아니었다. 그리고 두 대감은 아이만 주시하고 있는데… 할아버지 대감도

"뭐 하고 있어, 얼른 부르지 않고서"

아이도 훈장의 태도가 더 이상 가르쳐 줄 수 없는 분위기임을 알았다. 아이는 상황이 급박하다고 생각하고, 더 머뭇거릴 수 없어서, 좀 전에 <家君> 두 글자를 또 넣어서 '엣다, 모르겠다. 불러놓고 보자' 하고

(家君)白馬白如雪.가군백마(가) 백여설(이라)

(우리 아버지) 백마가 희기가 눈과 같도다.

하였다. 두 대감은 "그 놈 지 애비는 꽤 찾네. 응 그래, 앞에도 家君이 들어갔지만, 애들 글이니까, 그 정도면 됐다. 또 불러라" 하였다.

아이가 훈장을 바라보니 바싹 긴장한 모습은 아예 속이는 일은 포기한 것만 같았다. 그러나 머뭇머뭇 기다려 봤으나 아무 반응이 없자, 에라 모

르겠다. 아이는 또 <家君> 두 자를 더하여

(家君)臀上加一鞭,가군둔상(에) 가일편(하니)
(우리 아버지) 궁둥이를 채찍으로 한 대 치니,

두 대감은 "뭐야, 뭐야! 뭐라고? 그래 또 불러 봐라" 다음이 궁금하여 성화같이 재촉하였다. 아이가 훈장을 바라보니 죽을상을 해 가지고 굳어 있었다. 아이는 "어차피 망한 것, 될 대로 되어라" 하는 심정에서 '에라 또 <家君>이다' 하고는

(家君)一日行千里.가군 일일(에) 행천리(라)
(우리 아버지)가 하루에 천리를 가도다.

좌석이 모두 엉망이 되어 버리고, 얼굴들이 모두 일그러졌다. 지금까지의 모든 사실이 탄로 나고 말았던 것이다. 그 훈장은 모든 것을 실토하고 사죄를 구하지 않을 수 없었다.

위의 시화는 차작으로 인한 사단의 좋은 예다. 옛날에는 이렇게 아이에게 차작을 해 주고, 아이가 지었다고 하는 수가 많았다. 학생이 글을 지어 바치면 훈장은 몇 글자 고쳐 주는 게 상례이고, 어떤 경우에는 전부 고쳐 주는 수도 있다. 그러나 학생이나 선생이나 생각하기를 학생이 지어 바친 것이니, 훈장이 전부를 고쳤다 해도, 어디까지나 학생이 지었다고 여기는 것이다. 이 얘기는 그 폐단을 꼬집은 것이리라. 또한 노인들은 자기 손자 자랑하기를 어찌나 좋아하는지 꽤나 과장법을 쓰기도 하였다. 자식이나 마누라 자랑은 팔불출이라 하지만, 손자 자랑은 그 범위에서 벗어나기 때문이었다.

또한 서당에서는 공공연한 차작(借作)으로 잔치를 벌이는 행사도 있었다. 소위 파접(罷接)이라고 하는 시회(詩會)인데, 파접이란 여름에는 문(文)보다는 시작(詩作) 공부를 하다가 초가을 시원한 바람이 불어오면, 시 짓는 접(接: 모임)은 해체하고 본격적으로 경학이나, 사학의 문(文)공부를 시작한다. 이 파접은 몽학의 어린아이들로 하여금 근처에 사는 학자들에게 시를 받아다가 자기(그 글을 받아온 학생)의 이름으로 제출하여, 심사하는 이가 장원, 차상, 차하 식으로 평가하여 시상하며, 일종의 학생들로 하여금 시를 권장하는 행사다. 이 행사는 글을 지어준 사람이나 여러 학자들이 모여 음주로써 하루를 즐긴다. 오전에는 그렇게 차작으로 시험하고, 오후에는 학자이건 학생이건 압운(押韻)에 의하여 자기의 글을 짓는데. 이 때의 글은 기념으로 지을 뿐, 평가받지는 않는다. 물론 여기에서는 차작은 전혀 없이 자기의 실력이 그대로 나타나는 것이었다.

21 엿장수 아이의 詩

옛날에는 어린 아이들에게 가장 인기 있는 장사가 엿장수였다. 돈이 없어도 엿을 먹을 수 있어서 좋았다. 대개는 현금으로 사먹지 않는다. 엿장수도 고물을 더 좋아했다.

"야아, 고무신짝 떨어진 것, 숟깔총 부러진 것, 두 내외 싸우다가 비녀꼭지 부러진 것, 아무거나 다 받습니다. 둘이 먹다가 하나 죽어도 모르는 울릉도 호박엿!"

이렇게 외쳐대는 엿장수, 옛날에는 특유한 노래의 한 곡조로 위의 말로써, 엿장수가 동리에 나타났다는 것을 알렸다. 그의 뒤에는 항상 아이들이 줄을 지어 따라 다닌다. 옷이 없어 웃통을 벌겋게 내놓은 아이, 아래 팬티도 못 입고 코를 질질 흘리며 걸음도 겨우 걷는 아이, 부모의 새신을 가지고 왔다가 혼나는 아이, 자기는 고물이 없어서 엿은 못 사 먹지만 남의 엿 바꿔 먹는 것만 보아도 침을 삼키며 좋아하였다. 따라다니기만 하고 엿 맛이 어떤지도 모르는 아이들은 눈에 힘이 없고 맨발에다 얼굴에는 때가 고질고질 하였다.

그런데 당시 생활환경이 어려웠던 12살 먹은 아이가 생활 전선에 뛰어들어 엿장수가 되었다. 하루는 그 고을에서 학식 있는 선비들이 모여 시회(詩會)를 연다는 소식을 듣고 찾아가서 자기도 시를 지을 테니 끼워 달라고 하였다. 거기에 모인 내로라하는 선비들이 볼 때 당돌하고 가소롭기도 했지만, 한편 가상하기도 하여, 거기서 선임자로 보이는 한 선비가

"네가 시를 지을 줄 아느냐?"

하니, 소년은 "잘 짓지는 못하지만, 어깨 너머로 좀 들은 바는 있습니다." 하였다.

"그렇다면, 내가 '운'자를 부를 테니 지어 보아라." 하고, 낙운성시(落韻成詩)를 주문하였다. 그리고

"고을 주(州)!" 하였다.

背負胡餹踏近州 배부호당 답근주

등에 엿판을 지고 근처의 고을 밟으며

"가을 추(秋)!" 하고, 이어 선비의 입에선 '운'자가 나왔다.

長歌一曲送春秋 장가일곡(으로) 송춘추(라)

긴 노래 한 곡조로 봄가을을 보내네.

"걷을 수(收)!"

辨言胡椒乾薑雜 변언(은) 호추건강잡(이요)

所受分錢破鐵收 소수(는) 분전파철수(라)

분변하여 외치는 말은 '후추엿, 건강엿 사려'이고,
받는 것은, 쪼개진 돈과 깨진 쇠붙이를 거두어들입니다.

"다락 루(樓)!"

街童投足先探匣 가동(은) 투족 선탐갑(이요)
城妓比肩更下樓 성기(는) 비견 갱하루(라)

길거리 아이들은 걸음을 다투어 지갑부터 먼저 꺼내고,
성루의 기생들은 어깨를 나란히 누각에서 내려오도다.

"놀 유(遊)!"

形容澹泊心不拙 형용(은) 담박(이나) 심불졸(이라)
誰識文章大俠遊 수식 문장대협유(아)

제 생김은 아담하나 마음만은 졸장부가 아닙니다.
누가 문호들이 이곳에서 노시는 줄 알았겠습니까?

라고 응대하였다. 12살 난 엿장수 아이치고는 낙운성시로 너무나 화려한 시재를 지녔다. 이렇게 구비시는 어린 아이거나 미천한 신분이거나 간에, 시를 할 수 없는 처지의 사람들이 시를 잘함으로써 흥미를 끈다. 그래서 이런 글귀도 있다.

常人知字無憎面 상인(도) 지자(면) 무증면(이요)
棘樹開花摠好枝 극수(도) 개화(면) 총호지(라)

상놈도 글자를 알면 얼굴이 밉지 않고
가시나무도 꽃이 피면 가지마다 아름다워라.

22 천재시인 12세 소녀

정조대왕은 대학자였다. 조선 500년 동안, 나랏님 중에서 학문으로는 단연 1위이고, 대 학자들과 겨루어도 다섯 손가락 안에 든다고 하니, 참으로 대단한 문호였다. 하루는 어느 신하에게 '눈(雪)을 제목으로 하여, '綠'자와 '紅'자의 운을 넣어 시를 지어 오라' 했다.

이 신하는 집에 와서 아무리 생각을 해봐도, 눈을 소재로 시를 쓰는데, 푸를 녹, 붉을 홍, 이런 운자로 시를 쓴다는 것은 사람을 생으로 잡으려는 것이지, 세상에 이런 강운(强韻: 시 짓기 어려운 운자)이 어디 있단 말인가? 생각하다가 그만 병이 나서 병석에 눕고 말았다. 가족이 물어도 대답도 하지 않고 끙끙 앓기만 하였다. 며칠 앓으니, 눈이 쑥 들어가고 기력이 쇠진하여 몸을 가눌 수 없게 되자, 죽을지도 모른다는 생각에서 가족에게 사실을 털어놓았다. 그러자 12살 된 딸이

"아버지, 그 정도를 가지고 여태껏 앓으셨어요?" 하더니

落地聲如蠶食綠 낙지(에) 성여잠식록(이요)
飄空狀似蝶窺紅 표공(에) 상사접규홍(이라)

땅에 떨어질 때는 소리가, 누에가 뽕잎을 먹는 것 같고,
공중에 나부낄 때는 모양이, 나비가 꽃을 엿보는 것 같네.

딸은 깊이 생각하지도 않는 듯, 즉시 그 자리에서 이렇게 불러 주었다. 아버지는 무릎을 탁 치며, "우리 딸년이 날 살렸구나!" 하고 좋아하였다. 싸락눈이 한창 내릴 때는 그 소리가 많은 누에들이 뽕잎을 먹을 때처럼 "쉐에" 하는 소리가 난다. 그리고 큰 눈송이가 공중에서 나부껴 빙빙 돌며 떨어질 때는 나비가 나는 모양과 같지 않던가?

그런데 『대동기문(大東奇聞)』에는 조선 중종 때, 남추(南趎)의 누이가 글을 잘했는데, 하루는 남추가 <눈>을 제목으로 하여, '綠'과 '紅'을 운자로 글을 지으라 하니, 그 누이는 즉석에서 위와 같이 읊었다 한다.

23 일곱살 崔致崙의 詩

최치륜은 고려 때 사람이라 하는데, 확실히 어느 왕 때 사람인지 알 수가 없다. 그가 일곱 살 때, 소나무 분재(盆栽)를 보고, 다음과 같은 시를 지어 세상을 떠들썩하게 하였다 한다.

憐爾千尋質 연이천심질(로)
托玆一小盆 탁자일소분(이라)

가련하다. 너는 천 길을 클 수 있는 자질로서,
한 작은 화분에 의탁하였구나.

誰能移厚土 수능이후토(하야)
直上拂青雲 직상불청운(고)

누가 능히 두터운 땅에 옮기어,
곧게 올라가 청운을 떨치게 할고.

그가 커서 장가갈 나이쯤 되어서, 어느 귀인이 나타나 "내가 후토(厚土)에 옮겨 주겠다." 하며 사위를 삼고 벼슬을 시켰다 하니, 이 아이는 절구의 시 한 수로 앞길이 열렸던 것이다.

24 시 잘 짓는 宋盤

송반의 자는 자경(子景)이요, 호는 유정(柳亭)이니 세종대왕 때 사람이다. 그는 총명하고 시에 재능이 있어 10세에 벌써 시를 잘 지었다 한다.

하루는 스승이 같이 공부하는 동무 두 아이와 함께 <무서움>이란 제목으로 시를 지으라 했다. 한 아이는

明月空山夜 명월공산야(에)
大虎當前吼 대호당전후(라)

달 밝은 밤 빈 산 속에
큰 호랑이가 앞에서 울부짖도다.

하고 지었다. 또 한 아이는

沈沈無月夜 침침무월야(에)
惡鬼蒙血泣 악귀몽혈읍(이라)

달 없는 컴컴한 밤에
피를 뒤집어쓴 악귀가 울도다.

하고 지었다. 그런데 송자경(宋子景)은

欲狎虞美人 욕압 우미인(이라가)
誤擧項王脚 오거 항왕각(이라)

우미인을 희롱하려다가
잘못 항우의 다리를 건드렸도다.

하고 지었다. 다른 아이들의 호랑이와 귀신도 무섭지만, 천하장사 항우의 애인인 우미인을 넘보려다가, 그 것도 밤에 이불 속에서, 실수로 그만 항우의 다리를 건드렸다면, 그 목숨은 죽은 거나 마찬가지다. 이것이 바로 시인 것이다.

또 어떤 이는 위의 시보다는 송반의 시로서

處身不謹愼 처신불근신(하야)
得罪鄕黨人 득죄향당인(이라)

몸가짐을 조심하지 않아서
마을 사람으로부터 죄를 얻는 것이다.

위 시는 도덕적 가치에 기준을 두었다. 무엇보다 무서운 것은 남에게 처신을 잘못하여 손가락질을 받는 것이다. 이것도 호랑이와 귀신을 얘기한 아이들보다는 한 수 높은 생각이다. 그가 날리는 연(鳶:風箏)을 두고 쓴 시에 다음과 같은 것이 있다.

竹骨紙身月滿胸 죽골지신월만흉(하니)
飄然飛上一絲風 표연비상일사풍(이라)

대나무 뼈에 종이 몸, 달이 배에 가득하니,
표연히 한 실오라기로 바람에 날아오르다.

또 그는 젊은 시절, 어느 미모의 청상과부로부터 만나자는, 다음과 같은 연애편지를 받았다.

昨夜東風細雨時 작야동풍 세우시(에)
桃花一朶滿門楣 도화일타 만문미(라)

어제 밤 봄바람에 가는 비 뿌릴 적에,
복숭아꽃 한 떨기가 문미 위에 가득하네.

今宵明月二更夜 금소명월 이경야(에)
我且邀君君莫辭 아차요군 군막사(하라)

오늘 밤 달 밝은 이경이 되거들랑,
내 또한 그대를 맞으리니, 그대는 사양 마시오.

송반은 엄연히 아내가 있는 몸, 이 편지를 받고 단호히 거절하였다. 이처럼 그는 평생에 도리에 어그러진 일은 일체 하지 않았다 한다.

25 錄事의 아들로서 相公의 사위가 되다

녹사(錄事)란 아전처럼 행정사무만 다루는 하류 직업이었다. 녹사의 자식으로서 상공(相公)의 사위가 된다는 것은 꿈도 꿀 수 없는 일이었다. 물론 녹사 벼슬도 양반 출신이 한 경우도 있기는 하지만, 대개는 중인 출신이 하는 일자리였다. 윤효손(尹孝孫)의 아버지는 녹사였지만, 아마 양반 출신인 모양이었다.

일찍이 녹사인 윤효손의 아버지가 어느 정승을 만나러갔다가 번번이 못 만나고 되돌아 왔다. 그 이튿날도 허탕을 쳤고, 계속 만날 수가 없었다.

그 때가 윤효손이 일곱 살 때인데, 아버지의 딱한 사정을 보고, 아버지의 명함 뒤에다 다음과 같은 시를 써서 아버지의 서류에 몰래 넣었다.

相國甘眠日正高 상국감면(이) 일정고(인데)
門前刺紙已生毛 문전자지(는) 이생모(라)

정승이 단 잠을 자는데, 해는 벌써 높이 떠 있어,
문전에 기다리는 이의 서류에는 벌써 부푸러기가 일었네.

夢中若見周元聖 몽중(에) 약견주원성(이면)
須問當年吐握勞 수문당년(에) 토악로(로다)

꿈속에서 만약 주공(周公)을 뵈었더라면
꼭 당시에 토포악발(吐哺握髮)의 수고로움을 물어 봤을 것을.

곧, 민원인은 벌써 서류를 제출해서 서류에 부푸러기가 일었건만, 정승은 아직도 늦잠을 자고 있다는 것이다. 주(周)나라 때, 주공(周公)은 재상을 할 때, 누가 물으면, 상대방의 물음에 친절히 곧바로 대답하느라고 한 끼 식사를 할 때도 밥을 토하고 대답하는 일이 3번이나 있었고, 한 번 머리를 감을 때도, 감던 머리를 3번이나 움켜잡고 대답을 해 준이 있었다 한다. 이렇게 시로써 이 나태한 정승을 훈계한 것인데, 만약 늦잠에서 꿈에 주공을 보았다면, 자기도 백성에게 잘하려고 그 일반삼토포, 일목삼악발(一飯三吐哺, 一沐三握髮) 하는 일을 물어서 공부했을 것이다 하였다.

윤효손의 아버지는 이렇게 아들이 써 넣은 것도 모르고, 이 명함을 정승한테 제출하였다. 정승이 명함 뒤에 쓴 이 시를 보고, 윤효손의 아버지를 불러 이 시를 누가 썼느냐고 물었다. 그래서 "저는 잘 모르겠습니다, 황공하옵게도 아마 저의 자식놈이 쓴 것 같습니다" 하였다. 그래서 정승이 윤효손이 쓴 것이 확실한 것을 알고, "고 어린 것이" 하고 크게 감탄하였다. 그 아이가 크자 자기의 사위로 삼았다 하니, 어린 윤효손도 기특하지만, 문학의 힘이란 이만큼 큰 것이고, 자기의 단점을 지적한 이를 사위로 삼았다면 그 정승 또한 국량이 큰 사람이었다.

26 申沆의 총명

신항은 신숙주(申叔舟)의 증손이다. 그는 총명하여 3세에 송나라 때 황정견(黃庭堅)의 『황산곡집(黃山谷集)』을 독파하였는데, 때마침 그의 아버지 신종호(申從濩)와 조부 신수(申澍)가 한 자리에 같이 있다가 어린 항에게 『황산곡집』을 외어보라 하니, 항은 한 자도 착오가 없었다. 하도 기특하여, 조부 신수가 벽에 걸린 산수도(山水圖)를 가리키며,

"너, 저걸 보고 글을 지어 보아라." 하니,

水碧沙明秋氣高 수벽사명 추기고(하니)
隨陽征雁下叢蘆 수양정안(이) 하총로(라)

물은 푸르고, 모래는 깨끗한데, 가을 기운이 높아,
햇볕을 따라 날던 기러기가 갈대밭에 내리네.

更看烟雨蒼茫外 갱간연우 창망외(에)
一髮青山是我廬 일발청산(이) 시아려(라)

다시 보니, 내와 보슬비, 아련히 보이는 외에,
한 터럭만한 청산 아래 우리 집이 있네.

그는 나중에 커서 성종의 딸 혜숙옹주(惠淑翁主)와 결혼하였고, 중종반정 때, 일찍 대부 반열에 올랐으나, 아깝게도 31세에 영영 눈을 감았다. 죽기 전에 동생 신잠(申潛)에게

"사람에게는 근신(謹愼)이 첫째이고 재능은 그 다음이다. 이 두 가지를 다 가질 수 없다면, 재능을 버리고 근신을 가져야 한다."고 했다.

그는 다음의 시를 읊고 세상을 떠났다.

生存華屋處 생존화옥처(라가)
零落歸山阿 영락귀산아(라)

살아서는 좋은 집에 살다가
죽음에 산언덕으로 돌아가누나.

좋은 가문, 그리고 권력과 지위를 가진 이도 '근신'을 첫째로 삼았다. 높을수록 추락할 위험이 많아서였던가? 그러기에 고령신씨 신숙주의 자손들은 조선시대에 대대로 번영할 수 있었다.

27 朴어사를 도운 白丁집 아이

어사 박문수가 어느 서당에 갔을 때, 아이들이 '원님놀이'를 하였다. 곧 원님 역할을 할 아이를 뽑고, 육방관속(六房官屬) 사령(使令)할 아이, 책방(策房)할 아이, 소지(訴紙) 올릴 아이 등을 정하고 놀이를 시작하였다.

백성 아이 중에 소지 올릴 아이 하나가 소를 올리기를,

"저는 말을 끌고 외나무다리를 건너가다가, 소를 몰고 오는 사람과 마주쳤는데, 소를 모는 사람이 소리를 지르는 바람에 제 말이 놀라 물에 빠져 죽었습니다. 그러니 소 임자에게 말 값을 변상하게 해 주십시오" 하였다. 원 노릇하는 아이가 다 듣고 나서, 책방을 불러 다음과 같이 제사(題辭)를 쓰라고 하였다.

曳馬者 예마자(는) 在前 재전(하고), 曳牛者 예우자(는), 在後 재후(하니), 曳馬者先見乎 예마자선견호(아), 曳牛者先見乎 예우자선견호(아), 曳馬者先見 예마자선견(이니), 誰怨誰尤 수원수우(리오)

말을 모는 사람은 앞에서 몰고, 소를 모는 사람은 뒤에서 모는 법이

니, 말 모는 사람이 상대방을 먼저 보았나? 아니면, 소 모는 사람이 먼저 보았나? 당연히 말 모는 사람이 먼저 보았을 것인즉, 누구를 원망하리오.

하였다.

또 한 아이가 소지 올리기를,

"포수인 제가 사냥을 하다가 여우 한 마리를 쏘았는데, 그만 설맞아서 달아나는 여우를 그 동리 개가 물어 잡았습니다. 그런데 개 주인은 자기 개가 잡았으니 자기 것이라 하는데, 판결해 주십시오." 하였다. 원님 하는 아이가 판결하기를

人之欲 인지욕(은), 在皮 재피(하고),, 狗之欲 구지욕(은), 在肉 재육(이라), 故 고(로), 皮歸於人 피귀어인(하고), 肉歸於狗 육귀어구(하라)

사람의 욕심은 가죽에 있고, 개의 욕심은 고기에 있다. 그러므로 가죽은 사람에게 주고, 고기는 개에게 주라

하였다.

다음에 또 한 아이의 소는

"산에 매 사냥 나갔다가 매를 잃었는데, 마무리 찾아도 찾을 수 없으니 어찌해야 합니까?" 이런 내용이었다. 원님아이는 판결하기를

遊於靑山之物 유어청산지물(을), 得於靑山 득어청산(이라가), 又失於靑山 우실어청산(하니), 問於靑山 문어청산(하고), 靑山 청산(이) 不答 불답(이어든), 靑山 청산(을) 拘縛來 포박래(하라)

청산에서 놀던 물건을 청산에서 얻었다가, 또 청산에서 잃었으니, 청산에게 물어보고, 청산이 대답이 없거든 청산을 잡아오너라.

하였다. 참으로 지혜로운 아이라 생각하였다.

박어사가 이 놀이를 보고, 원님 노릇하는 아이에게

"너는 참으로 영리한 아이로구나! 너의 부모님께 내가 말씀드릴 테니, 날 따라갈래?" 하니, 아이가 그렇게 한다고 하였다. 그래서 아이 부모의 허락을 받고 박어사와 동행하였다.

어느 마을에 들렀을 때, 소를 잃은 주민이 소를 찾고 있었다. 그것을 본 아이는 소는 저쪽으로 갔으며, 소가 왼쪽 눈이 멀었다고 하니, 소 임자가 깜짝 놀라며 그렇다고 하였다. 박어사는 신통하여,

"너는 어찌하여 소를 보지도 않고 저쪽으로 갔다고 하고, 소의 왼쪽 눈이 멀었다고 하느냐?" 하니, 아이는

"아직 굳지 않은 쇠똥이 저쪽 길에 있으니, 저쪽으로 간 것이고, 길 오른쪽의 풀만 뜯어먹었으니, 소가 왼쪽 눈이 먼 것입니다" 하였다. 박어사는 감탄하였다.

또 어느 산중에서 날이 저물어 조그만 오두막에 들어가 묵게 되었는데, 방이 두 칸이었다. 박어사는 아이와 함께 웃방에서 자기로 했다. 그 집에 있는 주인 여자가 하도 절세미인이라 박어사는 아이가 잠든 틈을 타서 어찌 해볼 양으로, 찢어진 문틈으로 그것을 보이며, "이것 봐라, 이것 봐라" 했는데, 여인은 거들떠보지도 않고, 계속 바느질만 하여서 박어사는 그만 누워 잠을 청했다. 조금 있더니, 밖에서 '쿵'소리와 함께 기골이 장대한 남자가 들어오며,

"오늘은 재수가 참 좋다. 멧돼지를 잡았다" 하였다. 여인은 남편으로 보이는 그 남자를 보자마자,

"여보, 윗방에 웬 남자가 아이 하나를 데리고 와 자고 있는데, 나를 보고, 헛수작을 피우니, 단칼에 목을 쳐 버리세요" 하였다. 남편은 우선 배가 고프니 저녁부터 먹은 다음에 실행하겠다고 하였다. 박어사는 그만 간

이 뚝 떨어졌다. 그래도 상의할 데라고는 아이뿐이 없다고 생각하고, 자는 아이를 흔들어 깨우며 귓속말로

"얘, 내가 그만 실수를 했다…" 하니 아이는 벌써 알고

"예, 저도 자는 척 하면서 다 들어 알고 있어요. 저 남자가 올라오면, 자는 척하는 저를 흔들어 깨우시면서, '그것 봐라, 그것 봐라, 빨리 일어나서 이 주인어른께 인사 여쭈어라' 하세요. 그러면 되요" 하였다. 조금 있으니 과연 주인이 칼을 들고 화난 얼굴을 해 가지고, 윗방으로 올라왔다. 박어사는 엉겁결에

"이것 봐라, 이것 봐라, 빨리 일어나, 주인어른께 인사 여쭈어라" 하였다. 주인은 그만 칼을 슬며시 내려놓으며

"공연히 여자 말만 듣고 애매한 사람 죽일 뻔했네." 하였다. 그는 이어

"아드님 이름이 괴상합니다. 실례지만 성씨가 어떻게 되십니까?" 하였다. 박어사는 "예, 제 성은 '조'가이고, 자식놈 이름은 '발'입니다" 하였다.

28 龍短虎長, 圖圓書方을 알아맞춘 아이

옛날 어느 때이던가? 중국에서 조선 땅에도 현명한 사람이 있는가 알아보기 위해 아래 문제를 보내고, 풀어 답하라 하였다. 그 문제는

畵之則圓 화지즉원(하고), 書之則方 서지즉방(하고), 一句以言之 일구이언지(면), 則龍短虎長 즉용단호장(이라)

그리면 둥글고, 글자로 쓰면 모나고, 한 마디로 말하면, 용은 짧은데, 호랑이는 길도다.

바로 이러한 내용이었다. 이 글을 받자마자, 조정에서는 만조신료(滿朝

臣僚)들이 머리를 맞대고 생각했지만, 알 수가 없어서 결국엔 어사를 지방으로 보내어 알아오게 하였다. 그래서 한 어사가 전라도 장성(長城) 땅에 갔을 때, 어느 서당에서 원님놀이를 하는 것을 보았는데, 영리한 아이가 있어서 그 집에 따라 가 봤더니, 그 때 마침 소나기가 막 퍼부어서 꼼짝도 못할 때였다. 그 아이의 어머니가 방앗간에서

"아무개야, 저 비(빗자루) 좀 가져올래." 하니, 아이는 개를 불러 비를 등에 동여매고는, 어머니에게 개를 부르라고 하였다. 이를 보고 있던 어사는 이놈이 보통 아이가 아니라는 것을 알았다. 이윽고, 비는 개이고 날씨가 화창하였다. 둘이 조용히 있을 때,

"얘, 너 말이야. 그리면 둥글고, 쓰면 네모나고, 용은 짧은데, 호랑이는 긴 게 무엇이냐?" 하니, 아이는

"아, 그거요? 여기서도 보여요. 하늘을 처다 보세요" 하였다. 그러자 어사는 무릎을 탁 치며 감탄하였다. '그래, 해로구나, 그리면 동그랗고, 날일 자(日)가, 쓰면 네모 반듯하고, 여름철 해가 인(寅: 호랑이)시에 뜨기 때문에 길고, 겨울철에는 진(辰: 용)시에 뜨기 때문에 해가 짧다.' 바로 그것이로구나 하였다.

그래서 사람들은, 서울에 일만 눈이 장성에 한 눈만 못하다(長安萬目이 不如長城一目이라) 하였다. 그 아이는 바로 노사 기정진(蘆沙 奇正鎭)이었다.

29 꼬마한테 당한 地官

옛날 어떤 사람이 몹시도 풍수를 좋아했는데, 항상 그 집에는 지관이 없는 날이 없었다. 하루는 출타하면서 아들에게

"너, 오늘 아무데서 아무개 지관이 오면, 내가 곧 올 테니 기다리시라고 해라" 하고 일러놓고 나갔다. 그리하여 예정대로 지사(地師)가 왔기에 기다리라고 일렀다. 지사는 혼자서 무료하였던지, 아이에게

"너, 글 지을 줄 아니? 우리 심심한데 글이나 짓자" 하였다. 아이는

"글을 잘 짓지는 못하옵고, 그저 시늉만 합니다." 하였다. 지사는

"그래, 그러면 한 번 지어보아라" 하여 아이는 시 한 수를 지었다. 아이는 전부터 자기 아버지가 너무 풍수에 빠져 있는 게 싫었다. 그래서 다음과 같이 지었다.

風水老人言多空 풍수노인(이) 언다공(하야)
指南指北又西東 지남지북 우서동(이라)

풍수 노인이 헛된 말이 많아서,
남북이 어떻고, 동서가 어떻고 가리키는도다.

若有青山將相地 약유 청산(에) 장상지(인덴)
何不當年葬其祖 하불당년(에) 장기조(아)

만일 청산에 장수나 정승이 날 자리가 있다면,
왜 당장 자기 조상을 그곳에 묻지 않는고?

그 다음부터는 아이 아버지가 다시는 지사를 부르지 않았다 한다.

풍수지리의 원리는 땅에서 생기가 분출되는 곳에 시체를 묻으면 잘 썩지 않으며, 썩어도 곱게 썩어서 뼈가 노랗게 황골이 되는데, 이렇게 조상의 뼈가 생기를 받으면 살아있는 자손에게 전달되어 자손이 번창하고 복을 받게 된다는 이론이다.

소위 혈 자리라는 움푹 들어간 곳에 실험을 해보면 백골이 빨리 썩지 않는 점이나, 남자의 정액을 뽑아 멀리 놓고 모체인 남자의 몸에 위해를

가하면 멀리 떨어진 정액의 기능이 뚝뚝 떨어지는 실험을 TV에서 보고, 필자는 풍수란 것이 자연과학이지 미신은 아닌 상 싶다고 생각하였다. 어떤 이는 "조선시대의 왕들은 최고의 명당에만 골라 썼는데, 왜 자손이 망하고 대가 끊기고 횡사를 하느냐?"고 한다. 필자는 여기에 대하여 생기는 무한이 나오는 게 아닌 유한론(有限論)을 제기하고 싶다.

혈 자리에는 생기가 분출되는 규모에 따라 크고 작은 것이 있다. 예부터 군수를 지내는 혈 자리와 정승을 지내는 혈 자리는 크기가 다르다고 했다. 곧 생기 나오는 규모가 다르다는 것이다. 그리고 그 생기의 양을 다 써버리면 바닥이 나서 생기가 더 이상 안 나온다는 뜻이다.

그러니 조선 절대왕권시대의 왕은 하루아침에도 생기를 얼마나 소모하였을까? 그 생기의 양은 이루 말할 수 없이 많았을 것이다. 그러므로 왕이 죽으면 또 최고의 생기가 분출하는 곳을 찾아야 그 자리를 유지할 수 있었을 게다. 그렇게 생기가 모여들게 하기 위하여 조선시대에는 왕릉에서 보이는 묘란 묘는 모두 파서 강제로 이장시켰던 것이다.

현재도 말하기를 조선시대 이후, 대통령이 수도권 출신이 한 명도 없다. 이것은 서울 경기 일원에 있는 명당이란 명당에는 조선시대의 왕릉이 자리 잡고 있기 때문이 아니겠는가? 자기의 임기를 다 채우지 못하는 위정자는 생기가 고갈되어서인가?

풍수지리란 자연과학임에는 틀림이 없지만, 과연 그 혈자리를 꿰뚫어 아는 이가 고금을 통하여 몇 명이나 있었던가?

30 白馬寒水石

어느 서당에 5세 된 학동 아이에게 훈장이 "너도 시를 한 번 지어 보라” 하니, 그 아이는 다음과 같이 글을 지었다.

白馬寒水石 백마한수석(이라)

백마강에는 물과 돌이 차구나.

아마 부여 백마강 근처에 사는 사람이었던 모양이다. 늦가을이었으므로 훈장은 5세 된 아이의 시로서는 그런대로 잘 지었다고 생각하고,

“그 놈 시재(詩才)가 꽤나 있는 걸… 나중에 크면 시 수나 짓겠다.” 하고, 그 아이에게

“네가 지었으니, 네가 한 번 직접 해석해 보아라.” 하였다. 그 아이가 해석하여 말하기를,

“흰말(白馬)이 차고(寒: 찰 한 ; 발길로 차고),

물고(水: 물 수 ; 입으로 물고),

돌고(石: 돌 석 ; 빙빙 돌고)”

하였다. 과연 아이다운 시이고, 아이다운 해석이다. 아이란 이처럼 순박하다. 말이 발길질하고, 입으로 물고, 고삐를 매어 놓으면 빙빙 도는, 그것만 보았으니, 그렇게 짓고 해석하는 것이 5살 아이들의 진솔한 시인 것이다. 그러나 ‘寒水石’의 글자 배열은 어린이의 초학으로는 문자 배열이 아니다.

필자는 어려서부터, 이율곡의 8세작 “登花石亭” 시를 과연 율곡이 8세 때 지었는지 의아해하고 있었다. 구비문학은 어떤 이를 위대하게 또는 신성시하기 위하여 과장법을 많이 쓴다. 그리하여 될 수 있으면 나이를 아주 낮추어서 3살, 5살, 7살 8살 등으로 말하는 것이다.

31 二歲能文 李山海

이산해는 호는 아계(鵝溪)이니. 조선 선조 때 사람이다. 이지번(李之蕃)의 아들이요, 『토정비결』을 쓴 토정 이지함(土亭 李之菡)의 조카다. 부친과 토정이 경천위지 무불통효(經天緯地, 無不通曉)하듯, 이산해도 어려서 남다른 데가 있었으니, 그는 그의 부친이 중국 연경에 사신으로 가면서 산해관(山海關)에서 자기 부인과 동침하는 꿈을 꾸고 돌아와 태어났으므로 그것을 기념하기 위하여 이름을 산해라 하였다 한다.

한 살에 못하는 말이 없었고, 2세 때 한 농부가 쇠스랑을 어깨에 메고 가는 것을 보고,

"어머니, 저 사람은 참으로 장사네요" 하였다. 그의 어머니가

"네가 그 사람이 장사인 줄 어찌 아느냐?" 하니. 아이는

"보세요, 산(山)을 몽둥이에다 꿰어 가지고 어깨에 메고 가지 않습니까." 하였다. 이렇게 2세에도 시를 지었다 한다. 일곱 살 때 쓴 글을 보면,

一犬吠 일견폐
二犬吠 이견폐
三犬亦隨吠 삼견역수폐
童言山外月如鏡 동언산외월여경
滿庭樹影閑婆娑 만정수영한파사

한 마리 개가 짖는다.
두 번째 개가 짖는다.
세 번째 개가 또 따라 짖는다.
애들은 산밖에 달이 거울 같다고 하고
뜰에 가득한 나무그림자 조용히 꿈틀거린다.

이 또한 훌륭하지만, 역시 7세 때에 밤을 두고 쓴 영율시(詠栗詩)가 더

유명하다.

一腹生三子 일복(에) 생삼자(하니)
中男兩面平 중남(은) 양면평(이라)

한 배에서 세 아들을 낳으니.
가운데 아들은 양면이 편편하도다.

子隨先後落 자수선후락(하니)
難弟亦難兄 난제역난형(이라)

아들들이 앞서거니 뒤서거니 떨어지니
형과 아우가 서로 그만그만하도다.

아계는 어려서부터 글공부를 너무 열심히 하여, 삼촌 토정이 혹시나 뇌가 상할까 염려하니, 아계는 다음과 같이 시를 지어 답하였다.

食遲猶憫況學遲 식지(에) 유민황학지(하고)
腹飢猶悶況心飢 복기(에) 유민황심기(라)

먹는 시간이 더딜 땐, 배움이 더딜까 걱정되고,
배가 고플 땐, 마음도 주릴까 걱정됩니다.

家貧嘗有療心藥 가빈(이라도) 상유요심약(이면)
須待靈臺日出時 수대영대 일출시(라)

집이 가난해도, 일찍이 마음을 치료하는 약이 있다면,
마음이 해 뜰 때처럼 확 열리는 것을 기대할 수 있으리.

하였다. 그는 문과에 장원하여 영의정까지 지내고, 아성부원군(鵝城府院君)에 봉해졌다. 한 번은 누구의 수연잔치에 가서 시를 짓고, 그 밑에 자기의 호를 아옹(鵝翁)이라고 썼더니, 송강 정철(松江 鄭澈)이 농하기를 "공이 이제야 제 목소리를 내시는군요." 하였다. 고양이라고 놀린 것이다.

32 젊은 林白湖의 回鄕

백호 임제(白湖, 林悌)가 약관에 과거에 응시하러 괴나리봇짐을 지고 과천(果川)까지 와서 여관을 정해놓고 밖에 나가 정자나무 밑에서 앉아 있노라니, 그 옆에서 7~8세 되는 아이들이 죽마를 타고 놀고 있었다. 그러다가 놀이에 지쳤는지 한 아이가, 이 죽마놀이를 그만하고 죽마(竹馬)를 제목으로 시를 짓자고 제의하자, 다른 아이들도 호응하여 글을 짓게 되었다.

첫째 아이 : 此馬初年出太原 차마초년(에) 출태원(하니)
이 말이 처음에는 중국에서 나왔으니,
둘째 아이 : 靑蹄應踏玉門關 청제응답옥문관(이라)
푸른 발꿈치로 응당 옥문관을 밟았으리.
셋째 아이 : 當今天下閑無事 당금천하(엔) 한무사(하야)
來繫東風楊柳枝 내계동풍양류지(라)
지금은 천하가 한가하고 할 일이 없어서,
봄바람 부는 버드나무 가지에 매어 놓았노라.

청제(靑蹄)는 상제(上帝)의 준마(駿馬)를 뜻한다. 임백호는 듣고 놀랐다. 어린 것들이 저토록 글을 잘 지으니, 어른들은 얼마나 잘 지을까? 과천이 이 정도니, 서울 아이들은 얼마나 잘할까? "서울 가려면 과천서부터 긴다."더니 그 말이 정말이구나. 내 실력으로 과거에 응시해 본들 합격을 할 수 있을까?

이런 생각을 하고 있는데, 아이들이 어사(御使)놀이를 시작하였다. 한 아이는 어사가 되고, 한 아이는 역졸이 되고, 한 아이는 백성이 되어, 백성이 소지(訴紙)를 올리면 어사가 판결하여 해결해주는 것이었다.

백성인 아이가 소를 올렸다. "제 성(姓)은 본래 임가(林哥)이온대, 목(木) 하나를 도둑맞아, 지금은 목가(木哥)가 되었습니다. 제 성을 찾아주십시오" 하는 것이었다.

그러자 어사가 말하기를

七年大旱 칠년대한 枯死之木耶 고사지목야(든지)
九年洪水 구년홍수 流離之木耶 유리지목야(든지)
汝爾叢中 여이총중(에) 若有林哥姓者 약유임가성자(면)
則取其一便之木 즉취기일편지목(하야) 成事可也 성사가야(라)

7년 가뭄에 말라 죽은 나무라든가?
9년 홍수에 떠다니던 나무라든가?
너희들 중에 만약 임가의 성을 가진 자가 있다면
그 한쪽의 나무를 가져와서 돌려줌이 가할 것이다.

하고 판결을 내렸다. 임백호가 가만히 생각해 보니, 거기에 앉아있다가는 공연히 목가(木哥)가 될 것 같아서 그만 여관방으로 들어갔다가, 그 날 저녁으로 고향을 향하여 발길을 돌렸다 한다.

33 有識한 蒙學先生님

김삿갓이 걸식을 하며 어느 서당에 당도하였다. 과객이 문자를 조금만 알아도 서당에서는 밥 얻어먹기가 수월한 곳이었다. 그러니 김삿갓으로서는 서당을 만난다는 것은 그 날의 행운이었다. 이곳 서당에는 코흘리개 학동 몇 명을 앉혀놓고 훈장이 꽤나 점잖게 앉아 길지도 않은 수염을 쓰다듬고 있었다. 아이 하나가 『동몽선습(童蒙先習)』의 새김(해석)을 읽는데,

"천하에, 아버지에게 밑 대주지 않는 어머니는 없다"라고 새기고 있어서, 김삿갓은 '세상에 저런 글도 다 있나?' 하여, 보았더니,

天下 천하(에) 無不是底父母 무불시저부모(라)
세상에 옳지 않은 부모는 없다.

하는 구절을 가지고 그렇게 새기어 읽는 것이었다. 어조사 "底"가 '밑 저' 자이므로 훈장이 그렇게 가르친 모양이었다. 세상에 요절을 할 일이지만, 김삿갓은 웃음을 억지로 꾹 참았다. 조금 있더니, 『소학(小學)』권쯤 배우고 있는 아이가 시를 지어 바치고 있었다.

今日雨來 금일(에) 우래(하니)
人家不浮有 인가(는) 불부유(라)

오늘에 비가 오니
사람이 사는 집은 물에 떠 있지 않다(다른 것은 다 물에 떠 있는데)

이렇게 지었는데, 훈장은 잘 지었다고 칭찬하며 관주(貫珠: 잘 쓴 구절이나 글자 옆에 동그라미를 치는 일))를 주는 것이었다. 그리하여 김삿갓은 그 서당을 나오면서 다음과 같이 두 글자를 고쳐주고 왔다.

今日偶來 금일(에) 우래(하니)

人家不復有 인가(에) 불부유(라)

오늘에 우연히 와 보니,
사람 사는 집에 이런 일이 다시 있어서는 안 되겠다.

음은 같으면서 다른 글자로 고치었다. 몽학선생이란 코흘리개 어린애들에게 글자만 가르치는 훈장을 말한다. 그러므로 몽학선생에게는 가능한 한 1년 더 이상 배워서는 안 된다.

34 김삿갓의 대표 시

김삿갓의 구비시가 많지만, 어느 것이 진짜 김삿갓의 시인지 확실하지 않은 것이 많다. 문헌에 남아있는 게 아니기 때문이다. 또 그의 진짜 작품이라 하더라도 사람의 기호에 따라, 어느 것을 대표작이라고 말해야 할지 사람마다 다를 것이다.

필자는 김삿갓의 구비시 중에서, 사람의 입에 많이 오르내리며, 다른 이의 작품으로 이의를 제기하는 일이 없고, 독특한 한국적인 시로서, 사람들 입에 가장 많이 오르내리는 다음 작품이 대표작이 아닐까 한다.

김삿갓이 하루는 어느 집에서 밥을 빌어먹었는데, 그 집에서 쉰밥을 주었다. 그래서 그는 다음과 같이 시를 썼다.

二十樹下三十客 이십수하 삼십객(이)
四十家中五十飯 사십가중(에) 오십반(이라)

스무나무 밑에 서른(섧은) 손이,
마흔(망할) 놈의 집에서 쉰밥을 먹었도다.
人間豈有七十事 인간(에) 기유칠십사(랴)

不如歸家三十食 불여귀가 삼십식(이라)

인간에 어찌 일흔(이런) 일이 있으리오.
집에 돌아가 설흔(섧은: 눈치밥) 밥 먹기만 못하구나.

하였다. 그런데 끝에 '三十食'은 '섧다, 서럽다' 로 해석할 수도 있고, '설다, 밥이 덜 익다'로도 해석할 수 있는데, '섧다'(눈치밥)로 해석함이 더 좋을 것이다.

이가원(李家源) 교수는 그의 저서 오류산장시화(玉溜山莊詩話)에서 김삿갓의 시 중에서 다음 한 수만을 소개한 것으로 보아, 이 시를 대표시로 본 것 같다.

去年九月過九月 거년구월(에) 과구월(터니)
今年九月過九月 금년구월(도) 과구월(을)
작년 9월에도 구월산을 지났더니,
금년 9월에도 구월산을 지나네.

年年九月過九月 연년구월(에) 과구월(하니)
九月山光長九月 구월산광(이) 장구월(을)

해마다 9월에 구월산을 지나니,
구월산의 풍광은 항상 9월이라네.

35 치마폭에 쓴 글

옛날에 충청도 어느 고을에 사는 한 청년이 서울에 과거보러 가다가, 도중에 어느 여염집에서 자고 가게 되었는데, 그 주인집 처녀가 너무나 아름다웠다. 그들은 단번에 눈에 불이 튀었다. 남자는 젊은 혈기에 본능적으로 욕구가 일어났지만, 처녀의 처지에서 볼 때는, 혼인을 언약하지 않으면 불가능한 일이었다. 그리하여 처녀는

"서방님, 저를 평생 책임질 수 있겠습니까?" 하니, 청년은

"내 과거에 급제한 후, 집에 내려오는 길에 바로 데려가리다." 하였다. 그래도 처녀로 볼 때는 매우 불확실한 일이어서,

"그렇다면 신표를 남겨 주시옵소서. 이 치마폭에라도 그 언약을 써 주소서." 하니, 청년은 그 즉석에서 다음과 같이 써주었다.

賜金麗水深 사금(하니) 여수심(이요)
賜玉崑岡遠 사옥(하니) 곤강원(이라)

금을 주려니, 여수가 너무 깊고,
옥을 주려니, 곤강 또한 멀도다.

但以一枝筆 단이일지필(로)
許與丈夫心 허여장부심(이라)

다만 한 자루 붓으로써
대장부의 마음을 주노라.

라고 썼다. 곧 천자문에 "金生麗水, 玉出崑岡"에서 나온 말이다. 청년은 과거에 급제하고 다른 여자와 부부의 인연을 맺고, 이 처녀와의 약속을 이행하지 않았다. 그리하여 처녀는 남자를 찾아나서, 서울로 올라가 벼슬하고 있는 그를 만났다. 그러나 남자는 언제 그랬느냐는 듯이 반응이 냉랭하여, 처녀는 그 치마폭에 쓴 글을 내놓자, 남자는 할 수 없이 같이 살게 되었다고 한다.

36 奇緣

최호(崔護)라는 사람은 어느 늦은 봄날에 꽃구경을 나갔다가 돌아오는 길에 어느 집안 정원에 복숭아꽃 아래에 앉아있는 예쁜 아가씨와 눈이 마주쳤다. 서로 눈을 뗄 줄 몰랐는데, 그러나 남녀가 서로 유별하니, 묵묵히 헤어지고 말았다. 그 처녀는 그 늠름한 남자의 용모에 정신이 황홀하여 주야로 그 생각만 하다가 그만 상사병으로 눕게 되었다.

부모는 그 연유를 몰라 고심하던 중에, 딸이 죽을 무렵에서야 딸에게서 사실을 들어 알게 되었다. 그러나 그 총각이 어디에 사는 누구인지를 알지 못하므로 찾아가서 청혼할 수 있는 처지도 아니었다. 애타게 나날을 보냈다. 딸이 말하기를

"제가 죽더라도 땅에 묻지 마시고 시신을 내년 복숭아꽃이 필 때까지만 기다렸다가 장례를 지내주옵소서" 하고는 얼마 살지 못하고 죽었다. 부모는 몹시 슬퍼하여 딸의 요청을 들어주었다.

최호도 그녀를 몹시도 생각하다가 그 이듬해 복사꽃이 만개할 쯤 되어 그녀를 보기 위하여 작년 그 집, 그 자리에 있던 아가씨를 찾아갔다. 그런데 복사꽃은 여전하였으나 아가씨는 보이지 않았다. 그리하여 최씨는 이렇게 읊었다.

去年今日此門中 거년금일 차문중(에)
人面桃花相映紅 인면도화(가) 상영홍(이라)

작년 오늘에 이 집 안에
사람의 얼굴과 복사꽃이 서로 잘 어울리더니

人面不知何處去 인면(은) 부지하처거(하고)

桃花依舊笑春風도화(는) 의구소춘풍(이라)

사람은 어디로 갔는지 알지 못하고,
복사꽃만 옛날같이 봄바람에 웃고 있네.

이렇게 시 한 수를 써 그 집 대문에 붙여놓고 걸어갔다. 혹시나 싶어 최호는 걸음을 느릿느릿 옮기고 있는데, 여인의 부모는 대문에 붙인 시를 보고는 작년에 그 사람임을 알고, 헐레벌떡 뒤쫓아 가서 자기 딸이 죽은 사연을 말하니, 최씨도 슬퍼하여 발걸음을 돌려 여인의 시체를 본즉, 산 이의 얼굴이나 다름이 없었다. 손을 잡고 가슴을 어루만지니 처녀는 부스스 하품을 하며 일어났다 한다.

37 徐花潭과 黃眞伊

송도삼절(松都三絶)이라면, 한국인으로서 모르는 사람이 없을 것이다. 조선 중종 때, 화담(花潭) 서경덕(徐敬德), 그는 문묘(文廟)에는 못 들어갔지만, 조선 시대 도학군자로서 손꼽히는 당대의 최고봉이었다. 황진이 또한 지조 높은 기생이었다. 서화담의 지조를 한 번 빼앗아 보려고, 독서하고 있는 화담의 무릎 위에 벌거벗은 자기의 나체로 다리를 턱 걸치면 그 다리를 걷어치우기를 초저녁부터 새벽까지 되풀이하고서야 황진이는 그만 항복을 했다는 게 아닌가?

당시에 사람들이 황진이에게

"송도에서 누가 최고냐?" 하고 물으면, 황진이는 서슴지 않고 '서화담 선생' 하였고,

"그 다음은 누구인가?" 하면, 자기를 가리켜 '황진이' 하였다 한다. 그

러면 사람들은 "또 그 다음은?" 하면 황진이는 대답을 한참 뜸을 들여서 "에 또, 에, …에… 박연폭포(朴淵瀑布)" 하였다 한다. 다음은 사람으로서는 꼽을 만한 인물이 없으니, 한참 생각하다가 명승지 박연폭포로 둘러댄 것이다. 그래서 박연폭포가 송도삼절에 들어갈 수 있었다 한다. 황진이 덕분에 출세한 박연폭포는 지금도 황진이를 고마워하고 있을 것이다.

그런데 황진이가 화담에게 구애할 때 나의 글에 짝을 채우면 내 서방님으로 삼겠다며, 자기가 먼저 시를 지을 테니 대를 하라 하였다.

梨白桃紅春異色 이백도홍춘이색(이요)

배꽃은 희고 복사꽃은 붉으니, 봄은 다른 색깔이네.

하니, 화담은 곧,

天青水碧月雙輪 천청수벽월쌍륜(이라)

하늘도 푸르고 물도 푸른데, 달은 두 가지 달일레.

하였다. 황진이 감탄하며 자기의 남편이 되어달라고 간청했으나, 화담은 말하기를

"하늘에 달은 진짜 달이지만, 물속에 달은 가짜 달이므로 대가 되지 않으니, 내 그대의 남편이 될 수 없노라" 하고 사양하였다 한다. 서화담의 도학군자적인 시를 하나 더 소개하면,

讀書當日志經綸 독서당일(에) 지경륜(이니)
晩歲還甘顏氏貧 만세(에) 환감안씨빈(이라)

글을 읽는 당일에는 뜻을 경륜에 둘지니,

늦은 나이에 도리어 안자의 가난이 달갑도다.

富貴有爭難下手 부귀(는) 유쟁 난하수(하고)
林泉無禁可安身 임천(은) 무금 가안신(이라)

부귀는 서로 경쟁하므로, 손을 대기 어렵고,
자연은 제한이 없어 몸을 편안히 할 수 있도다.

採山釣水堪充腹 채산조수 감충복(이요)
詠月吟風足暢神 영월음풍 족창신(이라)

산에서 나물 캐고 물에서 낚시하여, 배를 채울 수 있고,
달과 바람을 읊으며, 내 정신을 상쾌하기에 족하다네.

學到不疑知快活 학도불의(면) 지쾌활(이니)
免敎虛作百年人 면교허작 백년인(이라)

학문이 의심치 않는 데 이르면, 쾌활함을 알지니,
헛되이 일생을 사는 사람이 되지는 말아야겠네.

38 宋尤庵과 尹明齋

조선 시대 우암 송시열(尤庵, 宋時烈)과 명재 윤증(明齋, 尹拯)이 앙숙이라는 것은 잘 알려진 사실이다. 그들은 사제지간(師弟之間)이고, 더구나 윤증은 우암의 수제자이며, 윤증의 아버지 윤선거(尹善擧)는 우암의 친구였다.

윤증이 죽은 아버지의 비문(碑文)을 스승인 우암에게 받으려다가 우암이 명쾌하게 써주지 않아서, 서로 원수의 사이로 발전하였다. 그리하여 그들의 관계는 조선 후기의 정치구도까지도 노론 소론으로 갈리는 계기

가 되었다.

하루는 우암이 다음과 같은 시를 지었다.

綠水喧如怒 녹수(는) 훤여노(요)
青山默似嚬 청산(은) 묵사빈(이라)

푸른 물은 시끄러워 성낸 것 같고,
청산은 말없이 찡그린 것 같네.

坐看山水意 좌간산수의(하니)
嫌我入紅塵 혐아입홍진(이라)

앉아서 산수의 뜻을 보니,
내 홍진에 들어옴이 혐의스럽도다.

이렇게 쓴 우암의 시를 윤명재가 보고는, 즉시 반격의 시를 지어서 우암에게로 보냈다.

綠水原無怒 녹수(는) 원무노(요)
青山本無嚬 청산(도) 본무빈(이라)

푸른 물은 원래 노여움이 없고,
청산도 본래 찡그림이 없도다.

若知山水意 약지산수의(면)
何事出風塵 하사출풍진(고)

만약 산수의 뜻을 알았다면
무슨 일로 풍진에 나갔던고.

그 다음의 싸움은 어찌 되었는지 알 수가 없다. 자기가 미워하는 사람이 아무리 좋은 시를 썼다 해도 좋게 느껴질 리가 없는 것은 인지상정이다. 더구나 시란 논리적인 것이 아니기 때문이다.

39 詩天才 醜妓 楚雲이

옛날에 기생이 얼굴만 예쁘다고 과연 기생이었던가? 거기에다 가무도 잘하고 시와 글씨, 그림도 잘하고, 악기까지 잘 다룬다면 최고의 기생이었을 것이다. 그런데 평양기생 초운이는 첫째로 얼굴이 추녀였으니 얼마나 불행했을까? 그녀는 얼굴이 못났기로 유명한 만큼 시만은 누구에게도 추종을 불허하였다.

광해군 때, 평양감사 박엽(朴燁)에게 수청을 들겠노라고 자청하였다가 대망신을 당하였다. 대장부이자 호색가인 박엽은 술 취한 김에

"뭐라고? 너 같이 못생긴 계집이 내 수청을 들겠다고, 참으로 방자한 계집이로구나!" 하고 화를 내었다. 그러나 초운은 포기하지 않고

"다른 기생들은 얼굴로 수청을 듭니다만, 소첩은 시로써 수청을 들겠나이다." 하였다. 박엽은 더욱 화가 났다. 이어 큰 소리로

"네가 만약에 이 즉석에서 시를 짓지 못한다면 형벌이 내릴 줄 알아라." 하고는 '娘!' 하고 운자를 불렀다. 초운은 즉시

妾曾天上月中娘 첩증천상(에) 월중낭(이러니)

첩은 일찍이 하늘나라 달 속에 낭자였는데,

"창녀 창!"

謫下人間第一娼 적하인간(에) 제일창(이라)

인간에 귀양 와서 제일가는 창녀가 되었다네.

"임금 왕"

若使姑蘇臺上立 약사고소대상립(인댄)
不敎西子醉吳王 불교서자취오왕(을)

만약 (夫差가 西施와 놀아난) 고소대(姑蘇臺)에 서게 된다면,
서시처럼 오왕(吳王) 부차를 취하게 만들지는 않았을 것을.

중국의 서시는 요염하게 부차의 혼을 빼앗아, 부차는 정신을 차리지 못하고 그만 월왕 구천(越王 句踐)에게 항복하고는 자살하고 말았던 것이다. 초운은 추기가 아니라 충기(忠妓)였다. 그녀는 몸은 비록 천한 곳에 있고, 얼굴은 추하게 생겼으나, 시 짓는 솜씨만 뛰어난 것이 아니라, 그 시 속에 담긴 정신은 충기(忠妓) 논개(論介)를 생각하게 한다.

40 短髮樵童이 弄笛還이라

충청도 청풍 고을에 김위(金瑋)라는 중년 선비가 있었다. 그는 신착립(新着笠) 시절부터 과거를 보러 다녔건만, 번번이 떨어졌다. 그러나 이번만은 꼭 성공하리라 굳게 믿고 서울로 향해 올라가고 있는 그는 백절불요의 정신으로 그의 의지는 조금도 흐트러지지 않았다.

돈 있는 집에서야 말 타고 종 데리고 가지만, 가난한 김위는 아내의 수식등속을 팔아서 겨우 괴나리봇짐 하나만 달랑 지고 길을 걸었다. 먹고 자는 것도 여관에서 자질 못하고 여염집 사랑에서 과객질을 해야만 했다. 주막 근처는 인심이 야박하여 재워주지 않고 주막에서 5리 정도는 들어가야 인심이 좋아 재워 주었다.

어느 호젓한 마을에 들어서서 사랑채 있는 집을 살펴 주인을 찾아 들었

더니, 집은 부유하였지만 노인은 수심에 쌓인 채 말이 없었다. 김위는 밤중에 뒤가 마려워 밖에 나와 측간에 앉았을 때, 웬 사나이가 담을 넘어 그 집 안채로 들어가는 것을 보았다. 그리고는 아무런 기척이 없었다. 김위는 "분명히 간부(姦夫)로구나" 생각하고 들어와 잠을 잤다. 아침에 일어나 주인 노인에게 "자제가 몇 명이냐"고 물었더니,

"자식 하나 있는 것 키워 성혼까지 시켰으나 성혼한 지 3년도 못되어 행방불명이 됐소이다." 하였다. 이어 동리에서는 흉가라는 소문까지 나돌아 종들마저 떠나고 자기와 청상이 된 며느리, 그리고 여자 종 하나 이렇게 3명의 식구가 있을 뿐이라 하였다.

김위는 자기의 코가 석 자나 되는데, 남의 집일을 신경 쓸 처지가 아니었다. 그 집에서 아침을 얻어먹고 길을 걸어 과천을 지나 남태령 고개까지 왔을 때 날이 저물었다. 인가를 찾아 계속 걷고 있는데 앞에 한 20여 세쯤 된 젊은이가 나타나

"댁은 뉘신데 어딜 가시오?" 하여, 김위는 과거보러 가는 선비라고 알려 주었다.

그랬더니 그 젊은이는

"과거는 이미 어제 끝난 걸요." 하여, 김위는

"무슨 말입니까? 아직도 과거일은 3일이 더 남았는데요." 했더니, 그 젊은이는

"아닙니다. 제가 과거를 보고 떨어져서 오는 중입니다." 하였다. 낙담한 김위는

"그럼, 장원은 누가 했습니까?" 하니, 그 젊은이는

"글쎄요, 김 아무개라 하던데, 이름은 잊어버렸습니다." 하였다. 김위는 "시의 제목은 무엇이 났습디까?" 하니, 젊은이는 "예, '落照'였습니다" 하였다.

"그러면 그 장원한 글을 외고 계십니까?" 하니, 그 젊은이는 "예" 하였다. 김위는

"그럼 한 번 외어 보시구려." 하니 젊은이는 다음과 같이 알려 주었다.

落照吐紅掛碧山 낙조 토홍괘벽산(한데)
寒鴉尺盡白雲間 한아 척진백운간(이라)

낙조의 빛이 붉음을 토해 푸른 산에 걸렸는데
찬 하늘 갈가마귀 떼는 흰 구름 사이를 자질해 가네.

問津行客鞭應急 문진행객(은) 편응급(이요)
尋寺歸僧杖不閑 심사귀승(은) 장불한(이라)

나루를 묻는 길 가는 나그네는 말채찍이 급하고,
절을 찾아 돌아가는 스님은 지팡이가 한가롭지 않네.

放牧園中牛帶影 방목원중(엔) 우대영(이요)
望夫臺上妾低鬟 망부대상(엔) 첩저환(이라)

방목하는 목장에는 소의 그림자가 길게 드리우고
지아비를 기다리는 누대 위에는 아내의 머리가 기웃거리도다.

蒼煙古木溪南里 창연고목 계남리(에)

푸른 연기 고목에 서린 시내 남쪽 마을에는,
....

젊은이는 여기까지 외더니,

"아차! 내가 그만 마지막 구, 글 한 짝을 잊어버렸네." 하고 무척 아쉬워하였다.

김위는 다시 생각해 보라 하고, 그 글을 읽어보니 정말 장원할 만한 시

였다. 감탄하고 고개를 드니, 그 젊은이는 보이지 않았다. 불러 봐도 대답이 없었다. 김위는

"이상한 일이다. 젊은이가 어딜 갔담. 그건 그렇고, 기왕 온 김에 장안 구경이나 하고 가자" 하고 장안에 들어가 보니, 자기가 생각한 대로, 과거일이 아직 3일이나 남아 있었다. 김위는

"그러면 그렇지" 하고 다시 생기가 솟았다. 그리고 김위가 과거장에 들어섰을 때, 다시 한 번 크게 놀랐다. 3일 전 그 젊은이가 알려준 그 시의 제목이 아닌가?

"落照란 제목으로 七律을 지으라." 바로 이것이었다.

김위는 그 젊은이가 알려준 대로 썼다. 자기로서는 그 이상 쓸 자신이 없었기 때문이었다. 그러나 끝에 한 구를 못 들었으니 어쩌나! 그러나 모르니 그가 써넣는 수밖에, 그래서 김위는 시상을 떠올려 생각을 짜내고 또 짜내어 이렇게 채워 넣었다.

短髮樵童弄笛還 단발초동(이) 농적환(이라)
더벅머리 초동이 피리를 불며 돌아오도다.

이 김위의 글이 시관들의 손에 들어가자 논쟁이 벌어졌다. 한 시관은 "이 글이 어찌 산 사람의 글이란 말이요? 이 글은 아무리 읽어 봐도 귀신의 글이외다." 하였다. 그러나 수석 시관이 자세히 읽고 생각하더니,

"아니요, 맨 끝의 낙구(落句)를 좀 보시오. 산 사람의 글이 분명하외다. 短髮樵이 弄笛還이라! 더벅머리 목동이 피리를 불며 집으로 돌아온다. 비록 낙조의 분위기이긴 하지만, 이 얼마나 생동감이 있습니까?" 하였다. 김위는 드디어 장원으로 뽑히게 되었다. 그 남태령 고개에서 만난 젊은이가 무척 고맙고 또 고마웠다.

"이는 분명히 나를 도우려고 온 귀신일 거야!" 이렇게만 생각하고 말았다.

김위는 암행어사를 제수 받고 돌아오는 길에, 고맙게 재워주던 그 노인의 집에 들러보고 싶었다. 마을 입구에 들어서면서 그 마을 이름을 물었더니 '溪南里'라 하였다. 전에 올라갈 때는 무심히 지나쳐 갔었는데 "계남리" 하니, 머리에 떠오르는 것이, 과거시험의 시에서 "蒼煙古木溪南里!" 아차! 이게 필유곡절(必有曲折)이구나. 과거 날짜가 지났다고 했는데 지나지 않은 점, 그렇게도 정확하게 글과 글 제목을 가르쳐 준 점, 전에 계남리에서 자던 그 집에서 밤에 담을 넘던 남자, 모두가 연결이 되었다. 그리하여 그 월담하던 남자와 그 집의 청상 며느리를 문초하여 남편을 살해했음을 밝혀내고, 그들의 자백에 의하여 연못에 물을 퍼서 그 시체를 찾아내어 장사지내 주었다. 그리고 그 시를 알려준 젊은이는 자기의 복수를 위하여 나타난, 그 집의 죽은 도령임을 자연히 알게 되었다.

41 범인 康七升

송도(松都)로 향해 가는 행객의 발길은 무거웠다. 40이 될락말락한 이 사람은 무거운 짐을 지고 땀을 뻘뻘 흘리며 송도로 가는 구리개 고개를 넘어가는 품이 고생깨나 하며 살아온 사람으로 보였다. 송도에는 처음으로 장사하러 가는 길이었다.

그의 이름은 심중(沈重), 그의 눈에는 우연히도 점치는 집의 펄럭이는 깃발이 들어왔다.

"제엔~장, 40이 되도록 이 모양 이 꼴라니, 점이나 한번 쳐볼까?" 하고, 들어가 복채를 물었더니, 20냥이라 하였다. 그의 주머니에 든 장사밑

천 모두가 30냥인데, 여기에 20냥을 써 버리면 어쩌자는 것인가? 그러나 그는 큰맘 먹고 20냥을 선뜻 내고 점을 처 달라고 했더니, 점괘가 다음과 같이 나왔다.

高岩下勿繫船 고암하물계선
燭落臺解髮寢 촉낙대해발침
黍一斗米三升 서일두미삼승

높은 바위 밑에 배를 매지 말 것.
촛불이 뚝 떨어질 때는 머리를 풀고 잘 것.
기장은 한 말인데 쌀은 서 되일세.

점쟁이는 점괘가 아주 불길하니 조심하라 당부하였다. 그러나 심중은 듣는 둥 마는 둥, 복채가 비싸서 아까운 생각만이 머릿속에서 떠나질 않았다. 며칠 후 곧 물건을 배에 싣고 예성강을 건널 일이 생겼다. 때 마침 비는 쏟아지고, 배를 매야 하겠는데 모두들 큰 바위 밑, 비가 쏟아지지 않는 곳에 배를 매었다. 그러나 심중은 그 점괘가 언뜻 생각나서 그 쏟아지는 폭우를 맞으며 다른 곳에다 배를 매고 객줏집에 들어가 잤다. 아니나 다를까? 그날 밤에 벼락이 그 바위를 처서 사람이고 물건이고 강물 속에 모두 수장되고 말았다.

심중은 그제야 복채가 아깝지 않았다. 그리고 3년 후에 돈을 좀 벌어 가지고 고향에 돌아왔는데, 저녁을 먹고 그 동안 지나온 얘기를 아내에게 들려준 후, 막 자려는데 갑자기 촛불이 방바닥으로 뚝 떨어지는 것이었다. 순간 심중은 점괘가 생각나서 상투를 풀고 윗목에서 자는데, 한 밤중쯤 되었는가 싶었는데 잠결에 왼 사람이 자기의 머리를 만지더니, 몇 초도 안 되어 옆에 자는 아내가 비명 소리를 지르며 피비린내가 코를 찔렀다.

살인 누명을 쓰고 관가에 묶여간 심중은 자기가 아내를 죽이지 않았다고 해도 아무 소용이 없었다. 궁리하던 끝에 할 수 없이 그 점괘들을 원에게 바치고 지나온 얘기를 다 말했다. 원은

"지금까지 이 점이 맞았단 말이지" 하고 생각하더니, 그 동리에 사는 '강칠승'이란 자를 잡아다 문초하여 범행을 자백 받았다. 그 '강칠승'은 심중 아내의 정부로서 심중이 없는 사이 심중의 아내와 간통하였고, 또 심중이 돈 벌어왔단 소문을 듣고 살해하려 했는데, 어둠 속에 머리를 풀어 헤쳤으니 그것은 분명 여자일 것이고, 옆에 자는 여자는 만져보나마나 심중으로 생각하여 죽였던 것이었다.

그러면 원은 어떻게 '강칠승'을 찾아내었는가? 기장(黍)이 한 말(一斗)인데, 기장쌀이 서 되(米三升)라면 겨(糠: 康: 강)는 일곱 되(七升: 칠승)가 된다. 점도 이 정도라면 복채가 아깝지 않을 것이다.

42 여류시인 李玉峯

조선 선조 때, 이율곡 선생과 동방생(同榜生)인 운강(雲江) 조원(趙瑗)은 글 잘하는 여류시인 이옥봉(李玉峰: 이름은 媛)의 남편이었다. 어느 고을에 현감으로 있을 때, 아내 이옥봉이 소도둑을 옹호하는 시를 써서 조원과 영영 생이별을 하게 되었다.

당시 옥봉이 사는 고을에서 소도둑의 누명을 쓰고 감옥에 갇힌 사람이 있었는데, 그의 아내가 남편을 위하여 구명운동에 나섰다. 남편을 위하여 시를 잘 써서 신원을 하면 조원을 감동시킬 수 있다는 말을 듣고, 소도둑 피의자의 아내는 이옥봉을 찾아가 간청을 하였다. 또한 조원은 이옥봉의 남편임을 잘 알기로 피의자의 아내야말로 제대로 찾아간 것이다.

그리하여 옥봉은 탄원서 끝에다가 아래와 같이 시를 써 주었다.

洗面盆爲鏡 세면 분위경(하고)
梳頭水作油 소두 수작유(라)

세수할 때는 그 세숫물로 거울을 삼았고,
머리를 빗을 때는 물로써 기름을 대용했네.

妾身非織女 첩신(이) 비직녀(어늘)
郎豈是牽牛 낭기 시견우(리오)

첩의 몸이 직녀가 아닌데,
남편이 어찌 견우(소도둑)이리.

조원은 피의자의 아내가 검소하게 살아온 내용을 시로써 하도 훌륭하게 표현한데 감동하여 소도둑 피의자를 석방하여 주었다. 그런데 나중에 알고 보니, 그 시는 피의자의 아내가 쓴 것이 아니고, 자기의 사랑하는 이옥봉의 작품임에 그만 기분이 상했다. 옥봉이 소도둑 피의자를 속으로 사모했다고 생각해서였을까? 아니다. 조원은 '부녀자로서 시 나부랭이나 지으며 관가에까지 소문을 퍼뜨리는 것'이 싫었다. 여자는 어디까지나 여자다워야 한다는 조원의 도학군자로서의 당시 생각이었다.

어찌되었던 조원은 그 후로 옥봉에게 발걸음을 끊었다. 간다고 해 놓고는 다시 가지 않았다. 그리하여 옥봉은 또 다음과 같이 시를 써 보냈다.

有約何晩來 유약 하만래(오)
庭梅落已多 정매 락이다(라)

약속을 해놓고 어찌 이리도 늦게 오십니까
정원에 매화는 이미 많이 떨어졌습니다.

忽聞枝上鵲홀문 지상작(하고)
虛畵鏡中蛾허화 경중아(라)

홀연히 나뭇가지에 까치 소리를 듣고는
헛되이 거울을 놓고 눈썹만 그립니다.

그러나 조원은 단호하게 옥봉에게로 가지 않았다. 옥봉은 이렇게 조원과 생이별을 한 후에도 조원이 사무치게 그리워 또 시를 써 보낸다.

近來安否問如何근래 안부(가) 문여하(오)
月到紗窓妾恨多월도사창 첩한다(라)

안부를 묻자오니 근래에 어찌 지내십니까?
달이 비단 창에 비춰니 저의 한이 많사옵니다.

若使夢魂行有跡약사몽혼(으로) 행유적(이면)
門前石路便成砂문전 석로(가) 변성사(를)

만약에 서방님께 간, 저의 꿈속의 혼이 자취가 있다면,
문 앞에 돌길이 모두 닳아서 모래가 되었을 것을…

얘기가 나온 김에 이옥봉에 대하여 더 말해 보겠다. 그녀는 명종 때 군수 이감(李湴)의 딸인데 왕손이었다. 어려서부터 시를 잘하여, 인물 좋고 글 잘하는 남편을 고르려고 하다 보니 그만, 부모의 반대에도 불구하고 유부남 조원의 부실로 가게 되었다. 유학자 조원은 당시의 분위기대로 여성은 조신하게 가정에 충실해야 한다는 생각에 옥봉이 맞춰주지 못하자, 결국 헤어지게 되었다.

그는 16세 처녀 때, 영월 단종 능에 갔다가 시를 지었는데, 당시에 장안에서 꽤 떠들썩하였다. 당시 재상 상촌(象村) 신흠(申欽)까지도 극찬하였으니, 그의 시를 보면,

五日長關三日越 오일장관(을) 삼일월(하니)
哀歌唱斷魯陵雲 애가창단 노릉운(이라)

5일에 갈 수 있는 길을 3일에 오니
슬픈 노래 불러 노릉(魯陵)의 애를 끊네.

妾身亦是王孫女 첩신(도) 역시왕손녀(인데)
此地鵑聲不忍聞 차지 견성(을) 불인문(이라)

이 몸도 역시 왕손의 딸인데
이곳에 두견새 소리를 차마 듣지 못하겠네.

단종의 슬픈 역사를 읊은 것이다. 이와 같이 16세 소녀일 때, 그의 시는 이미 수준 높은 경지에 올라있었다. 그의 영우시(詠雨詩)를 보면 너무나 주옥처럼 아름답다.

終南壁面懸青雨 종남벽면(에) 현청우(러니)
紫閣霏微白閣晴 자각(에) 비미(하니) 백각청(이라)

종남산 절벽에 푸른 비가 걸렸더니,
자운각에는 가랑비 부슬부슬, 백운각엔 맑아 있네.

雲葉散邊殘照淚 운엽산변잔조루(요)
漫天銀竹過江橫 만천은죽과강횡(이라)

구름 잎 흩어지는 가에는, 여우 빛에 눈물 뿌리고,
하늘을 적시는 흰 대(소나기)는 강을 빗겨 지나가네.

또한 『대동기문(大東奇聞)』에는 다음과 같은 옥가루를 소개하였다.

神勒煙波寺 신륵연파사(요)

淸心雪月樓청심설월루(라)

신륵사 앞에는 안개 낀 물결 일렁이고,
청심루 가에는 눈 속에 달이 밝구나.

또, 어떤 이가 자기를 방문해 준 데 대하여 감사함을 표하며 지은 시를 보면,

庭痕雨裏屐정흔우리기(요)
門到雪中驢문도설중려(라)

뜰에는 빗속에 나막신 흔적 남았고,
문에 당도하니 눈 속엔 나귀 발자국.

43 갓 쓰고 갓모 쓰고

사율(四律)에서 가운데 두 연은 대(對)를 해야 하기 때문에 그러한지 한국에는 예부터 대가 발달하였나 보다. 흔히 말하는

"눈(雪)이 눈(眼)에 들어가니, 눈물(雪水)이냐? 눈물(淚)이냐?"에 대를 해 보라. 하면

"창(槍)으로 창(窓)을 찌르니, 창구멍(槍孔)이냐? 창구멍(窓孔)이냐?"로 대한다. 정말로 명대(名對)다.

그러나 또 엄격히 따져보면, 전자는 장단음(長短音)의 구별이 있는데 비하여, 후자는 장단음의 구별이 없으니, 정확한 대가 아니라는 것이다.

옛날에 한 아이가 하도 영리하여 그 아버지는 훌륭한 스승을 찾아 교육을 시키려고 한 스승에게 맡겼는데, 스승은 아이를 보자마자 아이의 재주를 시험해 보았다. 스승은 문지방을 가랑이 사이에 두고,

"내가 지금 문 밖으로 나가겠느냐? 아니면 방으로 들어가겠느냐?" 하고 아이에게 물으니, 아이는 박수를 치며,

"선생님, 박수 소리가 지금 저의 왼 손바닥에서 났습니까? 아니면 오른 손바닥에서 났습니까?" 하였다. 아이는 스승이 '들어가시겠습니다'라고 말한다면, 스승은 나갈 것이고, '나가실 것입니다' 하면, 스승은 들어갈 것이다. 스승 또한, '소리가 왼 손바닥에서 났다'고 하면, 아이는 '오른 손바닥에서 났다'고 할 것이고, 또 '오른 손바닥에서 났다'고 하면, 아이는 '왼 바닥에서 났다'고 말할 것이다.

위의 것도 아이 수준에서는 순간적 기지가 기발하여 언뜻 생각하면 대가 잘 된 것 같다. 곧 상대방의 답에 반대로 말할 수 있는 것은 분명 대가 잘 되었다. 그러나 그 환경설정이나, 시제가 딱 부합되지 않는다는 점이다. 곧, 문지방을 가랑이 사이에 두고, 들어가고 나가는 문제와, 두 손바닥이 합쳐져서 협동으로 소리를 내는 것과는 환경이 다르기 때문이다. 곧 들어가고 나가는 문제는 반대로 행동하면 상대방의 주장을 100% 반대로 행동할 수 있지만, 박수는 이미 두 손바닥이 합쳐서 소리가 났기 때문에, 왼쪽 손바닥이 아니고 오른쪽 손바닥에서 소리가 났다고 우긴다고 해서 상대방이 수긍하는 것이 아니다.

한시의 대는 위와 같이 대충 맞으면 된다. 가다-오다, 남-녀, 암-수와 같이 정확하지 않아도 된다. 그러나 정확하면 더욱 좋다. 예부터 한시에서 대하기 어려운 것을 예로 들면

狗杏花發虎蝶來 구행화발호접래 (바깥짝)
개살구 꽃이 피니, 호랑나비가 오더라.

위에서는 개와 호랑이는 천적 관계라는 점과, 꽃과 나비가 밀접한 관

계에다가, 꽃(식물) + 나비(동물)의 구성이라는 점이다. 이 점이 여기서 특성이 되고, 나머지 '피다'와 '오다'는 흔히 있는 일반적인 것이다. 위 시는 예부터 대를 할 수 없어서 대가 없다고 했는데, 어떤 이는 다음과 같이 대를 하였다 한다.

鼠桑葉大猫蚕出 서상엽대묘잠출 (안짝)
쥐뽕나무 잎이 커지니, 괴누에가 나온다.

여기서는 쥐와 고양이가 천적 관계이고 뽕잎과 누에가 밀접한 관계이면서 뽕(식물) + 누에(동물)로 되어 있다. 그리고 개살구-쥐뽕, 꽃-잎, 피다-커지다. 호랑이-고양이, 나비-누에, 오다-나오다와 같이 대가 아주 잘 되어 있다. 그런데 좀 미흡한 점이 있다면, 호랑나비는 사람들이 일반적으로 잘 알고 있지만, 괴누에는 일반적으로 잘 알고 있지 못하다는 점이다.

대에서 절대적인 것은 글자의 위치와 어구의 구조는 안짝과 바깥짝이 같아야 한다. 예를 들면 안짝이 명사+ 동사의 구조이면 바깥짝도 명사+ 동사의 구조라야 한다. 곧 안쪽이 천적의 구조이면 바깥짝도 천적의 구조라야 한다. 다시 이 시를 보면

鼠桑葉大猫蠶出(안짝)
狗杏花發虎蝶來(바깥짝)
鼠桑-狗杏, 葉大-花發, 猫蠶-虎蝶, 또는 鼠-狗, 桑-杏, 葉-花, 大-發, 猫-虎, 蠶-蝶, 出-來.

로 되어 있다.

위에서와 같이 문법적 구조가 중요하고, 뽕나무의 대가 꼭 살구나무가 아니라도 무방하고, 배나무나 밤나무나 대추나무 소나무도 상관이 없다.

친구끼리

"'갓 쓰고 갓 못(갓모, 또는 갈모) 쓰고'의 대를 해 보아라." 하면

"술 먹고 술 안(수란) 먹고"로 대를 한다. 갓을 썼는데, 갓을 못 쓴 것이나, 술을 먹었는데 술을 안 먹은 것이 대가 잘 되어 있다. 요사이 젊은이들은 텔레비전을 보아서 선비들이 쓰는 갓을 잘 알 것이다. 그러나 갓모는 모를 것이다. 갓은 말총으로 엮어서 겉에다 아교를 칠하여 만든 것인데 만들기도 어렵거니와 아주 정교하여 한 번 망가지면 상당한 돈을 주고 다시 사야 한다. 그런데 밖에 나다니다 비를 맞았다 하면, 그 갓은 망가지고 만다. 그러므로 갓을 비로부터 보호하는 우산 역할을 하는 것이 갓모(갈모)인데, 두꺼운 한지에다 식용기름을 먹여 고깔처럼 만들어 착착 접어서 항상 휴대하고 다닌다. 그러다 빗방울이 떨어진다 싶으면, 얼른 갓 위에 씌우고 끈으로 잡아매도록 되어 있다. 그리하여 "갓을 쓰고 그 위에 갓모를 쓰다는 뜻이다" 얼핏 들으면, 갓을 썼는데, 갓을 못 썼다는 말로 들린다.

그러면 수란은 무엇인가? 요사이는 계란을 프라이해서 먹지만, 옛날에는 냄비에 물을 펄펄 끓이다가 계란을 깨어 넣어 통째로 익힌 것이 수란이다. 술 먹은 다음 안주로 수란을 먹는데, "술 먹고 수란 먹고"를 얼핏 들으면 술을 먹고 또 술을 아니 먹는다는 말로 들린다. 아주 명대인 것이다.

대는 주로 시인들이 잘한다. 그러면 조선시대에 누가 유명할까? 김삿갓이 시를 잘했으니 물론 유명하겠지만, 그보다도 정조 때 윤행님(尹行恁)이 가장 유명하였다. 정조는 임금님이자 대문호였으니, 정조도 대를 잘 하였음은 물론이다. 정조와 윤행님은 자타가 공인하는 어수지교(魚水之交)로 학문뿐만 아니라, 정치에서도 서로 밀접하였다. 정조는 윤행님에게

"'오동 열매 동실동실'에 대해 보아라."

하면, 윤행임은 그 말이 떨어지기 무섭게

"보리 뿌리 맥근맥근(매끈매끈)" 하였다.

오동(梧桐)의 열매이니까 동실동실(桐實桐實)이고, 보리 뿌리이니까 맥근맥근(麥根麥根)이다. 그런데 실상 이것도 보리뿌리를 뽑아 보면, 매끈매끈하지 않고 실뿌리가 다부룩하다. 대는 어디까지나 말의 유희이니까. 실물과 좀 달라도 상관없다. 정조는 또

"석류나무 류(榴) 자(字)에 대하여 대해 보아라."

하면, 윤행님은 바로

"고기 잡을 어(漁)" 하였다. 곧

碩儒那無類 석유나무 류(榴)
高妓自不語 고기자불 어(漁)

큰 선비라고 하여 어찌 동류(同類)가 없겠는가?
고고한 기생은 스스로 말을 하지 않는다.

또 정조는,

"九月山中春草綠 구월산중(에) 춘초록(이요)

'구월산 속에는 봄풀이 푸르다'에 대해 보아라." 하니. 역시 윤행님은 바로,

"五更樓下夕陽紅 오경루하(에) 석양홍(이라)

'오경루 밑에는 석양빛이 붉더라'" 하였다.

곧, 산 이름은 "九月山"이지만, 계절은 봄이니까 봄풀이 푸를 수밖에, 다락의 이름은 "五更樓"이지만 석양 무렵이니까 석양빛이 붉을 수밖에.

또 정조는

"蚊聲暮起疎籬 문성(은) 모기소리(요)

'모기 소리는 저물게 성근 울타리에서 일어나고'에 대하여 대해 보아

라.” 하니, 윤행님은 이어,

“蜃氣朝開奇雲신기(는) 조개기운(이라)

‘신기루(조개 기운)는 아침에 기이한 구름을 만든다.’” 하였다.

곧, 蚊聲이니까 모기 소리이고, 蜃氣이니까 조개 기운이다. 정조는 또

“닭 볏이 겨우(계우: 鷄羽: 겨우) 열다섯이오(열다서시오: 十五)에 대하여 대해 보아라.” 하니, 윤행님은

“말 이가 마치(馬齒) 하나 둘이니(이니: 일이: 一二)” 하였다. 이것도 매우 기발하다. 또 정조가

“雨洗蓮花우세연화(는), 三千宮女 沐浴之狀 삼천궁녀 목욕지상(이요)

‘비에 씻긴 연꽃은 삼천궁녀의 목욕하는 모양이요’에 대하여 보아라.” 하니, 윤행님은

“風動竹葉풍동죽엽(은), 十萬丈夫 暄嘩之聲 십만장부 훤화지성(이라)

‘바람에 흔들리는 댓잎은 십만장부의 고함지르는 소리다’” 하고 대하였다. 또 정조는

“다섯 마리 송아지〔五犢〕가 눈길을 오독오독(五犢五犢) 걸어간다.에 대하여 대해보아라” 하니, 윤행님은

“여덟 마리 까치〔八鵲〕가 풀밭을 팔작팔작(八鵲八鵲) 뛰어간다.” 하였다.

어느 날 하루는, 밤에 정조가 대궐 추녀 끝에 단, 등불을 가리키며 “저게 무엇이냐?”하고 물었다. 그 이름이 “경부”인데 순 조선말이다. 정조가 몰라서 물은 게 아니었다. 윤행님과 농담을 하기 위한 것이었다. 곧 ‘경부’이면, ‘경의 아버지〔卿父〕’란 뜻이 된다. 그러자 윤행님은 그 뜻을 알아차리고, 그 경부 있는 데로 어린아이처럼 아장아장 걸어가다가 갑자기 홱 돌아오면서

“어비” 하였다.

그 불이 무섭다는 뜻이다. 아이들이 무서우면 "어비" 한다. 곧, 어비는 "어부" 御父, 御는 임금님, 곧 '임금님의 아버지'란 뜻이다. 대는 기가 막히게 기발한 대이지만 이것이 나중이 큰 문제가 될 줄이야!

그런데 윤행님의 수명도 정조의 죽음과 함께 운명을 같이 하게 된다. 윤행님은 소론(少論)이었다. 정조가 죽자, 그 이듬해 안동김씨 정순왕후가 시파(時派)를 숙청할 때, 김조순(金祖淳)의 상소로 참형되었다. 노론(老論) 쪽에선 윤행님을 때려잡아야 하는데, 아무리 잘못을 찾아봐도 흠잡을 건더기가 하나도 없었다. 찾다찾다 없으니, 나중에는 "어비"를 가지고 역적으로 몰아 참형을 시켰다. "신하가 왕에게 감히 御父: 너의 애비! 라니, 이게 있을 법이나 한 일인가? 역심을 품은 자가 아니고서야 어찌 이런 농을 왕에게 할 수 있단 말인가?" 이것이 노론에서 소론 윤행님을 때려잡은 내용이었다.

구비 한시에서, 또한 대(對)를 잘한 것은 모두 윤행님의 것으로 돌려붙이는 수가 있는데,

秋風嶺上春花開 추풍령상(에) 춘화개(하고)
直指山下曲路何 직지산하(에) 곡로하(오)

추풍령 고개 위에는 봄꽃이 피었고,
직지산 밑에서 길이 굽으니 어찌할꼬?

이것도 위와 같은 재미있는 시이다. 추풍령에는 가을꽃이 피어야 하는데, 봄꽃이 피었고, 직지산(直指山)에는 길도 곧아야 하는데, 길이 구불구불하다. 이 시도 윤행님의 것인가 모르겠다. 또 이런 글도 있다.

鳥去枝二月 조거지이월(이요)

風來葉八分 풍래엽팔푼(이라)

사람들은 위의 시를 해석해 보라고 한다. 곧 二月은 한 달+한 달이다. 그러므로 鳥去枝二月은 "새가 가버리니 나뭇가지는 한달한달(한들한들) 한다"란 뜻이다. 또 八分은 너 푼+너 푼이므로, 風來葉八分은 "바람이 부니 나뭇잎이 너푼너푼(너풀너풀)한다"는 뜻이다.

44 前村엔 猶有未炊時라

주문공(朱文公), 곧 주자(朱子: 朱熹)가 자기 사위집에 다니러 갔다. 딸은 가난하게 살아서 친정아버지가 모처럼 오셨건만 고기 한 칼 살 수 있는 형편이 아니었다. 저녁상에는 보리밥, 그리고 파를 넣고 끓인 된장국이 고작이었다. 사위는 송구스러워서

"빙장 어른, 모처럼 오셨는데 찬이 없어서 어떡하지요. 죄송합니다. 다음에 오실 때는 먼저 연락을 주시고 오십시오, 반찬을 좀 준비해 놓겠습니다." 하였다. 그 말을 들은 회암(晦菴: 주희의 호)은

"아니야, 이만하면 충분하지, 뭘 여기서 더 잘 먹나?" 하고, 시를 지어 위로하였다.

葱湯麥飯兩相宜 총탕맥반(이) 양상의(하니)
葱養丹田麥療飢 총양단전 맥요기(라)

파국에 보리밥은 둘이 서로 잘 어울려,
파는 단전을 길러 주고, 보리는 요기가 된다.

莫道此中滋味薄 막도차중(에) 자미박(하라)
前村猶有未炊時 전촌(엔) 유유미취시(라)

여기에서 맛이 없다고 말하지 말라,
앞마을에서는 끼니를 끓이지 못하는 집이 있어.

안빈낙도(安貧樂道)하며 검소하게 사는 주자, 그가 조선에서는 공자, 다음으로 숭앙받는 인물이었다. 그리하여 이 주자의 보리밥 시는 많은 사람의 입에 오르내리며 안빈낙도의 정신을 배웠던 것이다.

45 李儁 열사의 시

이준 열사는 고종황제의 밀사로 헤이그에서 열리는 만국평화회의에 참석코자 갔으나, 일본의 방해로 참석이 불가능하여 일본의 침략과 대한독립을 알리는 과정에서 차질이 생기자, 분개하여 죽은 애국지사임을 잘 알고 있을 것이다.

그는 평소에 다음과 같은 시를 지어 자기를 연마하였던 것이다.

求學切於春望雨 구학절어춘망우(요)
持心恒若夜聞雷 지심항약야문뢰(라)

학문 구하기를 봄에 비를 기다리는 것보다 더 간절히 하고,
마음 갖기를 항상 밤에 우레 소리 듣는 것 같이 하라

이 글이 어디에 들어있는지 알 수 없으나, 한국인들은 이 시 한 연(聯)을 좌우명으로 하여 책상 위에 써 붙이고 교훈으로 삼는 이가 많았다.

46 可留오 非還이라

필자가 구비한시를 들을 때는 한국전쟁 직후가 되기 때문에, 일제에서 해방된 지도 얼마 되지 않은 때였다. 그리하여 그 당시에 농촌에 있는 어른들이

"정치는 그래도 일본 놈들이 잘 했어" 하는 말을 많이 들었다. 자유당 시절에는 돈만 있으면 죽는 사람도 다 살렸고, 그 전쟁이 치열한 와중에도 돈 있고, 똑똑하다는 사람들은 군대에도 안 가고 살았다. 날마다 전투가 벌어져 사람이 죽어 유골이 와도, 주로 돈 없고 줄 없는 불쌍한 사람들이었다. 그 때에 사람들은 그런 말(일본 놈들이 정치는 잘 했어)을 많이 했다. 그러니 일본의 정치는 어느 정도 부정부패 없이 공정했다는 뜻일 것이다.

어찌 되었건 해방 직후라 일본인들의 시도 인구에 많이 회자되었다. 다음 소개하는 것은 시가 아니고 편지글이다. 일제 강점기에 어느 사업가가 일본인 관리에게

청어 10마리, 홍시 한 접(100개), 붓 10자루, 돈 10냥

위의 것을 선물하였더니, 그 일인 관리에게서 고맙다는 편지가 왔다.

"海上青十해상청십(과), 樹末紅百수말홍백(이), 感謝無地감사무지(하고), 而毫可銅非이호가동비(하니), 可留가유(오) 非還비환(이라)"

바다 위에 푸른 것 열 마리와, 나무 끝에 붉은 것 백 개가, 감사하기가 이를 데 없사오며, 터럭(붓)은 가하지만, 구리(돈)는 옳지 못하니, 가한 것은 머물러 두고, 옳지 못한 것은 돌려보냅니다.

하고, 위 물품을 인사나 폐백으로 여겨 받아드리고, 돈 10냥만은 뇌물로 간주하여 돌려보냈다 한다.

47 人生到處에 有靑山이라

지금도 70대 이상 노인 중에서 일제강점기에 공부한 이들은 "人生到處有靑山"을 말하는 이들이 가끔 있다. 또 그 입지전적 의지가 청운에 뜻을 두고 공부하는 학생에게는 부합되기 때문일 것이다.

男兒立志出鄕關 남아입지 출향관(하니)
學若不成死不還 학약불성사불환(이라)

사내가 큰 뜻을 품고 고향 관문을 나왔으니,
학문을 이루지 못한다면 죽어도 돌아가지 않으리.

埋骨豈期墳墓地 매골(에) 기기분묘지(하랴)
人生到處有靑山 인생도처(에) 유청산(이라)

뼈를 묻음에 어찌 명당자리를 구하랴
인생이 가는 곳마다 청산은 다 있는 것을…

죽도록 노력하다가 죽으면 그만이다. 꼭 고향 명당자리에 묻혀야만 하는가? 산은 어디에고 있는 것을…

위 시는 일본의 이등박문(伊藤博文)이 퍽이나 좋아했던 모양인데, 그는 입지전적 인물이었기 때문일 것이다. 일제강점 당시 사람들은 이 시를 이등박문이 지었다고 했다. 그러나 이 시는 그보다 옛날에 성오(性五)라는 일본의 스님이 지은 것이다. 하여튼 한국인도 이 시를 많이 좋아하여 외곤 하였다. 일제강점기에 공부한 이들이 이 시를 아는 것은 일본인이 지은 것이기 때문이다.

이등박문의 시로서 한국인 인구에 회자되던 것은

松收萬木餘春立 송수만목 여춘립(이요)
溪合千峰散雨鳴 계합천봉 산우명(이라).

솔은 많은 나무에서 남은 봄을 거두어 서 있고,
시내는 모든 산봉우리의 비 뿌리는 소리를 모아 울고 있도다.

이등박문 시 또한 기교가 대단함을 알 수 있다.

48 宮本이란 일본 사람의 詩

이 궁본이란 사람은 자세히는 모르지만, 시의 내용으로 보아서 일제강점기가 아닌 조선 말기에, 조선에 사신으로 다녀간 사람이 아닐까 한다. 그의 시를 보면,

一天之下地相分 일천지하(에) 지상분(하니)
海路茫茫隔水雲 해로망망 격수운(이라)

한 하늘 밑에 땅이 서로 갈리었으니,
바닷길은 멀고멀어 물과 구름으로 막혔네.

衣冠丙子年初見 의관(은) 병자년초견(이요)
風俗壬辰歲已聞 풍속(은) 임진세이문(이라)

의관은 병자년(병자수호조약)에 처음 보았고,

풍속은 임진년(임진왜란)부터 이미 들었노라.

土産不同宜換寶 토산(이) 부동 의환보(하고)
方言有異以通文 방언(이) 유이 이통문(이라)

토산품이 같지 않으니 서로 귀중품으로 바꾸고,
나라 말이 같지 않으매 서로 글로 통하도다.

交隣厚誼今如許 교린후의(가) 금여허(하니)
泛棹滄溟萬里濆 범도창명 만리분(이라)

국제간에 우의가 이제 이와 같으니,
배를 만 리 머나먼 넓은 바다에 띄우노라.

"交隣厚誼로써 배를 바다에 띄운다." 했으니, 조선 시대 일본외교관, 아니면 유명인사로, 병자수호조약 때쯤에 다녀간 일본 관리임에 틀림이 없다. 필자가 6·25전쟁 후에도 이 시를 들었을 정도라면 이 시가 한국인들에게 상당히 회자되었을 것이다.

49 雩南의 詩

6·25 동란 직후 대통령 이승만(李承晩) 박사의 시가 사람들의 입에 많이 오르내렸다. 우남(雩南) 이승만 박사는 독립운동, 미국유학, 해외정치활동 등을 하면서도 어려서 배운 한시를 항상 써 왔고, 대통령에 취임한 후에도 시간이 허락할 때마다 한시 쓰는 일을 잊지 않았다. 그리고 그 작품이 매우 좋아서 사람들은 많이 애송하였다. 다음은 6·25 한국 전쟁을 두고 지은 것이다

半島山河漲戰烟 반도산하(에) 창전연(하니)
胡旗洋航蔽蒼天 호기양항(이) 폐창천(이라)

한반도 산하에서 전쟁의 연기가 불어나,
오랑캐 깃발, 서양의 항공기가 푸른 하늘을 뒤덮네.

流離盡是無家客 유리(는) 진시무가객(이요)
漂泊誰非辟穀仙 표박(은) 수비벽곡선(가)

떠도는 이는 모두가 집 없는 사람들이고,
유랑하는 이가 누군들 벽곡하는 신선이 아니리.

城市遺墟餘古壁 성시유허(엔) 여고벽(이요)
山川燒地起新田 산천소지(엔) 기신전(이라)

도시의 폐허에는 헐어진 벽만이 남았고,
산과 들의 타 버린 곳에는 새 밭을 일구네.

東風不待干戈息 동풍(은) 부대간과식(하고)
細草遍生敗壘邊 세초(는) 편생패루변(이라)

봄바람은 전쟁이 그치기를 기다리지 않고,
새싹은 골고루, 폭격 맞은 진터에도 돋아 나오네.

유랑하는 이는 모두가 벽곡선(辟穀仙: 밥을 먹지 않고 사는 신선)이란 말은 모두 굶었다는 뜻이다. 이 작품 중에서 특히 낙구(落句)에서, "자연은 전쟁이 끝나기를 기다리지 않고, 잔풀은 폭격 맞은 폐허에 골고루 돋아난다"는 내용(東風不待干戈息, 細草遍生敗壘邊)은 많은 사람들로부터 칭송을 받았다.

三十離鄉七十歸 삼십(에) 이향 칠십귀(하니)

歐西美北夢依依 구서미북(에) 몽의의(라)

삼십 세에 고향을 떠났다가 칠십에 돌아오니,
서유럽, 북미에 있던 일들이 꿈속에 어렴풋하네.

在家今日還如客 재가금일(에) 환여객(이라)
到處逢迎舊面稀 도처봉영(이) 구면희(를)

집에 있는 오늘이 도리어 손님 같고,
도처에서 만나 맞이하는 이들은 구면이 드물다네.

그는 乙酉년에 해방이 되자마자 귀국하여 이 시를 쓴 것이다.

50 白凡 金九선생의 愛誦詩

몇 년 전에 텔레비전에서 백기완(白基琓) 선생이 전에 백범 선생에게서 서예작품을 선물로 받았노라고 소개함으로써 현재 젊은이들도 많이 외고 있다.

踏雪野中去 답설야중거(하니),
不須胡亂行 불수호란행(이라)

눈을 밟고 들 가운데로 가니,
모름지기 어지럽게 가지 말지어다.

今日我行跡 금일아행적(은)
遂作後人程 수작후인정(이라)

오늘 내가 가는 이 발자취는
나중에 뒷사람의 가는 길이 된다네.

평생 국가를 위하여 바르게 살아온 애국자는 글 또한 후생들에게 참다운 교훈을 주고 있다. 그런데 이 시는 조선 선조 때 서산대사(西山大師)가 지었다고 한다.

51 袁世凱, 안중근 의사를 찬양하다

일제 강점기에 조선을 통치하던 이등박문(伊藤博文), 그를 죽인 안중근(安重根) 의사, 모두가 각기 나라 국민으로부터 존경을 받았는데, 이등박문은 청렴결백한 사람으로 입지전적인 인물로 숭앙을 받았고, 안중근 의사는 애국지사로서 한국뿐만 아니라, 적국인 일본의 사람들로부터도 숭앙을 받았다. 여순감옥에서 일본인 간수도 안 의사의 전기를 쓸 정도였다니, 그리고 지금도 일본에서는 기념관을 지어놓고 안 의사를 기린다고 하니, 일본인들의 한 측면에서는 민족의 벽을 넘어 의사를 알아모시는 기풍이 가상하기도 하다.

원세개도 안중근 의사의 만장을 다음과 같이 지었다.

平生營事至今畢 평생영사(를) 지금필(하니)
死地圖生非丈夫 사지도생(이) 비장부(라)

평생에 마음먹은 일을 이제야 끝내니,
죽을 곳에서 삶을 도모함은 장부 아니라네.

身在三韓名萬國 신재삼한(이나) 명만국(이요)
生無百歲死千秋 생무백세(나) 사천추(라)

몸은 삼한에 있으나, 이름은 만국에 빛나고,
삶은 백년을 못 넘겼건만, 죽어서는 영원하다네.

당시에 조선 사람들은 이 원세개의 시도 많이 외었다.

52 伊藤博文의 시

융희(隆熙) 2년(1908) 봄, 창덕궁 비원에서 일대 원유회(園遊會)가 열렸다. 황제께서는 황후와 함께 임어(臨御)하시고, 대각들은 물론, 통감부에서도 이등을 비롯한 군사령관과 또 각국의 공사들도 다 참석하였다.

때는 양춘이라 백화가 쟁발했고 여러 인사들은 꽃 사이로 거닐며, 청홍을 즐겼다. 이때 무대에서는 관기(官妓)들이 궁중음악에 맞추어 태평무(太平舞)를 즐겼다. 이때 이등박문은 태극정에 앉아 이 광을 보고 있다가 예전장관인 고의경(高義敬) 백작을 불러, 그 자리에서 지은 시를 주고 순종황제께 드리라 하였다.

花明柳暗春三月 화명유암 춘삼월(에)
昌德宮中太極亭 창덕궁중(에) 태극정(이라)

화사한 꽃, 버드나무 어둡게 늘어진 춘삼월에,
창덕궁 안, 태극정에 있어라.

娼婦何知君國變 창부(가) 하지군국변(이랴만)
無心歌舞不堪聞 무심가무(나) 불감문(이라)

창부가 어찌 군왕과 나랏일의 변괴를 알랴마는,
무심한 노래와 춤이건만 차마 들을 수가 없네.

이등박문은 관기들의 무심히 하는 노래와 춤을 보면서, 2년 앞으로 일어날 조선국의 변괴가 닥칠 운명을 생각하며 측은히 여겼다는 것일 게다.

1908년이라면 벌써 을사보호조약(1905년)으로 거의 조선의 주권을 빼앗은 후였으니, 그는 앞으로 강탈할 계획을 다 알고 있었다는 얘기이다.

이 구비시를 엮을 때, 어떤 이는 우리나라의 정서상 '일본의 것은 빼는 게 어떠냐?' 하여, 필자는 대답하기를 "일제강점기도 우리의 역사의 한 단면임에는 틀림이 없다. 우리는 그 때를 통하여 미래를 향한 어떤 각오와 태도를 갖느냐가 문제이다"라고 답하였다.

53 滄江 金澤榮, 安義士를 찬양하다

이등박문이 죽을 당시 창강은 중국에서 살았다. 그는 시를 잘하여 중국인들로부터 많은 존경을 받았다. 그는 이등이 죽었다는 소식을 듣고 다음과 같이 시를 썼다.

平安壯士目雙張 평안장사(가) 목쌍장(하야)
快殺邦讐似殺羊 쾌살방수(를) 사살양(이라)

평안도 출신 애국지사가 두 눈을 부라려
통쾌히 나라의 원수 죽이기를 염소 잡듯 했구나.

未死得聞消息好 미사득문 소식호(이러니)
狂歌亂舞菊花傍 광가난무 국화방(이라)

죽어도 이런 좋은 소식 못 들을 줄 알았더니,
미치게 노래하며 국화 옆에서 어지러이 춤을 추네.

김창강은 홍문관에서 벼슬을 하다가 경술국치(庚戌國恥) 전에 중국으로 망명하여 그곳에서 많은 학문적 업적을 남겼다.

54 蘇東坡, 누이와 서로 揶揄하다

송나라 소동파의 누이동생은 이마가 톡 튀어 나왔다 한다. 그래서 동파가 하루는 동생의 생김새를 가지고 시비를 걸었다.

梅裝先出畵屛前 매장선출 화병전(하고)
매화 단장(이마)이 병풍(얼굴 바탕) 앞에 툭 불거져 나왔고,

하고 읊으니, 여동생은 듣자마자, 질세라

忽聞毛裏有聲來 홀문모리유성래
홀연히 털 속(수염)에서 나오는 소리가 들리네.

하고 응수하였다 한다. 곧 소동파는 수염이 많았던 모양이었다. 수염이 하 많아서 입은 전혀 보이지도 않고, 다만 털(수염) 속에서 그 읊는 소리만 나오더란 얘기다. 그래서 오라비에게 단단히 보복을 하였다.

55 배고픈 김삿갓

김립(金笠)이 아무리 시를 잘 한들, 유리걸식에 얼마나 굶주렸을까? 하루는 시골에서 서울로 올라가는 길에 석양의 해는 기울어가고 뱃가죽은 등에 붙어 있었다. 고개를 들어보니, 한강변에서 천렵을 하는 처녀들이 보였다. 달려가 보니 처녀들은 놀이를 막 끝내려고 하던 참이었다. 배가 고픈 김삿갓은 체면을 차릴 처지가 아니었다.

"아가씨들! 내가 배가 몹시 고프니, 먹을 것 좀 빨리 주시구려." 하니 "앗다, 그 분 성질 한 번 되게 급하네." 하였다. 김삿갓은 말할 힘조차 없었다.

"나는 점심도 못 먹었수다. 속히 좀 주시구려."

했으나, 처녀들은 급할 게 없었다.

"댁에서 글을 지을 줄 아시오? 시를 지으면 음식을 드리리다."

"아, 알아요. 글을 지을 테니, 빨리 좀 주시오" 김삿갓은 좀 짜증이 났다. 그러나 한 처녀가,

"내가 운자를 부를 테니 시를 지어야 음식을 주는 거요" 하고 이어

"집 가(家)!" 하고 운자(韻字)를 불렀다.

洛陽歸客口家家 낙양귀객(이) 구가가

낙양(서울)으로 돌아가는 손이 입이 집집(家家)해.

"모래 사(沙)!"

二八女兒坐沙沙 이팔여아(가) 좌사사(라)

이팔청춘 처녀들이 앉기를 모독모독(모래모래: 沙沙)했구나.

"꽃 화(花)!"

使我作詩然後飮 사아작시 연후음(하니)
蒲蒲舊物復花花 포포구물(이) 부화화(라)

나로 하여금 시를 지은 연후에 마시라 하니,
부들부들(蒲蒲)하던 옛 물건이 다시 꽃꽃(花花)해지네.

처녀들은 박장대소를 하며, 허리가 꼬부라지도록 웃었다. 그 모인 중에 처녀장(處女長)쯤으로 보이는 아가씨가

"우리가 비록 이 분에게 욕은 먹었지만, 참 대단한 문장가이시니, 후히

대접합시다." 하고, 성의 있게 대접하였다. 대체로 이 시는 "앉다"의 의태어 '沙沙'를 '모독모독' 으로 하고 있으니, 옛날 말로는 어찌 되는지 모르겠으나, 현재말로는 좀 억지이다. 하지만, 남녀의 우스개를 소재로 하였으니, 재미있는 웃음거리라고 할 수 있다.

56 남의 이 잘 빼는 김삿갓

또 대(對)에 관하여 얘기를 더 해야겠다. 김삿갓은 걸식가로서 먹을 때에는 박대나 괄시를 많이 받았지만, 시를 지을 때는 무자비하게도 남의 이를 빼는 내기를 잘하였다. 배비장만 어리석게 이가 빠지는 게 아니고, 김삿갓과 내기를 하는 스님도 또한 이가 뽑히는 얼간이로 등장한다.

김립이 금강산 절에 들어가서 중과 시 짓기 시합을 했는데, 누구라도 대를 못하면 지는 것이고, 대를 하면 이기는 것이다. 그러므로 먼저 짓는 사람은 대를 못하도록 어렵게 지어야 한다. 중과의 이 시합은 그냥 승부로 끝나는 게 아니고, 이 빼기 내기였다. 시 짓기는 먼저 부르는 것이 쉽고, 남의 시에 대하는 것이 어렵다. 중에게 먼저 시를 지으라 하여 중이 먼저 다음과 같이 불렀다.

> 老松南臥知風北 노송(이) 남와(하니) 지풍북(이요)
> 늙은 솔이 남쪽으로 누웠으니, 바람이 북쪽에서 붊을 알겠고,

중이 이렇게 시를 부르자마자, 김삿갓은

> 淸蔭東斜覺日西 청음(이) 동사(하니) 각일서(라)
> 시원한 그늘이 동으로 기울었으니, 해가 서쪽에 있음을 알겠네.

김삿갓은 대를 했으므로, 가지고 있던 집게로 중의 이를 한 대 뽑았다. 이어 김삿갓은 또 부르라고 독촉하니, 중은 이번은 이기겠다고 벼르며,

群鴉影裏千山夕 군아 영리(에) 천산석(이요)
갈가마귀 떼 그림자 밑에는 모든 산이 저녁이고,

하니, 김삿갓은

一雁聲中四海秋 일안 성중(에) 사해추(라)
한 마리 기러기 소리에 온 세상이 가을이네.

하며, 김삿갓은 또 중의 이 한 대를 뽑았다. 그리고 또 부르라고 독촉을 하였다. 중은 또

青尺尺紅花裏蠖 청척(으로) 척홍(하니) 화리확(이요)
푸른 자로써 꽃을 재는 것은 꽃 속에 자벌레이고.

하고, 중이 이렇게 부르자, 김립은

黃梭梭綠柳間鶯 황사(로) 사록(하니) 유간앵(이라)
노란 북으로 푸른 숲을 짜는 것은, 버들 속에 꾀꼬리이네.

"또 내가 이겼다" 하고, 김립은 중의 이 하나를 또 뽑았다.

꾀꼬리가 숲 속에서 왔다갔다하는 것이, 마치 베틀에서 베를 짤 때, 북이 왔다갔다하는 것과 같은 데에서 비유한 것이다.

이가 빠진 중은 얼마나 화가 났을까? 안 되는 줄 알면서도 오기가 나면, 사람은 자꾸 덤비는 법이다. 애들이 싸우는 것을 봐도 그렇고, 노름꾼이 돈을 잃으면 안 되는 줄 알면서도 본전을 찾으려다가, 집 팔고 땅 팔고 나중엔 집안이 망하게 된다. 이 중은 오기로 또 불렀다.

魑魅魍魎四屬鬼 이매망양(은) 사속귀(하고)
이, 매, 망, 양이라는 도깨비 4글자들은 모두 鬼部에 속하고,

중이 이번에는 제가 아무리 김삿갓이라도 이것만은 대를 못한 다고 생각했다. 김삿갓은 한 번 저줄까 하다가 저주면 자기의 이가 빠지므로 저줄 수가 없었다. 그냥 또 대를 불렀다.

琵琶琴瑟八帶王 비파금슬(은) 팔대왕(이라)
비, 파, 금, 슬의 악기글자들에는 王자가 모두 8개가 있다.

약속은 약속이니 만큼, 김삿갓은 중의 이를 빼고, 이젠 그만 하자고 제의했다. 그러나 오기가 하늘 끝까지 뻗친 중은 그만둘 수가 없었다. 또 불렀다.

僧家僧言僧僧僧 승가(에) 승언(하니) 승승승(이요)
중의 집에서 중이 말하니, 중중중 속삭이고,

중은 이번만은 자신 있었다. 중에 관한 것을 제 따위 걸식선비가 대를 할 수 있을까? 더구나 僧僧僧은 속삭이는 의성어인데… 그러나 김삿갓은 바로 불렀다.

石上石轉石石石 석상(에) 석전(하니) 석석석(이라)

돌(바위) 위에서 돌이 구르니, 돌돌돌 굴러간다.

김삿갓은 미안해서, 이번만은 이를 빼지 않고 봐줄 테니, 이젠 그만 하자고 했다. 달아오른 중은 자존심이 있어 빼라고 입을 갖다 댔다. 할 수 없이 또 한 대 뽑았다. 이쯤 되고 보니, 중은 한번이라도 김삿갓의 이를 뽑는 게 소원이었다. 그래서 또 불렀다.

鴻飛遠天莫離水 홍비원천(에) 막리수(요)

큰기러기가 먼 하늘을 낢에, 물을 떠나지 못하고,

김삿갓은 중이 자신을 모르고, 오기로 이성을 잃은 것 같아 그만 두려고 생각도 했지만 달아오른 중이 포기할 분위기가 아니었다. 할 수 없어 또 짝을 채웠다.

蝶過靑山難避花 접과청산(에) 난피화(라)

나비가 청산을 지남에 꽃을 피하기 어렵도다.

중의 얼굴을 살피니 살기등등하고 포기할 생각은 전혀 없었다. 김삿갓은 할 수 없이 딱 벌리고 있는 중의 입에서 뽑을 이를 찾았으나, 이가 다 빠지고 하나도 없었다.

조선시대는 억불숭유(抑佛崇儒)하느라 소위 유학자라는 사람들이 스님들을 이렇게 무참히 짓밟았으니… 김삿갓의 시재를 부각시키려고 하면 했지, 이렇게도 무자비하게 불승을 깔아뭉갤 수가 있을까? 비단 여기서만 그러한가? 조선 시대의 국문학이란 다 그러한 것을….

다음은 목은 이색(牧隱 李穡) 선생이 중과 시짓기 내기를 한 것이라 하는데, 구비시란 작자가 중요한 게 아니다. 모르거나 틀려도 무식하다는 소리를 안 들어서 좋다. 문집에 엄연히 있는 싯귀도 엉뚱한 시화를 만들어 작자도 바뀌어 구비시로 돌아다니기도 한다.

승방(僧房)에서 "승소"란 말은 "떡"을 가리키는 말이라 한다. 또 "객담"이란 말도 "술"을 뜻한다고 하는데 여기서는 차자(借字)로 썼다. 중이 아래와 같이 시를 짓고, 목은더러 대를 하라고 했다.

僧笑少時僧笑少 승소소시(에) 승소소(하고)
승소(떡)가 적은 곳에는 중의 웃음이 적고,

그러자 목은선생은 대뜸

客談多處客談多 객담다처(에) 객담다(라)
객담(술)이 많은 곳에는 객쩍은 소리가 많도다.

정말로 재미있는 대구다. 그런데 이러한 한국말로 된 시는 아무리 대구가 기발해도 외국인 학생들은 재미를 느끼지 못한다.

57 상주가 직접 쓴 輓章

옛날 어느 집에서 밤에 화재가 났다. 그 집에 사는 노인이 엉겁결에 뛰어 도망가다가 그만 발을 헛디뎌 연못에 빠져 죽는 사고가 생겼다. 장례를 준비하며 만장을 쓰는데, 그 상주가 자기 아버지의 만장은 자기가 직접 쓰겠다고 하면서, 아래와 같이 글을 지었다.

風火家因 풍화가인(하니) (風火家人)
吾翁躍翁 오옹약옹(이라) (吾翁若翁)
曷之潭兮 갈지담혜(런고) (葛之覃兮)
水落席出 수락석출(이라) (水落石出)

불이 바람을 타고 집에 붙었으니,
우리 아버지는 뛰는 아버지였다.
어찌하여 못으로 가셨던고,
물에 떨어져 일이 생겼네.

위 글에서는 기성 숙어에서 한 두 글자를 음이 같은 다른 글자로 고쳐서 글을 엮은 것이 재미있는 특색이다. 風火家人은 원래 주역에 있는 괘(家人卦)의 이름이다. 그런데 '人'자를 '因'자로 고쳐 말을 만든 것이다.

吾翁若翁은 사기(史記)나 통감(通鑑)에 있다. 항우(項羽)가 유비(劉備)의 부모를 납치해다가 유비에게 협박을 한다. "네 애비를 내가 데리고 있으니, 항복하지 않으면 삶아 먹겠다." 고, 유비는 즉시 응대하였다.

"우리는 소시 적에 너와 내가 의형제를 맺었었다. 그러므로 나의 아버지는 곧 너의 아버지다. 세상에서 자기의 아버지를 삶아 먹는 놈이 어디에 있나? 그래, 빨리 삶아서 나도 국 한 그릇 다오" 하였다. 여기서 "나의 아버지는 곧 너의 아버지다"라고 한 것이다. 若(너 약)은 너라는 뜻이다. 이 若을 躍으로 고쳐 말을 만들었다. 葛之覃兮는 시경(詩經)의 '葛覃章'의 칡이 뻗어나가는 모양을 읊은 것인데, '葛'을 '曷'로, '覃'을 '潭'으로 바꾼 것이다. 水落席出은 소동파(蘇東坡)의 후적벽부(後赤壁賦)에 나오는 (물은 떨어지고, 바위가 드러나 있다)란 뜻의 '水落石出'의 石을 席으로 바꾼 것이다. 우리말에서 "자리가 났다"란 말은 농경시대의 말이다. 어떤 일을 처리했을 때, 또는 일이 생겼을 때 '자리가 났다'라고 한다.

58 金은 擊而後聲이라

시에는 김삿갓이 대표이지만, 미궁에 빠진 사건을 해결하는 데는 어사 박문수다. 조선 숙종에서 영조까지 벼슬한 그는, 암행어사이었을 때 백성을 위한 신원(伸寃)에 공헌하여 명성이 높았기 때문이다.

박문수 박어사가 길을 가다가 날이 저물어 어느 집에 들어갔다.

"지나가는 과객인데 좀 자고 갈 수 없겠습니까?" 하고 청했을 때, 안에는 불이 켜져 있었지만 아무 반응이 없었다. 이상히 여겨 문을 열어보니 한 처녀가 힘없이 고개를 타래매고 앉아 있었다. 다시 청하였더니

"잘 데가 없으면 자고 가오마는, 우리 집에는 나 외는 아무도 없답니다." 하였다.

박문수는 "부모님은 다 어디 가셨나요?" 하니 처녀는,

"아버지께서는 심마니였는데, 친구와 함께 삼을 팔러 갔다가 친구분은 돌아오고 아버지는 돌아오시지 못했습니다." 하였다. 박문수는

"어머니는 어디에 가셨나요?" 하니, 처녀는

"어머니도 아버지가 안 계시니 그 후로 집을 나가셨습니다." 하였다. 박어사가

"그러면 아가씨 이름은 무엇입니까?" 하니, "제 이름은 봉득(奉得)입니다" 하였다.

이튿날 박어사는 그 집을 나오며 보니, 옆집 서당에 훈장이 외출한 모양인데, 아이들은 좋아서 환호하며 글은 읽지 않고, 송사놀이를 하였다.

접장(接長: 학생 대표)이 원님이 되고 학생들은 신원인이 되어, 송사를 드리면 판결하는 놀이였다. 박어사는 흥미를 가지고 지켜보았다. 이어 한 아이가 송사를 드리는데,

"닭은 홰를 친 다음에 우는데 왜 그러한가요?" 하니, 원님은 알지 못하여 판결을 하지 못했다. 박어사도 '아이들 놀이에 별 송사가 다 있구나.' 하면서도 아무리 생각해도 알 수 없었다. 그러는 중, 그 옆에 7세쯤 되어 보이는 아이가

"재판관(원님)이 뭐 그것도 몰라, 내가 재판관이라면 판결할 수 있겠다" 하였다. 그러자 여러 아이들이 '그럼 네가 원님을 해 보아라' 하여 이 아이가 재판관이 되어 그 자리에 앉았다. 아이는 말하기를

"유(酉: 닭)는 금(金)이다(地支 중에 申·酉는 五行에서 金에 해당한다). 금은 격이후 성이라(金擊而後聲: 쇠붙이는 쳐야 소리가 난다). 고(故)로 홰를 치느니라." 하였다. 박어사가 들어보니 참으로 영리한 아이였다. 이어 박어사가

"얘! 너 그러면, 봉득이네 집에 그 아버지는 왜 돌아오지 않았니?" 하고 물으니, 아이는

"여봐라! 저 놈을 잡아 곤장을 처라!" 하고 명령하였다. 이어 아이는

"어디 재판관에게 '얘' '자' 하고 반말을 하나?" 하여 박어사는 꼼짝없이 곤장을 맞았다. 아이는 '먼저 그 봉득 아버지 친구가 외출했다 처음에 돌아올 때, 봉득이네 집에서 누구부터 찾았는가? 그것을 알아오너라' 하였다. 알아보니, 봉득이는 말하기를 자기의 어머니부터 찾았다고 하였다. 아이는

"그 친구는 집을 나가자마자 봉득이 아버지와 헤어졌다고 했는데,

門下문하(에) 先呼奉得母선호봉득모(하니),, 必知家中필지가중(에) 無丈夫무장부(라).

집에 와서 먼저 봉득 어미부터 찾았으니, 이것은 필시 집안에는 장부(남자)가 없다는 것을 안 증거다."라고 판결하였다.

알고 보니, 전부터 그 친구는 봉득모와 좋아지냈고, 제가 죽였으므로 남의 집에 처음 들어갈 때 정부인 봉득이 어미부터 찾았던 것이었다.

59 漢字 수수께끼

한자를 공부한 사람들은 한자를 가지고 수수께끼를 만들어 즐겼다. 그러나 한국 사람들의 한자 수수께끼는 중국인에 비하면 너무나 수가 빈약하다. 중국이야 자기네 말이 모두 한자로 되어있기 때문이다. 수수께끼 중에는 기발한 것이 있는가 하면 싱거운 것도 있다. 구비시나 옛날얘기도 마찬가지이다. 학문이 높은 사람은 좀 더 기발한 수수께끼를 가지고 있다.

예를 들면, "여덟 임금이 서로 나라고 하는 자는?" 답은 '義'자, 곧 八, 王, 我로 구성되었기 때문이다. 이런 것은 너무 싱겁다.

"담이 허물어지는 글자는 어느 글자인가?" 담이 "오르르" 하고 무너진다하여 '옳을 우'(右)자라고 한다. 이런 것은 너무 억지이다.

"한자 중에서 키가 제일 작은 자는 무엇인가?" 하고 물으면, 대개는 한 일(一)자를 말한다. 수수께끼는 격에 벗어난 문제이기 때문에 대개는 모른다. 그것은 알아맞히는 데에 묘가 있지만, 상대방이 몰라야 재미가 있고, 잘 알아 맞춘다면 재미가 적다. 너무 쉽고 평이한 문제이기 때문이다.

답은 "只"자이다. 왜냐하면 다리가 입에 달려있기 때문이다. "그보다 더 키가 작은 자는?" 이것은 앞에서 말했기 때문에 좀 쉽다. "貝"자이다. 설명할 필요도 없이 다리가 눈에 달려있기 때문이다. 또 "그보다 키가 더 작은 자는?" 이것은 只만큼은 어렵지 않지만, "貝"보다는 어렵다. "穴"자다. 다리가 갓 밑에 달려 있기 때문이다.

"저녁 굶는 자는?" 우선 들으면 맞추기가 어렵다. 저녁을 굶다니? 대개 모르므로 구연자는 "아내 처(妻)"자를 알려 준다. 아내를 치면 아내가 화가 나서 저녁밥을 안 해 준다. 아침이야, 농경사회에서 아내가 아무리 화가 난다고 아침밥을 안 해주면 집에서 당장 쫓겨나기 때문에 안 해 줄 수가 없다.

"집안이 조용한 자는?" 위의 것과 비슷하지만 쉽지는 않다. 그것은 "아들 자(子)"자이다. 아들이 자고 있으면 집안은 조용하다.

중국인들의 한자 수수께끼도 한국과 같다. 하나 적어보면, "유비가 들으면 슬퍼하고 조조가 들으면 기뻐하는 글자는 무슨 자인가? (劉備聞之則悲, 曹操聞之則喜 是何字也? - 山東大 高紹山 제공)"

답은 '푸를 취(翠)'자이다. 翠는 羽+卒이 되므로, 관우(關羽)가 죽었다는 뜻이다. 그러므로 유비는 슬퍼하고 조조는 기뻐하는 것이다. 한국에서도 비슷한 것이 있다.

"병아리가 상주(喪主)된 글자는?"

답은 '술 취할 취(醉)'자이다. 곧 닭(酉)이 죽었(卒)으므로 병아리가 상주가 된다.

60 17자로 짓는 어느 詩狂

해마다 우리나라 5~6월에는 가뭄이 심하다.

1965년, 이 해는 무척 가뭄에 시달렸다. 필자도 학생들을 데리고 논에 물 푸는 작업에 많이 동원되었었다. 그 보다 앞서 1957년이라고 기억되는데, 나는 중3 때 군수(郡守)가 기우제를 지내려고 산으로 올라가는 것을 본 일이 있다. 아폴로 11호가 달나라에 간 것은 1969년인데 12년 전이 된다. 그러면 군수는 정말로 기우제를 지내면 비가 온다는 것을 믿고 기우제를 지냈을까? 농민을 위로하기 위해서다. 1965년에 날이 가문다고 농민이 서너 차례 농약을 마시고 자살하는 일이 신문에 보도되었다. 우리가 생각할 때는 그 농민을 이해하지 못할 것이다. 그러나 오로지 농사에만 매달린 사람이 논에 모가 타 들어가는 것을 보고 비관 자살하는 심정은 오죽하였을까? 그래서 그해 박정희 대통령도 인공강우를 한다고 하였다. 인공강우야 가능하겠지만 논에 물을 댈 정도로 가능하겠으며, 구름에 약품을 뿌려 강우를 한다한들 그 비가 논에만 떨어질 것인가? 모두가 국민을 위로하기 위해서 하는 말이었다.

옛날에 어느 사또가 기우제를 지냈다. 기우제는 산꼭대기에 올라가 하늘에 비를 관장한 용에게 비를 내려 달라고 지내는 제사다. 그런데 용 대용품으로 도마뱀(蜥蜴)을 잡아 가지고 가서 상에 올려놓고 축문을 읽으며 제를 지낸다. 한국에는 도마뱀이 흔하지 않다. 그러면 또 그 대용품으로 도롱뇽(蛟龍)이나, 그것마저 없으면 두렁허리(葦魚)라도 쓴다.

사또의 기우제는 아랑곳하지 않고, 그 날 밤 달이 밝았다. 그런데 어느 시광(詩狂)은 이 광경을 놓칠 수가 없어 이렇게 시를 읊었다.

使道祈雨祭 사또(가) 기우제(하니)
萬民皆喜悅 만민(이) 개희열(이라)
歸家開窓見 귀가 개창견(하니)
月出 월출(이라)

사또가 기우제를 지내니,
만민이 모두 기뻐하였다.
집에 돌아와 창문을 열고 보니
달이 나왔다.

이 시인이 이렇게 시를 썼다는 소문은 사또의 귀에까지 들어갔다. 사또는 그렇지 않아도 기우제를 지낸 후에 하늘이 맑아서 마음이 언짢아하고 있는데, 이 놈이 나에게 도전을 하나? "뭐 달이 나와?" 하고, 몹시 화가 나서 그 시인을 불러다 곤장을 수십 대 때렸다. 그랬더니 그 시광(詩狂)은 석방된 후, 또 다음과 같이 시를 썼다.

作詩十七字 작시십칠자(러니)
打臀數十棬 타둔수십곤(이라)
若作百七字 약작백칠자(터면)
打殺.타살(할걸)

시 열 일곱 자를 썼더니
볼기를 수십 대 맞았네.
만약에 107자를 지었더라면
맞아 죽었을 걸

또 이 시가 사또의 귀에 안 들어갈리 없었다. 사또는 이 놈이 계속 나에게 도전을 하는구나. "내가 뭐 사람 때려죽이는 사람인가? 괘씸한 놈 같은 이" 하고는 사또모독죄로 귀양을 보냈다. 그런데 이 시인이 귀양가는 길에서 자기의 외삼촌을 만났다. 외삼촌은 자기의 생질(甥姪)이 귀양가는 게 하도 불쌍해서 두 사람은 얼싸 안고 울었다. 그래서 이 때 이 시인은 또 아래와 같은 시를 지었다.

千里長沙路 천리장사로(에)
路逢渭陽丈 노봉위양장(이라)
兩人相對泣 양인(이) 상대읍(하니)
三行 삼항(이라)

천리 귀양길에

길에서 외삼촌을 만났네.
두 사람이 서로 마주하여 우니
눈물이 세 줄기일세.

이 시가 또 사또의 귀에 들어갔다. 사또는 "귀양가면서도 또 17자로 시를 지으니 이는 미친놈이로구나." 하고 석방하였다.

장사(長沙)는 중국 호남성 장사현인데, 한(漢)나라 때, 가의(賈誼)가 이 장사로 귀양갔기 때문에 귀양이란 뜻으로 쓰인다. 위양(渭陽)은 섬서성(陝西省)에 있는 '위수 북쪽'이란 뜻인데. 시경 진풍(秦風)에 我送舅氏(나는 외삼촌을 보내고자), 曰至渭陽(위수 물가에 왔네)에서 출전(出典)하여 '위양장'은 외삼촌을 말한다.

그런데 이 외삼촌이 한쪽 눈이 멀어서 두 사람이 부둥켜안고 울어도, 눈물은 세 줄기뿐이라는 것이다. 여기 이 시에서는 이 '三行'이 해학의 핵심이 된다.

61 어느 생강장수의 시

서울에 어느 생강장수가 생강을 한 배 싣고 한강을 거슬러 평양에 갔다가, 그만 평양기생에게 홀리어 그 생강 한 배 판, 돈을 몽땅 날리고 말았다. 그래서 밤에 그 기생을 보면서 시를 지었다.

立看死馬目 입간(하니) 사마목(이요)
坐視破腫處 좌시(하니) 파종처(라)

서 있을 때 보니, 죽은 말 눈깔 같고,
앉아 있는 걸 보니, 종기 터진 것 같구나.

上下無一齒 상하(에) 무일치(인데)
盡食一船薑 진식 일선강(이라)

아래 위에 이빨은 하나도 없는데,
한 배의 생강을 다 먹어버렸도다.

요즘도 이 시는 술좌석에서나 접대부가 끼는 자리에 분위를 돋우려고 한량들에 의해 곧잘 읊어지곤 한다.

62 相國風流도 小似滕이라

묵재 홍언필(默齋 洪彦弼)은 2대 영의정 집안이다. 묵재 자신도 영의정, 아들 홍섬(洪暹)도 영의정을 했고, 장인 송질(宋軼)도 영의정이었다. 이 얘기는 홍언필이 20세 정도의 총각이었을 때 일이다. 하루는 외출했다가 집에 돌아오는 길에서 예쁜 처녀를 만났다. 뒤에서 놀리며 따라가다가 그만 그 집까지 들어가게 되었는데, 들어가 보니 재상가였다. 처녀가 남정내를 뒤에 달고 집 안에 들어왔으니, 변명을 해야 되는 것은 뻔한 이치였다.

"저 자가 길가는 사람에게 시비를 걸어 여기까지 따라왔으니 엄하게 벌을 주시옵소서." 하고 자기 아버지에게 고하였다. 묵재는 그만 그 집 종들에 의하여 결박을 당하여 대감 앞으로 데려 가게 되었다. 대감은

"보아하니 귀한 집 도령 같은데 어찌 무례하게 죄를 범했는고?" 하니

"죄송하옵니다. 용서하시옵소서. 아가씨가 하도 예뻐 그만 실례를 범하였사옵니다. 청하옵건대 따님을 저에게 주시옵소서." 하였다. 대감이

"너는 글은 읽었느냐" 하여, 묵재는

"부모님 덕택에 글줄이나 읽었나이다." 하였다. 대감이

"그렇다면, 내가 부르는 운자로 시를 쓸 수 있겠느냐?" 하며,

"만약에 시를 못 짓는다면, 엄한 벌을 받을 줄 알아라." 하고, 운자를 "죽을 훙(薨)" 하고 불렀다. '세상에 죽을 훙자 운자가 어디 있나?' 그러나 묵재는 운이 떨어지기 무섭게

聞道東皇九十薨 문도동황(이) 구십훙

말을 들으니, 봄의 신(神)이 90일 살다 죽었다는데.

한 계절이 3개월이므로 90일이다. 그러므로 봄을 맡은 신이 90일 살다 죽었다는 것은 봄이 지나갔다는 뜻이다. 이어 대감은

"되 승(升)" 하였다. 되승 자 운자, 또한 생전 처음 경험하는 것이었다. 그러나 묵재는 서슴없이

惜春兒女淚盈升 석춘아녀(가) 누영승(이라)

봄을 아끼는 처녀가 눈물이 되에 가득하네.

봄이 지나가는 것이 아쉬워 처녀들은 눈물을 많이 흘렸다는 뜻이다.

"등나라 등(滕)!" 운자는 갈수록 태산이었다. 그러나 묵재는 곧바로

探花狂蝶何須責 탐화광접(을) 하수책(하라)
相國風流小似滕 상국풍류(도) 소사등(이라)

꽃을 찾는 미친 나비를 어찌 책망할 수 있으랴!
정승의 풍류도 (여기에 비하면) 작기가 등나라 같은 것을…

등나라는 춘추전국시대 가장 작은 나라로서, 절장보단(折長補短)하면

사방 50리라 했으니, 작다는 상징어로 쓰였다. 지금, 중국 산동성 조장시(棗庄市)에 들어있다. 정승들의 정치하는 풍류도 남녀가 서로 연애하는 일에 비하면 너무나 작은 일이라는 것이다. 남녀가 서로 만나 연애할 수 없다면, 인류는 존속할 수 없을 것이다. 대감은 낙운성시(落韻成詩)로 시를 짓는 묵재를 기특히 여겨서 사위를 삼았다 한다.

그러나 『금계필담(錦溪筆談)』에 보면, 주인공이 홍언필이 아니고, 노사신(盧思愼)이 옥류동(玉流洞)에서 놀다가 어느 동기(童妓)를 놀리며, 따라 가다가 그만 영의정 소세양(蘇世讓)의 집 내원(內園)에까지 들어가게 되어 재상에게 꾸지람을 듣고 지은 시라고 되어 있다. 그런데 여기서 왜 홍묵재로 기술했는가? 그것은 필자가 들은 구비를 존중했기 때문이다.

63 死亡診斷書

옛날에 어느 고을 원이 부임을 했는데, 그 고을에 살인 사건이 일어나서 송사를 접수했다. 내용인즉, 두 사람이 사소한 내용을 가지고 시비하다가 한 사람이 맞았는데, 집에 돌아와 며칠 앓다가 죽어버렸다.

옛날이나 지금이나 이런 경우에는 사망진단서 여하에 따라, 때린 사람이 벌을 받을 수도 있고 무죄가 될 수도 있다. 죽은 쪽에서는 맞아서 죽었다 하고, 때린 쪽에서는 원래 병이 있어서 죽은 것이지, 조금 맞은 정도로는 죽을 리 없고, 우연일치라는 주장이었다. 그래서 때린 측에서는 진단서를 쓰는 사람에게 부탁하여 자기가 유리하도록 해달라고 다음과 같이 써서 보고서를 제출하였다.

烏飛於二月 오비어이월(인데), 梨落於九月 이락어구월(하니),
烏之罪耶 오지죄야(아), 病之故耶 병지고야(아)

까마귀는 2월에 날았는데, 배는 9월에 떨어졌으니,
까마귀 때문인가? 아니면 배가 병들어 그런가?

원래 "까마귀 날자, 배가 떨어지기(烏飛梨落)"는 우연의 일치를 말하는데, 2월에 까마귀가 날고, 9월에 배가 떨어졌다면, 이것은 완전히 맞은 것과는 관계없이 병으로 죽은 것이다. 원님이 이 글을 보고는 무죄판결을 내렸다.

이렇게 되자, 죽은 쪽에서는 억울하기 짝이 없는 노릇이었다. 그래서 이쪽에서도 또, 글 잘 쓰는 사람에게 부탁하여 소장(訴狀)을 올렸다.

以杖擊帳 이장격장(하니), 帳無裂而屛破 장무열이병파(하고),
以石投水 이석투수(하니), 水無欠而魚死 수무흠이어사(라).

막대기로 장막(커텐)을 치니, 장막은 찢어지지 않았는데도 병풍은 파손되었고, 돌을 들어 물에 던지니, 물은 아무 흔적이 없는데도 고기는 맞아 죽었도다.

원님은 이 소장을 보고 판단하기를, 일단 맞아서 죽었으므로 죄가 없다고 볼 수는 없다고 생각하고 죄를 주었다 한다.

64 시로써 당파싸움

옛날에 노론(老論), 소론(少論), 남인(南人), 이런 당색을 가진 세 사람이 길을 가다가 날이 저물어 여관에 들어 함께 잤다. 그런데 아침에 일어나니 여관주인이 자기의 갓이 없어졌다고 이 세 사람 중 누가 훔쳐갔다는 것이었다. 그래서 주인은 관가에 고하여 자기의 갓을 찾겠다고 하였다. 이 말을 들은 노론 소속의 사람이 시를 지어 말하기를

兩班豈盜常漢冠 양반(이) 기도상한관(가)

양반이 어찌 상놈의 갓을 훔치겠는가?

하니, 이어 소론 소속인 사람은 시를 지어 말하기를

青山流水欲洗飮 청산유수(도) 욕세음(커든)

청산에 흐르는 맑은 물도 씻어서 마시려고 하는데

하니까, 남인 소속인 사람은

若盜爾冠吾爾子 약도이관(이면) 오이자(라)

만약에 네 관을 훔쳤다면, 내가 너의 아들이다

라고 하였다. 사람들은 이 시들을 보고 평하기를

"노론은 점잖고, 소론은 깨끗하고, 남인은 추하다"라고 했다. 이는 어디까지나 서인인 노론과 소론이 남인을 헐뜯느라고 자기네끼리 지어낸 얘기였다. 요즘도 당색의 항수에 젖어있는 사람들이여! 언짢아 마시라.

65 正道를 걸은 사람

이 대감 집에 아들 병철(秉哲)은 과거공부 하러온 먼 친척 병인(秉仁)

이와 친형제처럼 지냈다. 둘이 과거를 위하여 밤낮을 가리지 않고 열성이었다. 그러던 어느 날 병철은 가족과 함께 자기의 조부 제사를 지내러 백부 댁에 가고, 병인이 혼자서 글을 읽고 있는데, 옆집에 18세쯤 된 처녀가 잘생긴 병인의 모습에 평소에 연모의 정이 열렬하던 중, 혼자 있는 줄 알고, 병인이 있는 방문을 바시시 열고 들어온 것이다.

병인이 보니, 예쁘고 귀엽고 깜찍하게 생긴 처녀가 앞에 서 있는 것이 아닌가? 병인은 읽던 글을 다 읽고난 다음 책을 접고, 처녀에게 물었다.

"웬 사람이 이 밤중에 남의 방에 들어와 이렇게 서 있는 거요?" 하니, 처녀가

"저는 옆집에 사는 사람이온데, 평소에 도련님을 보고 흠모하였사옵니다. 오늘 저녁에는 혼자 계신 줄 알고 왔사오니, 대화를 허락하여 주옵소서." 하였다. 그 말을 들은 병인은 말없이 문밖으로 나가더니, 회초리를 꺾어 가지고 들어왔다.

"종아리를 걷으세요. 어찌 아녀자로서 알지도 못하는 남자 방에 들어올 수 있단 말이요?" 하고, 종아리에 피가 나도록 때려 보냈다. 그 처녀는 집에 돌아가 생각하니, 부끄럽고 억울하고, 자존심이 상하여 살수가 없었다. 생각다못해 그만 유서를 남기고 죽고 말았다. 병인이가 그 소식을 접했을 때, 너무나 놀랬다. 자기는 어디까지나 행실을 고쳐서 바른 길로 인도하도록 한 것인데 귀중한 목숨을 끊다니, "나는 살인자가 되었구나." 생각하니, 도저히 견딜 수가 없었다. 그 동안 배운 도덕이라는 것을 다시 한 번 생각하고 번민에 빠졌다. 그는 양심에 가책을 느끼고 입신출세를 포기하고 괴나리봇짐을 꾸려 방랑의 길로 들어섰다. 먼저 죽은 아가씨 묘부터 들러 술을 붓고 축문을 읽어 위로하고는 유리걸식의 나날이 시작되었다.

금강산으로 향하는데 어떤 중과 동행하게 되어 산사를 찾아가다가 산꼭대기에서 쉬어가게 되었다. 서로 어디를 가느냐? 고 물으며 얘기하다가

병인은 자기의 지나온 얘기와 방랑하게 된 동기를 말하였다. 중은

"세상에 이렇게 반대일 수가 있을까?" 하고 자기의 얘기를 하였다. 그의 얘기는 어떤 집에 시주하러 갔다가 예쁜 새댁이 혼자 있기에 강간을 하려다 말을 안 들어 그녀가 가지고 있던 장도칼을 빼앗아 그 여인을 죽이고 오는 길이라 했다. 얘기를 듣던 병인은

"예이, 짐승만도 못한 놈아" 하고 발길로 차니 중은 그만 절벽에 떨어져 죽고 말았다. 그 날 밤 병인의 꿈에, 종아리를 맞은 여인과 배에 칼을 맞은 여인이 동시에 겹치면서 고맙다고 절을 하였다. 한 여인은 '묘까지 찾아와서 위로해 주고 방랑의 길로 들었으니, 그러지 말고 다시 과거를 보아 입신출세하라'고 권하였고, 칼을 맞은 여인은 '원수를 갚아주어서 고마우니, 어서 서울로 가서 과거를 보라'는 것이었다.

병인은 마음을 고쳐먹고 서울로 향했다. 가다가 날이 저물어 캄캄한데 멀리서 불빛이 보여 주인을 찾아 좀 자고 가자 청했더니, 젊은 과부가 단칸방에 혼자 사는 집이었다. 병인은, 손은 윗목에 재우고 자신은 곁눈질도 않고 밤중이 되도록 바느질만 계속하는 여인이 너무나 황홀하고 견딜 수 없는 충동을 느꼈다. 그는 또 번민이 왔다. 전에는 '내가 너무 정결하고 강직해서 실패를 봤는데…' 그는 여인에게 말을 걸었다.

"우리 인생은 너무 짧고 허무한데, 예의니 하는 것이 다 뭐 한단 말이요? 우리 오늘 저녁에 운우지락(雲雨之樂)을 즐겨봅시다" 하니, 그 여인이 고개를 들어 말하기를

"물론 저도 외롭고 쓸쓸합니다. 도령과 같이 지내고 싶은 생각이 너무도 간절합니다." 하고 부드럽게 답하고는,

"저에게는 청이 있습니다. 제가 글 하나를 지을 테니 그 짝을 채워주셔야 합니다." 하고, 글을 불렀다.

若結緣於今夜 약결연어금야(인덴)

오늘 저녁에 만약 그대와 내가 인연을 맺는다면…

병인은 상대가 처녀가 아닌 부인인지라 적당한 글귀가 바로 생각이 나지 않았다. 그것은 지금까지 머릿속에 박혀있는 도덕정신으로 인하여 뭐라고 변명이나 합리화해서 써야 할 글이 쉽게 떠오르지 않았다. 그러다보니 새벽 동틀 무렵이 되었다. 그 여인은

"어려우시지요? 저는 그 짝을 벌써 지어 놓았습니다." 하고

故夫哭於黃泉 고부곡어황천(이라)

옛 지아비가 황천에서 통곡을 하도다.

하였다.

병인은 자기의 무례함을 사과하였다. 그리고 자고 일어나 보니, 어제 저녁 그 여인도, 집도 보이지 않고, 자기는 느티나무 고목 안에서 앉아 있었다(느티나무는 오래되면 속이 텅 빈다). 병인은 서울로 왔다. 그 전에 공부하던 병철의 집을 찾아가니, 뜻밖에도 병철은 죽었고 이 대감만이 자기 아들 병철을 대하듯 병인을 반갑게 맞아 주었다. 병인은 그 집에서 잤다. 한밤중쯤 되었을 때, 그 집의 과부된 며느리가 바스스 문을 열고 들어왔다.

"도련님 반갑습니다. 밤이 하도 적막하여 들어왔습니다. 서로 외로운 처지에 오늘밤을 함께 하시면 어떨런지요?" 하였다. 병인은

"저 역시 무척 외로운 처지입니다. 그런데 저의 청을 먼저 들어주신다면, 부인의 청도 들어드리리다." 하고는, 자기가 부르는 글귀의 대를 해달라고 요청하며,

彼與我而同宿 피여아이동숙(이면)

그대께서 저와 함께 자게 된다면

하고 글을 불으며, 짝을 채우라 하였다. 이 여인이야 더군다나 남편이 죽은 지 얼마 되지 않았는데 뭐라고 말해야 할까 머뭇머뭇하며 난감해하였다. 병인은

"어려우시지요. 제가 다 지어놓았습니다." 하고

"故夫哭於黃泉"이라고 지난 저녁 여인네가 왼 그 글귀를 그대로 외었다. 순간에 방문이 열리면서 대감이 보검(寶劍)을 든 채,

"그래, 우리 병인이를 내가 헛보지는 않았지." 하며 병인의 손목을 잡고 치하하였다. 병인이 자는데 칼 맞은 그 여인네가 바느질하던 여인네와 한 얼굴로 겹치며 하늘로 올라가는 것이었다. 칼 맞은 여인이 은혜를 갚기 위하여 전날 저녁에 알려준 것이었다. 병인은 또 생각하였다.

'처음에 내가 이웃 처녀에게 그렇게 종아리를 때리지 말고, 이런 방법으로 부드럽게 거절했더라면… 모든 일은 부드럽게 처리해도 얼마든지 해결할 수 있었을 텐데' 하고 전날의 일을 몹시 후회하였다.

66 延鶴友와 黃綠次가 같이 읊다

옛날에 연학우란 사람과 황록차라는 사람은 친구였다. 두 사람이 술을 마시고 있을 때 앞에 닭이 한 마리가 지나갔다. 그들은 술을 마시며 무엇으로 시제를 할까 생각 중이었는데, 두 사람은 서로 약속이나 한 듯이 마음이 통하였다. 연학우가

"어, 저 닭으로…" 하는데, 황록차 또한 그렇게 생각하고 "시제를 하

지" 하고 박자를 맞추며, 연학우가 하던 말을 마무리하였다.

연학우가 먼저 "갈매기 구(鷗)!" 하고 운자를 불렀다. 닭을 두고 짓는데 '갈매기 구(鷗)'자는 강운이다. 그러나 운이 떨어지기 무섭게 황록차는

養塒物色異沙鷗 양시물색(이) 이사구

홰에 있는 물색(닭)이 모래의 갈매기와는 달라

이어 "소 우(牛)!" 하였다. 닭을 가지고 시를 쓰는데, '소 우'자 또한 매우 강운이다. 그러나 황록차는 또

搏翼聲中轉斗牛 박익성중(에) 전두우(라)

홰를 치는 소리에 북두성과 견우성이 도네.

닭은 시간을 알리는 동물이고, 시간을 알리는 방법은 날개(홰)를 치고 우는 것인데, 그 날개를 치고 우는 소리에는 북두칠성과 견우성이 돌고 있다는 것이다. 별이 돈다는 것은 시간이 흐름을 뜻한다. 곧 시간을 알리는 닭의 홰치는 소리와 별이 도는 시간의 흐름을 연결시킨 것이다. 닭이 밤에 올라가 자게 되어 있는 장치도 "홰", 날개 치는 것도 "홰"라 한다.

그 다음은 연학우가 지을 차례다. 황록차가 "잔내비 후(猴)!" 하고 운자를 불렀다. 이 역시 닭을 제목으로 한, 운자로서는 매우 강운이다. 그러나 연학우도 질세라 바로 불렀다.

爾鳴秋夜何山月 이명추야 하산월(이냐)
玉帳寒簫泣楚猴 옥장한소 읍초후(라)

너는 가을 밤, 어느 산 달에서 울었더냐?
옥 장막에서 차가운 피리소리는 초나라 원숭이를 울렸구나.

항우가 유비에게 쫓기어 마지막 간 곳이 해하(垓下)라는 곳, 계명산(鷄鳴山)이었다. 이 때 항우는 먹을 것도 군사도 다하였다. 한나라 군사는 항우가 있는 집을 겹겹이 에워싸고, 달 밝은 밤에 장량(張良)은 한나라 군사들에게 초나라 노래를 부르도록 하였다. 항우가 듣고

"이제 초나라 군사까지도 나를 배반했구나." 하고 눈물을 흘리며 노래를 부르고, 애인 우미인(虞美人)에게 춤을 추게 하였다. 여기에서 항우를 따르던 부하들이 울지 않는 자가 없었다. 항우는 때가 온 줄 알고, 단기(單騎)로 겹겹이 에워싼 포위를 뚫는 실력을 보여주고, 오강 정장(烏江亭長)의 충고도 무시하고, 거기서 그만 자살하고 만다.

여기에서 연학우는 닭을 보고 "계명산 추야월(鷄鳴山秋夜月)"을 생각한 것이다. 결국 계명산은 초나라 원숭이(항우)를 울렸던 것이다.

67 孫必大 이야기

옛날 어느 마을에 손씨(孫氏), 한(韓)씨, 노(盧)씨 이렇게 3성씨가 살고 있었다. 그런데 손씨는 좀 몰락해 가는 사대부 집안이고, 한씨와 노씨는 그 지방에서 이름 있는 토반(土班)이었다. 하루는 한씨와 노씨 집안에서 모임을 갖고 시회(詩會)를 갖기로 합의하였다. 자기 자식들의 글재주도 알릴 겸, 시들어가는 손씨 가문의 콧대도 좀 꺾어줄 겸 하여 시회를 열도록 한 것이다. 시관(試官)만은 그래도 손씨 가문에 손필대(孫必大)란 사람으로 하기로 하였다. 이 손필대란 사람은 벼슬도 한 실존인물이었다. 이 결과를 손씨 문중에 통보하자, 손씨 측에서는 자기네들끼리 결정한 것이 좀 괘씸하기는 하지만, 그래도 시관이 손씨 문중의 사람이라 그런대로 받아들였다.

시관인 손필대가 시장(試場)에 도착해 보니 벌써 시제가 나붙어있었다. 시관과는 상의도 없이 자기네끼리 시제를 정하였다. 이럴 수가 있나 하고 괘씸한 마음이 더 들었다. 그런데 시제의 내용이 더욱 가관이었다.

走韓盧而搏蹇兎 주한로이박건토

매우 날랜, 韓이란 사냥개와, 盧라는 사냥개를 달리게 하여 절룩거리는 토끼를 잡는다.

였다. 날랜 사냥개를 풀어 절룩거리는 토끼를 잡으니 얼마나 쉬운 일인가? 결국 쉽다는 뜻이다. 이 말은 중국 속담으로, 전국시대에 범수(范雎)가 진왕(秦王)을 유세할 때 쓴 말이다.

여기서는 韓, 盧의 사냥개는 글자 그대로 한씨, 노씨를 비유하고, 절룩거리는 토끼는 몰락해 가는 손씨를 비유하여, 한 · 노씨가 손씨를 잡는 것은 쉽다는 뜻이어서, 시관 손필대는 더욱 속으로 분노하였다. 이윽고 젊은이들의 시가 접수되어 시관이 꼬누려고(심사하려고) 그 내용을 보니,

韓亦大姓 한역대성(이요)
盧亦大姓 노역대성(이라)

한씨도 또한 큰 성씨요
노씨도 또한 큰 성씨다

生子必大 생자필대(요)
生孫必大 생손필대(라)

아들을 낳아도 반드시 크게 될 것이요,
손자를 낳아도 반드시 크게 될 것이다.

위의 글 내용이 한씨와 노씨를 부각시키는 것은 좋은데, '生子必大'는

"아들 필대를 낳았다" 이렇게 해석할 수도 있다. '그러니 손필대 너는 우리 아들이다.'라고 은근히 욕을 한 것이다.

'生孫必犬'는 '손자 필대를 낳았다'로 해석할 수도 있고, 직접적으로 "손필대를 낳았다"로 되어, 결국 '너는 우리 아들놈, 손자놈이다.'란 뜻이 되어 욕을 한 것이다.

시관 손필대의 속에서 끓어오르는 분노는 이루 말할 수 없었다. 그러나 꾹 참고 채점하는 붓(시관의 채점하는 붓은 朱墨을 갈아서 빨간 글씨로 쓰게끔 되어 있다)을 상 위에 놓고, 일반 검은 색의 붓을 가져오라 하여 "大"자 어깨에 점 하나씩을 찍었다.

韓亦犬姓 한역견성(이요)
盧亦犬姓 노역견성(이라)

한씨도 또한 개 성이요.(韓은 '사냥개 한'자이기 때문에)
노씨도 또한 개 성이다.(盧는 '사냥개 노'자이기 때문에)

生子必犬 생자필견(이요)
生孫必犬 생손필견(이라)

자식을 낳아도 반드시 개를 낳을 것이요.
손자를 낳아도 반드시 개를 낳을 것이다.

그리고는 주묵필(朱墨筆)로 글자마다 관주(貫珠: 시를 잘 썼을 때, 시관은 빨간 주묵으로 그 시의 잘 쓴 글자 옆에, 동그라미를 치는 것이다)를 주어 장원을 시켰다. 한, 노 양씨들은 입을 모아

"아무리 몰락해 가는 양반이라 해도, 역시 양반은 당할 수가 없네." 하고 스스로 패배를 자인하고 사과했다고 한다.

68 외우기 가장 쉬운 글

글재주가 있는 사람이 따로 있다. 글 잘한다고 다 출세하는가? 글을 못하는 이도 출세하고 잘 사는 이들이 많다. 그러나 옛날이나 지금이나 과거시험쪽으로 나가려면 역시 글재주가 좀 있어야 한다.

옛날 과객이 어느 집에 들렀을 때, 그 집 아이가 천자문을 배우고 있었다. 천자문에 '勒'(굴레 륵)자를 배우는데, 발음을 못하여 그냥 '굴굴굴굴…' 하고만 있었다. 과객은 참 딱하게 여기고 그 집을 떠났다. 10년 후에 또 그 집에 들를 기회가 있었는데, 왼 젊은 청년이 시경(詩經) 빈풍장(豳風章)을 유창하게 읽고 있었다. 과객이

"저 젊은이는 누구요?" 했더니, 주인이

"제 자식이올시다." 하였다. 과객이

"그러면 10년 전 그 때, '굴굴' 하던 그 학생이 저렇게 컸단 말이요?" 하니, 그렇다 하였다. 그리하여 과객은 노력하면 모든 일이 안 되는 게 없구나 생각하였다.

또 어떤 아이는 천자문의 天, 地, 玄, 黄 첫머리 4글자를 3년간이나 읽은 후에 겨우 읽고 외우고 쓸 수 있었는데, 그 아이에게 시를 지어 보라 하니,

> 天地玄黃三年讀 천지현황(을) 삼년독(하니)
> 焉哉乎也何時讀 언재호야(를) 하시독(고)
> 천지현황을 3년 동안이나 읽었으니,
> 천자문 맨 끝에 있는 '焉, 哉, 乎, 也'는 언제나 읽을 수 있을꼬?

하고 지었다 한다. 곧 한문은 열심히 많이 읽기만 하면 저절로 문리(文理)가 터져서 알게 되는 것이니, 자꾸만 읽으라고 권하였던 것이다. 이

아이도 4자를 3년 간 읽었는데, 일천 자를 저절로 알게 되었고, 시까지 지을 줄 알게 되었다는 얘기다.

글이란 참 어려운 것이지만, 열심히 노력하면 꼭 성공한다는 교훈이다. 그런데 이런 외기 쉬운 글도 있다.

鷄冠山下有小池 계관산하(에) 유소지(하니)
一眼朱龍進退時 일안주룡(이) 진퇴시(에)

닭 볏 산 밑에 작은 연못이 있으니,
눈 한 짝 붉은 용이 들락날락할 때에.

無風天地白浪起 무풍천지(에) 백랑기(하니)
赤壁兩岸茂林靡 적벽양안(에) 무림미(라)

바람도 없는 천지에 흰 물결이 이니,
붉은 벽 양 언덕에는 우거진 숲이 쓰러졌도다.

아무리 둔재라도 이러한 글은 듣기가 무섭게 모두 외어버린다. 경주근방에 사는 사람들은 또 다른 시를 외우고 있었다.

半月城頭月影池 반월성두 월영지(에)
瞻星臺外曉鐘遲 첨성대외(에) 효종지(라)

반월성 머리 달그림자 비취는 못에
첨성대 밖에 새벽종이 더디구나.

玉門欲開金槌動 옥문(이) 욕개 금퇴동(하니)
疑是仙娥弄玉時 의시선아(가) 농옥시(라)

옥문이 열리고자 함에 금방망이가 움직이니,
아마도 선녀가 쌍옥(쌍방울)을 희롱하는 때일세.

이 글들이 천지현황(天地玄黃)보다 훨씬 쉬운 것인가? 이런 글을 외우고 쓰다가 훈장에게 들키면, 훈장은 점잖게 한 마디 한다.

"이놈 들!"

> 鹽生水而死於水 염생수이 사어수(하고)
> 人生女而死於女 인생녀이 사어녀(라)
>
> 소금은 물에서 났다가 물에서 죽고,
> 사람이란 여자에서 났다가 여자에서 죽는 법이니라.

"너희 이놈들아, 빨리 죽고 싶으냐?" 하였다.

69 '워리' 하니 사냥개가 온다

옛날에 무식한 총각이 장가를 갔는데, 처가에는 글을 잘한다고 속이고 혼인했다.

지금이야 속이고 가면 당장에 이혼, 그리고 사기죄에다 손해배상을 청구하겠지만, 옛날에는 일단 결혼하면 아무리 속이고 갔다 해도 일사부재리의 원칙이 적용되었다. 곧 남존여비 시대에 신부가 한번 남자와 잠자리를 같이 하면, 다른 총각이 데리고 가지 않기 때문이라는 논리다. 그리고 신랑도 사기죄가 성립되지 않았던 모양이다.

그래서 옛날 얘기에 "우리 조선에 거짓말이 모두 다섯 말(斗)이었는데, 서 말은 풍수쟁이가 가지고 가고, 한 말은 중신애비가 가지고 가고, 나머지 한 말은 온 조선 사람들이 나누어 가졌다" 고하였다.

그래서 자유당시대에는 이런 말이 있었다. 중신애비가 신랑감을 소개

하면서,

"군수도 도지사도 꼼짝 못하는 사람이다"

라고 했다. 신부집에서는 좋은 신랑감을 놓칠세라 자세히 알아보지도 않고 부랴부랴 서둘러 혼인을 시켰다. 신부가 시집을 가보니, 신랑의 직업은 이발사였다. 중신애비가 틀린말 한 것은 아니다. 이발사에게는 이래라면 이래고, 저래라면 저래는 것을 누구인들 어찌 거역하랴!

옛날에 어느 집에서 속이고 장가간, 무식한 신랑은 걱정이 태산이었다. 재행(결혼식을 올린 후 첫 번째로 처가에 가는 일)가면, 분명히 글을 짓자고 할 텐데, 이걸 어쩌나? 하고 고심을 하고 있는데, 마침 글 잘하는, 신랑보다 나이가 더 많은 장조카가 있었다. 그 조카가

"삼촌, 제가 모시고 따라갈 테니, 글을 지으라면 아무 말씀이나 하세요. 제가 알아서 다 처리하겠습니다." 하였다.

그리하여 결혼 뒷날은 사당차례 올리고, 3일째 되는 날 재행을 갔는데, 예상대로 처가에서 시 짓기가 벌어졌다. 신랑 차례가 오자, 때마침 밖에서 '워리' 하고 개 부르는 소리가 들렸다. 그래서 신랑은

"워리 하니 사냥개가 온다." 하였다. 조카는 이 기회를 놓치지 않고,

"우리 삼촌 시를 참 잘 하십니다.

月移山影改 월이(하니) 산영개(요) (달이 옮기니 산 그림자도 고쳐지고)

참 멋있습니다. 또 부르세요. 삼촌," 하니, 신랑은 할 말은 없고,

"오요 하고 부르니 강아지가 온다." 하였다. 곧 옛날에 강아지를 부를 때, "오요" 하고 부른다. 지금도 농촌에서는 강아지를 그렇게 부른다. 이어 조카는

"참, 우리 삼촌 시를 잘하십니다.

午寥江鴉止 오요(하니) 강아지(라) (낮이 조용한데, 강 갈가마귀가 없구나)

참 잘 지으셨습니다. 또 부르세요." 하였다.

신랑은 할 말이 없어 천정을 쳐다보니, 거미집이 있었다. 그래서 "천장에 거무집이 있네" 하니, 조카는

"참으로 삼촌 멋지십니다.

天長去無執천장(에) 거무집(이요) (하늘은 멀어서 가서 잡을 수가 없고,)

어서 또 부르세요." 하였다. 신랑은 지붕을 연상하여, "지붕에는 까마귀가 있다"고 하였다. 또 조카는 "예, 참 좋습니다.

地崩家莫歸지붕(에) 가막귀(라) (땅이 무너지면 집에 돌아갈 수 없도다.)

어서 또 부르세요." 하였다. 신랑이 보니 술상에는 국수가 있었다. 그래서

"국수는 한 사발이네" 하였다. 이어 조카는

"菊樹寒沙發국수(는) 한사발(이요) (국화는 찬 모래에서 피고,)

참 멋있습니다. 어서 또 부르세요." 하였다. 신랑이 보니 지렁(간장)이 상에 놓여 있었다. 그래서 신랑은 "지렁은 반 종지네" 하였다. 조카는 또 "참 우리 삼촌 시 잘하신다.

枝影半從地지영(은) 반종지(라) (나무 그림자는 반이나 땅을 좇아 있도다.)

어서 또 지으세요." 하였다. 상에 보니, 또 강정과 빈사과가 있었다. 그래서

"어, 강정도 있고 빈사과도 있네." 하니, 조카는

"江亭貧士過강정(엔) 빈사과(요) (강 정자에는 가난한 선비가 지나가고,)

또 어서 부르세요." 하였다. 신랑이 보니, 대추랑 복숭아도 있었다. 그래서

"대추, 복숭아도 있네." 하니, 조카는 "참 좋다.

大醉伏松下대취 복송하(라) (크게 취하여 소나무 밑에 엎드려 있구나.)

또 부르세요." 하였다. 그 때 화로에서 잿불(겻불: 왕겨를 태우는 불)냄

새가 났다. 그 냄새를 맡은 신랑은

"화로에 잿불 내가 난다" 하였다. 조카는 탄식을 하며

"우리 삼촌은 어쩌면 이렇게도 시를 잘 하실까?

花老蝶不來화로(에) 접불래(요) (꽃이 늙음에, 나비가 오지 않도다.)

어서 또 부르세요." 하였다. 이 때 화장실에서 냄새가 좀 들어왔다. 신랑은 놓치지 않고, "통시(화장실)에 구린내가 난다" 하였다. 조카는

"通市求利來통시 구리내(라) (저자를 통하여 이익을 구하여 오누나,)

참 잘 지으십니다. 또 부르세요." 하니, 신랑은 또 요강, 대야, 방구리, 하였다. 방구리란 부인네들이 바느질하는 재료를 담는 그릇이다. 조카는 "네,

遙江大野訪舊里요강대야 방구리(요) (먼 강과 넓은 들에서는 옛 마을을 찾아오고,)

네, 삼촌 또 지으세요. 하니, 신랑은 사과, 포도, 색강정 하였다. 조카는

士過浦頭色江亭사과포두색강정(이라) (선비는 강어귀에 있는 아름다운 정자를 지나누나.)

삼촌 잘 지으셨어요." 하고는, 조카가 생각하기를 사과와 강정은 말했는데 또 말하는 걸 보니 이제는 끝내야겠다고 마음먹고 있는데, 마침 방앗간에서 개 한 마리가 뛰어나갔다. 그래서 신랑은 이것을 놓칠세라하고

"개 한 마리가 방앗간에서 후닥닥 튀어나가네" 하고 의기양양하게 불렀다. 아무리 글 잘하는 문장가인 조카로서도 이것만은 도저히 한시로 연결시킬 방도가 없었다. 그래서 조카는

"삼촌, 이젠 그만 하시지요." 하니, 삼촌은 이제 자신이 생겼는지

"아직도 많은데, 단지에 고초장이 있고, 이랴! 오양간에 소." 하였다. 조카는

"그럼요, 壇地孤草長 단지(에) 고초장(이요) (단을 만든 곳에는 외로운 풀만

자라고,) 日下午陽疎 일하 오양소(라) (해가 지려하니 한낮의 빛이 성글도다.) 우리 삼촌의 글이야 무궁무진하지요." 하였다.

처갓집에 가기 전에 자기 집에서는 당부하는 게 많았다.

"네가 글을 잘한다 했으니, 첫날밤에도 초저녁에 일찍 자지 말고, 밤이 좀 깊으면 문을 스윽 열고 마루로 점잖게 나가면서,

月明窓下愛無眠 월명창하(에) 애무면(이라) (달 밝은 창 아래에 잠이 오지 않음이 사랑스럽다)라고 하여라."

하고 알려주었다. 그래서 신랑은 잠도 아니 자고 있다가, 각본대로 문을 확 열고 나가니, 문구멍을 뚫고 신방을 지키며 문에 매달려 보던 아낙네들이 그만 마루에서 봉당으로, 봉당에서 마당으로 곤두박질을 하였다. 그러나 신랑은 아랑곳하지 않고

"아! 월명창하에 애무한 년 자빠지는구나." 하였다.

그리하여 그 이튿날, 장인이 "너 문자를 많이 쓰는 걸 보니, 고문진보(古文眞寶)를 많이 읽었겠구나." 하니 신랑은 알아듣지 못하고

"네?"

하였다. 그리하여 장인이 고문진보 책을 가져다가 보여주니, 신랑이 왈

"아, 우장직실(右丈直實)! 저는 이 책을 참 많이 읽었습니다." 하였다. 곧 古를 右로, 文을 丈으로, 眞을 直으로, 寶를 實로 읽었던 것이다.

70 제멋대로 쓴 문장

친구란 어떤 경우에는 부모보다도 좋은 것인가? '부모 팔아 친구 산다'는 속담도 있으니 말이다. 친구란 만만하고 얕은 재미가 있기 때문일 것

이다. 그래서 다정한 친구들이 서로 만날 때는

故人何處逢不喜 고인하처 봉불희(아)

친구란 어느 곳에서 만난들 즐겁지 않으리.

하며 서로 희희낙락 떨어질 줄 몰랐다.

옛날 어느 마을에서 두 친구가 정답게 지냈다. 그런데 두 친구가 동업으로 타향에 장사하러 갔다가 그만 한 친구가 병들어 영원한 불귀의 객이 되고 말았다. 남은 한 친구는 장례를 치르고 친구네 집으로 편지를 써야 하겠는데, 참아 죽었단 말은 쓸 수가 없어 곰곰이 생각하던 끝에 다음과 같은 문장을 생각해 내었다.

痛痛不死 柳柳花花 통통불사 유류화화

이렇게 편지를 써서 친구네 집으로 보냈다. 그 후 고향에 갔을 때, 친구의 부모님께 사실대로 말씀드리고 용서를 빌었다. 그랬더니 그 부모는

"그러면 왜 편지라도 좀 하지 않았는가?" 하고 책망하였다. 그러자 이 사람은

"제가 편지를 드렸는데, 못 받으셨습니까?" 하였다. 그러자 그 부모는

"아파도 죽지는 않았다고 하지 않았나?" 하여, 아들 친구는 그 편지를 자기가 의도한 대로 해석해 주었다.

"아프다, 아프다 못해(不) 죽으려고 하더니, 버들버들하다가는 꼿꼿해졌습니다."라고 해석하였다.

또 다음과 같은 제멋대로 쓴 글도 있다.

옛날 어느 건달이 매일 일도 않고, 술만 먹고, 돌아다니기만 좋아하였다. 나중에는 술 마실 돈조차 없는데 마누라가 병이 들어서 들어 누웠어도 약도 쓸 수가 없었다. 그래서 미안하기는 하지만 처갓집에 처남에게로 편지를 썼다.

汝妹여매 不幸得病불행득병 十五日化去십오일화거 痛哭痛哭통곡통곡

이 편지를 받아본 처갓집에서는 깜짝 놀랐다.

"너의 누이가 불행히 병을 얻은 지 15일 만에 죽었는데, 통곡하고 또 통곡한다." 이런 내용이었다. 처남은 매부가 빈 털털이라는 것을 익히 잘 아는 터라, 치상(治喪)할 돈을 준비해 가지고 온 가족이 달려갔다. 그런데 죽은 줄만 알았던 누이가 살아 있었다. 반갑기도 하지만, 처남은 우선

"죽었다더니, 어찌된 영문인가?" 하고 물으니, 이 건달인 매부는

"죽기는 누가 언제 죽었다고 했나?" 하며 태연하였다. 그러자 처남은

"자네가 죽었다고 편지를 보냈잖아?" 하니, 그 건달은 편지를 다음과 같이 해석해 주었다.

"너희 누이가 불행하게도 병이 든 지가 15일이 되어 가는데(化去), 아프면 울고, 아프면 울고(痛哭痛哭) 한다. 그런 뜻이야, 죽었다고 생각한 사람이 살아있으니, 얼마나 반가운 일인가, 돈 가져왔으면 약값이나 좀 놓고 가게" 하였다.

또 어떤 이는 "汝妹 得病 十五日化去 生不見 死見" (너의 누이가 병 든 지 15일 만에 죽었는데, 살아서 못 보고, 죽어서 보게 되었다.) 라고, 보통은 이렇게 해석되는 것을→너의 누이가 병이 든 지 15일이 되어 가는데(化去), 살아 안 보이고, 죽어 보인다. 라고 해석했다고 한다.

71 시 잘하는 忠州 아이

경치 좋은 곳에 좋은 집 짓고 살고 싶은 욕심은 동서고금 누구를 막론하고 다름이 없을 것이다. 옛날 어느 세도가의 별장이 남한강 충주 탄금대(彈琴臺) 언저리에 있었던 모양이었다. 이것을 부러워한 시골 아이는 이렇게 읊었다 한다.

尙書樓閣近漁家 상서루각(이) 근어가(하니)
十里淸江十里沙 십리청강 십리사(라)

상서의 누대가 어촌 가까이 있어,
십리 맑은 강에, 십리의 모래밭이 이어졌네,

樹種垂楊三百株 수종수양삼백주(엔)
東風細雨綠生芽 동풍세우(에) 녹생아(라)

수양버들 3백 주가 서 있는 곳에,
봄바람 보슬비에 새싹이 트네.

이 시는 아무리 보아도 어린 아이의 시라고 보기에는 너무 수준작이다. 아주 말끔하고 능숙한 솜씨는 어느 대가의 글이라고 짐작된다.

72 김삿갓의 한글 韻

김삿갓이 하루는 어느 절간에 가서 걸식을 하는데 중이 골탕을 먹이려고 시를 짓자고 했다. 김삿갓이야 그런 도전이 없어서 걱정이지, 도전에 응하지 않을 리가 없었다. 중은 시를 못 짓게 하려고 한글운자로 지어야

음식을 주겠다는 것이었다. 김립은

"한문이건 언문이건 좋으니, 어서 운이나 불러라" 하였다. 중은

"시옷(ㅅ)!" 하고 불렀다.

我看世上人아간 세상인(하니)

내 세상 사람들을 보니,

"미음(ㅁ)" 하고, 중은 또 운을 불렀다.

但知有自口단지 유자구(라)

다만 제 입 있는 줄만 알더라,

"리을(ㄹ)!" 하고 또 불렀다.

歸家修其己귀가 수기기(하라)

집에 돌아가 자신을 잘 수양하라.

"디귿(ㄷ)!"

不然點此ㄷ.불연(이면) 점차디귿(하리)

그렇지 않으면 이 ㄷ자에 점을 찍으리.

디귿(ㄷ)에 점을 찍으면 '亡'자가 되어 죽는다는 뜻이다. 김립은 한글 운을 불러도 척척 지어내는, 참으로 조선 시대에 대시인이었다.

73 어느 기생의 自歎詩

조선 시대 시 잘하는 평양기생이 있었다. 구비시에서 예쁘고 시 잘하고 가무 잘하는 무명기생은 대개 평양기생으로 등장한다. 그런데 이 기생

은 신세가 하도 기구해서 자기의 신세한탄의 시를 다음과 같이 읊었다.

玉臂千人枕 옥비(는) 천인침(이요)
丹脣萬客嘗 단순(은) 만객상(이라)

옥같이 흰 팔은 많은 사람의 베개였고,
붉은 입술은 만인이 맛보았도다.

多情雙合流 다정(엔) 쌍합류(하고)
有意兩脚開 유의(엔) 양각개(라)

정이 많을 때에는 둘이 서로 합쳤고,
뜻이 있을 때에는 두 다리를 벌렸네.

74 기생과의 나이 문답

김삿갓이 어느 고을에 가니 어린 기생이 가무와 시를 잘할 뿐 아니라 악기도 잘 다루었다. 너무나 깜찍한 그 기생에게 나이를 물었더니, 시를 지어 답하였다.

南山有田邊土落 남산(에) 유전(하니) 변토락(이요)
北林鳩坐鳥先飛 북림(에) 구좌(하니) 조선비(라)

남산에 밭이 있으니, 변두리 흙이 다 떨어져 없어졌고,
북쪽 숲에 비둘기가 앉았다가 새는 먼저 날아가 버렸도다.

곧 '밭 전(田)'자의 가에 둘러싼 것이 다 떨어져 나갔으니, '十'자만 남았고, '비둘기 구(鳩)'자에 새가 날아 가버렸으니 '九'자만 남는다. 그러므로 기생의 나이는 19살이다. 김삿갓은 나이를 알았노라고 고개만 끄떡이

면 싱거우므로 시로써 대답하였다.

你年十九齡 니년 십구령(에)

乃早知瑟琴 내 조지 슬금

네 나이 열아홉 살에
벌써 비파와 거문고를 탈 줄 알다니!

하였다. 그러나 시의 내용은 상관이 없으나, 한자를 음으로 읽어보면, 你年(니년) 十(십: 거시기) 九齡(구령; 구×)에 乃(내) 早知(거시기) 瑟琴(슬금)…. 결국 독음이 육두문자(肉頭文字)가 된다.

75 첫날밤의 추억

조선 제16대왕 인조는 반정(反正)으로 왕위에 올랐다. 그럼으로 인하여 광해군과 그를 받들던 북인들을 쫓아내고, 영의정 자리에 당시 덕망이 높은 오리정승 이원익(李元翼) 대감을 임명하여, 시골 여주(驪州)에서 그를 영빙하여 오는 중이었다. 서울에 들어서자 사람들은

"그래 저 어른이래야 나라꼴이 돼"

하며, 수레가 지나가도록 길을 훤히 비워 놓았고, 길 양쪽으로는 사람들이 비로 쓴 듯이 비켜서서 환호하였다. 그런데 대감이 지나가는, 훤히 치워놓은 길 한 복판에 한 조그만 초립동(草笠童) 신랑 녀석이 당나귀를 타고 구종 한 명을 데리고 유유자적 오만하게 앞서 갔다.

그러자 대감을 모시는 사령들이 "괘씸한 놈" 하고 당장 잡아다 대감 앞에 대령하였다. 이 때 다른 재상 같으면 화가 나서 포도청 구경을 좀

시켰겠지만, 워낙 도량이 큰 이원익 대감은 용서해 주고 싶은데, 그러자니 화를 내고 잡아다 무릎 꿇린 사령들에게 미안하고, 기강(紀綱)도 그게 아니었으므로 그냥 보낼 수가 없었다. 대감은 어떤 구실을 붙여서라도 보내줘야 하겠는데,

"자네, 어디 사나?" 하니, 신랑은

"어느 동에 사는 이부사(李府使)의 자식이온데, 처가에 재행(再行)갔다가 오는 길입니다" 하였다. 대감은 적당히 얼버무려 보낼 심산으로

"그럼 자네 시를 지을 줄 아나?" 하니, 신랑은 "예" 하였다. 대감은

"그러면 2~3일 안으로, 이번에 자내가 첫날밤에 있었던 일을 시로 써서 나에게 가져오라" 하였다. 신랑은

"뭐, 2~3일을 기다립니까? 이 자리에서 당장 지어 올리겠나이다." 하였다. 대감은

"그러면 그렇게 해 보라" 하니,

> 抱臥紗窓情未休 포와사창 정미휴(하야)
> 半含嬌態半含羞 반함교태 반함수(라)
>
> 서로 안고 비단 창가에 누웠음에, 그래도 정이 남아,
> (신부는) 반은 교태를 머금고, 반은 부끄러움을 머금더라.
>
> 試問爲我平生否 시문위아 평생부(아)
> 手整金釵少點頭 수정금차 소점두(라)
>
> 시험하여 묻노니, 그대는 나를 위하여 평생을 같이할 수 있는가?
> 손으로 비녀를 매만지며 고개만 조금 끄덕끄덕 하였다네.

신부의 귀여운 모습을 잘 그려내었다. 교태와 부끄러움을 머금은 것도 좋지만 고개를 끄덕이는 모습이 한결 귀엽다. 신랑은 이렇게, 야하지 않

고 은은한 내용으로 지어 바쳤다. 시를 본 대감은

"어, 시를 참 잘하는군, 어서 가 보게" 하였다. 점잖고 인정이 많은 오리정승의 일면이 잘 나타나 있다.

76 허풍장이 父子의 시

옛날 어느 집에 허풍쟁이 부자가 살았다. 어느 날 두 부자는 누가 허풍이 더 센가 하고, "항우 소아방궁(項羽燒阿房宮: 항우가 아방궁을 불태우다)"이란 제목을 가지고 글짓기로 허풍을 겨루었다. 아버지는 아들에게

"네가 먼저 불러라" 하였다. 그리하여 아들은

火三月不滅 화삼월불멸(하니)
楚江漁夫拾蒸魚 초강어부(가) 습증어(라)

불이 타기 시작한 지 석 달이 되어도 꺼지질 않으니,
초강에 어부들이 익은 고기를 줍더라.

하였다. 역사에 아방궁이 하도 광대하여 3개월 동안이나 탔다고 한다. 그 화염이 몹시 뜨거워서 아방궁과 멀리 떨어져 있는 초강(楚江)에 물고기들도 모두 익어서 어부들은 그 익은 고기를 주었다는 것이다. 그러자 그의 아버지는,

"야, 너는 어찌 그리도 통이 작으냐? 내가 짓는 것을 좀 보아라." 하면서

火焰直衝九萬里 화염(이) 직충구만리(하니)
上帝撫臂曰熱熱 상제(가) 무둔왈열열(하더라)

화염이 곧바로 구만리장천에 치달으니,
옥황상제가 자기의 궁둥이를 어루만지며 '아 뜨거, 아 뜨거'

하였다. 곧, 하늘 꼭대기에 있는 옥황상제도 뜨거워서 참지 못했다는 것이다. 아들은 아방궁과 초강의 수천 리 거리였지만, 아버지는 구만리의 거리였다. 이렇게 통이 크게 지어서 아들에게 모범을 보였다.

그런데 이가원(李家源)의 오류산장시화(玉溜山莊詩話)에 보면, 제목이 화삼월불멸(火三月不滅)이고, "渭水湯湯東流去, 楚江漁夫烹魚拾"으로 되어있다.

77 '콩 태'자로 쓴 편지

'太', 이 '콩 태'자는 한국의 고유한자이다. 글자야 중국에서도 쓰이지만 '콩'이란 뜻으로는 쓰이지 않는다. '크다', '너무하다' 이런 뜻으로 쓰인다. 우리나라에서 '豆'의 뜻으로 쓰이는 것은 아마도 '큰 대'자 안에 콩알 같이 생긴 점이 있기 때문일 것이다.

옛날 어느 집에 콩 씨(종자)가 떨어져서 콩을 심을 수가 없었다. 그래서 그 고을 원을 하는 친구에게로 편지를 썼다.

太田太多 태전(은) 태다(하고)
太種太絶 태종(은) 태절(하니)
太倉之太 태창지태(를)
太望太望 태망태망(이라)

콩밭은 너무 많고,
콩씨는 다 떨어졌으니,

국고의 있는 콩을
매우 바라고 매우 바라노라.

이렇게 편지를 써 보냈다. 며칠 후 친구들과 같이 바둑을 두고 있는데, 친구인 사또로부터 답장이 날아왔다. 그 답의 내용은 간단히 이러하였다.

"太太 太"

이 편지를 보고 그 주인공은

"아, 부탁한 콩씨는 안 되는구나" 하였다. 그러자 그곳에 모였던 친구들은 모두 '太' 자가 3개이니, 콩 씨가 3섬이 아니면, 3말이라도 올 것이라고 하였다. 그러나 주인은 이렇게 해석하였다.

"콩, 콩, 왠 콩은?" 끝에 太자 하나는 왼 글씨로 써 있었다.

78 묘호(廟號), 시호(諡號)로 편지 쓰기

어떤 사람이 타관에 나갔다가 돈이 떨어졌다. 신발이 헤어져서 당장 신발을 사야겠는데도 돈이 없었다. 그래서 아래와 같이 자기 고향집으로 편지를 썼다.

周文王崩 주문왕(이) 붕(하고)
子武王立 자 무왕(이) 입(하니)
周公召公 주공소공(으로)
太公太公 태공태공(하노라)

주나라에 문왕(文王)이 죽고,
그 아들 무왕(武王)이 즉위하니,
주공(周公)과 소공(召公)으로
강태공(姜太公), 강태공(姜太公)하노라

해석인즉, 문왕(文王)의 이름이 창(昌)이므로 창이 죽었다는 것은 '신발이 창이 났다'는 뜻이고, 무왕(武王)의 이름이 발(發)이므로, 발이 즉위하였으니, '신발이 창이 나서 맨발이 튀어 나왔다' 뜻이다. 주공(周公)의 이름은 단(旦: 아침 단), 소공(召公)의 이름은 석(奭: 夕과 음이 같아서 통용), 강태공의 이름은 망(望)이다, 그리하여 아침저녁으로 집에서 돈 부쳐오는 것을 바라고 또 바란다는 뜻이다.

묘호는 왕이 죽은 후에 부르는 호로서, 예를 들면, 우리나라 태, 정, 태, 세, 문, 단, 세 같이 왕의 고유명사이고, 시호도 죽은 다음에 부르는 것으로 왕에게도 해당하지만, 신하들도 2품(二品) 이상이면 국가에서 시호를 내려준다. '충무공(忠武公)' '문성공(文成公)' 할 때 '충무' '문성' 등을 이르는 것이다.

여기서 昌과 發은 한자의 뜻과 관계없이 순 한국말로 인용하였고, 旦, 夕, 望은 한자의 뜻으로 썼다. 이 내용에서 문왕은 무왕의 아버지이고, 주공·소공은 무왕의 아우이고, 태공 망(太公望)은 무왕의 스승으로서, 무왕을 중심으로 한, 주실(周室)의 사람으로 엮었다는 데 재미가 있다.

79 근심(愁)이란 제목의 시

구비시에는 시화도 없이 그냥 떠도는 시들도 많다. 왜냐하면 잘 썼기 때문이다. 시가 좀 시원찮아도 시화만 그럴 듯하면 돋보일 수 있지만, 아무런 시화도 없이 그 시 하나만 달랑 떠다니는 것은 그만큼 시가 생명력이 있는 좋은 시이기 때문이다.

여기에 '근심(愁)'에 대하여 쓴 율시 하나를 소개한다.

來何容易去何遲 내하용이 거하지(오)
半在胸中半在眉 반재흉중 반재미(라)

올 때는 쉽게 오더니, 갈 때는 어찌 그리 더딘고?
절반은 가슴속에 있고, 절반은 눈썹(미간)에 있도다.

門掩落花春去後 문엄낙화 춘거후(요)
窓含殘月酒醒時 창함잔월 주성시(라)

꽃이 떨어지고 봄이 다 지나간 뒤, 문을 닫고 있을 때
술이 깨어 황량한데, 조각달이 창에 아련히 비칠 때.

濃如野外連天草 농여야외 연천초(요)
亂似空中惹地絲 난사공중 야지사(라)

무르녹기는 야외에 하늘로 뻗은 풀 같고,
어지럽기는 아지랑이 공중에서 어른거림과 같네.

除却五侯歌舞席 제각오후 가무석(하고)
人間無處不相隨 인간무처 불상수(라)

5후(公, 侯, 伯, 子, 男)들의 노래하고 춤추는 자리만 제외하고
인간에 있어 어디든지 따르지 않는 데가 없도다.

위 시는 많은 사람들로부터 잘 썼다는 칭송을 받던 시였다. 근심은 누구나 다 가지고 있는 것, 한번 근심거리가 생기면 떨치기가 어렵다. 미간을 찌푸리고 속 태우며, 들판에 엉클어진 풀처럼, 어지러이 피어나는 아지랑이처럼, 술이 깬 새벽이나, 계절에도 영향을 받는다. 그러나 노래하고 춤추는 자리는 예외인 것이다.

80 尙震 대감의 인품

상진의 호는 송현松峴), 또는 범허재(泛虛齋)이다. 조선 중종 때, 문과에 급제하여 명종 때 영의정을 지낸 사람이다. 후덕하고, 누구에게도 듣기 싫은 말을 하지 않았다 한다. 그는 명재상으로 이런 분야에 많은 일화를 전하고 있다. 한번은 어떤 이가 다리 하나를 저는 사람을 보고 '다리 하나가 짧다'고 말하자, 상진 대감은 '왜 다리 하나가 짧은 것인가? 다리 하나가 긴 것이지' 하였다는 말은 아주 유명하다.

어떤 허모(許某)라는 이가 다음과 같은 시를 썼다.

羲皇樂俗今如掃 희황악속(은) 금여소(하고)
唯在春風盃酒間 유재춘풍 배주간(이라)

복희 시대의 예악과 풍속은 지금에 쓸어버리듯 없어져,
오직 춘풍이 부는, 술잔이 오가는 곳에만 남아 있도다.

하고 지었다. 곧, 사회 인심이 각박하여, 옛날에 순후한 풍습은 다 없어지고, 오직 풍류를 즐기며, 술잔이 오가는 곳에만 남아있다 라는 뜻이다. 상진대감이 이 시를 보고, 다음과 같이 고쳤다.

羲皇樂俗今如在 희황악속(이) 금여재(하니)
看取春風盃酒間 간취춘풍 배주간(이라)

복희 시대의 예악과 풍속은 지금도 남아 있어서,
춘풍이 부는, 술잔 오가는 곳에서 찾아 볼 수가 있네.

이렇게 세 글자를 고쳐서, 옛 풍속이 쓸어버린 듯이 없어진 게 아니라, 지금도 아직 남아있으니, 어디에 있는가 하면, 춘풍이 부는, 술잔이 오가는 곳에 있다고 하였다. 곧 부정적인 사고를 긍정적인 사고로 돌려놓았다. 시를 씀에 있어서도 부정적으로 쓰지 말고 긍정적으로 생각하여 써야 한다고 한 데에서, 상 대감의 인품이 잘 나타나 있다.

또 상진 대감과 같이 후덕하고 남의 마음을 조금도 상하지 않게 하는 이가 있었다. 옛날 어느 마을에 한 사람이 공부가 좀 부족했던 모양이었다. 문왕(文王)이 무왕(武王)의 아들이라 하였다. 그리하여 다른 한 사람이 이것을 시정하여 주었으나 앞 사람은 자기가 옳다고 계속 무왕이 아버지라고 우겨댔다. 그러다 보니 두 사람은 각기 자기가 옳다고 계속 싸우게 되어, 다른 사람이 끼어들어 결론을 내려 주지 않고는 싸움이 끝날 수가 없었다.

그것을 안 두 사람은 그 동리에서 학식이 제일 높고 점잖은 학자를 찾아가서 판결을 받도록 하자고 합의하였다. 학자는 두 사람이 찾아온 연유를 알자, 한 사람을 옳다고 말하면, 다른 한 사람은 얼마나 마음이 상할까 염려하여

"두 분이 다 옳습니다. 한 분은 주(周)나라 역사를 보셨고, 한 분은 초(楚)나라 역사를 보셨습니다."

하였다. 그러나 조선에서 유식한 이라 하더라도, 초나라 역사를 읽은 이가 몇이나 될까? 거의가 주나라 역사인 문왕이 아버지로 알고 있다. 이 학자 또한 상진대감과 비슷하지 않은가? 학자이지만 고지식하지 않고 매우 융통성이 있는, 처세에도 큰 학자였다.

81 문장의 힘

문장의 힘은 말의 힘이다. 말과 글은 다 같이 사람의 의사를 전달하는

도구다. 그러나 말이 글보다 더 우선하는 것은, 말은 사람과 사람이 접촉할 때 곧바로 해결한다. 그래서 일풍신 이훤담(一風神二喧談)이라 하고, 당(唐)나라 때, 취재(取才)에도 그 순서가 신언서판(身言書判)이었다.

일반적으로 사람을 평할 때는 우선순위가 그러하지만, 경우에 따라서는 글이 더 필요할 때가 있다. 홍문관 교리는 말보다 글이 중요하듯이 일반관청에서 공문서로 처리할 때에는 글이 우선이고 말은 소용이 없다.

어떤 여관에서 한 손님이 잠자다 밤중에 아무 연고 없이 죽어버렸다. 그래서 관가에 보고를 해야 하는데 여관 주인이 글을 모르므로 손님 중 어떤 이가

生入其門, 死出其門 생입기문(이라가) 사출기문(이라)
살아서 그 집에 들어갔다가, 죽어서 그 집을 나왔다.

이렇게 써 주었다. 주인 처지에서 보면 매우 꺼림 직한 여운을 남긴다. 주인의 얼굴이 매우 좋지 않자, 그 옆에 허름한 옷차림을 한 사람이

病入其門, 死出其門 병입기문(이라가) 사출기문(이라)
병들어 그 집에 들어갔다가, 죽어서 그 집을 나왔다.

곧 '生'자 한 자를 '病'자로 고쳐주자, 주인의 얼굴에는 화색이 돌았다.

82 훈장의 사위되기

옛날 어느 서당에 훈장님에게는 어여쁘고 귀여운 두 고명딸이 있었다.

큰 딸의 이름은 명월(明月)이, 작은 딸은 수정(水晶)이었다. 그런데 학생도 두 명이 공부를 하고 있었다. 하루는 훈장이 낮잠을 자는데, 학생들이 글을 읽다 말고

"나는 명월이 한테 장가가고 싶다" 고 하니, 다른 학생도

"나는 수정이 한테 장가가고 싶다" 하였다. 그런데 훈장이 낮잠을 깰 무렵이라. 학생들이 하는 소리를 누워서 다 들었다. 훈장이 일어나면서

"너희들 지금 글은 안 읽고 뭐라고 했니?" 하니, 한 학생이 저는

讀書無燈思明月 독서무등 사명월(이요)

책을 읽는데 등불이 없어서 명월을 생각하였습니다.

라고 하니, 또 한 학생은 저는

有冠無纓憶水晶 유관무영 억수정(이라)

갓은 있는데, 갓끈이 없어서 수정을 생각했습니다.

라고 하였다. 훈장은

"그래, 너는 우리 명월이를 굶기지 않을 자신이 있나?" 하였다. 학생은

"여부가 있겠습니까?" 하니 훈장은 허락하였다. 또 한 학생에게

"너도 수정에게 자신이 있느냐?" 하니, 그 학생도

"물론 여부가 있겠습니까?" 하여, 두 학생은 서로 동서가 되었다 한다.

83 諧謔 잘하는 褌坦 스님

옛날에 곤탄이란 스님이 있었는데, 글 잘하고 익살스럽고, 중의 신분이

건만, 아예 계율 같은 것은 지키지도 않았다. 일찍이 평양기생을 만났는데, 기생이 예쁘고 가무 잘하고 시 잘 짓고 하니, 곤탄이 반해버렸다. 기생이 곤탄에게 시를 지으라고 일부러 어려운 운자를 불렀다.

'새 을(乙)' 하니, 곤탄은

閣氏顔色眞甲乙 각씨안색(이) 진갑을(하니)

각씨의 얼굴이 참으로 최고여.

'한 일(一)' 하니, 곤탄이

多情嬌態又第一 다정교태(가) 우제일(이라)

다정한 교태가 또한 제일이야.

'아닐 불(不)' 하니. 곤탄이 이어

若逢此女幽暗處 약봉차녀 유암처(ㄴ덴)
鐵石肝腸安得不 철석간장(인들) 안득부(아)

만약에 이 여자를 어둡고 으슥한 곳에서 만난다면,
아무리 철석같은 간장인들 어찌 안 할 수 있으리.

이렇게 시를 짓자, 기생은 "중도 여자를 거느릴 수 있소?" 했다. 그러자 곤탄은

"중은 안 하는 것이지, 못하는 게 아니야. 옛날 아난(阿難)은 석가여래의 대제자(大弟子)인데 마등(摩登)과 통하지 않았던가? 아난은 남자가 아니고, 마등은 여자가 아니란 말인가?" 하였다. 기생이 "그러면 스님은 남녀의 재미를 아시오?" 하니 곤탄은

"낭자는 불도의 극락세계를 모르는구먼, 내 그대의 옷을 벗기고 우리 서로 그것을 합하면 바로 그게 극락세계란 말이요. 그 때, 낭자는 나를 알게 될 거요" 하였다. 기생은 듣고 마음이 동했다. 기생은

"그러나 그 대머리가 싫은데요" 했다. 곤탄은

"낭자는 내 윗대머리만 보았지, 아랫대머리는 보지 못 했잖소" 하면서 기생을 덮쳐 본론을 시작하였다. 그러자 기생은 숨을 헐떡거리며,

"아이고, 아이고, 대사가 날 죽이네. 불법이란 사람을 살리는 것인데, 어찌하여 사람을 이렇게 죽인단 말이요?" 하며 앙탈을 부리자, 곤탄은

"원래 불법의 신통이란 사람을 천도(遷度)하는 것으로서 사람을 죽일 수도 있고, 살릴 수도 있는 법이요" 하였다. 이 때, 어떤 사람이 들어오면서 "당신들, 지금 뭐 하는 짓이야?" 하고 소리치니, 곤탄은

"나는 이렇게 잠간 사이라도, 이 난세에 국가를 위하여 중용될 현량(賢良)을 만들고 있는 중이라오" 하였다.

84 南袞과 青松府使

남곤(南袞)이라면 조선 중기 훈구파의 한 사람으로 대인이 아니라는 정도는 모두 알고 있을 것이다. 김종직(金宗直)의 제자로서, 갑자사화 때는 자기가 유배되었고, 기묘사화 때는 조광조(趙光祖)를 숙청하고 좌의정 영의정을 지냈다. 그는 나중에 자기의 죄를 생각하고 사고(私稿)를 전부 불태운 사람이다.

자기가 천거한 청송부사 정순붕(鄭順鵬)에게 잣 한 섬과, 꿀 한 말을 요구했는데, 정군수는 다음과 같은 시를 지어 답하였다.

栢在高峰絶頂上 백재고봉 절정상(이요)
蜜在民間蜂桶中 밀재민간 봉통중(이라)

잣은 높은 산봉우리 잣나무 꼭대기에 있고,

꿀은 민간의 벌통 속에 들어 있도다.

정군수도 대단한 사람이었다. 재상인 데다가 권신 남곤에게 이런 식으로 거절을 했으니!, 인재를 등용함에 있어, 국가에 공헌할 수 있는 사람을 쓰면 되는 것이지, 벼슬을 미끼로 재물을 탐하는 것은 국가의 재상으로는 용납할 수 없는 일이라 생각했고, 민간의 윗사람인 부사가 되어서 어찌 백성에게 잣과 꿀을 빼앗아 올 수 있는가 하는 것이 그의 소신이었다.

나중에 남곤이 몰락할 때 정 군수는 이 시 한 수로 인하여 파직을 면하게 되었다. 옛날에는 지금과 달라서 사람을 천거함에 있어, 천자(薦子: 추천한 사람)나, 거자(擧子: 추천된 사람)가 운명을 같이 하였다. 한 사람이 죄를 범할 경우, 다른 한 사람도 관직에서 물러나야 한다. 정군수는 자신의 소신 있는 시 한 수로써 그의 인품을 인정받게 된 것이었다.

위의 얘기는 『오백년기담(五百年奇譚)』이란 책에 나와 있다. 그러나 정순붕이 청송군수를 한 적이 없고, 남곤과 그런 인연도 없었다. 『대동기문(大東奇聞)』에는 정붕(鄭鵬)과 영상(領相) 성희안(成希顔)과의 관계로 되어 있다. 정붕은 성희안과 잘 아는 사이로, 성희안의 추천으로 청송부사가 되었고, 성희안 또한 잣과 꿀을 거저 달라고 한 것이 아니고, 사려고 했었는데 정붕이 그렇게 7언시로 답하자 부끄러이 생각하고 사과하였다 한다.

성희안은 박원종(朴元宗), 유순정(柳順汀)과 함께 중종반종(中宗反正)에 성공한 사람으로 의리도덕이 강한 사람이었다. 남곤과 정순붕은 같은 시대이지만, 정순붕은 남곤이 영의정으로 있을 때 벼슬이 중지되었으니, 위와 같은 얘기는 성립되지 않는다.

정순붕과 정붕은 성이 같고, 이름이 붕(鵬)자가 공통이고, 남곤과 성희안은 권력을 잡은 점이나, 도덕적인 품성은 다르지만, 지위가 영상이라는 점이 같음으로 이렇게 와전되었다. 이것이 구비시화의 특성인 것이다.

정붕은 이름 있는 성리학자였다. 연산군 때는, 유자광(柳子光) 때문에 정언(正言)으로 있을 때 갑자사화(甲子士禍)로 화를 입었고, 중종반정 후에는 교리(校理)를 지냈으나, 홍경주(洪景舟)가 무서워 향리로 돌아갔다. 성희안은 중종반정 일등공신이고 영상이지만, 정붕은 그의 훌륭한 인품을 잘 알기 때문에 청송부사 자리를 마음 놓고 수락하였던 것이다.

85 광해군(光海君)의 시

어느 화창한 봄날, 광해군은 술이 거나하게 취하여 다음과 같은 시를 지어서 궁녀들에게 들려주었다 한다.

桃花李花杏花發 도화이화 행화발(하니)
南里西里北里春 남리서리 북리춘(이라)

복숭아꽃, 오야 꽃, 살구꽃이 만발하니
남쪽 마을도 서쪽 마을도, 북쪽 마을도 모두 봄이네.

不寒不熱好時節 불한불열 호시절(에)
半醉半醒無事人 반취반성 무사인(이라)

춥지도, 덥지도 않은 이 좋은 시절에
반은 취하고 반은 깬, 일없는 사람일세.

광해군은 모든 궁녀들에게 외어 읊게 하였다한다. 이 시는 매우 쉽게 쓴 것이 특징인데, 그렇지만 흠잡을 곳은 없다. 매우 낭만적인 시다. 『대동기문』에는 광해군의 시라고 전하는데, 모를 일이다. 시에는 오히려 연산군 냄새가 풍기는 것 같다.

86 성삼문(成三問)의 표절시

성삼문이 어릴 때, 스님이 와서 시주를 청하기에 부모님이 후히 시주를 하였더니, 그는 가면서

"저 아이에게는

石榴皮裏点朱砂 석류피리 점주사

석류의 껍질 속은 주사로 점을 찍었다.

이 글귀를 항상 외도록 시키시오" 하고 일러주고는 인홀불견(因忽不見: 어디로 갔는지 볼 수가 없음)이었다.

세종대왕이 훈민정음을 창제하신 이후 아직 반포하기 전에, 창제한 훈민정음의 사용적 가치를 확인하는 일과 한자의 음을 다는 문제 등으로 성삼문은 중국의 음운학자 황찬(黃燦: 당시 요동에 유배 와서 있었으므로)을 보러, 요동 땅에 13번이나 다녀온 적이 있었다. 그리고 훈민정음을 반포한 후에도 성삼문은 다시 명나라에 가서 음운 연구를 하고 돌아왔다.

근보(謹甫: 성삼문의 자)가 중국에 있을 때 일이다. 중국인들이 보는 백일장에 참여하게 되었는데, 시제가 "기쁨(喜)"이었다. 좋은 시상이 떠오르지도 않고 하여, 옆 사람의 답안을 슬쩍 보았더니, 너무나 좋을 시를 써놓고 신중에 신중을 기하기 위하여 퇴고에 퇴고를 거듭하고 있었다. 이것을 본 근보는 얼른 자기 답안지에 옮겨 적어 보았다.

大旱逢甘雨 대한(에) 봉감우(요)
他鄕逢故人 타향(에) 봉고인(이라)

큰 가뭄에 단 비를 만났고,
타향에서 친구를 만났도다.

洞房明月夜 동방(에) 명월야(오)
金榜掛名時 금방(에) 괘명시(라)

골방에 달이 밝게 비칠 때,
금방에 자기 이름이 걸릴 때

금방(金榜)은 과거급제자를 발표하는 게시판이다. 이상의 4가지 내용은 정말로 기쁜 일이다. 근보는 '어쩌면 이렇게도 기쁜 일을 잘 찾아서 썼는가.' 하고, 생각하다가 그만 욕심이 나서 그 시를 자기가 지은 것처럼 하기 위하여 2자를 첨가하여 7언으로 만들어 중국인 원작자보다 먼저 제출하였다.

(七年)大旱逢甘雨(칠년)대한(에) 봉감우(요).
(千里)他鄕逢故人(천리)타향(에) 봉고인(이라).

(華燭)洞房明月夜(화촉)동방(에) 명월야(요).
(第一)金榜掛名時(제일)금방(에) 괘명시(라).

시관이 성삼문의 글을 보니, 참으로 잘 쓴 글인데, 각 구(句)마다 2자가 군더더기였다. 곧, 왜 7년 대한에만 단비가 기쁜가?, 6년 대한, 8년 대한에는 기쁘지 않단 말인가? 왜 천리타향에서만 친구가 반가운가? 만리타향에서는 친구가 반갑지 않단 말인가? 화촉을 밝히는 동방에서만 달빛이 기쁜가? 또 제일금방에 이름이 걸려야만 기쁜가? 제2금방에 이름이 걸리면 기쁘지 않은가? (榜에는 제1금방, 제2금방 등이 있는 모양인데, 경우에 따라서 제1금방이 사용 중이면, 제2금방에 발표하였다 함)

그리하여 시관은 각 구마다 근보가 덧붙인 2자씩을 지우고 장원을 주었으며, 원작자인 중국인의 글은 나중에 제출했기 때문에 오히려 표절로 처리되어 근보는 결국 후한 상을 받게 되었다. 그런데 조선으로 돌아오는 길이었다. 국경 어느 외딴 산모퉁이를 돌아오는데, 큰 구렁이 한 마리가 근보의 길을 가로막고 길게 누워 있었다. 근보는 큰소리로,

"무슨 이런 미물이 사람의 길을 가로막느냐?"

했더니, 그 구렁이는 사람처럼 말을 하였다.

"나는 네가 표절한 글을 지은 주인공이다. 너는 어찌 남의 글을 표절하고도 양심에 조금도 거리낌이 없느냐? 나는 하도 원통하여 스스로 죽어서 뱀이 되었다. 이제 원수를 갚아야 하겠다."

하고는 입을 딱 벌리고 달려들었다. 근보는 다급하여

"아니야, 아니다. 나는 내 스스로 지었어." 하고 소리쳤다. 그러자 뱀은

"좋다, 그러면 내가 부르는 시구에 대를 해야 한다. 못하면 단박에 죽여 버리겠다."

하며, 다음과 같은 시를 불렀다.

銀杏匣中藏碧玉 은행갑중(엔) 장벽옥(이요)

은행의 껍질 속은 푸른 옥이 감추어져 있고,

하니, 근보는 어릴 때부터 평생 외던 시구가 생각났다.

"石榴皮裏 點朱砂라" 어릴 때 스님이 일러준 글! 근보는 거침없이 그 글귀를 읊었다. 그러자 구렁이는 그만 고개를 떨구었다.

"아, 내가 공연히 귀한 목숨만 끊었구나." 하고는 스르르 가버렸다.

사실은 조선 선조(宣祖) 때, 유명한 역관(譯官)인 표헌(表憲)의 아들, 표정로(表廷老)가 중국사신을 맞은 자리에서, 사신이 은행을 먹으면서 '銀杏匣中藏碧玉' 하고 읊고는 역관 표정로에게 대(對)해 보라 하니, 표정로는 그 말이 떨어지기 무섭게 '石榴皮裏点朱砂' 라 하니, 중국사신이 크게 칭찬했다 한다. 아마도 이것을 중국에 많이 다녀온 성삼문에게로 구비시가 옮겨간 것이다. 또 성삼문이 과장에서 이석형(李石亨)의 글을 표절했다는 야담이 있으니, 그렇게 연결이 된 모양이다. 『대동기문』에는 율곡이 어릴 때, 석류를 보고 '石榴皮裏點朱砂'를 지었다고 한다.

87 압록강에서 뱃사공과 중국사신

고려 · 조선시대 사람들은 중국의 글을 가지고 자유자제로 의사표현을 하면서 중국인에게까지도 지지 않으려고 맞섰으니, 그 노력이 얼마나 컸을까? 그리하여 그 지지 않겠다는 발상은 압록강에서 사신을 맞이하면서부터 시작된다.

중국 사신이 압록강에서 조선 땅에 발을 내딛는 순간, 맨 처음으로 부딪치는 일반 백성은 뱃사공이다. 물론 접반사(接伴使)도 나가겠지만, 그것보다 하천한 노동자 뱃사공부터 글 잘하는 사람으로 전진에 배치하는 것이 이 구비시화이다. 이 배 위에는 접반사도 없고, 뱃사공이 중국사신과 맞상대를 하게 되어있다. 중국 사신이 먼저 시를 지어 말을 건다.

棹穿波底月 도천파저월(이요)
삿대는 강물 밑에 있는 달을 꿰었고

하고 시를 부르면, 조선 사공은 중국 사신의 시가 땅에 떨어질 세라,

船壓水中天 선압수중천(이라)
배는 물속에 하늘을 눌렀도다.

하고 응수를 하였다. 중국의 사신은 지식인인데 비해, 그 시에 응구첩대(應口輒對)를 한 사람은 조선의 하찮은 노동자 뱃사공이다. 그러면 과연 어느 나라 사람이 시를 더 잘한단 말인가? 이어 중국 사신이 보니 강물 위에 새는 떴다가는 도로 물속으로 들어가곤 하였다. 그리하여

水鳥浮還沒 수조(는) 부환몰(이요)
물새는 떴다가 다시 잠기고

하니, 사공은 이어 하늘을 처다 보며,

山雲斷復連 산운(은) 단부련(이라)
산 구름은 끊어 졌다 다시 이어지누나.

하였다. 또 중국 사신이 사공의 얼굴을 보며,

烏啄亭長目 오탁정장목(이로고)
까마귀가 그대의 눈을 쪼았군,

사공의 눈이 한쪽 멀었으므로, 중국 사신이 사공을 야유하면, 사공은,

風吹上使鼻 풍취상사비(라)

바람은 사신의 코에 불었도다.

사신의 코가 비뚤어졌으므로, 사공은 이렇게 응수하였다. 또 사신이

吹笛枯竹歌 취적(하니) 고죽가(요)

피리를 부니, 마른 대나무가 노래하도다.

하니, 사공은 바로,

擊鼓死皮鳴 격고(하니) 사피명(이라)

북을 치니, 죽은 가죽이 울도다.

하였다. 또 사신이

兎舂九天雪 토용구천설(이요)

토끼는 하늘의 눈을 방아 찧도다.

하니, 사공은

鳧耕十里波 부경십리파(라)

오리는 십리의 물결을 밭 갈도다.

하였다. 이 때 해오라기가 고기를 잡아먹느라고 떴다 잠겼다하였다. 중국 사신은 이것을 보고

潛浮沈 잠부침,, 潛浮沈 잠부침, , 潛潛浮浮沈 잠잠부부침(하니), 江上

窺魚之鷺 강상규어지로(로군)

잠겼다 떴다 잠기고, 잠겼다 떴다 잠기고, 잠겼다잠겼다, 떴다떴다, 또 잠기니, 강물 위에 고기를 엿보는 해오라기로군

하고 읊으니, 이때 벌써 배는 강가에 다가와 있었다. 나비가 날아가는 것을 보고, 사공은

飛上下 비상하, 飛上下 비상하, 飛飛上上下 비비상상하(하니), 山間探花之蝶 산간탐화지접(이로고)

날아 올랐다 내렸다, 날아올랐다 내렸다, 날아, 날아오르고, 오르고, 또 내리니, 산 속에 꽃을 찾는 나비로군

하였다. 또 중국 사신은

天爲日月星辰國 천위일월성신국(이요)

하늘은 해, 달, 별의 나라가 되었고,

라고 하자, 사공은

地載江山草木車 지재강산초목거(라)

땅은 강, 산과 초목을 실은 수레일세.

하였다. 그래서 중국 사신은 생각하기를

"야, 조선은 뱃사공까지도 모두가 대 문장가이니, 서울에 가 봤자, 입도 못 벌리겠다." 싶어서, 사공에게 강 저쪽에 서류를 두고 왔으니, 다시 갔다오자고 하여, 단동(丹東) 강가에 배가 닿자, 사신은 그만 달아나 버리고 말았다.

88 죽은 남편을 살린 아내의 詩才

어느 진사 집에 시 잘하고 어여쁜 고명딸이 있었다. 그 고을 어느 양반 집에서 소를 잃었는데 이웃에 사는 민가에서 훔쳐갔다고 뒤집어씌워 그 남자를 관가에 고하여 가두게 하였다. 그 민가 백성은 하도 원통하여 소송을 제기하려고 소장을 쓰러 그 진사네 집에 갔는데, 마침 진사는 없고 그 딸만 있었다. 딸이 찾아온 연유를 묻고는,

"내가 대신 써 줘도 되겠소?" 하니, 상관이 없다 하여 딸은 소장을 쓰고 그 밑에

妾非織女 郎豈牽牛 첩비직녀(어늘) 낭기견우(리오)
쉔네가 직녀가 아닌데, 어찌 남편이 견우이겠습니까?

이렇게 써 주었다. 이 소장을 본 원님은 끝에 쓴 시에 매력을 느끼고, 이 시를 누가 썼느냐고 물어서, 고소인은 아무개 진사의 딸이라 알려주었다. 원이 마침 장가갈 아들이 있었는데, 청혼이 되어 혼인이 성사되었다. 첫날 저녁에 신랑이 글을 짓자고 하여 신부는

"제목을 무엇으로 할까요?" 하니, 신랑이 방안을 휘 둘러보더니, 벽에 매달아 놓은 도자기 병이 눈에 띄었다. 신랑은

"저 병으로 합시다." 하고는 피로했던지 그냥 잠이 들고 말았다. 새벽에 신부가 신랑에게

"어제 저녁에는 글을 짓자 하시더니, 어떻게 되었어요?" 하니, 신랑은 피로해서 바로 잤다고 했다. 신부는

"저는 이렇게 지었는데요." 하며 지은 시를 불렀다.

爾自河濱來 이자하빈래(하니)
應知河濱事 응지 하빈사(라)

네가 하빈으로부터 왔으니,
응당 하빈의 일을 알 것이다.

何時聞帝崩 하시(에) 문제붕(하고)
壁上結項死 벽상(에) 결항사(오)

언제 순(舜)황제가 죽은 것을 알고,
벽에 목을 매어 죽었는고?

이 시에서 도자기는 2인칭으로 쓰였다. 옛날 여염집에서는 곧잘 호리병에 끈을 매어 벽에 걸어 두었다. 중국 삼황오제(三皇五帝)의 한 사람인 순(舜)임금이 소시 적에 하빈(河濱)이란 곳에서 질그릇을 구우며 생계를 유지하였다. 그러므로 도자기 병을 만든 창조주 순임금님이 돌아가시니, 도자기 병 자신도 따라 목매 죽었다는 내용으로 썼다.

그런데 아침이 되어 눈을 떠보니, 신랑이 죽어 있는 것이다. 모를 일이었다. 첫날밤에 죽은 것을 내용으로 하여 글을 써서 불길해서 그러한가? 신부는 몸부림치며 울어도 죽은 사람은 도저히 살아날 기색이 없었다.

신부 집에서는 상여를 꾸미어 신랑을 태우고, 신부는 백가마를 타고 상여를 뒤따랐다. 가다가 강가에 닿았는데, 모래밭에는 백구가 쌍쌍이 즐겁게 날고 있었다. 신부는 더욱 슬퍼서 눈물을 흘리며 시를 지었다.

前丹旌 後素轎 전단정, 후소교(요)
白骨郎 靑孀婦 백골랑, 청상부(라)
問白鷗 問白鷗 문백구, 문백구(하노니)
去幾人 來幾人 거기인, 내기인(고)

앞에는 붉은 명정(銘旌), 뒤에는 흰 가마,
백골 신랑에, 청상과부일세.
백구야, 너희에게 묻고, 또 묻노니,
이렇게, 간 사람은 몇 명이며, 이렇게 될 사람은 몇 명이라더냐.

가마 속에서 눈물을 뚝뚝 떨구며 소리 없이 울고 있는데, 밖이 떠들썩하였다. 가마문의 작은 장막을 걷으며 밖을 내다보니 신랑이 살아났다고 야단들이었다. 얼른 내려가 신랑을 맞으니, 신랑이 말하기를

"방금 옥황상제에게서 오는 길인데, 상제의 말씀이 '너의 아내가 너무나 시를 잘 하여, 너를 다시 내려 보내니, 더 살다오너라' 하여 이제 막 도착했노라" 하였다.

다음은 다른 얘기다. 옛날 신랑이 장가를 들었는데, 첫날밤에 신부의 교양을 시험하기 위하여 다음과 같은 질문을 하였다.

"부인께서는 삼종지도(三從之道)를 아십니까? 한 번 말씀해 보시지요." 하니, 신부는

"예, 재가종부(在家從父: 시집가기 전에는 아비의 명령에 따르고)하고, 적인종부(適人從夫: 시집와서는 남편의 명령에 따르고)하고, 부로종자(夫老從子: 지아비가 늙으면 자식의 지시를 따른다.)입니다." 하여, 첫날밤은 그렇게 넘어갔다.

그 다음날, 신랑이 "어제 저녁에 말씀하신 '삼종지도'가 맞는 것입니까?" 하고 따지니, 신부는

"어제 같이 좋은 날 '죽을 사'(死)자를 말할 수가 없어서 '늙을 로'(老)자로 대신하였습니다." 하였다. 곧 '夫死從子'를 '夫老從子'로 말했던 것이다.

89 서양인에게도 알려진 崔岦

조선 선조대왕 당시, 글씨에는 한석봉(韓石峰: 이름은 濩), 글에는 최립(崔岦: 호는 簡易), 시에는 차천로(車天輅: 호는 五山)를 송도삼절(松都三絶)이라 하였다. 이 중 최립과 한호가 중국에 갔을 때 일이다. 그는 중국에 가는 사신 행렬에 끼어 중국 당대 문장가인 왕어양(王漁洋: 이름은 世禎)을 찾아 교유하였다.

때마침 중국에 선교사로 온 서양인 한 사람이, 병풍을 만들려고 대나무를 그린 화폭 하나를 들고, 왕어양을 찾아와서 그 화폭에 그린 대나무에 대한 글을(그 화폭 속에 써 넣게) 지어 달라는 것이었다. 왕어양은 날짜를 정해 놓고, 글을 지어놓을 테니, 그 날에 와서 글을 찾아가라 하였다. 그래서 서양인이 약속한 날에 갔는데, 글에 대한 사례가 융성했기에 왕어양 또한, 글을 가장 공 드려서 긴 장문으로 지었다. 그러나 문장이 너무 길어서 그 화폭 속에 도저히 써넣을 수가 없는 형편이었다. 그러자 서양인은 병풍 치수에 알맞게 25자로 써 달라 하였다.

왕어양은 어떻게 좋은 글을 25자로 꼭 지어야 하느냐 하며 난색을 표하였다. 이날, 이 광경을 지켜본 조선에서 간 최립이 미소를 짓자, 서양인은 알아차리고 최립에게 눈길을 주었다. 이렇게 되자 왕어양도 그 분위기를 알고 조선의 문인 최립을 서양인에게 소개하였다. 왕어양이

"아, 이분은 이웃나라 조선에서 제일가는 문장가입니다." 하고는

"아참, 최 선생이 한번 지어 보시구려." 하자,

"제가 뭐를 압니까? 감히 왕성생이 맡으신 것에 제가 뭐라고 짓겠습니까?" 하면서도 약간의 여운을 남기자 왕어양은

"아닙니다. 상관없습니다. 자신이 있으시면 25자로 지어 보시구려." 하였다. 그러자 최립은 못 이기는 체하고 즉석에서 다음과 같이 썼다.

西洋人서양인(이), 有畵竹屛者유화죽병자(하니), 雪竹설죽(은) 寒한(하고),, 雨竹우죽(은) 濕습(하고), 煙竹연죽(은) 迷미(하고), 風竹풍죽(은) 蕭蕭然如有聲소소연여유성(이라).

서양인이 대나무를 그린 병풍을 가지고 있는 자가 있으니, 눈 속에 대는 차고, 비 맞은 대는 습하고, 내 낀 대는 희미하고, 바람에 흔들리는 대는 소소히 소리가 있는 것 같도다.

이 글을 본 왕어양은 무릎을 탁 치며

“참으로 훌륭하십니다. 어쩌면 그렇게도 딱 25자에 맞추셨구려. 저 같으면 어림도 없습니다.” 하였다. 서양인 역시

“이 병풍은 우리 집의 가보가 될 텐데, 이렇게 지어주시니 감사합니다.” 하고 좋아하였다. 그러자 옆에 있던 한석봉이

“그럼 글씨는 제가 쓰지요” 하고, 왕희지의 필법을 공부한 그는 일필휘지 써 주니, 서양인이 더욱 좋아하였고, 왕어양을 비롯한 네 사람이 크게 한바탕 웃었다.

그런데 어떤 이는, 이 글을 차오산(車五山)이 지었다고도 한다.

90 잘 썼다는 輓章

옛날부터 항우장사도 죽음 앞에서는 도리 없었으니, 영웅호걸도 죽으면 허무하기 짝이 없는 노릇이다. 그래서 사람들은 죽은 이를 위하여 만장을 지어, 살았을 때의 업적을 기리며 혼을 위로하기도 하였다. 그러므로 통상적인 만장이 찬양과 위로와 기원이라면, 이 만장은 허무로만 일관된다.

옛날에 어떤 건달이 돈 벌 생각은 않고, 술이나 먹고 놀기만 하였다.

그러니 가정경제는 말이 아니었다. 삼촌은 부자로 잘 사는데, 게으른 조카가 미워서 통 도와주지 아니하였다. 그래서 하루는 삼촌을 찾아가서

"숙부님, 제가 어제 저녁에는 죽은 꿈을 꾸고서는 하도 서글퍼서 스스로 제 만사(輓詞)를 이렇게 지었습니다." 하고, 만사를 내놓았다.

空手來 空手去 공수래 공수거(하니)
世上事 如浮雲 세상사 여부운(이라)
成墳土 客散後 성분토 객산후(에)
山寂寂 月黃昏 산적적 월황혼(이라)

빈손으로 왔다가 빈손으로 가니,
세상의 일이 뜬 구름과 같구나.
봉분을 만들고 손들이 흩어진 후
산은 적적한데 달은 어슴푸레 하네.

삼촌이 읽어보더니, 측은하게 생각하여 재산과 돈을 주었다고 한다.

필자는 12세 때 이 글을 듣고서는 '成墳土客散後 山寂寂月黃昏'이 너무나 서글퍼서 며칠 동안 애상의 충격에서 헤맨 적이 있었다. 더욱이나 초승달이 산에 걸려 있어 어스름일 때는 이 시를 생각하며 인생허무를 생각하였다.

그러므로 어릴 때 이런 슬프고 감상적인 시는, 아동발달상 접하지 않게 하는 것이 좋을 것이라 생각한다.

91 七十에 生子하니

신라 때 한자로 이두를 만들어 썼다한들, 요새 우리 한글 같았겠는가?

그래서 이두는 간신히 형법이나 공문서에나 써 왔다. 그럼에도 불구하고 고려, 조선 시대에는 한자를 우리글처럼 사용해 왔지만, 한자는 역시 어떤 경우에는 애매모호한 때가 너무 많았다. 띄어쓰기가 중요하지만, 띄어쓰기도 하지 않고 붙여 쓰며 살아왔다. 그래서 이것을 이용하여 자기의 입지를 감추는 이가 있는가 하면 이것을 이용하여 자기의 재산을 지키는 이도 있었다.

전자는, 대한제국 시대의 모 대신이 조국을 일본에 팔아넘기느냐, 마느냐 하는 의견을 써내기로 했을 때, 그는

"不可不可"라고 써서 기회주의적인 이중성을 나타냈다고 한다.

"不可不 可(할 수 없이 가함)"로도 해석할 수도 있고, "不可 不可(절대로 불가함)"로도 해석할 수 있는, 이 말은 이 대신 같은 이중인격자들에게 적합한 문구였다.

후자는, 옛날 어떤 사람이 70세에 첫 아들을 낳았다. 옛날에는 조상의 제사와 전통적인 묘소와 재산관리, 대를 잇는다는 관념 등, 아들의 존재는 절대적이었다. 또 '인간칠십고래희(人間七十古來稀)'로 70을 살기도 드문 일인데, 나이 70에 아들을 낳았다면, 친자로 믿을 사람이 적었을 것이라는 사실에서 이 얘기는 성립이 될 수 있었다.

그 집에 재산 관리는 큰사위가 맡고 있었는데, 집주인이자 장인은 아래와 같은 글을 써서 봉투에 넣어 봉하고 사위에게 주면서, 20년 후에 뜯어보라고 했다.

"七十生子非吾子家產傳之壻他人勿犯칠십생자비오자가산전지서타인물범"

장인이 20년 후에 뜯어보라 했지만, 사위는 궁금하여 견딜 수가 없었다. 자기 방에 가서 당장 열어 보았다.

"七十에 生子하니 非吾子라. 家產을 傳之壻하니, 他人은 勿犯하라"

곧, 사위는 해석하기를, '지금 장인이 70세에 낳은 아기가 자기의 친자

가 아니므로 재산을 사위인 자기에게 주니, 다른 사람은 관여할 바가 아니다'라고 생각하였다. 이 해석이 이 집 사위뿐만이 아니라, 일반적인 한문 해석일 것이다. 사위는 무엇보다도 이 문서를 잘 보관하였다.

그런데 과연 20년 후에 이 집에서는 재산소송이 벌어졌다. 그 아기가 커서 소송을 한 것이다. 왜 남의 재산을, 상속권자를 제쳐놓고 엉뚱한 사람이 가로챘느냐는 것이었다. 그러자 사위는 응당 장인에게서 받은 그 봉한 문서를 원님에게 제출할 수밖에 없었다. 원님은 그 글을 자세히 보고 생각했다.

당시에 아기는 어려서 힘이 없고, 사위는 연부역강(年富力强)한데, 20년까지 기다릴 필요가 있겠는가? 왜 20년 후에 뜯어보라고 이런 글을 써 주었을까? 여기에는 반드시 숨은 뜻이 있을 것이라 생각하고, 원은 다음과 같이 해석하였다.

> 七十 칠십(에) 生子 생자(한들) 非吾子 비오자(리오). 家産 가산(을) 傳之 전지(하니) 壻 서(는) 他人 타인(이라) 勿犯 물범(하라).
>
> 칠십에 아들을 낳은들, 내 자식이 아니리오. 가산을 그에게 전하노니, 사위는 타인이므로 관여하지 말라

이것이 일반적인 한문의 평범한 해석은 아니지만, 이 상황에서는 매우 합당한 해석이다. 여기에 한문의 특성이 있는 것이다. 구두를 어디에서 띄고, 토를 어떻게 다느냐에 따라 뜻이 전혀 달라진다. 만약 사위에게 "저 어린 내 자식을 잘 부탁한다."라고 말했더라면 그 사위가 재산을 다 빼돌렸을 지도 모를 일이다. 그러나 이런 글을 이용하여 술수를 씀으로 인하여 아들이 잘 장성하게 되었고, 재산의 손실도 막았던 것이다.

92 製芝荷而爲衣

번번이 과거시험에서 시관(試官)을 맡았던, 어떤 문장가 한 사람이 어느 집 문 앞을 지나는데, 그 집 담벼락에 아래와 같은 글이 붙여 있었다. 그리고 제목은 "제지하이위의(製芝荷而爲衣)"였다. 곧 굴원(屈原)의 이소경(離騷經)에 나오는 말로서, 속세를 떠나 깨끗하게 살겠다는 뜻이다.

雪後蒼松雨後蘭 설후창송 우후란(을)
看時容易畵時難 간시용이 화시난(이라)

눈 온 뒤에 푸른 소나무, 비 온 뒤에 난초를
볼 때는 쉬웠는데 그려보니 어렵구나.

早知不合時人眼 조지불합시인안(터면)
寧把臙脂畵牧丹 영파연지화모란(할걸)

일찍이 그 때 사람의 눈에 들지 않을 것임을 알았더라면,
차라리 연지를 가지고 모란꽃이나 그릴 것을…

시관은 마침 그 때, 과거급제를 발표한 직후이므로 이 글은 과거에 낙방한 사람의 시라고 생각하고 대화를 나누려는 생각에서 주인을 찾았다. 그런데 뜻밖에 주인은 노인이었다.

"지나가는 사람이오만, 글이 하도 좋아서 지은 이를 좀 만나보고 싶어서 실례를 했습니다." 하였더니 주인은 말하였다.

"제가 소시 적부터 과거시험을 여러 번 보았는데 번번이 낙방이 되었소. 서글퍼서 그냥 넋두리로 써 붙인 것입니다" 하였다. 시관이었던 사람도 자기의 신분을 얘기한 후, 그의 성명을 묻고, 다음에 응시만 하면 꼭 합격시켜 줄 테니, 꼭 시험을 보라하고 작별하였다.

차기 과거에 노인은 응시했지만 또 낙방하고 말았다. 시관은 시관대로 그 노인의 글을 찾아보았으나 노인의 글은 없었다. 과거 급제자 발표가 다 끝나고 시관은 그 노인의 집을 다시 찾았다.

"왜 지난 번 과거에 응시하지 않았습니까?" 하니 노인은

"제가 응시를 했었습니다." 하였다. 그러자 시관은 시험 때 써낸 글을 외어 보라 하였다. 시관은 노인의 글을 듣고 나서

"과거급제도 팔자요, 운명이군요. 제가 이번에는 꼭 급제시키려고 했는데… 그게 어찌 노인의 글입니까? 젊은이의 글이지" 하였다. 그랬더니, 노인은

"제목이, 전에 제가 젊어서 과거볼 때 나온 제목과 똑 같아서, 다시 써도 그보다 더 잘 쓸 수는 없겠기에, 그만 젊어서 쓴 답안을 그대로 외어 써서 제출하였습니다." 하였다.

『대동기문(大東奇聞)』에는 점필재 김종직(佔畢齋 金宗直)이 나이 16세에 과거시험에서 훌륭한 백룡부(白龍賦)를 짓고도 낙방되었다. 당시에 대제학 김수온(金守溫)이 낙방된 시권(試券)을 검사하다가 이 백룡부를 보고는 깜짝 놀라며 말하기를

"아깝다. 이 솜씨는 나중에 대제학을 지낼 감이로다." 하고 왕에게 김종직의 억울함을 알리니, 왕은 김종직을 영산훈도(靈山訓導)에 임명하라 하였다. 김종직 자신도 안타까운 생각이 있어, 한강 가에 있던 제천정(濟川亭) 기둥에 이 시를 써 붙였다.

雪裏寒梅雨後山 설리한매 우후산(을)
看時容易畵時難 간시용이 화시난(이라)

눈 속에 찬 매화, 비 온 뒤에 산 경치를,

볼 때는 쉽게 그리겠더니, 그려보니 어려웠다네.

早知不合時人眼 조지불합 시인안(터면)
寧把臙脂畵牧丹 영파연지 화모란(할걸)

일찍이 그 때 사람의 눈에 들지 못할 것을 알았다면,
차라리 연지를 가지고 모란이나 그릴 것을…

마침 김수온이 한강을 지나다가 이 시를 보고 직업의식에서였던지 '이 시는 혹시 문학소년 김종직이 과거에 낙방하고 쓴 것이 아닌가?' 생각하여 추적해 보니, 과연 작자가 김종직이었다 한다.

김종직은 백룡부를 눈 속에 피어있는 차가운 매화로, 비가 온 뒤에 씻긴 깨끗한 산으로 그렸건만, 보는 이가 그것을 일반 화분에 심겨진 매화나, 보통 때의 산과 구분하지 못했던 것이다. 차라리 그림물감이 아닌, 단순한 여인의 볼에 찍어 바르는 연지를 가지고 아무렇게나 모란꽃이나 그리고 말 것을… 하는 회한(悔恨)이 있는 내용이다.

첫 구의 글이 몇 글자 다르고, 이야기 내용이 좀 다른 것은 역시 구비로 변질되었기 때문이다.

93 김삿갓 금강산 시

이 시 또한 시화가 없다. 앞서 말한 바와 같이 시화가 없는 것은 매우 잘 쓴 시이다. 시화 없이, 이 시 하나만으로도 충분히 구비의 생명을 유지하고 있다. 이 시는 김삿갓이 금강산 정상에서 읊은 것이라 한다.

一杖穿雲三步立 일장천운 삼보립(하니)

山靑石白間間花 산청석백 간간화(라)

지팡이에 의지하여 구름을 뚫고, 서너 발짝 가 서니,
산은 푸르고, 돌은 흰데, 간간이 꽃이 피었도다.

若使畵工模斯景 약사화공(으로) 모사경(인덴)
其如林下鳥聲何 기여임하(에) 조성하(오)

만약에 화공으로 하여금 이 경치를 그리게 한다면,
그 숲 속에 지저귀는 새 소리는 어떻게 그려야 할꼬.

다음 이 시도 김삿갓의 시라고 하며, 한 연(聯)으로만 돌아다닌다.

岩岩石石間間水 암암석석간간수(요)
栢栢松松處處花 백백송송처처화(라)

바위와 돌 틈새로 사이사이 물 흐르고,
잣나무, 소나무 울창한데 군데군데 꽃이라네.

또 김삿갓의 시인지 아닌지 확실히 모르지만, 김삿갓의 시라고 하며, 다음과 같은 시가 한 연으로 떠돌아다닌다.

月白雪白天地白 월백설백천지백(이요)
山深夜深客愁深 산심야심객수심(이라)

달도 희고 눈도 희고 천지도 희고,
산도 깊고 밤도 깊고 손의 근심도 깊다.

94 尤庵의 금강산 시

아래 우암의 금강산 시는 우암 시의 대표작이라 하는데, 시가 간략하고 깔끔하면서도 그 기상이 활달하다.

山與雲俱白 산여운구백(하니)
雲山不辨容 운산(을) 불변용(이라)

산이 구름과 함께 희니,
구름과 산을 분별할 수 없네.

雲歸山獨立 운귀산독립(하니)
一萬二千峰 일만이천봉(이라)

구름은 걷히고 산만 우뚝 섰으니,
일만이천봉일세.

95 李文源 李判書

이문원 대감은 성격이 활달하여 사소한 것에 구애받지 않고, 임기응변도 능하여 누구에게도 호감을 갖는 인물이었다. 그래서 그는 조선 5백 년 동안 사내대장부로 원만하고 일 처리 잘하기로는 최고로 손꼽혔다. 시 짓기를 좋아하지 않아서인지 시를 못 짓는 것인지 시회에만 가면 술이나 먹고 즐겁게만 어울릴 뿐이었다.

하루는 남산에서 시회를 열었는데, 마침 이판서가 아직 출석하지 않았다. 여러 사람들이 이 판서를 골려주려고 시를 짓지 않는 사람에게는 그 모임에서 쫓아내기로 하였다. 모두 한 자리씩 돌려가며 시를 지어 부르고 있을 때, 이 판서가 이마에 땀을 흘리며 헐레벌떡 도착하였다. 모두들 그 규정 아닌 규정을 얘기하고, 시를 지으라 하니, 이 판서는 다음과 같이 불렀다.

씨근펄떡 登南山하니,
여기저기 杏花發이라.
씨근 펄떡하고 남산에 오르니
여기 저기에 살구꽃이 피었구나

諺文眞書로 섞어作하니,
曰是曰非는 皆吾子라.
언문과 진서로 섞어서 지으니,
잘했다 못했다 말하는 놈은 다 내 아들이다.

이 글에는 작자가 많다. 지방에 따라, 글 잘 못하면서 사내대장부다운 이는 모두 이 글의 주인공으로 등장하기도 한다. 그러나 이 시의 주인공은 이문원 이판서라고 대개들 말한다. 그는 문과급제한 사람으로 시를 못 할 리가 만무하지만, 워낙 시 짓기를 싫어하여, 사람들은 시를 못한다고도 하기도 하고, 또 무식한 사람이라고도 했다. 문과에 급제한 사람이 시를 못하고 무식하다면 누가 유식하단 말인가?

그리고 앞에 첫 구는 비슷비슷한 것이 많다.

"왈각달각 登南山하니, 到處滿發桃花紅이라." 하기도 하고, 또는
"우당퉁탕 등남산하니, 參議,參判,承旨來라." 하기도 한다.

그는 3정승을 골고루 지낸 이천보(李天輔)의 아들이다. 이천보가 영의정이었을 때, 사도세자(思悼世子)가 평복을 하고 평양에 기생 원정을 하는 바람에 도의적인 책임을 지고 음독자살을 한 사람이다.

이문원이 이조판서로 있을 때, 공평무사한 인사를 단행하였다. 그는 노론이면서도, 당색이(黨色)이 다른 한덕후(韓德厚)를 사간원 정언(司諫院

正言)에 천거하자, 노론에서는 겉으로 당색이 다른 사람이라고 논박할 수 없고, 광해군 때 폐모론(廢母論)을 발의한 한효순(韓孝純)의 자손이란 이유로 반대하였다. 드디어 대간(臺諫)들이 탄핵하자, 이판서는

"요순(堯舜)의 정치도 벌불급사(罰不及嗣)의 일이 없었음을 주장하였다. 곧 순임금도, 악한 아버지 고수(瞽瞍)가 있었는데도, 아들이 아버지의 죄로 요임금에게 양위(讓位)받지 못하는 일이 없었으며, 곤(鯀)은 치수(治水)의 책임으로 사형이 되었지만, 그 아들 우(禹)는 등용되어 후에는 천자의 위(位)까지 양위 받게 되었는데, 한덕후는 하물며 아버지도 아닌 먼 조상임에랴." 하고 대응하였다.

한 번은 모화관(慕華館)에서 여러 대신들이 모여, 청나라에 가는 동지사(冬至使) 일행을 전송하였다. 모두들 시를 지어 위로하였는데, 이 판서는 담당부서의 장(長)인 이조판서로서 시를 짓지 않을 수 없었다. 다른 이들은 춘추대의(春秋大義)가 어떻고, 오랑캐 황제에게 조공을 바침은 수치라거니, 요야천리(遼野千里)가 어떻고, 만리장성이 어떻고 천편일률적으로 진부한 시재를 말하는데, 이 판서는 다음과 같이 6언 즉흥시를 지었다.

夕陽天慕華館 석양천 모화관(에)
上副使書狀官 상부사 서장관(이라)

석양 무렵 모화관에서
상사, 부사, 서장관이 모였네.

燕京路三千里 연경로 삼천리(에)
去平安來平安 거평안 래평안(을)

연경 가는 길 삼천리에
갈 때도 평안, 올 때도 평안하시오

당시 그 자리에 모였던 사람들이 그의 재치에 모두 감탄했다 한다. 그의 아들 재수(在秀)도 문과에 장원하여 좌의정을 지내기도 했다.

96 安重根 의사, 伊藤博文을 쏘다

하얼빈 역전에는 안중근 의사의 동상이 있었다던데, 지금은 모두 철거하고 그 흔적도 없다 한다. 만약에 주인공이 조선인이 아니고 중국인이라면 하얼빈역전은 성역화 되었을 것이다. 중국인이 동북지방에 조선인의 숨결을 없애려고 하는 것은 요즘 고구려 역사논쟁과도 맥을 같이 할 것이다. 안의사는 블라디보스토크에서 독립운동의 근거지를 두고 활동하다 하얼빈까지 따라가서 쾌거를 하였던 것이다.

아래 시는 누가 썼는지는 모르지만 안의사의 쾌거를 기린, 당시에 인구에 회자되었던 시다.

海滲港裏鶻磨空 해삼항리(에) 골마공(터니)
哈爾濱頭霹火紅 합이빈두(에) 벽화홍(이라)

블라디보스토크 항구에 새매가 하늘을 날더니,
하얼빈 한 모퉁이에선 번갯불이 번쩍였네.

多少六洲豪健客 다소육주(에) 호건객(이)
一時匙箸落秋風 일시시저(가) 낙추풍(이라)

육대주에 많은 호걸 남아들이
싸늘한 가을바람에 일시에 숟가락을 떨어뜨렸다네.

97 華陽洞에서 한 대화

아직도 극소수의 사람들은 옛날에 사색(四色) 당파의 의식을 가지고 있는 이가 있는 것 같다. 어려서부터 줄곧 귀가 닳도록 들어왔으니, 그럴 만도 하겠지만 오히려 심하게 당파싸움을 하던 관리의 자손들은 개명하여 전혀 개의치 않는데 비하여, 자기 조상이 관청 근처에도 못 가본 사람들이 한문 줄이나 읽었다고 시대를 착각하고, 이러한 의식을 가지고 있는 이들을 볼 때 매우 우스꽝스럽다.

괴산 화양동에는 지금도 조선 시대 거유(巨儒)요, 노론의 영수인 우암 송시열(尤庵 宋時烈)이 독서했던 곳이 있다. 그래서 옛날 동인(東人) 측에서는 서인(西人) 측을 욕하려고, 곧잘 아래와 같은 시구를 외곤 했다.

옛날에 어떤 선비 두 사람이 화양동에 놀러갔다가 우암 사당을 들러 뵙고 가느냐? 아니면 뵙지 말고 그냥 가느냐에 논쟁이 벌어졌는데, 한 사람은 뵙고 가겠다고

步至華陽洞 보지화양동(하야)
恭謁宋先生 공알송선생(이라)

화양동까지 걸어가서,
송선생을 공손히 뵙고 가야지.

라고 말했는데, 한 사람은 절대로 뵙지 않고 그냥 가겠다며, 아래와 같이 말하였다.

步至華陽洞 보지화양동(이라도)
不謁宋先生 불알송선생(이라)

화양동까지 걸어가더라도,
송선생만은 뵙지 않겠다.

결국 뵙고 가든, 안 뵙고 가든, 동인이 서인을 욕하려는 의도에서 나온 말이다. 지금도 술 마시면 웃느라고 이렇게 말하는 사람들이 있다. 옛날 사람들의 얘기를 생각하며 어디까지나 웃으려고 하는 것이지, 당파의식에서 하는 것은 아니다.

또 지금도 술좌석에선 거나하게 취하면, 다음 글귀를 곧잘 외운다.

酒興方滔滔주흥(이) 방 도도(하니)
詩句팽팽出시구(가) 팽팽출(이라)

주흥이 바야흐로 도도하니
시구가 팡팡 나오누나.

98 閼大將軍 역사의 한 페이지

閼大將軍역대장군(이) 大怒대노(하야) 欲伐紅谷之國욕벌홍곡지국(할새), 左右좌우(에) 閬將軍낭장군(이) 諫曰간왈,

"紅谷之國홍곡지국(은) 雖小수소(나) 外有黑毛軍數萬외유흑모군수만(하고), 內有碣石之險내유갈석지험(하니), 紅谷홍곡(을) 不可伐也불가벌야(니이다)"

然연(이나), 閼大將軍역대장군(은) 因大怒不聽인대노불청(하고) 獨伐紅谷독벌홍곡(이라가) 終不勝종불승(하고) 吐白血而死토백혈이사(하니라)

역대장군이 크게 성을 내어, '붉은 골짜기 나라'를 정벌하려고 할 때, 좌우에 있던 낭장군이 간하여 가로대,

"붉은 골짜기 나라는 비록 작은 나라이오나, 밖으로는 흑모군 수만이 있고, 안으로는 바윗돌의 험한 곳이 있으니, 함부로 정벌할 수 없는 나라이옵니다."

하였다. 그러나 역대장군은 워낙 성이 극도로 나 있어서, 듣지도 않고 홀로 '붉은 골짜기 나라'를 정벌하다가 결국 이기지 못하고, 그만 흰 피를 토하고는 죽으니라.

99 祖孫이 맷돌로 詩 競爭하다

어느 집에서 할아버지가 손자에게 글을 가르쳤는데, 손자 놈은 글을 안 읽고 항상 밖에 나가 놀기만 하였다. 조손간에 매를 들면 정의만 상하므로 심히 꾸짖을 수도 없었다. 하루는 손자에게

"너 맷돌에 대하여 글을 좀 지어 볼래?" 했더니, 아이는

乾坤, 乾爲天, 坤爲地, 爲正事, 何事變陰陽 건곤(은) 건위천(하고) 곤위지(가) 위정사(어늘), 하사(로) 변음양(고)

하늘과 땅이란, 하늘이 위에 있어야 하고, 땅이 아래에 있어야 바른 일인데, 어찌하여 음양이 뒤바뀌었는고?

하였다. 할아버지는

"아, 고놈 참 맹랑하네." 하고, 얼른 친구한테 달려가서 자기 손자의 글재주를 자랑하였다. 그랬더니, 그 친구 또한 자기의 손자를 부르더니,

"야, 너도 맷돌에 대하여 글 좀 지어 보아라." 하니, 그 손자는

木杓回頭, 鐵槌定洛陽 목표(로) 회두(하고), 철퇴(로) 정낙양(이라)

나무 자루로 머리를 돌리고, 철퇴로 낙양(서울: 중심)을 정하였도다.

이렇게 지었다. 두 할아버지는

"그러지 말고 우리도 맷돌에 대하여, 시 짓기 시합을 하세" 하고, 한쪽 할아버지가

石重重無山 석중중(이나) 무산(하고)
路曲曲不遠 노곡곡(이나) 불원(이라)

돌은 겹겹이 쌓이되 산은 없고,
길은 구불구불하나, 멀지는 않도다.

위와 같이 짓고, 대를 하라 하니, 이어 다른 할아버지가

雷動動不雨 뇌동동(이나) 불우(하고)
雪紛紛不寒 설분분(이나) 불한(이라)
우레는 쿵쿵 치지만, 비는 오지 않고,
눈은 어지럽지만, 춥지는 않도다.

하고 대구를 지었다. 이렇게 짓고는 할아버지들이 말하기를

"우리의 글이 아무래도 손자 놈들 것만 못하지?" 하였다. 그리고 이후로는 손자에게 공부하라는 독촉을 하지 않았다.

100 짓궂은 林白湖

청초 우거진 골에 자는다 누웠는다.

홍안은 어디 두고, 백골만 남았느뇨
잔 잡아 권할 이 없음에 그를 슳어 하노라.

위의 시는 백호 임제(白湖 林悌)가 황진이(黃眞伊)의 묘를 찾아가서 읊은 시조다. 이 임백호가 속리산에 놀러갔다. 중들이 정신없이 바삐 움직이기에 물었더니, 충청감사가 속리산 신선을 만나러 온다는 것이었다. 임백호는 "감사라는 자가 목민관으로 백성의 생업에는 관심이 없고, 무슨 있지도 않은 신선을 만나다니…" 백호는 동자승 두 명과 말 오줌 한 되를 구하여 가지고, 중들에게

"감사가 오면, 저 산골짜기 퉁소 부는 데로 오라고 하라" 하고는, 두 명의 동자승에게는 푸른 옷을 입혀 청의동자(靑衣童子)로 꾸미어 놓고, 백호 자신은 신선처럼 변장하여 자지대(紫芝臺) 라는 반석 위에서 퉁소를 불고 있었다. 조금 있으니, 과연 감사는 백호가 있는 골짜기로 올라오더니, 수행원은 남겨두고, 혼자서 백호가 피리 부는 곳으로 올라왔다. 백호는

"네가 충청감사인가?" 하니, 감사는 "예에, 그러하옵나이다." 하였다.

"오늘 네가 올 줄 알았다. 이리 가까이 오너라." 하니, 감사는 황공하여 엉금엉금 기어 올라왔다. 청의 동자를 시켜 신선주를 한 잔 따라주며,

"이 술은 장생불사(長生不死)하고 백발이 환흑(還黑)되느니라. 네 정성이 하 지극하여 한 잔 주노라" 하니, 감사는 황공하여 어쩔 줄 몰라 하였다. 백호는

"그래, 술맛이 어떠하냐?" 하니, 감사는

"예, 무미속객(無味俗客)이 선경(仙境)을 범하와 선미(仙味)를 맛보오니, 선향(仙香)이 배 안에 가득하옵니다." 하였다. 백호는

"오늘 여기까지 왔으니, 내가 표적을 남겨주마. 네가 들고 있는 그 부채를 이리 내어라" 하고는, 부채에다가 다음과 같이 글을 써 주었다.

紫芝臺 美少年 자지대 미소년(과)
塵世間 奇男子 진세간 기남자(라)
一壺酒 相送罷 일호주 상송파(하니)
俗離山 雲萬里 속리산 운만리(라)

자지대에 아름다운 소년과
속세에 기이한 사나이라네,
한 병의 술로 서로 보내니,
속리산에는 구름이 겹겹일세.

그 후 감사는 속리산에서 신선 만난 것을 자랑삼아 떠벌이고 다녔다. 임백호를 보고서도 신선 만난 자랑을 하였다. 백호는

"이 사람아, 그 술은 술이 아니고, 말 오줌이야" 하였다. 감사는 믿지 않기에, "그 때 자네가 받은 글이 紫芝臺美少年, 眞世間奇男子, 一壺酒相送罷, 俗離山雲萬里가 아닌가?" 하니, 그제야 속은 것을 알고 다시는 신선 얘기를 하지 않았다 한다.

101 佯狂王子 讓寧大君

양녕대군(讓寧大君)은 세자에까지 책봉되었건만, 부왕인 태종의 뜻이 충녕대군(忠寧大君: 세종대왕)에게 있는 것을 알고, 거짓 미친 체하며, 경향 각지를 돌아다니면서, 이상한 행동만 했다 한다. 그래서 양광왕자(佯狂王子)란 별명을 얻었다. 그 바로 밑에 효령대군(孝寧大君)은 그것도 모르고 몸가짐을 단정히 하고 부왕의 눈에 들려하자, 양녕은 발길로 걷어차며 "충녕이 있어" 하자, 그제사 효령도 알아차리고, 절에 들어가 죄 없는 북만 쳐 댔지만, 북의 가죽은 찢어지지 않았다. 그래서 세간에서

는 질기면 "효령대군 북 가죽 같다."란 속담이 생겨났다. 양녕이 어느 절에 찾아 들어갔다가 그만 야외에서 노숙하게 되어 시를 읊었다.

山霧朝作飯 산무(로) 조작반(하고)
蘿月夜爲燈 나월(로) 야위등(이라)

산에 낀 안개로 아침밥을 짓고,
넝쿨에 걸린 달로써 등불을 삼는다.

獨宿孤岩下 독숙고암하(러니)
唯存塔一層 유존탑일층(이라)

홀로 외딴 바위 밑에서 잤더니,
그것은 바로 한 층 탑이었다네.

태백(泰伯) 중옹(仲雍)이 따로 있는 것이 아니었다. 양녕도 중국에 태어났더라면, 제후라도 되었겠지, 그는 한반도에 태어남을 슬퍼했을 것이다. 어찌하여 세자였던 몸이, 홀로 산 속 바위 밑에서 밤을 지냈던고?

숭례문 현판은 그가 썼는데, 임진왜란에 현판이 떨어졌다 한다. 다시 써 달았으나 계속 떨어졌는데, 광해군 때 청파동 배다리 웅덩이에서 서기(瑞氣)가 비추기에 파보니, 양녕대군이 쓴 숭례문 간판이 나와서 현재까지 잘 달려 있다 한다.

102 女鬼와 시를 화답하다

옛날 어떤 선비가 길을 가다가 어느 산중에서 날이 저물어 인가를 찾으니, 조그만 초가집 한 채가 있었다. 사립문을 열고 들어가 아무리 주인을 불렀으나, 대답이 없어 그냥 컴컴한 빈 방에 혼자 누워 잤다.

밤중쯤 되었을까? 선비는 잠이 깨어 심심하니 자연 시가 나왔다.

離家二月今四月 이가이월 금사월(이요)

집을 떠난 지는 2월이었는데 지금은 벌써 4월이라네.

하였더니, 사람은 보이지 않는데, 어디서 여인네의 음성이 낭랑하게 들리면서 다음의 대가 들렸다.

對客初更復三更 대객초경 부삼경(이라)

손을 대한 것은 초저녁이었는데, 이제는 밤중이 되었네.

하고, 목소리로만 선비의 시에 응대하는 것이었다. 그래서 선비는

澤裏芙蓉深不見 택리부용(은) 심불견(하고)

연못 속에 부용꽃은 깊어 볼 수 없고,

했더니, 곧바로 여인의 목소리가 들렸다.

庭中桃李笑無聲 정중도리(는) 소무성(이라)

뜰 안에 복사꽃 자두꽃은 웃어도 소리가 없네.

하였다. 괴상도 하다. 왼 여인이 이렇게 꼬박꼬박 대를 한 담, 선비는 또

白馬江頭黃犢鳴 백마강두(에) 황독명(이요)

백마강 어구에는 누른 송아지가 울고,

하였다. 앞에 白과, 뒤에 黃을 제까짓게 대할 수 있을까 했는데, 또

老人山下少年行 노인산하(에) 소년행(이라)
노인산 아래서는 소년이 간다.

하였다. 어떤 여인인지는 몰라도 천하문장이 아닌가 생각되었다. 그래서 이번에는 한 연씩 짓기로 마음먹고 선비는 시를 불렀다.

黃昏失路無問處 황혼실로 무문처(러니)
紫午山頭月正明 자오산두(에) 정월명(이라)
황혼에 길을 잃어 물을 길이 없었는데,
자오산 머리에는 달이 참으로 밝았더라.

하고 어제 저녁의 일을 이렇게 읊었더니, 곧바로

良宵可興與誰居 양소가흥 여수거(오)
痲姑山前月欲東 마고산전(에) 월욕동(이라)
좋은 밤 즐거웠는데, 누구와 더불어 있었던고?
마고산 앞에는 달이 벌써 동으로 왔네.

이렇게 응수하였다. 그믐이라 달이 동으로 왔다면 아침이 되었으니, 가라는 뜻이었다. 그래서 서울로 가서 과거에 응시했으나, 낙방하고 돌아가는 길에 그곳을 다시 들려보니, 여자의 시신이 하나 누워 있었다.

위의 시는 잘 쓴 댓구의 시를 좀 특이하게 설화로 엮어서 만들려니 무

시무시하고 소름끼쳐 등골이 오싹한 여인 귀신으로 구성하였지만 무서우면서도 여인이라는 호기심이 나오게 된다.

103 시로써 죽을 목숨 살다

시골에 어떤 선비가 서울로 과거보러 가는데, 도중에 여관집 주인 여자가 잘생긴 선비를 보더니만 계속 꼬리를 쳐댔다. 남자는 남자인지라, 그 남편의 눈을 피해서 어찌어찌 하다가 그만 들키고 말았다. 주인이 말하기를

"너는 재수가 되게 안 좋은 놈이구나, 이 여인은 명색이 내 마누란데, 행실이 매우 안 좋아, 한 번 나에게 걸리기만 하면, 둘 다 죽이려고 별러 왔다. 그러니 너는 오늘이 제삿날이다. 그런 줄 알아라." 하였다. 그리고 그 집에 일하는 하인을 시켜 밧줄로 꽁꽁 묶어 앉혀 놓고

"너도 이 세상에 살려고 태어난 놈인데, 마지막 할 말이 없느냐?" 하니, 선비는

"그렇다면, 시나 한 수 짓고 죽겠다." 하고는 다음과 같이 지었다.

漢陽貴客來去多 한양귀객(이) 내거다(한데)
一點桃花爛漫紅 일점도화(가) 난만홍(이라)
한양의 귀한 손들이 오가는 이가 많은데,
한 점 복사꽃이 무르익게 붉었더라.

何以種之繁華地 하이종지 번화지(하니)
種之者非折者非 종지자 비(아) 절자 비(아)

무슨 연유로 이런 번화한 곳에 심었으니
심은 사람이 잘못인가, 꺾는 사람이 잘못인가.

주인은 선비의 시를 듣고 한참 고개 숙여 생각하더니, "그래, 나도 잘못이 있구나." 하고는 풀어 주었다 한다.

104 文字 쓰기 좋아하는 사람

옛날에 문자 잘 쓰는 사람이 있었다. 한 번은 처갓집에 갔는데, 그 날 밤 호랑이가 장인을 물어갔다. 그러자 사위는 동리 사람들에게

遠山大虎 원산대호(가) 突入 돌입(하야) 吾之丈人 오지장인(을) 促去 촉거(하니), 有弓者 유궁자(는) 持弓而出 지궁이출(하고), 無弓者 무궁자(는) 執杖而出 집장이출(하라)

먼 산에 큰 호랑이가 갑자기 들어와 나의 장인을 물어갔으니, 활이 있는 자는 활을 가지고 나오고, 활이 없는 자는 몽둥이를 가지고 나오라.

하고 소리 질렀다. 그러나 동리 사람은 나오지 않고, 장인은 호랑이의 밥이 되고 말았다.

그래서 사위는 동리 사람들을 이웃 간에 그럴 수가 있느냐? 며 관에 고소했다. 원님이 알아본 결과 사위가 문자를 썼기 때문에, 동리 사람들이 전혀 알아듣지 못해서 일어난 일이었다. 그래서 그 집 사위를 데려다 볼기를 쳤다. 그랬더니, 사위는

伐南山之杖木벌남산지장목(하야), 猛打吾之肥臀맹타오지비둔(하니), 吾之臀也오지둔야(여), 吾之臀也오지둔야(여)

남산의 몽둥이를 베어다가 내 궁둥이를 세게 치니, 아이고 내 엉덩이야, 아이고 내 엉덩이야.

하였다. 원님은 그 사위를 불러다가

"너는 문자를 쓰다가 장인까지 잃었는데, 또 문자를 쓰면 되겠느냐? 이후로는 절대로 문자를 쓰지 말라"고 당부하였다. 원님의 명령을 들은 사위는

自此以後자차이후(론) 更不用文字갱불용문자(호리이다)

이후로는 다시는 문자를 쓰지 않겠습니다.

하고 또 문자를 쓰자, 원님은 명령불복종 죄로 사위를 감옥에 가두었다. 그런데 감옥 문이 좁아서 밥그릇이 잘 들락날락하지 않았다. 사위가 또

嗚呼오호(라), 汝手여수(가) 長장(커나), 吾手오수(가) 長장(커나)…

아이고, 내 손이 길던지, 네 손이 길던지 해야겠…

하고 또 문자를 썼다. 그 말을 들은 마누라가 남편의 말이 끝나기도 전에 "문자를 쓰다가 감옥신세까지 되고서, 또 문자를 써요?" 하니, 남편은

誰乎誰乎 수호(아), 수호(아)

누가? 누가?

하였으니, 그는 끝내 문자 쓰는 벽을 고치지 못하였다.

105 모두 유식한 사람들

어느 집에 손님이 왔다. 반갑지 않은 손님이던 모양이다. 그는 손님이자 친구였다. 안에서 부인이

"인양복일(人良卜一)하오리까?"(人 + 良 = 食, 卜 + 一 = 上, 食上: 식사를 올릴까요?) 하였다. 남편은 부인의 말을 알아차리고,

"월월산산(月月山山)커든"(月 + 月 = 朋, 山 + 山 = 出, 朋出: 친구가 나가거든) 하였다. 친구는 주인 부부가 하는 말을 알아듣고,

"고월토백(古月土白)이로군"(古 + 月 = 胡, 土 + 白 = 者, 胡者: 오랑캐놈이로군) 하고 욕을 하며 밖으로 나가버렸다. 밖에서 마굿간 청소를 하던 머슴이 그 광경을 보고,

"정구죽천(丁口竹天)이로다"(丁 + 口 = 可, 竹 + 天 = 笑, 可笑: 가소롭도다) 하였다.

이 얘기는 시양(廝養)까지도 유식하다는데 묘가 있지만, 옛날에는 살기가 어려워서 먹는 것에 비중이 크다는 것을 기본으로 하여 얘기가 성립되는 것이다. 그래서 한 잔 술에 눈물난다고 했던가?

이 글은 한국 사람이면 누구나 알고 있는 단문이다. 파자로 쉽고도 재미있어 다들 외고 있다.

106 나중 난 뿔이 우뚝하다

어느 집에서 사위를 여러 명 두었는데, 다른 사위들은 모두 글공부를 했는데, 첫째 사위만은 글공부를 하지 못하였다. 항상 처갓집에 가면, 차별대우가 심하여 속이 상했다. 다른 동서들은 글을 읽었으니 당연하지 않

겠나 하고 이해를 해왔지만, 해가 갈수록 장인, 장모의 차별대우는 심해갈 뿐이었다. 자기는 윗동서인데, 아래 동서들이 점점 오만해지는 것 같기도 해서, 불쾌하기 짝이 없었다. 못 배운 것도 서러운데 차별은 견딜 수 없는 일이었다. 그래서 집에 돌아가자마자, 가족과 상의도 없이 일은 하지 않고, 서당에 가서 공부를 시작했다. 열심히 삼 년 동안 했더니, 그런 대로 남의 말을 알아들을 정도의 귀는 열리게 되었다.

4년 만에 아내와 같이 처가에 갔다. 다른 동서들은 의기양양 모여 앉아 글짓기를 하였다. 큰동서인 자기에게는 대화에 끼워주지도 않았다. 그러니 큰 동서는 지켜만 보고 있을 수밖에 없었다. 한 동서가 글을 짓는데,

鶴之善鳴頸長故 학지선명(은) 경장고(요)
학이 잘 우는 것은 목이 길기 때문이다.

하고 읊었다. 큰사위가 보니 말이 되지 않았다. 그래서 이의를 제기했다.

蛙之善鳴頸長故 와지선명(도) 경장고(더냐?)
개구리가 잘 우는 것도 목이 길어서인가?

하였다. 또 다른 사위가 읊기를,

山之高也石多故 산지고야(는) 석다고(라)
산이 높은 것은 돌이 많기 때문이다.

하였다. 큰사위는 또,

天之高也石多故 천지고야(도) 석다고(더냐?)

하늘이 높은 것도 돌이 많아서 그러한가?

하였다. 또 한 사위가

松之長青中硬故 송지장청(은) 중경고(라)

소나무가 항상 푸른 것은 속이 단단하기 때문이다.

하였다. 또 큰 사위는

竹之長青中硬故 죽지장청(도) 중경고(더냐?)

대나무가 항상 푸른 것도, 속이 단단해서인가?

하였다. 또 한 사위가 부르기를

路柳不長閱人故 노류부장(은) 열인고(요)

길가에 버들이 자라지 못하는 것은, 여러 사람을 겪기 때문이다.

하여, 큰사위는

丈母不長閱人故 장모부장(도) 열인고(더냐?)

장모의 키가 작은 것도 여러 사람을 겪었기 때문인가?

하여, 자리의 분위기가 숙연하였다. 큰 사위는 그 동안의 분풀이로 잠재의식이 엉겁결에 장모 모독에까지 화살을 쏘게 되었다. 그러나 다른 사위

들을 납작하게 만들어 놓은 것만은 틀림이 없었다. 장인 왈

"야! 나중 난 뿔이 우뚝하구나."

하였다.

인간이 살면서 경쟁을 해야 하는 것은 형제간에도 그러한데, 동서 간에는 말할 나위도 없다. 이런 경우 장인장모의 처신도 어렵다. 속으로야 차등이 있겠지만(자기 자식도 그러한데) 어찌 겉으로까지 표시를 내어 남을 서운케 하랴. 이 얘기는 이런 면을 경계함일 것이다.

107 唯我無蛙不得

옛날 어느 과거 시험에서 시관이 글을 심사하는데, 어떤 응시자가 이름 앞에 호(號)를 "無蛙"라고 썼다. 그리하여 그 연유를 알아보았더니,

아득한 먼 옛날에 조류들이 소리 경연대회를 열었는데, 결승전에서 꾀꼬리와 까마귀가 맞붙게 되었다. 까마귀는 아무래도 자신이 없어서 심판관인 황새를 찾아가 개구리 몇 마리를 선물로 주고 돌아왔다.

시합을 하는 날, 심사관 황새는 심사기준을 고전의 기록을 근거로 적용시켰는데, 꾀꼬리에 관해서는 당시(唐詩)에 蓋嘉運의 '伊州歌'를 적용하여 이르기를

打起黃鶯兒 타기황앵아(하야)
莫教枝上啼 막교지상제(하라)
꾀꼬리들을 깨워 일으켜서,

나뭇가지에서 울지 못하게 하라.

啼時驚妾夢 제시(에) 경첩몽(이면)
不得到遼西 부득도요서(를)

울 때에 나의 꿈이 깨게 된다면,
요소에 가지 못하게 될 것을…

꾀꼬리가 울면 잠이 깨이고, 꿈을 꿀 수 없다. 꿈을 꾸어야 여인은 남편이 변방을 지키러 간, 요서(遙西) 지방에 가서 꿈속에서라도 남편을 만나봐야 하는데, 꾀꼬리 소리 때문에 꿈을 꿀 수 없으므로 꾀꼬리 소리는 좋은 소리가 아니라는 것이다.

까마귀에 대해서는 심사관이 당시(唐詩) 유종원(柳宗元)의 "春怨"에서 인용하여 심사하였다.

啼鳥復啼鳥 제조부제조(여)
反哺其父母 반포기부모(로다)

우는 새, 우는 새여!
제 부모를 먹이느라 저렇게 우는도다.

라고 하는 "鳥中之曾某"란 글을 인용하여 까마귀 반포(反哺)의 효성(孝誠)을 들어 찬양하였다. 그리하여 결국은 노래경연대회에서 까마귀가 장원을 하였고 꾀꼬리는 탈락되었다.

그 과거 응시생은 개구리를 가지고 있지 못하기 때문에 호를 무와(無蛙)로 했다고 하였다.

조선시대에 과거시험만은 엄격히 하여 부정이 없다하였는데, 조선 후기에 와서는 "관절(關節)"이라 하여 과거시험에서도 극비리에 돈을 싸다가 바쳐 부정이 통하는 일이 극소수 있었던 모양이었다. 그러나 워낙 극비에 진행되었기에 발각된 적이 없어 그렇게만 전해지고 있을 뿐이다.

그리고 사람이 살면서 절대 공정하기가 어렵다. 예쁘게 보면 그의 미운 행동도 예뻐 보이고, 밉게 보면 예쁜 행동도 밉게 보인다. 그래서 옛 성인은 "好而知其惡, 惡而知其美者 天下鮮矣."라고 하지 않았던가?

108 너구리와 여우

옛날에 한양에는 천 년 묵은 너구리가 살고, 송도에는 천 년 묵은 여우가 살고 있었다. 둘 다 천 년을 살다보니, 풍운조화(風雲造化)를 부릴 수 있었고, 서로 원수로 대립하였다. 기회만 있으면 서로를 넘어뜨려야 하는데, 여우는 소양체질로 둔갑을 잘 하고, 너구리는 태음체질로 음흉하여 서로 만만치 않은 상대였다.

너구리가 하루는 생각하기를, 여우를 죽게 만들어야겠다고, 여우에게 달려가서

"야, 너 서울 장안에 정대감의 딸이 천하일색이고, 글 잘하고 효성이 지극하니, 그리로 장가들어 사는 게 어떠냐?" 하니, 여우는 좋아서 그 방법을 물었다.

"너는 둔갑을 잘 하니, 잘 생긴 미남으로 둔갑하여, 정대감의 잔심부름을 하며 마음에 들면 가능할거야" 하니, 여우는 너구리 말대로 미남 총각으로 둔갑하여 정대감을 찾아가서

"저는 조실부모하고 의지할 곳이 없는 사람이온데, 봉급은 받지 않고, 대감의 심부름만 하며 살겠사오니, 거두어 주소서" 하였다. 정대감이 보니 인물도 좋고 심성도 착한 것 같아 허락하였다. 이 여우는 어찌나 대감

마음에 들게 처신하는지 대감은 완전히 홀리고 말았다. 대감은 속으로 저 놈을 내 사위로 맞아야 하겠다고 마음먹기에 이르렀다.

그러던 어느 날, 대감은 그런 심중을 딸에게 얘기하니, 딸은 아버지께서 아무 근본도 없는 뜨내기를 신임하시다니, 부모의 말씀을 거역할 수는 없고, 하여

"그렇다면, 제가 글을 한 구 지어 드릴 테니, 짝을 채우라 하십시오."
하고 글을 지어 주었다.

無田飛鳶恒雨來 무전비연(은) 항우래(하고)

밭도 없는 솔개는 항상 '비요비요' 하고 운다.

솔개는 울 때, '비요비요' 하고 운다. 대감은 이 글을 여우에게 주면서 딸의 말을 전하였다. 여우는 둔갑은 잘 하지만, 글만은 지을 수가 없어서 또 너구리에게 가서 상의하였다. 너구리는

"나도 풍운조화야 잘 부리지만, 인간의 글이야 지을 수 있나? 아니야, 좋은 수가 있을 거야" 하고는 생각 끝에 중국에 대문호 두 자미(杜子美: 이름은 甫)를 찾아가 부탁해 보라 하였다. 여우는 그 길로 중국 소주(蘇州)에 있는 두자미 묘를 찾아가서

"두자미, 두자미!" 하고 불렀더니, 두자미는 묘 속에서 나와 앉았다. 여우는 찾아온 사실 얘기를 했더니, 일언지하에 거절하였다. 여우는 할 수 없어 묘를 파헤치겠다고 협박했더니, 다음과 같이 시를 지어 주었다.

不食杜鵑恨小鼎 불식두견(은) 한소정(이라)

밥도 안 먹는 두견새는 솥이 적은 것을 한탄하네.

하고 지어 주었다. 소쩍새는 항상 솥이 적다고 '솥적솥적' 하고 운다. 여우는 그 길로 바로 대감댁으로 왔다. 그 글을 대감께 드렸고, 대감은 또 딸에게 전달하였다. 딸은 보더니

"이 글은 중국의 두자미 글이 분명합니다. 저 남자가 어떻게 그 먼 곳을 삽시간에 다녀왔을까요? 한 번 정체를 알아보지요" 하고는, 청삽살이 두 마리를 아침밥상 들고 가는 종을 딸려 들여보냈다. 청삽살이는 여우를 보자마자 달려들어 목을 물어 죽였다. 미남총각은 오간 데 없고 천년 묵은 여우만이 죽어 있었다.

그리하여 너구리는 힘들이지 않고 적수를 제거했던 것이다.

109 懶婦를 두고 쓴 詩

옛날에 어떤 시인이 이웃의 아낙네가 어찌나 게으른지 그를 두고 나부시(懶婦詩)를 썼다.

空然飽食午睡濃 공연포식 오수농(하고)
不識蠶農況野農 불식잠농(이어늘) 황야농(가)

공연히 포식하고는 낮잠에 무르익어
누에치기를 모르는데, 하물며 들농사를 알랴

梭閑戶布三朝織 사한호포(는) 삼조직(이요)
杵倦升糧半日舂 저권승량(은) 반일용(이라)

북은 한가로이 움직여 세포(稅布)를 삼 일만에 짜고
방아는 게을러, 곡식 한 되를 한 나절이나 찧네.

舅衣秋盡常稱砧구의(는) 추진상칭침(이요)
姑襪冬過每言縫고말(는) 동과매언봉(이라)

시아비 옷은 가을이 다하여도 항상 '다듬이질 해야지' 하고
시어미 버선은 겨울이 지나도록 늘 '기어야지' 말만하네.

蓬頭垢面形如鬼봉두구면 형여귀(하고)
却恨郎君不順逢각한낭군 불순봉(이라)

쑥대머리 때 묻은 얼굴, 형상은 귀신같은데,
그래도 낭군님 잘못 만났다고 탓하기만 하네.

110 술주정뱅이의 좌우명

옛날에 한 술고래 주정뱅이가 술 먹고 실수를 했다. 저녁에 아들 며느리 앞에서 얼굴을 못 들 정도로 크게 실수를 한 것이다. 아침에 눈을 뜨고 본정신이 나니, 창피해서 영 죽을 지경이었다. 부인에게

"여보, 어제 저녁에 내가 실수했지? 아이들 좀 불러 오구려" 하였다. 부인은

"애들한테 무슨 낯으로 고개를 들려고 오라고 해요," 하면서도, 남편이 시키는 대로 아들들을 자기 방으로 불러드렸다. 아버지는 아들들에게

"애들아, 어제 저녁, 내가 실수했제? 나는 통 어떻게 했는지 생각이 안 난다." 하니, 아들들은 어이가 없어 그저 대답도 않고 멍하니 있기만 했다. 아버지는

"저, 먹 갈고, 백지 가져오고, 붓을 잡아라." 하였다. 아들은 시키는 대로 지필묵을 대령하였다. 아버지는

"너 지금 내가 부르는 대로 써라" 하고는 다음과 같이 불렀다.

此後更飮酒者 차후 갱음주자(는)

이후로 다시 술을 마시는 자는

아들은 아버지가 분부하는 대로 썼다. 아버지는 또 불렀다.

狗子(구자), 牛子 (우자), 馬子(마자), 豕子也. (시자야)

개아들, 소아들, 말아들, 돼지아들이다.

하고, 결심이 대단하였다. 그러나 아들은

"아버님…" 하고는 차마 쓰지 못하고 안 쓰고 있었다. 그러자 아버지는

"이놈아, 애비가 쓰라면 어서 써" 하고, 호령을 하자, 아들은 그래도 쓸 수가 없어서 머뭇거리고 있을 때, 또 한 번의 호통으로 마지못하여 시키는 대로 썼다. 주정뱅이 아버지는 다시는 평생에 술을 안 마시겠다고 다짐하였다. 그리고는 아버지는 이어서

然 연(이나),, 朝酒三盃 조주삼배(는), 不可廢 불가폐(니라)

그러나 아침 술 석 잔만은 없앨 수가 없다

이렇게 쓰라 하였다. 주정뱅이가 앞으로 확실히 술을 끊을 줄만 알고 지켜보던 가족들은 속으로 매우 허탈해 하였다.

이 애기는 중국인들도 다 알고 있는 것으로 보아 역시 중국에서 들어온 것이 아닐까 한다.

111 詩로써 생사를 아는 현명한 아내

옛날 무식한 총각이 글 잘하는 신부를 맞았는데, 신랑이 공부 못한 것을 모르는 신부에게 첫날밤부터 글짓기 시련을 당해야 했다.

신부는 자기가 시를 한 짝 지을 테니, 짝을 채우라는 것이었다.

> 白鷗飛,白鷗飛,波萬頃,沙千里 백구비, 백구비(하니), 파만경, 사천리(라)
> 배구가 날고 또 나니, 바다는 넓디넓은데, 모래밭은 길고 기네.

이렇게 지었다. 대단한 문장가도 대구(對句)하기 어려울 텐데, 무식한 신랑이 대를 할 수 없음은 당연하였다. 그래서 신랑은 사실대로 말했다.

"솔직히 나는 글이란 것을 전혀 모르오, 앞으로 나에게 글 시험이란 아예 생각도 마시오." 하였다. 그랬더니, 신부는

"소첩은 당연히 서방님께서 글을 읽으신 줄로 알았습니다. 장부가 되어 글을 모르면 불편하오니, 지금이라도 늦지 않았습니다. 당장 지금 공부하러 떠나세요. 이 시에 짝을 채우지 못하신다면 저는 앞으로 생애를 같이할 수 없습니다." 하였다. 신랑은 기가 막히는 노릇이지만, 할 수 없이 그 길로 절간을 찾아 공부하러 떠날 수밖에 없었다.

그러니 신랑은 얼마나 열심히 했을까? 한 3년쯤 했는데, 밤중에 두견새가 우는 소리가 구성지게 들렸다. 그 때 시상이 떠올랐다.

> 杜鵑啼,杜鵑啼,月半夜,花一枝 두견제, 두견제(하니), 월반야, 화일지(라)
> 두견이 울고, 또 우니, 밤중에 달은 밝은데, 꽃은 한 가지일세.

그래, 바로 이것이구나! 그는 더 머물지도 않고 그 길로 집을 향해 달

렸다. 절을 나오는데, 평소에 친절한 척하던 중 하나가 왜 이 밤중에 어딜 가느냐고 물어서 사실 얘기를 해 주었다. 중놈은 흑심이 생겼다. 첫날밤에 떠나 왔다면, 신부가 어찌 얼굴을 알아보랴, 하고는 뒤따라와 그 신랑을 죽이고, 신랑 대신 걸어서 신랑 집 에 당도하였다.

집에 도착하자, 신부의 방을 찾아 문을 두드렸다.

"나야 나, 내가 이제 그 글의 짝을 채웠단 말이야" 하니, 신부는 지은 글을 외어보라 하였다.

중은 그대로 외었더니, 신부가 듣고 생각하기를

'杜鵑啼, 杜鵑啼, 月半夜 花一枝'라. 이 시는 산 사람의 글이 아니다. 산 사람의 글이 왜 '花一枝인가' 하고는 시아버지께 알리어 밖에 나가 보니, 머리가 빤빤한 중이 어둠 속에 서 있었다. 묶어서 관가에 가서 그 죄를 실토 받았다.

그런데 중에게 맞아 죽었던 신랑은 설맞아서 죽었다가 하루 만에 깨어났다. 일어나서는 기억을 되찾고 집에 오면서 그 글을 생각해 보았으나 도저히 생각이 나지 않았다. 그러다 '杜鵑啼, 杜鵑啼, 月半夜 花○枝' 한 자가 생각이 안 나서 그냥 '萬'자로 넣기로 했다.

집에 도착하니 밤중이 되었다. 아내가 자는 방문부터 두드리며 그 시를 외었더니, 아내는 반가이 문을 열며

"서방님, 어떻게 살아서 오셨습니까?" 하며 반가워하였다 한다.

시를 지음에 있어, 한 가지의 꽃은 외롭고, 쓸쓸하고, 어둡고 적막하다. 살아서 생동하는 맛이 없다. 꽃이 여러 나무 가지에 흐드러지게 피어야 밝고 생동감이 나지 않던가?

112 詩로써 사돈 길들이다

옛날에 어느 집에서 며느리를 보았는데, 3년 동안 계속 아침문안을 드리도록 시켰다. 옛날에야 그렇게 하는 게 도리이고, 자랑거리이기도 했다. 한 집에 살면 당연하고 한 집에 안 살아도 아침마다 문안한다는 것은 그 집의 자랑거리였다. 그러나 지금 생각해 보면 며느리에게는 못할 일이요, 인사를 받는 측에서도 번거롭고 불편하고 미안한 일이다.

시집 온 지 3년 후에 며느리가 친정에 근친 가서, 3년 동안 시부모께 아침문안 드린 얘기를 했더니, 친정아버지는 자기의 귀한 딸을 너무 고생시킨다고 생각했던지 이것을 시정하도록 하겠다고 마음먹었다.

친정아버지는 딸이 시집으로 돌아간 지 얼마 후, 딸에게 편지를 보냈다. 한글편지는 일반 때와 조금도 다름이 없는데, 끝 부분에 한시 한 연이 있었다.

早祗步至舅席對 조지보지 구석대(하야)
納酌恭謁愼勿懶 납작공알 신물나(하라)

일찍이 공경스레 시아버지께 걸어가서
술잔을 공손히 드리고 뵙는 일, 삼가 게을리 하지 말라.

이렇게 적혀 있었다. 편지를 받은 딸은 한문을 잘 몰라 시아버지께 가서, 이 끝에 진서로 쓴 것이 무슨 뜻이냐고 물어보았다. 시아버지가 보니, 한시의 내용은 그럴싸한데, 발음이 영 엉망이어서

"아하, 자기 딸의 아침 문안인사를 중지시켜 달라는 뜻이로구나, 물론 신물도 나겠지" 하고는, 그 후부터는 아침문안을 폐지하였다 한다.

113 새 소리를 알아듣는 사람

옛날에 어떤 사람이 길을 가는데, 까마귀가 요란하게 "임하육 임하육(林下肉: 숲 속에 고기)" 하며 짖어댔다. 그래서 그 까마귀 우는 숲 속에 가 보았더니, 어떤 사람이 칼을 맞고 죽어 있었다. 몸을 돌려 나오려는 순간, 포도청 관원을 만나게 되어 그만 피의자로 몰리게 되었다. 그리하여 그는 자기가 범인이 아니라는 사실을 간곡히 말하여도 소용이 없었다.

"저는 원래 새소리를 들을 줄 아는 사람입니다." 하니, 포도청 관원이

"그렇다면, 다른 새 소리도 알아들을 수 있겠소?" 하여, 이 사람은 알 수 있다 하였다. 그래서 관원은 피의자 몰래 제비 새끼를 감추고 그 피의자를 불러서 어미 제비의 지저귀는 소리를 가리키며

"지금 저 제비가 무어라 말하오?" 하였다. 이 사람은 열심히 듣더니,

肉不食, 骨不用, 皮不用 急急還送 육불식, 골불용, 피불용, 급급환송

고기도 못 먹고, 뼈도 쓸모가 없고, 가죽도 쓸모가 없으니, 빨리 돌려 주시오.

라고 합니다 하여, 그는 무죄방면 되었다.

조선 시대 사람들이 말하는, 지음(知音)한다는 주인공이 많다. 조선 초기 정도전(鄭道傳)을 비롯하여, 정북창(鄭北窓), 남사고(南師古) 등등을 꼽으며, 심지어는 중국에 공자님의 사위인 공야장(公冶長)을 말하기도 하였다. 논어(論語) 공야장편(公冶長篇)에

子謂公冶長 자위공야장(하사대), 雖在縲絏之中 수재누설지중(이나), 非其罪也 비기죄야(라하시고), 以其子妻之 이기자(로) 처지(하시다)

공자께서 공야장에 관하여 말씀하시기를, '비록 감옥에 있는 몸이지

만, 자기의 죄가 아니다'라고 말씀하시고, 자기의 딸로써 아내를 삼도록 하셨다

라는 내용을 가지고, 공야장이 지음(知音)을 하였는데, 논어에서 감옥에 있었던 때는 위 까마귀 사건에 말려들었을 때라고 사람들은 말하였다.

114 成俔이 본 呂洞賓

조선 성종 때, 허백당(虛白堂) 성현(成俔: 1439~1504)은 대제학을 지냈다. 여름에 시골길을 가다가 정자나무 밑에서 더위를 시키고 있었는데, 때마침 한 행객이 동자 하나를 데리고 같이 나무 밑에서 쉬었다. 그 행객이 보따리를 끌러 점심을 먹는데 보니, 빨간 피에 올챙이 떠 있는 것과 아기 삶은 것을 먹고 있었다. 행객은 성현에게 좀 먹어보겠느냐고 하여 성현은 그만 끔찍하고 구역질이 나서 외면했는데, 동자가 좀 떨어진 곳에 있기에 조용히 다가가서 '너의 주인이 무엇 하는 사람이냐'고 물어보았더니,

"저도 모릅니다. 천보(天寶: 唐, 玄宗의 연호) 14년(AD755)에 만나 지금까지 따라 다닙니다" 하였다. 성현은

"너의 주인이 먹는 게 무어냐?" 물었더니,

"피 같은 것은 영지 삶은 물이고, 아기 같은 것은 천 년 묵은 동자삼(童子蔘)입니다" 하였다. 성현은 얼른 행객한테로 와서 아까 그것 좀 먹어 보자 했더니, 행객은 점심으로 가져 온 것인데 다 먹어버렸다 했다. 그리고는 한참 더 쉬다가 전에 자기가 지은 시가 있는데 한 번 읽어보라고 주고 가버렸다.

朝遊北海暮蒼梧 조유북해 모창오(인데)
袖裏青蛇膽氣補 수리청사 담기보(라)

아침에는 북해에서, 저물게는 창오산에서 놀았는데,
소매 속에 넣은 푸른 뱀은 담기를 보한다네.

三入岳陽人不見 삼입악양 인불견(하고)
朗吟飛過洞庭湖 낭음비과 동정호(라)

세 번이나 악양(岳陽)에 들어갔건만, 사람은 보이지 않고,
낭랑히 악비(岳飛)가 동정호 지나간 일만을 읊었노라.

이렇게 써 있었다. 창오산은 중국 호남성에 있는 산이고, 동정호 또한 호남성 경계 악양에 있다. 이 시를 보고서 이 사람이 천보 14년에 신선이 되어 하늘로 올라갔다는 여동빈이란 걸 알고, 찾아 뒤따라갔으나 인홀불견(因忽不見)이었다.

115 崔致遠의 지혜

전라도 순창(淳昌) 동쪽에 청계산이란 산이 있는데, 여기에 금돼지 굴이 있었다. 이 금돼지는 그 고을 원님만 부임하면, 그 부인을 납치해다가 제 마누라로 삼았다. 최치원의 아버지도 원님으로서, 금돼지가 납치해갈 것을 대비하여 부인 몸에다 명주실을 매어놓았는데, 우려했던 대로 금돼지는 부인을 납치해갔다. 원님은 명주실을 따라 가 봤더니, 어느 굴로 들어갔다. 그러나 겁이 나서 되돌아오고 말았다.

부인은 금돼지의 마누라가 되어 시중을 들면서 몇 년을 살았다. 부인이 하루는 금돼지에게 "돼지는 무엇을 제일 무서워하느냐."고 물었더니,

금돼지는 사슴 가죽을 제일로 무서워하는데, 이 사슴 가죽은 몸에 닿기만 해도 죽는다 하였다. 부인은 마침 바늘쌈지가 사슴가죽인 것을 알고, 그것을 돼지 몸에 대였더니 돼지는 즉시 죽고 말았다. 그래서 부인은 집으로 돌아올 수 있었는데, 집에 와서 낳은 아이가 바로 최치원이라 한다.

원님은 최치원이 자기의 자식이 아니라고 내쫓아서, 치원은 마을을 돌아다니며 거울 고치는 기술자로 벌어먹고 살았다. 하루는 대감 집 딸이 거울을 고치려고 나왔는데 너무 일색이어서 최치원이 청혼을 했다가, 천한 파경노(破鏡奴)라고 거절당하였다.

이 일이 있은 후, 중국에서 조선에도 인재가 있는가 알아보고 싶어서 옥함(玉函) 하나를 조선에 내보내면서, 그 옥함 속에 무엇이 들어있는지 알아 맞춰 보라고 했다. 마침 거울 고치러 왔던 아가씨의 아버지인 대감에게 그 일이 맡겨졌는데, 대감은 아무리 연구해도 알 수가 없어서, 이것을 알아맞히는 자에게는 사위로 삼겠다고 방을 붙였다. 그리하여 최치원도 응모에 참여하여, 다음과 같이 글을 써서 제출하였다.

團團石中物 단단석중물(이)
半玉半黃金 반옥반황금(이라)

둥글둥글한, 돌 속에 있는 물건이
반은 옥이고, 반은 황금일세.

曉欲知時鳴 효욕지시명(이나)
含聲未吐音 함성미토음(이라)

새벽마다 때를 알아 울려고 하지만
소리만 머금은 채, 그 소리를 내지 못하도다.

이것을 중국에 받쳤다. 중국에서는 앞에 두 구는 알아 맞췄는데, 뒤에 두 구는 무슨 말인지 몰라 옥함을 깨어보니, 달걀이 병아리가 되어 나오려고 하다가 죽고 말았다. 그래서 더욱 탄복하였다. 그래서 최치원은 대감집 사위가 되었고, 무엇이든지 잘 아는 사람으로 세상에 널리 알려지게 되었다.

또 이런 얘기도 있다. 어느 조씨의 시조는 장가가는 날, 신부 집에서 행례를 마치고 신랑과 신부가 첫날밤을 맞았는데, 신부를 보니 배가 몹시 불러 있더니 갑자기 남자 아이를 해산하였다. 신랑은 누구도 몰래 뒤치다꺼리를 하고, 아기를 잘 싸서 자기 심복 하인에게 주며, 자기 집으로 돌아가는 다리 밑에 잘 감춰 두라고 했다. 다음 날 신랑은 집으로 돌아가는 길에 그 다리를 지나다가 갑자기 멈추고는 좌우 사람들에게 어디에서 아기 울음소리가 나는 것 같으니, 다리 밑에 가서 찾아보라 했다. 종들이 아기를 찾아오니 신부의 가마 속에 넣어놓으라 했다. 그러니 신부는 아기에게 젖을 좀잘 먹였을까? 신랑은 일언반구 말이 없다가 아기가 3살이 되었을 때, 아기 엄마에게 아기의 성을 물어 보았다. 그랬더니 아기 엄마의 말이

“저도 모르옵니다. 후덕한 서방님을 만나 제가 이 댁에서 쫓겨나지 않고, 이제까지 살아 있는 것이 백골난망이오나, 제가 어느 날 저녁에 달을 보고 감상에 젖어 있는데, 갑자기 마음에 격정(激情)이 울컥 올라오더니 그 순간부터 몸이 이상하여 이렇게 아기가 잉태되었습니다.” 하였다. 그 말을 들은 신랑은

“그래요, 참으로 내가 복이 많은 사람이구려. 우리 그 아이를 잘 키웁시다.” 하였다. 그리하여 그 아기가 커서 조씨의 시조가 되었노라고 하는 설화가 있다. 원님의 부인이 금돼지와 살았다는 뜻은 무엇일까? 달을 보고 잉태되었다는 설화와 같은 것이 아닌가? 한국의 출생설화는 재미있는 데가 있다.

116 善山郡守의 名判決

옛적에 경상감영(慶尙監營)에 소장(訴狀)이 접수되었다. 불국사 근처에 사는 마을에서 어느 불교신자가 복을 받게 해 달라고 논 열 마지기를 불국사에 바쳤는데, 복은 받지 못하고 집안은 점점 어려운 처지에 빠지게 되자, 시주한 사람은 절에 바친 논 열 마지기를 되돌려 달라는 것이었다.

그러나 절에서는, 고금을 막론하고 시주받은 것을 되돌려 준, 적은 한 번도 없었다는 것이었다. 그러므로 이 사건은 매우 어려운 송사였다. 때마침 선산군수가 감영에 왔었는데 선산군은 규모가 작아서 일이 별로 없다고 했다. 그래서 감사는 이 송사를 위촉하였다. 그랬더니 선산군수는 소장을 읽어보고 다음과 같이 판결하였다.

獻畓於佛前 헌답어불전(은), 自求多福 자구다복(이어늘), 佛亦無靈 불역무령(하야), 猶子亦貧 유자역빈(하니), 福歸於佛 복귀어불(하고), 畓歸於人 답귀어인(하라)

논을 불전에 바치는 것은 복을 받기 위한 것인데, 부처가 영험이 없어 오히려 시주한 자가 가난하니, 복은 부처한테 돌려주고, 논은 시주한 사람에게 돌려주라.

감사는 선산군수가 쓴 제사(題辭)를 보고는 무릎을 치며 탄복하였다.

위의 내용은 역시 조선 유교 시대의 일면을 보여 주고 있다. 유학자들은 아마도 복을 받고 못 받는 것이 본인의 정성에 달려 있는 것을 모르는 모양이다. 현대에는 각종 문화의 발달과 함께 종교도 다양하게 수없이 생겨 난립하고 있다. 이들이 모두 복을 못 받는다고 헌금을 되돌려달라면 종교가 존재할 수 있을까?

117 詩 競合

이 시도 어떤 선비와 절간의 중 사이에 시 짓기 시합으로, 이 빼기 내기를 한 것이다. 이 사람은 김삿갓이 아니고, 어느 시골에 시 잘하는 사람으로서, 절간에 만만한 중과 이 빼기 내기를 한 것이다. 이가 빠지는 사람은 의례히 조선시대 만만한 중으로 등장한다. 우리나라의 국민성은 약하고 만만한 사람에게는 여지없이 학대와 멸시가 가해지나 보다. 죄 없는 중은 가정도 없고 그렇다고 권력도 돈도 없다. 민간에 시주로 사는 이들은 그냥 사람들의 눈에는 거지로 보이는 모양이다. 그래서 시주도 '동냥'이라고 표현하였다.

잘 쓴 시들을 그냥 구비시라고 시만 낭송하기엔 재미가 적음으로 하여 "이 빼기 내기"라는 도구를 붙여 구전하였는데, 친구 간에 이 빼기하는 것으로 설정하면 친구를 잃을까 염려하여서 그랬을까? 자기는 중 될 염려는 전혀 없기 때문에 중의 이를 빼는 것일까?

옛날 시 잘하는 사람이 시를 쓸 때마다 남의 이를 뽑는다면, 시 잘 못하는 사람은 이를 달고 다니는 자가 몇 명이나 될까?

어느 절에 중이 글방에 내려와서 주인인 훈장에게 인사도 하지 않고, 번드시 누워서 일어나지도 않았다. 주인이 왜 남의 집에 와서 누워 있느냐고 물으니,

"내레 뱃속에 든 글이 하두 많아, 무거워서 못 닐어 나갔으니, 믿디 못하거든 나와 이빨 빼기 글을 지어 보간?" 하였다. 주인 선비가 그러자고 하자, 중은

"내레 멘제 한 짝을 지을 께니, 선생이 대꾸를 지으시라요. 내레 지문, 내 니빠디를 빼시구레" 하며, 중이 먼저 불렀다.

絶壁雖危花笑立 절벽(이) 수위(나) 화소립(이요)

절벽이 아무리 위태롭지만 꽃은 웃고 서 있고,

하고 지었다. 그러자 선생은 인차,

陽春最好鳥啼歸 양춘(이) 최호(나) 조제귀(라)

무르익은 봄이 가장 좋지만 새는 울고 돌아간다.

하고 지으니, 중이 보구 "제가 지은 시보다 나응께 내 이빠디를 하나 뽑으라우"했다. 그러구 또 짓자고 하면서

花笑欄干聲未聽 화소난간(에) 성미청(이요)

꽃이 난간에서 웃고 있지만, 소리는 들을 수 없고,

하고 지었다. 훈장은 또 인차로

鳥啼林間淚不見 조제임간(에) 누불견(이라)

새는 숲에서 울지만, 눈물은 보이지 않는다.

라고 지으니, 중은 "내레 또 졌으닝께, 니빠디를 또 뽑으라우" 했다. 중은 한 번이라도 이기고 싶어서 "하나 더 하자야" 하며

池中芙蓉深不見 지중부용(은) 심불견(이요)

연못 속에 부용은 깊어서 잘 볼 수가 없고,

하니, 훈장은 곧,

園中桃李露無情 원중도리(는) 노무정(이라)

동산에 복숭아 오야는 늘 드러나 있어 무정하더라.

하고 응대하니, 중은 그만 항복하고 달아나고 말았다. 승부는 이미 미리부터 중이 선비에게 지는 것으로 시작이 되었던 것이다.

118 成川妓生 芙蓉

옛날 평안도 성천(成川) 땅에 시 잘하고 재색이 겸비한, 부용이란 기생이 있었다. 그래서 성천부사는 부임하기만 하면 부용에게 반해서 정사를 게을리 할 정도였다.

그래서 새로 부임한 어느 부사는 부용을 그냥 두었다가는 자기도 정사를 잘 할 자신이 없어 그만 부용을 죽이기로 하고, 부용을 불러들였다. 부사는 부용에게 시를 짓게 하여 탈을 잡아서 죽이려는 계획을 가지고 "能"자 운자를 내고 부용에게 부르라 하니, 부용은

成川芙蓉有何能 성천부용(이) 유하능(가)

성천 기생 부용이 무엇이 능한가 하면,

하고 지었다. 그러자 부사가 또 "能" 하였다. 부용은 운이 떨어지자

能詩能舞亦歌能 능시능무 역가능(이라)

시에 능하고 춤에 능하고 또한 노래에도 능하다네,

라고 지었다. 부사는 또 "能" 하고 운을 부르니, 부용은

能之能中別有能 능지능중(에) 별유능(하니)
능한 중에서도 특별히 능한 게 있으니,

하자, 부사는 또 "능" 하였다. 부용은

夜半三更呼夫能 야반삼경(에) 호부능(이라)
야밤중에 남정네 부르는 것이 능하도다.

하고 지었다. 부사가 보고 이런 천재를 죽이는 것은 결국 국가의 손실이라고 말하고, 자기도 역시 빠지고 말았다.

이 시는 '能'자 운자 한 글자로 즉흥적인 재치를 발휘하여 사람들로부터 사랑을 받은 시로서 작자가 기생으로 등장함은 일치하나 이름이 모두 다르고, 상대남자도 김삿갓 등등 구연자들이 달리 말하고 있다.

119 기생충의 兩班 자랑

옛날에 벼룩, 이, 모기가 서로 양반 자랑을 하였다. 자랑을 하다가 격해지자 유혈난투극을 벌였다. 그 결과 싸움을 말리던 빈대는 납작하게 되고, 이는 벼룩에 차여서 멍이 들고, 모기는 입이 한없이 길게 늘어났고, 벼룩은 아예 온 몸이 피로써 염색이 되었다. 서로 아무리 싸워도 결론이

나지 않자, 이 세 기생충이 서로 입을 모아 평화회의를 제의하였다

"우리가 아무리 싸워봤자 소용이 없다. 양반이란 글을 잘해야 하는데, 우리 글을 지어 결판을 내자. 그리고 재판관은 기생충에서 악명 높은 빈대로 하기로 하자" 하고 합의하였다. 그래서 운자는 "間"자와 "人"자로 하기로 하였다. 벼룩이 먼저 지어 불렀다.

勇躍天地間 용약천지간(하니)
但見一指人 단견일지인(이라)

날래게 하늘과 땅 사이를 뛰어다녀 보니,
다만 손가락 하나인 사람만 보겠더라.

하고 지었다. 벼룩을 잡을 때 한 손가락으로 잡기 때문이다. 다음은 이가 불렀다.

回行腰帶間 회행요대간(하니)
難見直口人 난견직구인(이라)

허리띠 부위를 돌아다녀 보니,
입이 똑 바른 사람을 보기 어렵더라.

하였다. 사람들은 등 뒤에 있는 옷솔기까지 뒤져서 이를 잡으려고 고개를 돌리기 때문에 입이 삐뚤어진 형태로 이를 잡곤 하였다. 모기도 질세라 지은 글을 불렀다.

飛入珠簾間 비입주렴간(하니)
頻見打頰人 빈견타협인(이라)

날아서 구슬 발 속에 들어가 보니

자주 제 뺨 때리는 사람만 보겠더라.

하였다. 약정한 대로 빈대가 심사해 보니, 서로 우열을 가릴 수가 없자, 모두 같은 수준의 양반으로 인정하였다.

120 사불범정, 사필귀정

어느 마을에 옹달샘이 있어, 동리 사람들이 그 물을 길어다 식수로 사용하였다. 하루는 뱀이 우물에 들어가려다 슬슬 겉돌며, 들어가지 않았다. 아이들이 그것을 보고 글방 훈장에게

"뱀이 우물에 들어가려다 안 들어가요" 하니, 선생이 말하기를

"사불범정(蛇不犯井: 뱀이 우물을 범하지 못함: 邪不犯正: 옳지 못 한 것은, 옳은 것을 범하지 못 함)이니라" 하였다.

그러다가 뱀이 우물로 들어가 버렸다. 그래서 아이들이 또 훈장에게

"뱀이 우물로 들어갔습니다." 하니, 선생은

"사필귀정(蛇必歸井: 뱀이 반드시 우물로 돌아감: 事必歸正: 일은 반드시 바른 데로 돌아감)이니라" 하였다.

121 圖寫禽獸

조선 시대 이괄(李适)하면, 인조반정 후, 논공행상에 불만을 품고 난을 일으킨 사람이란 정도로 다 알고 있을 것이다. 이괄이 난을 일으키기 전에 얘기이다. 화공에게 자기의 초상화를 부탁한 일이 있었는데, 화공이

정성껏 그려 놓은 이괄의 초상화 밑에 어떤 장난꾼이 "도사금수(圖寫禽獸: 금수를 그렸다)"라고 써 놓았다.

"도사금수(圖寫禽獸)"란 말은 천자문에 나오는 문구로, 그 뜻이 "새와 짐승을 그렸다"는 뜻인데, 당시 서슬이 시퍼런 무관이요, 공신이요 더구나 역모를 꾸미려고 하는 장수의 초상화 밑에 "짐승을 그렸다"라고 써놓았다면, 아마 화공의 목이 몇 개라도 모자랄 것이다. 그러니 화공의 고민은 이만저만이 아니었다. 그 특별한 종이를 이괄한테서 받아서 그린 것이어서, 그런 종이는 어디서도 구할 수가 없고, 한 번 쓴 글씨를 다시 지울 수도 없는 노릇이었다. 너무 근심하는 빛이 역력하자, 가족이 그 연유를 집요하게 물어서 알게 되었다. 그러자 그의 딸이

"아버님, 그러면 그 밑에 주석을 다십시오." 하고 일러 주었다. 곧

"도(圖)는 도군지상(圖君之像:군왕의 상을 그린 것), 사(寫)는 사군지덕(寫君之德:군왕의 덕을 씀), 금(禽)은 조중지왕 봉황(鳥中之王 鳳凰:새중의 왕, 봉황), 수(獸)는 길인지덕(吉人之德:길한 사람의 덕)이라 쓰십시오."

하였다. 갑자기 금수(禽獸)에서 군왕으로 껑충 격이 높아진 것이었다. 이괄은 여기에서 간담이 부풀대로 부풀었나 보다. 논공행상에 불만이 있다 해도, 승산도 없는 역모를 하였으니…

122 金富植과 鄭知常

김부식이라면 고려시대 큰 학자요, 문신이요, 삼국사기를 지은 역사가로, 또한 묘청의 난을 평정한 누구나 잘 아는 큰 인물이다. 그러나 그는 시에 있어서만은 정지상을 도저히 따를 수 없었건만, 그래도 그는 시에

있어서도 정지상에게 제1인자의 지위를 양보하려 하지 않았다.

김부식이 묘청의 난을 정벌할 때, 정지상이 연루되었다 하여 그를 처형시켰는데, 시에 대한 시기심도 무시할 수 없었다는 얘기가 있다. 이것은 김부식이 정지상의 시에 대하여 은근히 질투심이 잠재해 있을 거라는 추측일 것이다.

그들이 젊었을 때, 어느 날 이 두 사람이 함께 산사(山寺)에 놀러갔다가 정지상이 다음과 같은 시를 지었다

琳宮梵語罷 임궁(에) 범어파(하니)
天色浮琉璃 천색(이) 부유리(라)

산사에 염불이 끝나니,
하늘빛이 유리처럼 맑다.

이 시를 들은 김부식은 부러워하여 그 시를 자기가 지은 것으로 세상에 공포하도록 해 달라고 하자, 정지상은 거절하였다. 이후부터 두 사람 사이가 벌어졌다 한다. 서거정(徐居正)도 『동인시화(東人詩話)』에서 김부식과 정지상은 시에 있어서도 대척적 관계였다 하였다.

정지상이 김부식에게 죽음을 당한 후 원통하여 원귀(寃鬼)가 되어, 항상 김부식을 따라다녔다. 김부식이 어느 화창한 봄날, 공원에 갔다가

柳葉千絲綠 유엽(은) 천사록(이요)
桃花萬點紅 도화(는) 만점홍(이라)

버들잎은 일천 가지가 푸르고,
복숭아꽃은 일만 점이 붉도다.

라고 짓고, 매우 유쾌하여 의기양양하고 있었다. 그러다가 화장실에 가고

싶은 생각이 들어서 화장실에 가 앉았는데, 갑자기 누가 밑에서 고환을 잡아당기는 것이었다. 너무 아파서 소리치며, "너는 누구냐?" 하니, 공중에서 말소리가 들렸다.

"나는 정지상(鄭知常)이다. 너는 글을, '유엽천사록(柳葉千絲綠)'이라 하고, 또 '도화만점홍(桃花萬點紅)'이라 지었는데, 천사(千絲)인지 만점(萬點)인지, 네가 세어봤나?" 하고 따졌다. 김부식은 아파서 도저히 견딜 수가 없어서

"그럼 어떻게 해야 하나? 네가 고쳐줄 수 없겠나?" 하니, 정지상은

"천사록(千絲綠)을 사사록(絲絲綠)으로 고치고, 만점홍(萬點紅)은 점점홍(點點紅)으로 고쳐라" 하였다. 김부식은 "그렇게 하마" 하였더니, 정지상은 잡았던 손을 놓아주었다 한다.

이것은 천사록(千絲綠)이나 만점홍(萬點紅)이 꼭 사사록(絲絲綠)과 점점홍(點點紅)만 못한 것이 아닐 것이다. 이야기 흐름상 탈을 잡으려니 그렇게 적은 것이다.

123 부용에게 혼 빠진 원님

평양감사가 부임하자마자, 기생 부용부터 찾아보았다. 그러나 부용은 평양에 없고, 평양 가까이에 있는 고을 원님에게 가 있다고 하였다. 그래서 감사는 사냥을 핑계로 부용을 찾아갔다. 그리고 그곳에서 술상이 벌어지고 글짓기가 시작되었는데, 감사는

"내가 시 한 짝을 지을 테니, 네가 대를 하여라." 하면서, 다음과 같이 종이에 썼다.

南山雪積能走走 남산(에) 설적(하니) 능주주(라)

남산에 눈이 쌓이니, 곰이 달리고 달린다.

라고 지었다. 그러자 부용은 그 댓귀로,

北村人歸大吠吠 북촌(에) 인귀(하니) 대폐폐(라)

북녘 마을에 사람이 돌아가니, 개가 짖고 짖더라.

라고 종이에 위와 같이 쓰자, 감사는 시비를 걸었다.

"대폐폐(大吠吠)가 뭐냐? 크게 짖고 짖어?" 하였다. 감사는 자기가 잘못 쓴 것은 생각 못하고 남을 탓하였다. 곧 감사가 '곰 웅자(熊)'를 쓴다는 것이 '능(能)'자를 쓰고도 그것을 몰랐던 것이다. 부용은 여기에 대를 하려니, '견(犬)'자를 써야 할 것을 알면서도 '대(大)'자를 써야 했다. 이 감사의 깨닫지 못한 것을, 부용은 즉각 시로써 답하였다.

大監惠給熊四足 대감(이) 혜급웅사족(하야)
少妾可惜犬一耳 소첩(도) 가석견일이(라)

대감께서 은혜롭게 곰의 네 발을 (제게) 주시었기에,
소첩도 개의 귀 하나를 아꼈나이다.

하였다. 곧 '能'자에 넉 점(발)을 찍어야 '熊'자가 되는데, 네 발을 부용에게 주고 안 찍었다는 것이다. 그래서 자기도 '犬'자의 귀 하나를 아껴서 점을 안 찍고 '大'자로 썼다는 것이다. 참으로 부용의 기막힌 대였다.

주흥(酒興)이 가실 쯤 해서, 감사와 부용이 각자의 말을 타고 같이 평양을 향해 가다가, 부용이 뒤를 돌아다보니, 원님은 넋 빠진 듯이 멍하니 자기의 모습만 바라보고 있었다. 그 광경을 본, 부용은 또 시를 지었다.

空身獨倚門 공신 독의문(하니)
魂追行人去 혼추행인거(라)

빈 몸이 홀로 문에 의지해 있으니,
혼이 떠나가는 사람을 따라가네.

驢遲疑我重 여지의아중(터니)
添載一人魂 첨재일인혼(이라)

나귀 느리어 나의 무거움을 의심했더니,
한 사람의 혼을 더 실어 그렇구나.

원님은 부용을 감사에게 빼앗기고 몸만 문에 기대어 있을 뿐, 정신은 부용이 탄 나귀에 같이 싣고 가는 것이다. 부용은 멍하니 서 있는 원님이 애처로웠던 것이다.

124 박문수의 생명을 노린 기생

박문수 박어사가 어느 마을에 갔을 때, 좋은 화려한 집을 짓고 사는 사람이 있었다. 궁금하여 정자나무 밑에 모여 앉아 있는 동리 사람들에게 "저 집은 뭐하는 집이기에 저렇게 잘 사오?" 했더니, 마을 사람들은 "우리도 잘 모릅니다. 무얼 하는지 한 번 나가면 천양씩 벌어온다니" 하였다.

박어사는 더욱 궁금하여 그 집에 가서 주인을 찾아 좀 자고 가자고 했더니, 친절하게 맞이하며 재워주었다. 하룻밤을 자고 박어사는 간다고 하니, 주인은 방향을 물으며 자기도 같은 방향으로 가니, 동행하자고 하여 박어사는 잘되었다고 생각했다.

얼마만큼 가다보니, 산에 장사지내는 집이 있어 사람들이 운집해 있었다. 주인이 같이 가 보자고 하여 박어사는 뒤따라갔더니, 막 광중(壙中)에 입관(入棺)하려는 참이었다. 박어사와 같이 온 주인은 상주에게 긴 장대를 가지고 오라고하여 광중에 넣고 눌러보니 장대가 한없이 깊이 들어가는 것이었다. 주인은 상주에게

"여기는 쇠곳(지질학에서 아래로 뚫어진 곳)이어서. 밑에는 물이 흐릅니다." 하니, 거기에 있던 지관들은 자기의 무식이 탄로 나자, 다 도망하고 상주는 주인에게 좋은 곳에 묘자리를 잡아 달라고 애걸하여, 좋은 자리에 장례를 치렀다. 상주는 고맙다고 인사를 하며 자기의 집으로 가자고 하여 실컷 대접하고 올 때에 천 냥을 사례비로 주었다. 그제야 박어사는 그 사람이 어떻게 잘 사는지를 알게 되었다. 박어사는

"참으로 용하십니다. 나의 신수도 좀 봐 주시구려" 하니, 주인은

"댁의 관상은 일인지하(一人之下)요 만인지상(萬人之上)입니다" 하였다. 박어사는

"예이, 사람 놀리지 마시오." 하니, 주인은

"어제 우리 집에 들어오실 때, 두루마기 속으로 언뜻 마패를 보았소이다. 아하! 나의 직업이 궁금하여 우리 집에 찾아 오시나보다 하고 다 알고 있었습니다." 하였다. 그리고 이어서

"내, 어사의 당장 화가 닥칠 점을 봐 드리리다." 하면서 종이에 적어 주었다.

青鶴山下桂月枕 청학산하(에) 계월침
配朋昔時怨無心 배붕석시(에) 원무심

청학산 밑에 계월의 베개,
....?

박어사는 이 점괘의 뜻을 몰라 설명해 달라 했더니, 주인은

"이제 곧 알게 될 거요" 하였다. 그리고 박어사는 그 주인과 헤어졌다.

그로부터 얼마 후, 박어사가 어느 고을을 찾았을 때, 원님이 반갑게 맞으며 기생과의 천침(薦枕)을 베풀어 주었다. 박어사는 기생의 무릎을 베고 누워, 그 기생에게 이름을 물었더니 "桂月"이라 하였다. 박어사는 "아차" 싶어 그 점괘를 생각해 보니,

그 동리에는 뒤에 청학산이 우뚝 솟아 있었고, 그 해는 配: 기유년(己酉年)이었고, 朋: 月이 2개이므로 2월이었으며, 昔: 卄一日(21일)이었다. 怨無心: 怨자에 心자가 없으면, 死자가 된다.

"기유년 2월 21일에 죽는다." 이런 내용이었다. 박어사는

"여봐라" 하여, 수행하는 하인을 불러 그 기생의 몸을 수색하니, 비수가 나왔다. 알고 보니, 그 고을 원님은 몇 년 전에 자기의 아버지가 큰 죄를 짓고 박어사에게 발각되어 처형을 당한 사람이었다.

125 김삿갓의 기지

어느 마을에 대장간이 있었는데, 하루는 주인이 아침에 일어나 보니, 누가 사람을 죽여서 시체를 대장간에 던져 놓고 가버렸다. 당연히 주인은 관가로부터 조사를 받았다. 그리고 관가에서는 대장간 주인을 피의자로 의심하여 잡아 가두었다. 김삿갓은 그 사연을 듣고, 대장간 주인이 불쌍하여 다음과 같은 소장(訴狀)을 써 주고 관가에 제출하라 하였다.

項羽 항우(가), 殺義帝 살의제(하야), 投於江中 투어강중(하니), 江中 강중(은), 何罪 하죄(오)?

항우가 초나라 황제 의제(義帝: 3살배기 아기)를 강물에 던져 죽였으니. 강이 무슨 죄인가?

何人 하인(이), 殺寃人 살원인(하야), 置於冶幕 치어야막(하니) , 冶幕 야막(은), 何罪 하죄(오?)

어떤 사람이, 자기와 원한 있는 사람을 죽여서 대장간에 버렸으니, 대장간은 무슨 죄인가?

관가에서 이 소장을 보고는, 그 대장간 주인을 석방하였다. 김삿갓은 걸인이면서 의인이다. 그는 문장의 힘으로 남을 도울 수만 있으면 돕고 살았다. 자기가 도울 수 있는데도 모르는 척하는 부류들과는 달리, 일생을 배고프게 살았지만 의에 살다 간 사람이었다.

126 任希載의 죽음

임희재는 임사홍(任士洪)의 아들이다. 임사홍이라면 연산조에 간신으로 세상이 다 알고 있는 사람이다. 연산군에게 그의 어머니 윤씨 폐비사건을 알려서 갑자사화(甲子士禍)를 일으킨 장본인이 아닌가? 그런데 그 아들 임희재는 달랐다. 그래서 그는 갑자사화 때 참수(斬首)되었다. 임사홍은 남을 죽이려다 제 자식도 같이 죽였다. 희재의 연산군을 비방하는 글에

祖舜宗堯自太平 조순종요(면) 자태평(이어늘)
秦皇何事苦蒼生 진황(은) 하사(로) 고창생(고)

요순을 높이고 사모하면, 저절로 태평하게 될 것을
진시황은 무슨 일로 하여 백성들을 괴롭혔던가?

不知禍起蕭墻內 부지화기소장내(하고)
虛築防胡萬里城 허축방호만리성(을)

화가 자기 담장 안에서 일어날 것을 알지 못하고,
헛되이 오랑캐를 막으려고 만리성을 쌓았던고.

하였다. 연산군이 임사홍의 집에 놀러왔다가 병풍에 쓴 이 글을 보고는 자기 일을 빗대어 썼다고 노하였는데 결국에는 임희재를 죽여 버렸다.

임사홍은 아들 희재가 사형당하는 날에도 평일과 같이 지냈고, 도리어 잔치를 베풀고 음악을 연주하였다. 연산은 이후 임사홍을 더욱 총애하였다.

임희재의 자는 경여(敬輿), 호는 물암(勿庵)인데, 연산조 4년에 문과하여 정자(正字)가 되었을 때, 김종직(金宗直)의 제자라 하여 종성(鍾城)으로 귀양을 갔었다.

임사홍의 맏아들 광재(光載)는 예종의 사위이고, 넷째 아들 숭재(崇載)는 성종의 사위인데, 숭재는 남의 아내를 빼앗아다가 연산군에게 바치는 나쁜 짓을 하였다. 사람들은 다음과 같은 시를 썼다.

小任崇載大任洪 소임숭재대임홍(은)
千古奸雄最是雄 천고간웅최시웅(이라)

작은 놈, 임가 숭재와 큰 놈, 임가 사홍은
천고의 간웅 중에서 가장 큰 간웅이라네.

天道好還應有報 천도호환(이면) 응유보(리니)
從知汝骨亦飄風 종지여골(이) 역표풍(이라)

천도가 좋게 돌아오면 응당 갚음이 있으리니,
네 뼈가 또한 바람이 흩날려짐을 따라서 알게 되리.

하였다. 처사(處士) 조광보(趙廣輔)가 송당 박영(松堂 朴英)에게

"너는 무부(武夫)로서 어찌하여 임사홍 놈을 죽이지 않는 거야?" 하고 울분을 토하니, 박영은

"훗날 도적을 죽였다는 오명을 얻을 텐데, 어찌하겠소?" 하니, 조광보는 웃고 일어섰다 한다.

127 김삿갓 한글 시

김립이 가는 곳마다 소문이 나서 조선 팔도에서 모르는 사람이 없었는데, 어떤 곳에 가서는 봉변을 당하기도 했다. 밥 얻어먹으려고 김삿갓이라고 하면,

"야, 이 놈 봐라. 지가 김삿갓이래, 그래 어디 시 한 수 지어보시지" 하며, 심지어는 욕설도 불사하였다. 어느 마을에 갔는데, 걸식을 요구하자, 누구냐고 하기에 김삿갓이라 했더니,

"너, 아무나 김삿갓을 사칭해도 되는 거냐? 야, 이놈 봐라" 하며,

"너, 그러면 내가 운자를 불러 줄 테니, 시를 한 번 지어 볼래." 하며 야유하였다. 김립은 그러자고 응수하였다. 그 마을 사람들은 한문은 모르므로, 오직 한글로만 운자를 불렀다. 운자는 '질' 자로 하기로 하였다.

마을 사람이 '질' 하고 운을 부르자, 김립은

"월명사창(月明紗窓)에 바느질" 하였다. 그 마을 사람은 멋도 모르지만, 약간의 귀동냥을 좀 했는지라, 또 '질' 하였다. 김립은

"백사천변(白沙川邊)에 빨래질" 하였다. 그네들은 또 '질' 하였다.

김립은 또,

"야반삼경(夜半三更)에 서방질" 하니, 또 '질' 하였다. 그래서 또

"낭군귀가(郎君歸家)에 매뜸질" 하였다. 그들은 워낙 배움이 없어, 그럴싸하면서도, 도무지 알 수 없었다. 이놈이 과연 김삿갓인지 아닌지는 알 수 없지만, 에따, 또 '질' 하여 보았다. 그러니까 김립은 여전히

"비단금침(緋緞衾枕)에 용두질" 하니, 그들은 잘 알지는 못하지만

"야, 이 사람 김삿갓이 맞기는 맞나보다. 하여튼 간에 무궁무진해!" 하며, 나름대로 칭송하며 사과하였다.

128 震黙大師의 시

술은 조금 마시면 약이 된다. 그래서 황도연(黃道淵)의 방약합편(方藥合編) 약성가(藥性歌)에서도 소장신명과손명(少壯神明過損命: 조금 마시면 신명을 건장하게 하지만, 많이 마시면 수명을 손상시킨다.)라고 되어있다. 그러나 술이란 절제가 쉽지 않기 때문에 종교계에서는 아예 금하고 있는 것이다. 그러나 고명한 불승 중에는 왕왕 술을 과음하고 낭만적인 일화를 남긴 이도 있다. 그래서 그들은 술이라 부르지 않고 곡차(穀茶)란 이름을 붙여 즐긴 모양이다.

진묵대사는 조선시대 매우 고명한 스님이었지만 곡차를 꽤나 즐겼던 모양이었다. 국량이 큰 스님에게는 사소한 계율 같은 건 아랑곳하지 않았어도 오히려 더 찬사를 보냈던 것 같다. 그는

天衾地席山爲枕 천금지석산위침(하고)
月燭雲屛海作樽 월촉운병해작준(이라)

하늘로 이불삼고, 땅으로 자리 삼으며, 산으로 베개 하니,
달은 촛불이요, 구름은 병풍이고, 바다는 술단지로세.

大醉居然仍起舞 대취거연잉기무(라가)
却嫌長袖掛崑崙 각혐장수괘곤륜(이라)

크게 취하여 거나한 체, 일어나 춤을 추다가,
긴 소매가 거추장스러워 장삼을 곤륜산에 건다네.

라고 썼다. 이태백의 시에서

五老峰爲筆 오로봉(으로) 위필(하고)
三湘作硯池 삼상(으로) 작연지(하야)

오로봉으로 붓을 삼고,
삼상수로 벼룻물을 하여

青天一張紙 청천 일장지(에)
寫我腹中詩 사아복중시(라)

푸른 하늘 한 장 종이에
내 배속에 있는 시를 썼으면…

이라고 한 것과 국량이 같다.

술을 마시고 시를 쓰는 것은 이백이나 진묵대사나 다를 바 없다. 그러나 사람들은 진묵대사는 종교인으로 그것도 유명한 고승으로서 왜 그토록 술을 좋아했을까? 의아해할 것이다. 그러나 술로 인하여 남에게 해가 가거나 혐오감이나 불쾌감을 주지 않았다면 나쁠 게 없다. 도덕이란 남에게 해를 끼치느냐 아니냐에 있는 것이지 술 자체가 부도덕한 것은 아니다. 공자도 한정 없이 술을 마시되 정신이 어지러운 지경에는 이르지 않았고(有酒無量不及亂), 예수도 혼사 집에서 술을 만들어 제공했던 것이다.

129 어느 현모양처 얘기

어느 경상도 남자가 서울에 오랫동안 오입 왔다가(옛날에 오입간다란 말은 부모 허락 없이 타관에 혼자 나가서 사는 일을 말한다) 돌아가는 길에 추풍령에서부터 낙동강을 건너기까지 한 여인과 동행하였다. 그러나 낙동강을 건너게 되면, 이 여인을 집으로 데려가서 살아야 하는데, 집에는 자기를 눈이 빠지게 기다리는 본처가 있으니, 낙동강 가에서 작별하지 않으면 안 되었다.

이 때 여인은, 다음의 글을 써 주면서, 집에 있는 부인에게 전해 주라 하였다.

秋風嶺上忽逢君 추풍령상(에) 홀봉군(하야)
洛東江邊更別君 낙동강변(에) 갱별군(이라)

추풍령 위에서 홀연히 그대를 만나,
낙동강 가에서 다시 그대를 이별하네.

梅花落枝痕無跡 매화낙지 흔무적(하니)
何日何處又逢君 하일하처(에) 우봉군(가)

매화가 땅에 떨어져 흔적도 없으니
어느 날, 어느 곳에 또 그대를 만날꼬.

이 시를 남자는 별 관심도 없이 주머니에 넣었다가 부인의 손에 들어가게 되었는데, 부인이 읽어 보더니, 이러한 여류시인을 왜 그냥 버리고 왔느냐며 빨리 가서 데리고 오라 하여, 남편은 그녀를 집에 데려다가 평생을 같이 오순도순 잘 살았다고 한다.

이 여인은 부인의 너그러운 심사를 알았을까? 아니면 자기 시의 실력이 부인을 충분히 감동시킬 수 있다고 생각했을까? 위 시는 유명한 인사에게는 너무나 많이 적용시켜 외우던 시였다.

130 코를 벤 어떤 詩 경합

충청도 청양 땅에 이정찬(李正贊)이란 글 잘하는 자가 있었다. 하루는 무료하여 장곡사(長谷寺)에 놀러갔는데, 이 절에는 글잘 하기로 유명한 중이 있었다. 이 중은 이정찬에게 글을 짓자고 도전하여 왔다. 이렇게 하여 중이 내기를 걸어, 그 조건을 중이 혼자 결정하여 발표하였다

"이정찬이 지면, 그 딸을 중에게 주고, 중이 지면, 중의 코를 베기로 하자"고 하였다. 이정찬은 속으로 '요 명색이 중이란 놈이 괘씸하게 남의 딸을 탐내, 그것도 내기를 핑계로, 내 이놈 땡땡이의 코를 썩 베어놓고 말겠다.' 하고는

"그래, 내기를 승낙하겠다." 하였다, 그랬더니, 중은

水舂碧波篩金色 수용벽파 사금색(이요)
물이 푸른 물결을 방아 찧어, 금 빛깔을 채로 거르고,

하였다. 다음은 이정찬의 차례다. 그는 바로,

風嫁青松産玉聲 풍가청송 산옥성(이라)
바람이 푸른 솔에 시집가서, 옥 소리를 생산하도다.

이정찬은 이렇게 부르고,

"내가 대를 했으니, 약속대로 내가 네 코를 베겠다." 하니, 중은 선수를 쳐서 긴 검을 꺼내어 놓고, 상위에다 코를 "휑" 하고 풀더니, 상에 떨어진 허연 코를 긴 검으로 한 번 탁 치고는 달아나 버렸다.

대개는 선비가 중을 골려주는데, 이번에는 절간에 중이 선비를 골려먹는 얘기로 구성되었으니 이것은 의도적으로 내용을 변형시킨 것일 게다.

131 문장가들의 기호

조선 선조 때, 문장가 네 사람이 한 자리에 앉아서 한담하고 있었다. 곧 한음 이덕형(漢陰, 李德馨), 서애 유성룡(西涯, 柳成龍), 월사 이정구(月沙, 李廷龜), 백사 이항복(白沙, 李恒福) 이렇게 네 사람이

"소리 중에는 무슨 소리가 가장 좋을까?" 서로 한 구절씩 말하기로 하였다. 먼저, 한음 이덕형은

> 月明良夜 風過聲 월명양야(에) 풍과성(이라)
> 달 밝은 좋은 밤에 바람이 스치는 소리

을 제일로 꼽았다. 그러자 서애 유성룡은

> 殘月曉窓 釃酒聲 잔월효창(에) 시주성(이라)
> 새벽녘 조각달이 창에 비칠 때, 술 거르는 소리

를 꼽았다. 그러자 월사 이정구는

山間草堂 詠詩聲 산간초당(에) 영시성(이라)
산간 초당에서 시를 읊는 소리

가 제일 좋다고 하였다. 그러자 백사 이항복은

良宵洞房 解裙聲 양소동방(에) 해군성(이라)
좋은 밤 골방에서 여인의 치마 벗는 소리

가 제일 좋다 하였다. 이 얘기는 후세 사람들이 지어 만든 얘기이지만, 그 사람의 품격의 특성을 잘 고려하여 지은 것이리라. 그런데 백사는 어떻게 여인네들의 치마 벗는 소리까지 들을 수 있었을까? 백사의 귀는 보통사람과 달랐던 모양이다.

132 노총각의 첫날밤 소견

옛날 어느 서당에서 공부에만 열중하던 여러 명의 노총각 중에서 한 사람이 장가를 갔다. 여러 친구들은 첫날밤의 경험이 어떻더냐고 야단이었다. 말보다는 시로써 표현하라 하였다. 그래서 신랑은 자기의 경험을 글로써 다음과 같이 알려 주었다.

無風天地衾一動 무풍천지(에) 금일동(하니)
不雨江山兩岸濕 불우강산(에) 양안습(이라)

바람 없는 천지에 이불이 한 번 움직이니,
비도 내리지 않는 강산에 양쪽 언덕이 젖어 있었네.

形似東海半開蛤 형사동해(에) 반개합(이요)
味如南山新熟杏 미여남산(에) 신숙행(이라)

형상은 동해에 반쯤 벌린 조개 같았고,
맛은 남산에 덜 익은 살구였다네.

133 山清의 인물 吳一峰

경남 산청에 아전(衙前) 출신 오일봉은 굉장한 인물이었던 모양이다. 그가 태어날 때는 산청의 산천초목이 3년간이나 바싹 말랐다니… 왜 그런가하면 그가 산청의 산천 정기를 모두 빼어 가지고 나오는 바람에 그렇게 된 것이라 한다.

조선 시대에는 한 사람이 출중하면 그렇게 과장을 한다. 고려 말 역동 우탁(易東 禹倬) 선생은 고향이 단양(丹陽) 적성(赤城)인데 그가 태어날 때도 3년간 적성의 산천초목이 바싹 말랐다 한다.

산청 오일봉이 한 번은 평양에 갔는데, 말을 타고 관문을 통과하니, 감사가 대동강에서 뱃놀이하다가 보고서

"저 놈 잡아 들여라. 왼 놈이 말에서 내리지도 않고, 그냥 대동문을 통과하다니 당장 잡아 오너라" 하였다. 포졸들이 오일봉을 잡으러 오자, 도리어 포졸들에게 야단을 치고, 포졸의 바지에다 다음과 같이 써 보냈다.

大洞江上仙舟泛 대동강상(에) 선주범(하니)
玉笛歌聲落晚聽 옥적가성(이) 낙만청(이라)

대동강 위에 신선의 배가 떠 있으니,
옥피리 노래 소리 저녁 늦게 들리네.

客者停馬聞不樂 객자정마 문불락(하니)
蒼梧山間暮雲中 창오산간(에) 모운중(이라)

손은 말을 멈추고 들어도 즐겁지 않으니,
창오산 속에는 저문 구름이 끼었도다.

이와 같이 써 보냈다. 곧, "蒼梧山間暮雲中"은 중국 순(舜)임금 제삿날인데, 그것도 모르고 감사가 뱃놀이만 한다. 이러한 뜻이어서 감사는 깜짝 놀라 오일봉을 어찌하지 못했다. 경상감사도 항상 그를 두려워하다가 서울 내직으로 갔다. 그 후에 그의 아들이 또 경상감사로 부임하게 되자, 아들에게

"너, 산청에 가면 '오일봉'이란 자를 아주 조심하라" 했는데, 신임 감사는 오자마자 오일봉부터 데려다 닥달을 하였다.

"네 이놈, 네가 아전의 신분으로 지금까지 감사 몇 명을 섬겼느냐?" 하니, 오일봉은

"13명을 겪었는데, 10명은 거느렸고, 3명은 모셨습니다." 하였다. 감사는 화가 나서

"이놈, 아전 놈이 방자하기 짝이 없구나." 하고, 오일봉을 즉석에서 때려 죽였는데, 오일봉의 죽은 혼령이 다시 감사를 죽여 버렸다.

그래서 감사의 시신을 서울로 반장(返葬)하는데, 감사의 아버지는 오일봉의 혼령이 무서워서 매를 두 짐을 준비해 가지고, 서울 입구에서 상여를 기다리니, 그 상여에는 시신과 함께 오일봉이 타고 있었다. 감사는 오일봉이 보는 앞에서 자기 아들의 관을 벗기고, 시신을 매질하니, 그제서야 오일봉이 사라지고 없었다 한다.

아마도 오일봉은 일반 백성으로서 관리와 맞서다가 관리에 의해 타살된 모양인데 그의 원혼을 달래기 위하여 4천년 전의 순(舜)임금의 제삿날

까지 인용하여 미화한 모양이다.

옛날에 일개 백성이 아무리 잘나봤자, 양반에게는 그 권리가 족탈불급이어서 맞섰다가는 목숨을 잃는 수가 많았을 게다. 그러나 백성들은 그의 죽음이 안타까워 이런 얘기를 만들어 내었던 것이 아닌가 한다.

134 柳成龍의 얘기

다음 얘기의 주인공도 지역에 따라 그 지방에 두드러진 인물로 나타난다. 필자가 어릴 때는 유성룡으로 들었다. 그러나 다른 이들의 얘기는 자기 고장의 유명했던 대표인물로 나타난다.

유성룡이 갑자기 명나라로부터 부름을 받았다. 부르는 목적이 무엇인지도 모르는 채, 그는 중국북경의 왕궁으로 가야 했다. 가는 이유도 모르면서 몇 달 며칠을 궁금한 채로 걸었다.

압록강을 건너 요동벌판을 지나, 날이 저물어 어느 점하는 집에 들어갔는데, 신선처럼 생긴 노인이 반가이 맞이하면서 유성룡의 중국행을 미리 알고 있는 모양이었다. 유성룡은

"선생께서는 벌써부터 나를 알고 계시오? 그래 나를 왜 부른답니까? 무얼 어찌하면 좋겠소?" 하였더니, 그 노인은

"대궐에서 무엇을 물으면, 나는 모르겠으니, 연구해 보겠다고, 말미를 얻어 조용한 곳에 방 하나를 달라고 하여 거기에 거처하시오. 그리고

'梅飄歌口曲生香', 이 글귀만은 절대로 잊지 마시오" 하였다.

명나라 조정에 당도해 보니, 부른 목적은, 황후가 특수한 병이 났는데, 중국의 의사들로서는 도저히 고칠 수가 없고, 조선의 유성룡이 와야 고칠 수 있다고 황후가 현몽(現夢)으로 받은 것이라 하였다.

유성룡은 의술이란 어려서부터도 들은 바가 전혀 없는데, 노인이 시킨 대로 황후가 누워있는 병상에 가서 진맥을 하는 척 하고는, 특수한 병이니, 말미를 한 달 주면 연구해 고치겠노라고 하였다.

그리하여 지정해 주는 집에 거쳐하다가 하루는 측간에 가서 앉았는데, 갑자기 밑에서 유성룡의 고환을 잡고 늘어졌다. 그러자 유성룡은

"놔라, 어떤 놈이냐? 빨리 놔라. 빨리. 아이구, 아이구. 어서" 그러자 사람의 말소리가 들렸다.

"나는 측신(厠神: 변소귀신)이다. 너를 여기에다 대신 빠뜨려야 내가 나갈 수 있다. 네가 여기 들어오면 또 3년을 있다가, 너 대신 다른 놈을 여기에 빠뜨려야 너도 나갈 수 있다. 나도 여기 온 지 3년이 되었다. 그런데 네가 여기에 빠지고 싶지 않으면, 내 글의 짝을 채우면 된다. 나도 이 글의 짝을 채우지 못해 이렇게 되었다." 하고는

雪搏吟脣詩欲凍 설박음순(하니) 시욕동(이요)

눈이 시 읊는 입술에 부딪치니, 시가 얼고자 하고

하였다. 그래서 유성룡은 요동벌판에서 노인이 가르쳐준 시가 떠올라

梅飄歌口曲生香 매표가구(하니) 곡생향(이라)

매화꽃이 노래하는 입에 나부끼니, 곡조에서 향기가 나더라.

하고 응수하였다. 그랬더니 그 귀신은

"내가 이제는 여기서 나갈 수 있게 되었다" 하고, 유성룡에게 백배치하(百拜致賀)하였다. 그래서 유성룡은

"이번엔 나를 좀 도와주시오. 나는 대관절 왜 여기와 있소?" 하니 그

귀신은

“아, 그거. 당신 12살 때 느티나무 고목을 불태우던 때를 기억하시오? 그 때 숫놈은 타 죽고, 암놈이 살아서 당신에게 복수를 하려는 거요” 하였다. 그리고 서로 작별인사를 하였다.

유성룡은 어려서 고목에 헝겊을 달아매는 미신이 싫어서 느티나무에 불을 질렀는데, 구미호가 거기 살다가, 수놈은 타 죽고 암놈이 살아서 중국으로 와서 황후로 둔갑하여 유성룡에게 복수하려는 것이었다. 그리하여 유성룡은 적절히 대처하여 여우를 잡고 후한 상을 받고 돌아왔다 한다.

『대동기문(大東奇聞)』에는 문과에 급제한 양희(梁喜)라는 사람이 시를 잘했는데, 어느 날 설타음순시욕동(雪墮吟脣詩欲凍)을 지어놓고, 대를 못하고 10년이 지났는데, 하루는 꿈에 어떤 이가 나타나서,

“당신은 어찌하여 그 시에 대를 하지 않는가? 매표가선곡생향(梅飄歌扇曲生香)이라 하면 어떨까?” 하였다. 그래서 양희는 미완성인 율시(律詩)를 마무리할 수 있었다 한다..

> 幽人要結歲寒盟 유인(은) 요결세한맹(이니)
> 獨訪江樓興轉狂 독방강루 홍전광(이라)
>
> 유인-隱者-는 역경에서 사는 맹서를 굳게 갖아야 하니,
> 홀로 강 정자에 오르매, 홍취가 미칠 듯 나도다.

> 雪墮吟脣詩欲凍 설타음순(하니) 시욕동(이요)
> 梅飄歌扇曲生香 매표가선(하니) 곡생향(이라)
>
> 눈이 시 읊는 입술에 떨어지니 시가 얼려고 하고,
> 매화가 노래하는 부채에 나부낌에 곡조에 향기가 나도다.

人從銀漢橋邊過 인종은한 교변과(하고)
月掛瓊瑤宮裏凉 월괘경요 궁리량(이라)

사람은 은하수를 따라 다리 가를 지나고,
달은 경요궁 속에 걸려 시원하도다.

明日日高風正急 명일일고 풍정급(하리니)
招魂何處覓餘芳 초혼하처(에) 멱여방(고)

내일은 해가 높고, 바람 심히 급하리니,
어느 곳에 혼을 불러 아름다움을 찾으리.

물론 전자의 설화를 꾸며낸 사람이 『대동기문』의 내용을 모르고서 만든 것은 아닐 것이다. 『대동기문』에 얘기도 꿈 얘기로서, 조금은 허황되기 때문에 그 허황성을 이용, 어떤 인물을 부각시키기 위하여 이 시구를 인용하였다고 본다.

135 項羽 力拔山의 시

김삿갓이 어느 서당에 들렀을 때, 그 서당 학생들은 시를 짓고 있었다. 제목이 "項羽力拔山(항우는 힘이 산을 뽑는다)"이었는데, 한 학생이 쓴 것을 보니,

左拔右拔投空中 좌발우발 투공중(하니)
平地往往多新山 평지왕왕 다신산(이라)

왼쪽으로, 오른 쪽으로 산을 뽑아 공중에 던지니,
평지에는 군데군데 새로운 산이 많도다.

곧, 항우의 힘은 산을 뽑을 만큼 세었고, 기는 세상을 덮을 만큼 충만했다(力拔山, 氣蓋世)라는 역사적 기술을 가지고, 글을 썼다. 항우가 여기저기 산을 뽑아 공중에 던져서, 평지에는 새 산이 많이 생겼다는 것이다. 김립은 학생의 상상력에 감탄했다. 또 한 학생은

南山北山神靈曰 남산북산 신령왈
項羽當年難爲山 항우당년(엔) 난위산(이라)

남산, 북산의 산신령이 말하기를,
항우 당시에는 산으로 존재하기가 힘들었다.

역시 재미있는 시상이다. 항우가 산을 함부로 뽑았기 때문에 산이 다 없어져서 산이 존재하기가 힘들었다는 것이다. 김립은 그 학생들이 기특하여 자기도 이어 한 구를 덧붙였다.

項羽之後無壯士 항우지후(엔) 무장사(하니)
誰能拔山投空中 수능발산 투공중(고)

항우가 죽은 후에는 장사가 없으니,
누가 산을 뽑아 공중에 던질 수 있을꼬?

136 김삿갓 어느 집에서 輓章 쓰다

김삿갓이 길을 가다가 상여를 만났다. 그는 장삿집, 생일 집, 환갑 집, 혼인 잔치 등을 만나는 날이 가장 재수가 있는 날일 것이다. 이 장사 집은 부잣집이고 호상이어서 사람들은 장난도 하고, 분위기도 매우 좋았다.
모두 실컷 먹고, 만사(輓詞)를 든 사람도 많았고, 백가마 속에 상주들

도 슬픔이 없는 것 같았다. 늙으면 모두가 가야 하는 길인데 이쯤 되면 홍사라기보다는 길사가 아닌가 하는 생각도 들었다. 많은 만장(輓章)이 휘날릴 때, 글 잘하는 김삿갓은 글을 토하고 싶은 욕구가 움찔거리다가, 드디어 지필묵을 가져오라 하여 한 수의 만사를 썼다.

秦始皇帝用何兵 진시황제(는) 용하병(고)
虛築防胡萬里城 허축방호만리성(이라)

진시황제는 무슨 병법을 썼던고?
오랑캐를 막으려고 헛되이 만리성을 쌓았도다.

其時若破閻羅國 기시(에) 약파염라국(이면)
貴士應無逢不幸 귀사(가) 응무봉불행(을)

그 때, 만약에 염라국을 정벌하였더라면,
오늘 이 귀한 분이 불행을 당하지는 않았으리.

하고 지었다. 상주는 잘 대접하고 노잣돈도 후히 주었다.

137 조선 선비의 가난

안빈낙도(安貧樂道)를 유교에서는 좋게 생각했지만, 그것도 정도 문제이지, 최소한 밥 먹고 잠잘 수는 있었어야 한다. 요사이처럼 한국에서 중소기업을 하다가 하루아침에 갑자기 노숙자가 된다면 안빈낙도가 있을 수 있을까?

조선시대에 가난한 선비가 돈 없고 글만 읽다가, 벼슬길에도 못 나가면 집이야 있지만 노숙자 신세와 다를 바 없었으니, 자신보다도 그의 아내는 말할 것도 없고, 딸린 가족들이 영 죽을 지경이었다.

광해군이 인목대비(仁穆大妃)를 폐비시킬 때, 명망 있는 선비를 포섭해야 했다. 경상도 고명 선비 정조(鄭造)는 정인홍(鄭仁弘), 이이첨(李爾瞻)이 아무리 포섭을 하려해도 듣지 않다가, 그의 아내가 피 묻은 수건으로 머리를 동여매고 있는 것을 보고는 변절했다 한다. 땔감마저 없어서 부인은 홍두깨와 국수암반을 부엌 문지방에 올려놓고 도끼로 찍다가 튀는 나무 조각에 머리를 맞았기 때문이었다. 정조가 지조를 바꾸자, 그의 마당에는 곡식과 비단이 산더미처럼 쌓였다는데, 곧바로 인조반정을 맞았으니, 참으로 박복한 사람이었다.

구한말에 어떤 이노인(李老人)이라는 이도 자기 집 가난에 대하여 다음과 같이 시를 썼다.

> 貧妻廚門依陽立 빈처(는) 주문(에) 의양립(하고)
> 稚子隣家乞火歸 치자(는) 인가(에) 걸화귀(라)
>
> 가난한 아내는 부엌문 양지쪽에서 몸을 기대어섰고,
> 어린아이는 이웃에서 불씨를 빌어 오누나.

동지섣달 설한풍에 며칠이나 방에 불을 안 땠으면 불씨마저 꺼추고 이웃에서 불씨를 빌어올까? 그저 조석도 제대로 끓여먹지 못하고 얼음장 같은 냉돌(冷堗)에서 금침도 변변치 못하여 누더기를 끌이고 앉아서, 밖에 세차게 몰아치는 윙윙거리는 바람소리나 들으며, 방에 불을 땔 나뭇조각마저 없었던 것이다.

이 시가 유명하게 소문이 났던지, 대원군이 집정하자, 이 노인을 불러 아산군수(牙山郡守)로 발령하였는데, 그는 여기에서도 청렴하여 선정을 베푸는 목민관이 되었다 한다.

138 이태백의 문장 發闡

마저작침(磨杵作針)의 이태백 고사를 모르는 사람은 없을 것이다. 이태백은 공부를 많이 하고도, 부족하다고 여겨 10년을 작정하고 산속에 들어가 공부를 더 했는데, 한 7년쯤 지나자 지루하여 더 견딜 수 없었다. 이제 더 이상 공부할 게 없다고 생각하고 집으로 내려오다가, 길가에서 방아공이를 돌에 갈고 있는 노인을 만났다. 이태백은 물었다.

"노인어른, 그 방아공이는 갈아서 무엇에 쓰려고 하십니까?" 하니, 노인은 대답하기를

"이 공이는 갈아서 바늘을 만들려고 하오" 하였다. 이태백은 깜짝 놀랐다. '저 무거운, 장정이 간신히 들 수 있은 쇠뭉치 방아공이를 언제 돌에다 갈아서 가느다란 바늘을 만든다는 것인가? '나는 지금 공부가 완전한가? 아니다, 나는 참고 견디기가 지루하여 하산하는 것이 아닌가?' 이렇게 생각하고, 오던 길을 되돌아갔다. 가면서 뒤돌아보니, 그 노인은 오간데가 없었다. 그제서야 이태백은

'아, 나를 위해 나타난 신령이었구나.' 생각하고 10년 공부를 채우고 돌아왔다.

드디어 낙양에서 문장 발천(發闡)하는 날자가 발표되었다. 이태백은 자기 집에서 낙양까지 수십 일을 걸어야 도착할 수 있어서, 날짜에 맞추어 집에서 출발하였다. 길을 가는데 앞에 꼬마가 등에 짐을 지고 일정한 거리를 유지하며 갔다. 속도를 내어 그 꼬마를 따라가도, 항상 같은 거리만 유지되었다. 도저히 따라갈 수가 없자, 이태백은 소리쳐서 그 꼬마를 불러 세웠다.

"야, 너는 어떻게 걷기에 내가 도저히 따라갈 수가 없구나. 말동무도

하고 우리 같이 가자. 너는 무엇 하러 어디로 가는 중이냐?" 하고 물으니, 그는 기분 나쁜 표정을 지으며,

"왜 처음 보는 사람에게 반말을 하는 거요. 나도 당신처럼 낙양에 문장 발천하러 가오." 하였다. 이태백은 상대방은 자기를 아는데 자기는 몰랐으니, 그만큼 자기보다 낫다고 생각하고 사과하였다. 그리고 그에게

"그 등에 지고 가는 것이 무어요?" 하니, 책이라 하였다. 이태백은

"그 책은 무엇 하러 힘들게 지고 가오?" 하니, 그는

"시험 날짜가 며칠 남았으니, 길을 걷다가 날이 저물어 자는 집에서 읽고 공부하려고 하오" 하였다. 그러자 이태백은

"여보, 시험이 내일 모레인데, 시험장까지 대 가기도 바쁜 판에 이제 무슨 책을 본다는 거요. 그렇게도 공부를 안 해 가지고 무슨 문장 발천에 응시하려 하오" 하였다. 그랬더니 그는

"당신은 이 세상 책을 다 읽었소? 나는 못 읽은 책이 너무나 많소. 내가 지고 가는 책이 내가 다 못 읽은 책이요" 하였다. 이태백은 듣고 보니, 그 책이 무슨 책인지 궁금하기 짝이 없었다. 그래서

"그러면, 나 그 책 한 권만 좀 봅시다." 하니, 그는

"지금 시간이 없소. 빨리 가야 하는데, 언제 길에서 책을 펼 시간이 있소?" 하고 거절하였다. 그래서 이태백은

"그러면 한 권만, 당신 짐 위에 올려놓고 걸으면, 내가 뒤따라가면서 보리다. 그렇게 좀 해 주겠소?" 하니, 그렇게 하라고 했다. 이태백이 그 책 첫 페이지를 열자,

如意公, 奈何 여의공(이) 내하(오?)
....?

이렇게 쓰여 있었다. 이태백은 이 세상 모든 책은 자기가 다 보았다고 자부했는데, 첫 문장부터 막히다니, 자기가 너무 자만했던 것을 뉘우쳤다. 갑자기 자신이 없어졌다.

'여의공이라? 뜻과 같은 공이 무엇이란 말인가?' 그래서 그 주(註)를 신중히 보았더니,

"어떤 사람이 길을 가다가 배가 고파서 기절하여 길가에 쓰러져 있었다. 그 때 마침 암호랑이가 바다에서 고기를 실컷 잡아먹고 어린 새끼에게 먹이를 주려고 굴로 돌아가는 길에 이 사람을 보고는, 아직 죽지 않은 것을 알았다. 그 암호랑이는 먹이를 잔뜩 먹어 배는 부른데, 교미 생각이 있어 이 남자를 운반하여 굴에다 가져다 놓았다. 그리고는 그 남자와 새끼에게 줄 먹이를 더 구하러 밖에 나갔다가 돌아와 보니, 자기의 목적물(고추)이 똑 잘려 나가고 없었다."

그래서 호랑이는 그 새끼들에게 물었다.

"여의공(如意公: 거시기)이 어떻게 된 거냐?(奈何)" 하자, 한 새끼의 대답이

吾截而食之 오절이식지(로라)

내가 잘라 먹었어요

하였다. 이태백은 거기까지 읽었을 때 이 사람은 책을 달라고 하더니 앞에 먼저 가버렸다. 이태백은 다른 책도 더 보고 싶어서 따라가며 불렀으나, 걸음이 하도 빨라 도저히 따라갈 수가 없었다.

드디어 문장 발천하는 날에 이태백은 시험지를 보고 깜짝 놀랐다. 문제가 "如意公이 奈何오?" 이였다. 그래서 이태백은 자신 있게

其子, 斷而食之 기자 단이식지(라)

그 새끼가 끊어 먹었다

하고 답을 썼다. 그래서 이태백은 천하문장으로 발천되었다 한다.

아무리 학식이 풍부하다한들 학문에 자만이 있을 수 있으랴. 사람이 그 동안 선배들이 쌓아놓은 지식을 다 접해 보기도 어렵지만, 자기 자신이 개발하여 창조함은 더욱 어려운 것이니, 이 이태백 얘기는 학문하는 이의 교훈을 주기 위하여 지어 만든 것이었다.

139 최익현의 밭 전(田)자 解夢

고종황제가 하루는, 밤에 꿈속에서 밭 전(田)자가 보였다. 그 이튿날, 마침 여러 신하들과 같이 있게 되었는데, 꿈 얘기를 하고 해몽을 요구하였더니, 모두들 전자(田字)는 글자가 반듯하게 생겼으니 모든 일이 바르게, 잘 진행될 것이라고 했다. 그러나 최참판(崔參判: 勉庵 崔益鉉)은 얼굴빛이 좋지 않았다. 황제가 그 이유를 묻자,

① 魚失頭尾, 俎上之肉 어실두미(하니), 조상지육(이라)

고기가 머리와 꼬리를 잃었으니, 도마 위에 고기이다.

라고 하였다. 곧, 밭전(田)자는 고기어(魚)자가 위에 칼도(刀)가 잘려 나가고, 아래 넉 점이 잘렸으니, 대가리와 꼬리가 잘린, 도마 위에 고기라는 뜻이다. 또 해몽하기를

② 甲字, 無足, 勇兵無日 갑자(가) 무족(하니), 용병무일(이라)

갑옷 갑(甲)자가 다리가 없으니, 아무리 날랜 병사라 하더라도 쉴 틈 없이 바쁘다.

군대가 발이 없다면, 아무리 강병이라 하더라도 될 수가 없다는 뜻이다. 또 최익현은 해몽하기를

③ 四方口會, 衆口難防 사방구회(하니), 중구난방(이라)

사방에서 입구 자(口)가 모였으니, 여러 입을 막을 수가 없다.

곧, 전(田)자는 입구(口)자가 4개이니 사방의 언론도 하나로 통일할 수 없다고 보았다. 또

④ 十字四圍, 困窮之像 십자사위(하니) 곤궁지상(이라)

열 십(十)자를 사면에서 둘러쌌으니, 곤궁한 상이로다.

그래서 그런지, 을사보호조약이 직면해 왔다. 그 후 고종황제는 또 꿈에 '물을 문(問)'자를 보았다. 또 면암 최익현에게 물었더니, 그는

左君右君, 二君之象 좌국우군(하니), 이군지상(이라)

왼쪽에도 임금, 오른 쪽에도 임금, 두 군왕의 형상이다.

하였다. 곧 問자는 君字가 이쪽, 저쪽 두 개가 포개져 있다. 그래서 그런지, 을사보호조약이 체결되고, 순종(純宗)에게 양위함으로 하여 군왕이 두 명이 되었다. 최익현의 해몽은 여합부절(如合符節)하였다.

140 김삿갓의 破字 희롱

김삿갓이 어느 서당에 들렀을 때, 서당에 훈장이 재워주질 않았다. 그리고 저녁밥도 안 주고, 내쫓는 것이었다. 잘 데가 없으니 헛간이라도 좀 자자고 했는데, 늦가을이라 추워서 잘 수가 없었다. 그는 다음과 같은 글을 써 놓고 갔다.

天脫冠, 得一點 천탈관, 득일점(하고),
乃失杖, 橫一帶 내실장, 횡일대(라).

하늘이 갓을 벗으면서 점을 하나 얻었고,
'이에 내(乃)'자는 지팡이를 잃고, 띠를 하나 옆으로 띠었도다.

곧, 하늘이 갓을 벗었으면, 天→大, 거기에다가 점을 하나 얻으면, 大→犬이 된다. 乃자가 지팡이를 잃으면, 乃→了, 거기에서 옆으로 띠를 띠면, 了→子. 그러므로 犬子(개자식)가 된다.

서당선생은 이렇게 해석하고, 비록 욕은 먹었지만 피차에 글공부한 처지에 자기가 나쁜 사람이란 소문이 나면 안 되겠다고 생각하고, 재워나 보내야 되겠다고 찾아보았지만 간 곳이 없었다.

그 때 김삿갓은 헛간이 추워서 어느 큰집의 아궁이 속에서 자기로 했다. 밤이 깊어지자 다시 한기는 들어왔지만 헛간보다는 나았다. 그는 아궁이 속에서 글을 이렇게 지었다

天長九萬頭難擧 천장구만두난거(요)
地闊三千脚未伸 지활삼천각미신(이라)

하늘은 구만리장천(九萬里長天)이라고 하지만, 머리를 들 수 없고,
땅은 삼천리강산(三千里江山)이라 해도 다리를 뻗을 수 없도다.

141 崔溥의 卜詞

최부의 자는 연연(淵淵)이요, 호는 금남(錦南)이니, 나주 사람이다. 조선 성종 때 급제하고 제주경차관(濟州敬差官)으로 갔다가 귀환 길에 풍랑을 만나 중국 강소성에 가서 유리걸식을 하게 되었다. 점치는 자를 찾아가서 점을 봤더니, 다음과 같은 때 죽는다고 하였다.

姑蘇城外寒山寺 고소성외 한산사(에)
夜半鐘聲到客船 야반종성(이) 도객선(이라)

고성성 밖 한산사에,
한밤중에 종소리가 객선에 들리도다.

이런 복사(卜詞)가 나왔다. 그는 이것을 무시하고 어느 마을에 왔을 때 병이 나서 위독하였다. 밤에 종소리가 나기에 중국인에게 물어봤더니,

"고소성 밖에 한산사에서 들려오는 종소리"라 하였다. 그는 정신이 번쩍 들며, 종신지지(終身之地)로 여기고 낙담하여 먹는 것도 포기하니, 거기 중국인들이 하는 말이

"여기를 종신지지로 생각하지 말고, 봉액지지(逢厄之地)로 여기고 면할 방도를 찾아봐야 할 게 아니요? 그러기 위하여서는 그 글귀를 1,000번 이상 외어 도액(度厄)을 해야 합니다." 하였다.

최부는 무릎을 꿇고 앉아 큰 소리로 그 글귀를 1,000번 이상 외었다. 지나가는 관료가 그 소리를 듣고 연유를 물어 알고는 은(銀) 50냥을 주어 그것으로 조선에까지 올 수가 있었다. 그는 귀국하여 표해록(漂海錄)을 썼다. 강소성 해안의 해로, 산천, 풍속, 민요, 관청, 명승 등을 기록한 조선 시대 유명한 책이다.

중국 강소성 소주(蘇州)에 있는 한산사(寒山寺)에는 한산사 시가 있는데 이 복사는 한산사 시에서 나온 것이다.

月落烏啼霜滿天 월락오제 상만천(한데)
江楓漁火對愁眼 강풍어화 대수안(이라)

달은 지고 까마귀는 울고, 서리는 하늘에 가득한데,
강가의 단풍과 고기잡이 등불은 근심어린 눈으로 닥아 오네.

姑蘇城外寒山寺 고소성외 한산사(에)
夜半鐘聲到客船 야반종성(이) 도객선(이라)

(위에서 풀이함)

142 安大興의 拔貧詩

발빈(拔貧)이란 가난에서 벗어난다는 뜻이다. 여기에서 작자는 가난에서 벗어나고픈 심정으로 애처로운 가난의 모습을 잘 그려내었다. 안대홍이란 인물이 누구인지는 모르나, 이 발빈시가 너무 좋아서 소개한다.

白屋生涯六月寒 백옥생애(가) 유월한(하니)
三竿日上竹扉關 삼간일상(에) 죽비관(이라)

아무것도 없는 집에서 살아온 생애는 유월에도 추워,
서너 발 해 위에는 대 사립문이 닫혔네.

布槖無錢城市遠 포탁(엔) 무전(하니) 성시원(하고)
山廚乏粟石鐺閑 산주(엔) 핍속(하니) 석당한(이라)

베로 만든 견대에는 돈이 없어 시장을 멀리했고,
산골 집 부엌에는 곡식이 없으니 돌절구는 한가하다네.

虛說餠糖摩穉頂허설병당 마치정(하고)
自知羞惡見妻顔자지수오 견처안(이라)

헛되이 떡과 사탕을 말하며, 어린애 이마를 쓰다듬고
스스로 부끄럼을 알아 아내의 얼굴을 살핀다네.

隣婆幸進移秧饁인파행진 이앙엽(하니)
偶得豐年滿室歡우득풍년 만실환(이라)

다행히 이웃집 노파가 모내기 밥 가져오니,
우연히 풍년을 만나 기쁨이 집에 가득하네.

143 千字文 몇 자로 아내 얻은 신랑

어떤 처녀가 글을 아주 많이 배워서 남편도 글 잘하는 신랑을 맞으려고 자기가 직접 고르기에 나섰다. 여러 남자를 선보았지만, 워낙 공부를 많이 한 규수라서 모두가 눈에 차지 않았다.

그러던 어느 날, 한 총각이 자기는 천자문밖에 모른다면서 신랑 후보에 응모해 왔다. 우선 규수 방의 화려하게 장식한 것을 보자,

圖寫禽獸도사금수(요)
畵彩仙靈화채선령(이라)

새와 짐승을 그려 놓았고,
채색으로 신령도 그렸도다.

이렇게 천자문의 문구를 외었다. 그러자 처녀는

"그거야 당신 글이 아니고 천자문에 있는 글이 아니오?" 하니, 신랑은

"나는 천자문밖에 모른다 하지 않았소?" 하였다. 또 규수가 과일을 여러 가지로 내 놓자, 총각은 오야와 벗지만 골라 먹었다. 그러자 규수는

"왜 다른 과일은 안 좋아하시나요?" 하니, 총각은

"果珍李柰(과진리내 과일은 오야와 벗지가 제일)라 하지 않았소?" 하였다. 규수는 천자문만 외는 총각이 너무도 유치하여 퇴짜를 놨다. 그리하여 총각이 나가는데 비가 막 떨어지기 시작하였다. 그러니까

"雲騰致雨(운등치우 구름이 올라가 비가 된다)이네" 하면서 갔다. 비가 굵어지더니, 소나기가 쏟아지자, 총각은 비를 안 맞으려고 그 집 담에 몸을 기대어 앉아서 귀를 담에 바싹 붙이었다. 그러면서

"屬耳垣牆(속이원장 귀를 담장에 붙인다)이네" 하고 앉아 있었다. 규수가 보니, 그래도 자기가 배운 것은 철저히 응용하는 것이 괜찮아 보였다. 그래서 다시 맞아드려 남편을 삼았다 한다.

144 첫날밤에 소박맞은 신랑

글 잘하는 신부와 글공부가 좀 부족한 신랑이 혼인을 하게 되었다. 그러나 신랑은 글을 잘한다고 속이고 행례를 하였다. 첫날밤을 맞았는데, 신부가 "우리 오늘 역사적인 날, 의의 있게 보내야지요. 서로 글이나 한 수씩 지어 오늘 저녁을 기념합시다." 하였다. 신랑은 못 한다고 할 수도 없고 하여, 그렇게 합시다하고 위세당당하게 나갔는데, 신부가

"제가 먼저 부르지요." 하고,

燈前燈後分晝夜 등전등후(에) 분주야(하고)

등잔 앞뒤로 낮과 밤이 갈리고,

이렇게 지어놓고 신랑에게 이 글의 대를 하라는 것이었다. 신랑은 원래 글이 짧아서 신부의 글에 대를 한다는 것은, 언감생심 마음도 먹지 못하고 우물쭈물 하니까, 신부는 알아차리고

"이 글의 짝을 채울 때까지 나는 기다리겠어요." 하고는 동침을 거부하였다. 신랑은 충격을 받고 그 길로 절에 들어가 열심히 공부를 했는데 한 3년을 하니 어느 정도 수준에 오를 수 있었다. 어느 날 오후 산에 올랐다가 사방을 내려다보면서 그 글의 대가 떠올랐다. 그래서

山南山北判陰陽 산남산북(에) 판음양(이라)

산 남쪽과 산 북쪽에 음과 양이 나누이도다.

신랑은 집을 향해 달리다가 도중에 사촌 형을 만났다. 사촌형은 지금 저녁이라 위험하니, 내일 가도록 하라고 하고는 자기가 먼저 가서 사촌 제수인 신부방을 두드렸다. 신부는 주역(周易)을 보고 있다가 상대방이 신랑인지를 알기 위하여 문틈으로 책을 내주면서 글자 하나를 짚으라고 했다.

그래서 사촌형은 '답답 울(鬱)'자를 짚었는데, 신부는 글자를 보더니, 글자의 구조가 저녁에(夕) 수풀(林)에서 달려온 신랑의 사촌(新郎四寸)이 되므로 신부는 알고 문을 열어주지 않았다. 그리고 이런 부도덕한 집에 시집온 것이 부끄럽다고 자살하고 말았다.

위 설화에서 나쁜 사람이 왜 4촌형으로 등장하는가? '답답 울'(鬱) 자에 맞추느라고 그랬다 하더라도, 왜 하필이면 4촌인가? 한국 속담에 "4촌

이 땅을 사면 배가 아프다"는 말이 있다. 사촌이 친한 친구만도 못하게 등장한다. 다는 아니겠지만, 실제로 4촌은 속으로 경쟁상대로 살아가는 집이 많이 있다. 6촌이나 8촌은 안 그러한데 왜 4촌은 가까우면서도 은근히 심리적으로 경쟁심을 가지고 있는가? 그것은 어려서부터 어머니의 영향이 아닌가 한다. 숙부나 백부는 대부분 그렇지 않지만, 어머니들의 동서간의 경쟁의식이 아이가 커서까지 4촌 형제간에 경쟁의식으로 연속되는 것이 아닌가 조심스레 생각해 본다.

145 성삼문 중국서 시 대결하다

조선의 거유(巨儒)요 집현전 학사 성삼문이 온다는 소문에 중국에서는 바싹 긴장하였다. 어떻게 하면 조선의 대 학자의 코를 납작하게 해 놓을까 하여 중국에서 제일가는 학자들을 불러 성삼문을 영접하도록 하였다. 그래서 영접을 맡은 중국 관리는 처음부터 성삼문을 조롱하는 시를 써서 도전해 왔다. 먼저 중국 영접사가

石山難生草 석산(엔) 난생초(요)
돌산에는 풀이 나기 어렵고,

소국에서는 훌륭한 사람이 나오기 어렵다는 뜻이다. 그래서 성삼문은

房中不見雲 방중(엔) 불견운(이라)
방안에서는 구름을 볼 수 없도다.

곧 이 방에는 구름(고상한 사람: 勝友如雲에서 나온 말)을 볼 수 없다.

라고 응수했다. 그러자 중국 선비가 또 부르기를

汝本何山鳥 여본하산조(로)
敢入鳳凰群 감입봉황군(고)

너는 본래 어느 산의 새로서
감히 봉황의 무리에 들어왔는고?

하고, 직설적으로 낮춰서 희롱하였다. 그러자 성삼문은 곧바로

我本天上鳥 아본천상조(로)
恒遊五彩雲 항유오채운(이라)

내 본래 하늘에 사는 새로서,
항상 오색 아롱진 구름에서 놀았노라.

狂風忽落羽 광풍(에) 홀락우(하야)
誤入老鴉群 오입 노아군(이라)

광풍에 갑자기 나래가 떨어져,
잘못 늙은 갈가마귀 무리로 왔다네.

하고 응수하니, 중국 영접사는 사죄했다고 한다. 조선이 중국과의 문장대결은 압록강 뱃사공에서부터 시작하다가 이제는 아예 중국으로 옮겨 시대결을 하였다.

146 의좋은 형제, 의 나쁜 형제

옛날 한 마을에서 사는 두 형제는 참으로 우애가 없었다. 작은 것 하나를 가지고도 서로 다투기 일쑤였고, 서로 양보하고 돕는 정신이라곤 찾아볼 수가 없었다. 하루는 두 형제가 나무를 하러 갔다가 산에서 우연히 돌로 된 확(臼)을 발견하였다. 이 확을 집에 가져다가 방아확을 하려고, 청소를 하는데 아무리 청소를 해도 확 안에 든 낙엽이나 검불이 꽉 차는 것이었다. 다시 시험을 해 봐도 낙엽을 한 잎만 넣으면 낙엽이 꽉 차고, 흙을 조금만 넣어도, 흙이 가득 차는 것이었다.

두 형제는, "아하, 이것이 바로 화수분이란 거로구나! 돈을 넣으면 돈이 가득 차겠지" 하고는, 이것을 지고 집으로 돌아가는 참이었다. 그런데 동생이 지고 갈 때는 뒤따라가는 형이, 동생을 당장 죽이고 싶은 생각이 났다. 또 형이 지고 갈 때는, 동생도 형을 죽이고 싶은 생각이 형과 똑 같았다. 집에 도착하자마자, 두 사람은 그 확 안에다 돈을 넣어 보았다. 그러자 돈이 가득 차는 것이었다. 그들은 기쁨보다는 번뇌가 더 많았다. 이것을 누구네 집에 가져다 놓을 것인가?

드디어 싸움이 붙었다. "내가 먼저 보았다." "아니다, 내가 먼저 보았다" 이 싸우는 광경을 본 이웃사람들은 그들이 너무나 살기등등하여 사고가 나지 않을까 염려하였다. 그들은 서로 차지하려고 눈에 불을 켜고 으르렁거렸다. 그러다가 한 사람이 이렇게 제안했다.

"그 확을 있던 그 자리에 갖다놓고, 우리도 그 때 있던 자리에 서서 보자, 그러면, 누가 먼저 발견했는지 확실히 알 수 있을 것이다. 일단 이 확을 그 있던 자리에 가져다 놓자." 이렇게 합의하고, 두 사람은 그 확을 그 있던 자리에 놓고, 자기들은 그 때 있던 자리로 되돌아갔다. 그리고 그 확을 바라보았다. 그랬더니, 이게 웬일인가? 확은 온데간데없이 사라져

버렸다.

그래서 의 나쁜 형제를 "산탄일구(山呑一口: 산이 확을 삼켜버림)"라 한다. 서로 우애롭게 누구네 집에 놓던지, 돈이 생기면 똑같이 나누어 갖고, 금은보화가 생기면 똑 같이 나누어 가지려 했다면 얼마나 좋았을까? 왜 그것을 혼자 차지하려고 했던가? 참으로 어리석은 자들이었다.

또 어느 한 형제는 서로 우애가 좋았다. 뭐 조그만 게 있어도 나누어 먹고, 조금만 얼굴을 못 봐도 보고 싶어 하였다. 하루는 바닷가에서 좋은 보석을 주었는데, 어마어마하게 화려하고 귀한 것이었다. 두 형제는 배를 타고 가면서, 번갈아 만져 보고했지만 이렇게 좋은 보화는 처음 보는 것이었다. 신기하여 형제는 번갈아 만져보고 또 만져보았다.

배가 얼마쯤 왔을 때, 형이 동생에게 말했다.

"아우, 내가 이렇게 고약한 생각이 든 적은 처음이야, 지금까지 이런 생각이 든 적이 없었는데, 이번엔 내가 왜 이렇지, 내가 이 보화를 만져볼 때, '이걸 내 혼자서 주었더라면 얼마나 좋을까?' 이런 생각이 자꾸 나고, 공연히 동생이 미워지기까지 하였다네. 이 물건이 도대체 무엇이관데, 내 마음을 이렇게도 비참하게 만들까?" 하였다. 그 얘기를 들은 동생도

"아, 그러시군요. 저도 마찬가지였습니다. 형님과 똑 같은 생각을 했어요. 그러니 이 물건은 우리에게 이익을 주려는 물건이 아닙니다. 이것을 가진다면 반드시 우리 형제의 우애는 사라질 것입니다. 이것은 요물이니, 우리 이 바다에 던져 버립시다." 하였다. 형 역시 적극 찬성하여 그 보화를 그만 강에 던지고 말았다.

그 며칠 후 형제 중, 어느 한 집에서 큰 생선을 샀는데, 고기의 배를 따보니, 고기 배속에서 전에 본 것과 똑 같은 보화가 두 개가 한꺼번에 나왔다. 이것은 천지신명이 형제의 우애에 감동하여 보낸 선물이었던 것

이다.

그래서 의 나쁜 형제를 '산탄일구(山呑一臼)'라 하는 데 비하여, 의좋은 형제를 '어토쌍규(魚吐雙圭: 고기가 두 구슬을 토함)'라 한다.

147 어느 무관의 시

문관들이 모인 술자리에 어떤 나이 어린 무관 한 사람이 참여하였다. 술자리란 술 마시면서 기생 좀 놀리고 그러다 흥이 나면 시도 짓고 하는 것인데, 이 무관은 원래 호협한데다가 술이 속에 들어가니 더 가관이었다. 기생은 아예 제 혼자 차지요, 노는 것도 말로만 끝나는 게 아니고, 아주 난폭하게 끌어안고 만지고 맞추고 요란하였다.

나이 든 대감 한 사람이 "젊은 사람이 너무도 버릇이 없구먼." 하고 야단을 좀 치니, 술 취한 무관은 좀 정신이 드는지

"예, 예" 하더니, 바로 여전하였다. 문신들은 저놈을 쫓아내야 하겠는데, 쫓을 방법은 시를 짓게 하여, 못 지으면 쫓아내기로 마음먹었다. 그래서 문신 중, 한 사람이

"자내 글 읽어보았나?" 하고, 빈정대며 기를 좀 죽여 놓고서는

"자내, 문방사우(文房四友: 墨筆硯紙 곧 먹, 붓, 벼루, 종이)가 뭔지 아나?" 하였다. 그러자 무관은 문신들의 의도를 파악하고, 술 취한 고개를 건드렁건드렁 하더니만

"제가 문방사우를 운자로 하여 글을 한 수 짓겠습니다. 짓는다면 용서하여 주시는 거죠" 하였다. 대감들은

"그래, 그럼 네 마음대로 한번 지어 보아라." 하였다.

好酒逢當墨 호주봉당묵
美人見則筆 미인견즉필
平生此事硯 평생차사연
今日兩得紙 금일양득지

좋은 술을 만나면 의례 먹(墨)더라
미인을 보면 바로 붇(筆)더라
평생에 이 일을 벼르(硯)었더니
오늘에야 두 가지를 다 얻으니 좋이(紙)

문신들은 모두 "저놈, 저 저!" 하면서, "예끼, 어서 데리고 나가거라. 우리가 한 번 봐 줄 테니." 하였다.

148 晩洲 洪錫箕의 글재주

만주 홍석기는 조선 후기 한문 4대가인 장유(張維)의 문인이었다. 어려서부터 시재가 뛰어나, 14세 이후로는 아무리 어려운 운자를 불러도 척척 지어냈다. 친구들은 부럽기도 하고 시기심도 나서, 홍석기가 서당에서 결석한 어느 날, 여러 친구들이 그를 골려주기 위하여, 서로 의논하였다.

"우리는 먼저 운자를 내어 시를 지어 놓고, 홍석기에게는 호운성시(呼韻成詩)하도록 하자"고 짰다. 그리하여 운자를, 바늘 침(針), 이불 금(衾), 마음 심(心)으로 하기로 하고, 제목도 어렵게 '송수아제(松樹鴉啼: 소나무에서 까마귀가 울다)'로 하였다. 이렇게 각각 알고 모두 헤어졌다.

그 이튿날 홍석기가 서당에 돌아왔을 때, 그 서당의 접장(接長: 그 학생들에서 대표) 송명선(宋明善)이 시를 짓자고 제의했다. 이번에는 호운성시를 하도록 하고, 제목은 '松樹鴉啼'로 하자고 했다. 접장은 이어서

"그리고 운자는 나이가 제일 어린 아무개가 불러." 하였다. 이렇게 각본대로 진행하니, 홍석기는 연극인 줄 전혀 몰랐다.

제일 어린 학생이 '바늘 침' 하고 운자를 부르자, 접장은

"여기서 홍석기가 시를 제일 잘 지으니, 석기부터 불러 봐." 하니, 홍석기는 운이 떨어지자, 바로

> 姑也未嗔慵不針 고야 미진용불침(하소서)
>
> 시어미는 며느리의 바느질 안 한 게으름을 꾸짖지 마소서.

하였다. 이어 나이 어린 학생이 또 '이불 금' 하니,

> 春睡多夢擁羅衾 춘수다몽 옹라금(이라)
>
> 봄날 잠이 많아 비단 이불에 싸여 졸았습니다.

하고 지었다. 또 '마음 심' 하니,

> 爾能解語吾姑惡 이능해어오고악(이리니)
> 政得深閨少婦心 정득심규소부심(하라)
> 까마귀야, 너는 말을 알아들으니 우리 시어머니 야속함을 알겠지,
> 깊은 규방에 젊은 며느리의 마음을 살펴 달라 말해주렴.

하고 거침없이 지어냈다. 여러 친구들은 경탄하였다. 이 제목에 이 운자가 매우 어려워서 다른 사람들은 많은 시간을 소비하면서도 애를 태우며 힘들었는데, 호운낙필(呼韻落筆)로 이렇게 훌륭한 시를 짓다니!

그리고 까마귀는 옛날부터 사람의 말을 알아듣는다고 한다. 그는 약관에 계곡(谿谷) 장유에게서 공부할 때, 장계곡은 홍만주(洪晩洲: 석기의 호)의 시재에 대하여 차탄애중(嗟歎愛重)하여 항상 말하기를 "원구(元九: 홍석기의 자)는 문장가라고 하기엔 아직 체제(體制)가 좀 미흡하지만, 재

사(才士)라고 하기에는 너무 원통하다" 하였다.

그러나 그는 벼슬복이 없었던지, 관직이 참의(參議)에 머물고 말았다.

149 成三問과 어떤 노인

근보(謹甫: 성삼문의 자)가 20세쯤 되었을 때, 그의 집은 몹시도 가난했다. 하루 세끼 먹기도 힘들 때 그의 누이는 혼례를 치러야 했다. 예나 이제나 혼수에는 돈이 여간 들어가는 게 아니다. 그의 아버지 성승(成勝)은 생각하다 못해, 아들에게

"너, 우리 종 막언(莫言)이가 도망하여 사는 해서(海西)에 가서 돈을 좀 얻어 오는 수밖에 없겠다. 네가 한 번 다녀옴이 어떠하냐?" 하였다. 이 말을 들은 근보는 펄쩍 뛰었다.

"아버님, 체면이 있지, 종에게 돈을 얻어 오다니요. 될 법이나 합니까?" 하였다. 그러나 두 부자가 아무리 생각해 봐도 그 길밖엔 아무 해결책이 없었다. 그리하여 근보는 종 한 사람을 데리고 말을 타고 먼 길을 떠났다. 두 사람이 산길로 접어들었는데, 가도가도 산중이라 날은 컴컴한데, 겁이 났다. 그러다가 웬 사람의 소리가 들렸다. 돌아보니 웬 험상궂은 사내가

"그 길로 가면 계속 가도 산중입니다. 나를 따라 오시오" 하였다. 두 사람은 그 험상궂은 젊은이가 산도둑인지도 몰라 겁은 났지만, 길을 모르니 따라갈 수밖에 없었다. 얼마쯤 갔을 때, 불빛이 비취고, 큰 동내가 나왔다.

그제야 좀 안심이 되었는데 그 사나이는 그 동리에서 제일 큰집 앞에 멈추었다. 잠간 기다리라 해 놓고 안으로 들어가더니 조금 후에 나와서 들어오라 하였다. 안내를 받으며 들어가는데, 화단이며 정원이 너무나 아

름다워 선경으로 보이면서도 '이 집이 수호전에 나오는 양산박(梁山泊)이 아닌가도 생각하였다.

근보는 주인 노인에게 안내되었는데, 그 노인은 근보를 보자마자

"오느라고 수고가 많았다. 우선 식사부터 해야지" 하고는 이어 저녁상이 들어왔는데 처음 보는 진수성찬이었다. 저녁을 먹은 후 노인은

"너는 무슨 일로 여기까지 오게 되었는가?" 하고 물었다. 근보는 부끄럽지만 사실대로 말했다. 그러자 노인은

"그 건 말도 안 돼. 어찌 주려 죽을지언정 선비로서 할 짓인가?" 하였다. 근보는 고개를 떨어뜨리고 할 말이 없었으나, 부끄럽기도 하여 변명 비슷하게

"그러면 어쩝니까? 방도는 그것 하나뿐인데" 하였다. 노인은

"걱정 말아라. 이 늙은이가 혼수 돈을 대줄 테니, 그런 줄 알고 되돌아가라" 하였다. 근보는

"그것은 안 될 말씀입니다" 하고 사양했지만, 노인은

"내일 바로 집으로 돌아가라. 종의 집에 가서 구걸하기보다는 내가 기꺼이 주는 게 낫지 않은가? 딴 생각 말고 나 시키는 대로 하라" 하여, 근보는 할 말이 없었다. 노인은 밖으로 나가 정자에서 간단한 주안상을 마련하여 근보와 수작하고, 달빛을 받으며 노래를 부르는 것이었다.

南來北往走西來 남래북왕주서래(하니)
看得浮生總是空 간득부생 총시공(이라)
天也空, 地也空 천야공 지야공(하니)
人生沓沓在其中 인생답답재기중(이라)

동서남북으로 다 다녀봐야
뜬세상 모두가 공이로구나.
하늘도 공, 땅도 공,

그 가운데 답답한 인생이여!

日也空, 月也空 일야공 월야공(하니)
來來往往有何功 내래왕왕유하공(고)
田也空 財也空 전야공 재야공(하니)
換了多少主人翁 환료다소주인옹(이라)

해도 공, 달도 공.
오고 간들 무삼하리
토지도 공, 재물도 공.
임자만이 바뀔 뿐이로다.

金也空, 銀也空 금야공, 은야공(하니)
死後何曾在手中 사후하증재수중(가)
妻也空, 子也空 처야공, 자야공(하니)
黃泉路上不相逢 황천로상(에) 불상봉(이라)

금도 공, 은도 공.
죽어지면 빈손이요
아내도 공, 자식도 공.
저승길에도 만나지 못하리.

大藏經中空卽色 대장경중(에) 공즉색(이요)
般若經中色卽空 반야경중(에) 색즉공(이라)

대장경엔 공도 색,
반야경엔 색도 공.

朝走西, 暮走東 조주서 모주동(하니)
人生恰似採花蜂 인생(은) 흡사채화봉(이라)
採得百花成蜜後 채득백화성밀후(에)
到頭辛苦一場空 도두신고일장공(이니)

아침에는 여기, 저녁에는 저기
인생은 마치 꿀벌이로다.
꽃을 찾아 꿀 만드나
수고로워 봐야 한바탕 공이어니

深夜聽得三更鼓 심야청득삼경고(하고)
飜身不覺五更鐘 번신불각오경종.(이라)
從頭仔細思量看 종두자세사량간(하니)
便是南柯一夢 편시남가일몽(이로다)

삼경 북 이제 듣고
오경 종을 모르누나
궁굴려 생각하니
어즈버 꿈이로세.

근보는 노래를 듣고 감탄하였다. 이 노인은 유불선(儒佛仙)에 통달한 선인이로구나 생각하였다. 그것은 참으로 선경이었다.

이튿날 근보는 노인께 인사를 올리고, 종을 데리고 집으로 돌아왔다. 노인을 대하고 보니 선비로서 종을 찾아가서 구걸한다는 것은 도저히 할 일이 아니라 생각하였다. 그런데 집에 오니 온 가족이 혼사준비에 몰두하고 있었다. 돈도 빌려오지 못하고, 엉뚱하게 모르는 이에게 신세를 진 것이 게름직하여, 그 동안 있었던 일을 어떻게 아버지께 고해야 하나하고 고민하다가 어차피 숨겨서는 안 될 일이기에 여쭈려고 들어가니, 아버지 성승은

"네가 보낸 천 냥으로 혼수를 준비하고 내일 혼례를 치르기로 했다" 하며 기뻐하고 있었다. 근보는 '내가 신을 만난 것인가, 신선을 만난 것인가' 하고 얼떨떨해 하였다.

150 唐風, 詩文詞賦의 海東四家들

조선 후기에 당풍시문사부(唐風詩文詞賦)의 4가(家)로는, 도양위(東陽尉) 신익성(申翊聖)의 아들, 춘소(春沼) 신최(申最)와, 신최의 친구인 정허당(靜虛堂) 홍주세(洪柱世)와, 신최의 아들, 사아(四雅) 신의화(申儀華)와, 신의화의 친구 식암(息庵) 김석주(金錫胄), 이렇게 4인을 들 수 있다. 이들의 시는 당시(唐詩)보다 더 나으면 나았지, 못하지는 않다고 하였다.

사아는 일찍이 친구 식암과 같이 강호의 정자에서 글을 읽다가 홀연히 잠이 들었는데 가을비에 낙엽 지는 소리를 듣고, 정신이 번쩍 들어 시를 지었다.

客枕夢初回 객침몽초회(에)
西風打庭樹 서풍(이) 타정수(라)

객침에서 꿈이 처음으로 들 때,
서풍이 정원에서 나무를 때리네,

蕭蕭落葉聲 소소낙엽성(이)
疑是秋江雨 의시추강우(라)

우수수 낙엽 지는 소리
아마도 가을 강에 비일레라.

이렇게 사아의 시를 듣자, 식암이 또 뒤따라 읊었다.

窣窣復蕭蕭 솔솔부소소(하니)
聲聲在庭樹 성성재정수(라)

가을바람 솔솔 또 우수수 부니
그 소리소리 모두 뜰 나무에 있네.

不是風前葉 불시풍전엽(이요)
應知葉上雨 응지엽상우(라)

바람에 낙엽 지는 소리가 아니요
잎새 위에 떨어지는 빗소리라네.

이 시는, 두 사람이 '枕上偶吟'이란 제목으로 지은 두 수에 불과하지만 당시(唐詩)와 너무 흡사하다. 사아의 시는 청아하고 사랑스러우며, 식암의 시는 고색(古色)이 완연하다 할 수 있다.

사아의 아버지 춘소(春沼)는 '春興'이란 제목으로 다음과 같이 지었다.

滿地梨花日雪香 만지이화일설향(이)
東風無賴損出芳 동풍무뢰손출방(이라)

땅에 가득히 떨어진 배꽃, 햇빛에 눈 향기 섞여,
봄바람 없이도 그 꽃다운 향기 풍겨 나오네.

春愁漠漠心如海 춘수(는) 막막심여해(인데)
樓燕雙飛繞畵樑 루연(은) 쌍비 요화량(이라)

봄의 애수 아득히 바다처럼 넓은데,
제비는 쌍쌍이 날아 단청한 들보를 감도네.

또 춘소의 친구 정허당(靜虛堂) 홍주세의 시는

庭草階花照眼明 정초계화조안명(하니)
閑中心與境俱淸 한중심여경구청(이라)

정원 뜰에 화초들이 눈에 비추어 밝은데,
한가한 나의 마음 거기에 어울려 맑아지네.

門前盡日無車馬 문전(엔) 진일무거마(하고)
獨有幽禽時一鳴 독유유금 시일명(을)

문 앞에 하루 종일 찾아오는 이 없고,
다만 조용한 새가 있어 때로 한 번 울어주네.

어떤 이가 이 두 사람의 시 중에서 누구의 시가 나으냐고, 택당(澤堂) 이식(李植)에게 물으니, 그는 평하기를, 정허당 홍주세의 글은 마치 천연스런 매국(梅菊)과 같고, 춘소 신최의 글은 활짝 핀 목단과 같아서 그 정취는 다를지언정, 그 우열은 가릴 수 없다 하였다.

151 塵世를 해탈한 李濟臣

이제신의 자는 몽응(夢應)이요, 호는 청강(淸江)이니, 병사(兵使) 문성(文誠)의 아들이다. 그는 학문이 높고 풍자(風姿)가 준수하며, 집에서는 백숙부모(伯叔父母)와 자제노복(子弟奴僕)이 즐비하고, 밖으로는 사우(師友)가 모두 관료이어서 부러움이 없고, 사회에서 또한 존경을 받았다.

그는 젊어서부터 이와 같이 추앙을 받으며, 청렴한 덕으로 항상 자제에게 훈계하였다.

"재물만 중히 여기는 사람은 분토(糞土)와 같은 존재다." 하고,

"배우는 사람이 부귀영달만 마음에 두는 것은, 도리어 안 배우느니만 못하다" 하였다. 이산해(李山海)는 그를 평하여 '청경지절(淸勁之節)이 있어 도학으로는 두자미(杜子美)의 풍채에, 소동파(蘇東坡)의 문장을 겸

했다고 하였다. 그는 일찍이 금성산에 올라

岩下淸泉新雨水 암하청천(은) 신우수(요)
石磵枯竹老僧栽 석간고죽(은) 노승재(라)

바위 밑 맑은 샘엔 새로 내린 빗물 흐르고,
돌 사이에 곧은 대는 노승이 심었도다.

하고 읊었고, 또 어느 산에 올라서는

望野黃兼綠 망야(하니) 황겸록(이요)
看雲白又玄 간운(하니) 백우현(이라)

들을 바라보니, 누르고 또 푸르고
구름을 보니 희고 또 검도다.

하였다. 이 시는 얼핏 보면 초학 어린애의 시 같지만, 대성할 잠재력이 있다 하였다. 세상 사람들이 재물을 좋아하여 산업으로 돈을 모으매, 그도 산업을 연구하여 재물을 많이 모으니, 사람들은

"세상에 돈이 좋기는 좋은 모양이다, 이청강이 돈을 다 알다니." 하였다. 그러나 한 해에 기근이 들자 그는 그 모은 재산을 이웃에 다 나누어 주었다. 그는 만년에 시와 술, 그리고 거문고로 세상을 즐겼다. 나중에는 표주박 하나로 국내 명승고적을 돌고 항상 청수를 마셨다. 사람들이 그 연유를 물으니

"내가 올해는 죽을 텐데 진세에 더럽혀진 몸을 깨끗이 씻고 가겠다." 하였다. 그는 죽을 때, 자제들을 불러놓고, 내가 등고시(登高詩)의 짝을 채우지 못했더니 이제야 생각이 났다면서

望野黃兼綠, 망야황겸록(이요)
看雲白又玄… 간운백우현(이라)
(앞에서 설명함)

陶翁知止處 도옹지지처(가)
只是爲寒泉 지시위한천(이라)

도연명이 그칠 곳을 안 곳이
바로 찬 샘[黃泉]인가 하노라

이렇게 읊고는 그는 눈을 감았다. 그의 생전에 또 이런 시를 지었다.

看棋口絶論人語 간기(에) 구절논인어(하고)
射革心存反己思 사혁(에) 심존반기사(라)

바둑 두는 것을 보고, 남을 논평하는 말을 끊고,
과녁을 쏨에 자기를 반성하는 마음을 갖는다.

그의 외우(畏友) 조남명(曺南冥: 이름은 植)은 평소에 그에게 글을 부쳐, 청강의 글은 선비의 글이 아니라고 책망했는데, 이 시를 보고는 도리어 칭찬했다고 한다. 그가 죽음에 남명은 달려와 애통해하며 다음과 같은 시를 썼다.

異人神人不羈人 이인신인불기인(이)
三人代作一人身 삼인대작일인신(이라)

이인이요, 신인이요, 활달하게 얽매지 않는 사람으로,
한 몸으로서 세 사람 몫을 한, 사람이었도다.

152 興宣大院君의 淸國生活

홍선대원군은 며느리인 명성황후 민씨의 세력에 밀리어 청나라에서 감금이나 다름없는 생활을 하였다. 겉으로는 중국 정부의 초대를 받았다지만, 자기 뜻과는 아무 상관없이 보정부(保定府)라는 곳에서 비서격인 김응원(金應元)과 함께 3년이란 허송세월을 해야만 했다. 고향이 그리울 때는,

家鄕雲外三千里 가향(은) 운외삼천리(요)
鴻雁霜邊九月天 홍안(은) 상변구월천(이라)

고향집은 머나먼 구름 밖에 있고,
기러기는 서리 내리는 가을 하늘에 떴도다.

이렇게 시를 지으며 마음을 달랬다. 밑바닥에서부터 최고의 지위까지 거친 인생풍운아는 며느리가 정적이 되어 이 지경에까지 될 줄을 누가 알았으리. 그는 임오군란이 일어난 7월 3일을 잊을 수가 없었다. 그는 보정부 근처에 사는 노지사(老志士)로부터 선사받은, 찹쌀로 빚은 술을 마시고, 항상 먹는 사슴고기로 장조림한 안주를 보며 또 시를 읊었다.

烹飪鹿鹽豈有味 팽임녹염(이) 기유미(아)
登盤重肉終無羹 등반(은) 중육(이요) 종무갱(을)

(항상 먹는) 사슴고기 장조림이 어찌 맛이 있겠으며,
상에 오른 것은 항상 그 (사슴) 고기, 국마저 없구나.

국도 없이 일 년 내내 사슴고기 장조림, 한 가지가 역하기만 한데, 일개 한 국가의 국태공(國太公)을 이렇게 대접하다니, 이것은 죄인 아닌 죄

인이었다. 처음 천진(天津)에 도착했을 때, 청국의 북양대신(北洋大臣) 이중당(李中黨)이

"조선부왕(朝鮮父王)께옵서는 여기에 잠시 머므르시와 산수와 풍월을 감상하시오소서. 저희 황제폐하와는 북경에서 뵙게 될 것입니다" 하더니, 천진을 떠나 보정부라는 한 곳에 몰아넣고 세월을 보내게 하니, 대원군에게는 울분과 분노와 증오뿐이었다.

물론 수행원으로 김명진(金明鎭), 서관옥(徐官玉), 강봉수(姜鳳洙)가 있었지만 말동무가 되지 못했다. 그는 몹시 외로웠다.

新月漸生客愁甚 신월(이) 점생객수심(하니)
何時行李抵王城 하시(에) 행리저왕성(고)

초승달 점점 살아나니 객수 더욱 간절한데
어느 때, 보따리 싸서 왕성에 가게 될꼬

이렇게 고국 생각을 하다가 밖에 순검을 도는 순라군 소리가 나면,

牆外戒嚴連牆內 장외계엄(이) 연장내(하니)
悄然獨坐意悠悠 초연독좌 의유유(라)

담장 밖에 계엄이 담 안에까지 이었으니
슬프게 홀로 앉아 유유히 생각하도다.

외로움을 달래기 위하여 이렇게 내려썼다. 이를 본, 김응원은 눈물을 흘렸다. 희대의 정치가가 가두키어 막막히 세월을 보내는 것은 죽음보다 무서웠다. 김응원과 그의 생활은 아래 시와 같다.

愁中烏鵲夕陽鳴 수중오작(이) 석양명(터니)

入夜更看燈火明 입야 갱간등화명(이라)

근심 중에 까막까치 석양에 울더니,
밤 되니, 보이는 것은 등불뿐이로세.

홍선대원군이 조선에 있을 때, 고영근(高永根)과는 소일하는 친구로 사귀었다. 정사에 골머리를 앓을 때 한담이나 하여 파적(破寂)을 하곤 하였다. 하루는 고영근이 대원군에게 '할아버지' 했다가 '아버지' 했다가 하였다. 대원군은

"예끼, 이놈아, 금방 아버지라고 했다가, 또 금방 할아버지라고 하고 그게 뭐냐?" 하니, 고영근은

"나랏님의 아버님이시니, 저희에게도 아버님이시고, 대군주 폐하의 아버님이시니 저희에게는 항렬로 할아버지이십니다." 하였다.

한번은, 대원군의 불×이 산증(疝症)으로 인하여 매우 비대한 것을 잘 아는 고영근이

山之祖宗崑崙山 산지조종(은) 곤륜산(이요)
水之祖宗黃海水 수지조종(은) 황해수(요)
兒孩祖宗강림도령 아해조종(은) 강림도령(이요)
睪丸祖宗大院君 고환조종(은) 대원군(이라)

산의 조종은 곤륜산이고,
물의 조종은 황해바다이고,
아이들의 조종은 강림도령이요,
고환의 조종은 대원군이로다.

하고 놀려대자, 이것을 들은 대원군은 파안일소(破顔一笑)하고는

"예끼, 고얀 놈" 하였다.

또 대원군은 낮에도 상주(尙州) 출신 기생네 집에 잘 드나들었다. 대문을 열고 들어가면 개미새끼도 모두 비켜서는 것이었다. 그런데 문을 열고 들어서자마자,

"나 ×하러 왔다" 하고 소리를 지르니, 상주댁은

"아이고 대감 누가 들으면 창피합니다." 하였다. 대원군은

"애인을 두는 게 다 무엇 때문이라더냐? 다들 알고 있는 걸…" 하였다.

153 남원 땅에 의로운 개

'개만도 못하다'는 속담은 어느 때에 쓰는가? 개의 의리는 사람보다 훌륭하기 때문에 사람이 의리가 없는 짓을 했을 때 쓰는 말이다. 또 "개 같은 놈"이란 말은 필경 남녀의 정조문제에서 생겼으리라. 개는 우수한 종자를 퍼뜨리기 위하여 왜소한 것을 골랐다가 어디서 큰놈이 나타나면 선택을 바로 바꾼다. 사람도 물론 혼인할 때는 간택을 한다. 그러나 일단 배우자를 골라서 혼인한 후에는 곁눈질해서는 안 된다. 그렇지 않으면 이 사회가 존속할 수 없기 때문이다. 이게 개와 다른 점이다. 만일 곁눈질하는 자가 있다면 이는 바로 "개 같은 것"이 된다.

개의 의리에 관해서는 동서양을 막론하고 도처에 동상이 서 있다. 지금으로부터 약 700년 전 남원 땅에 김개인(金盖仁)이라는 자가 살았다. 그는 이웃 동내 잔칫집에 갔는데, 개가 따라갔다. 김개인이 술이 취하여 오는 도중에 잔디밭에 쓰러져 잠이 들었다. 마침 산불이 잔디에 붙어 타 들어 가는데, 개는 주인의 팔이고 다리를 아무리 물어 당겨봤지만, 술이 취하여 도저히 깨어나지 못하자, 앞에 개울로 달려가 제 몸에 물을 묻혀다가 잔디를 적시곤 하여 결국에 주인은 살려냈지만, 개는 과로에 지쳐

죽고 말았다.

얼마를 지난 후 주인이 술에서 깨어보니, 잔디가 타다가 자기가 누운 자리만 남아 있었고, 옆에는 자기의 개가 물이 묻은 채로 죽어있었다. 그는 개가 자기를 살린 것을 깨닫고 개를 안고 울었으나 개는 살아나지 않았다.

그리하여 김개인은 그 슬픔을 노래로 지어 불렀다. 또 개를 사람처럼 염습을 하여 무덤을 만들어 주었고, 나무를 심어 주었는데, 그 나무가 자라 큰 나무가 되니 오수(鰲樹)라 하였다. 여기가 나중에 오수역(鰲樹驛)이 되었다. 그 뒤 누가 지었는지 이런 시를 지었다.

人恥呼爲畜 인치호위축(이니)
公然負大恩 공연부대은(이라)
사람들은 '짐승'이라 부르는 것을 부끄러워할지니
공공연히 큰 은혜를 입었도다.

主危身不死 주위(에) 신불사(하니)
安足犬同論 안족 견동론(가)
주인이 위태로움을 당해도 죽지 않았으니,
어찌 족히 '개 같다'는 말을 할 수 있으리.

그리고 진양공(晉陽公)이란 사람은 자기의 문객에게 명하여 그 개의 전기를 써서, 사람이 남에게 은혜를 입고도 도리어 배신하는 행위를 하는 자를 부끄럽게 하기 위하여 이 얘기를 널리 보급하였다 한다.

154 고려말 三隱의 시

고려 말 삼은(三隱)으로는 포은 정몽주(圃隱 鄭夢周), 목은 이색(牧隱 李穡), 야은 길재(冶隱 吉再)를 말하기도 하고, 야은을 빼고 도은 이숭인(陶隱 李崇仁)을 넣기도 한다. 한 사람을 넣었다 뺐다 하여 자손들의 마음을 상하게 하느니보다는 사은(四隱)으로 하면 될 텐데 굳이 왜 3은만을 고집하는가?

그것은 동양에서 3이란 숫자를 좋아하는 것도 있겠지만, 공자(孔子)께서 은(殷)나라 말에 삼인(三仁)이 있었다고 하였다. 곧 왕자비간(王子比干), 기자(箕子), 미자(微子)를 높이 평가하였다. 은나라에서도 주왕(紂王)의 폭정에 항거한 이가 왜 이 3인에 한하랴만, 어찌되었던 공자께서 3인을 말씀하셨으니, 고려의 삼은도 여기에 기인한다고 보아야 할 것이다.

포은의 시로는, 누구나 아는 시조 "이 몸이 죽고 죽어"가 대표적으로 사람들 입에 오르내렸다. 이 시가 태종에게 죽음을 당하는 절대절명의 시였다.

此身 死了死了 一百番更死了 차신 사료사료 갱사료 일백번 갱사료
白骨爲塵土 魂魄有也無 백골위진토, 혼백유야무
向主一片丹心 寧有能改理耶歟 향주일편단심 영유능개리야여

이 몸이 죽고 죽어 일백 번 고쳐죽어
백골이 진토 되어 넋이라도 있고 없고
임향한 일편단심이야 가실 줄이 있으랴

목은의 시조는 "백설이 잦아진 골에 구름이 머흐레라."가 있지만, 다음의 한시도 널리 알려졌다.

松都富國我流離 송도(는) 부국아유리(하니)
夢裏何曾此事知 몽리(인들) 하증차사지(아)

송도는 부국인데 나만이 떠도니
꿈속엔들 어찌 이런 일 알았으리요.

二鄭況聞參大議 이정(이) 황문참대의(하니)
一家完聚更何時 일가완취 갱하시(아)

정도전과 정총, 혁명에 가담함을 들으니,
우리가족 완전히 모이는 날 그 언제이려뇨?.

그는 절개를 굽히지 않아 귀양갔다가 죽었고, 두 아들도 무참히 장살(杖殺)당했다. 또 목은 시를 더 소개하면,

天地無涯生有涯 천지(는) 무애(나) 생유애(하니)
浩然歸老欲何之 호연귀로 욕하지(아)

천지는 끝이 없지만 인생은 끝이 있어,
호연히 늙어 가니 어디로 돌아가려는고.

驪江一曲山如畵 여강일곡(이) 산여화(하니)
半似丹靑半似詩 반사단청 반사시(라)

여강 한 굽이가 산과 어울려 그림 같은데
반은 단청한 것 같고, 반은 시일레라.

야은은 다른 이의 생애보다는 평탄하고 피 냄새가 없다. 목은과 포은에게서 성리학을 배우고, 고려 창왕(昌王) 때 은퇴했다. 조선이 건국되고 태종과 친분이 있어 태상박사(太常博士)로 불렀으나, 두 왕조를 섬길 수 없다고 나가지 않고 학문에 전념하여, 영남학파의 스승이 되었다. 사람들

이 평소에 잘 외는 그의 시로는

臨溪茅屋獨閑居 임계모옥(에) 독한거(하니)
月白風淸興有餘 월백풍청흥유여(라)

시냇가 초가집에 한가로이 사니
달 밝고 바람 맑아 흥이 저절로 나네.

外客不來山鳥語 외객(이) 불래산조어(하니)
移床竹塢臥看書 이상죽오 와간서(라)

외지에서 손은 오지 않고 산새만 지저귀는데
담 그늘에 상을 옮겨가며 책을 보누나.

이 야은의 시에 화창한 같은 시대 두문동(杜門洞) 72현으로서, 덕곡 조승숙(德谷, 趙承肅)이란 이가 있다. 그의 시를 보면,

負山臨水卜幽居 부산임수 복유거(하니)
月夕烟朝興有餘 월석연조(에) 흥유여(라)

산 등지고 물 임한, 조용한 곳에 사니
달밤 내 낀 아침에 흥이 넉넉하여라.

京洛故人如問我 경락고인(이) 여문아(커든)
竹林深處臥看書 죽림심처(에) 와간서(하라)

서울에서 친구가 와 혹시 나를 묻거든
죽림 깊은 곳에서 책이나 본다 일러라.

시는 작자의 일생과 결부되어 잘 나타나 있다. 도암 이숭인은 정도전과 함께 목은의 제자다. 자기 친구 정도전이 시킨 황거정(黃居正)에 의하

여 무참히 참살 당했다. 태종은 정도전과 사이가 나빴고, 도암과는 사이가 좋았다. 나중에 태종이, 황거정이 도암을 죽인 것을 알게 되자, 태종은 황거정을 즉석에서 죽여 버렸다 한다.

155 河西 金麟厚의 얘기

김인후의 자는 후지(厚之)요, 호는 하서(河西)이고, 중종 때 사람이다. 그는 옥과(玉果)현감을 지내고, 홍문관 관리로 불렀으나 나가지 않았다. 그러나 그는 죽은 후, 시호를 받고 문묘(文廟)에 배향되었다.

그가 18세 때 과거보러 서울에 올라갈 때, 어떤 억울한 젊은이의 원한을 풀어준 일이 있었다. 여관에서 잠을 자는데 그 젊은이가 나타나 말하기를

"공이 나를 위하여 원수를 갚아주시니, 그 은혜를 어찌 잊으리까? 공께서 이제 성균관에서 실시하는 칠석제(七夕製)에 과거보러 가시는 길이시니, 과제(科題)는 '칠석'으로 날 것이온즉, 다음 글귀를 넣어 쓰십시오." 하고, 시 한 구를 일러주었다.

金風颯而夕起 금풍(은) 삽이석기(하고)
玉宇廓其崢嶸 옥우(는) 확기쟁영(이라)

가을바람은 삽상하게 저녁에 일고,
궁궐은 확 트여 우뚝하도다.

"이 글귀를 쓰시면 반드시 장원을 하실 것입니다." 하면서, 백배사례하고 물러갔다. 하서는 깨어보니 꿈이었다. 그가 서울에 당도하여 시험장에

나갔을 때, 과연 시제(試題)가 '칠석'으로 되어 있었다. 꿈에 그 청년이 가르쳐준 그 글귀를 넣어 지어 받쳤더니, 시관인 용재 이행(容齋 李荇)이 장원을 시켰다 한다.

156 林白湖의 卽興詩

겨우내 움츠렸다가 봄이 되어 백화가 만개하면, 사람들의 마음도 활짝 핀다. 꽃이 사시사철 만발해 있다면 그렇지 않으련만, 겨울 삼동에 쌓인 눈이 녹고, 따스한 봄바람을 타고 나뭇가지에서 다투어 꽃잎을 내밀면, 일 년 내내 볼 수 없는 그 풍광을 즐기기 위해, 그 꽃잎이 지기 전에 서둘러 야외로 놀이를 나간다. 유유상종 모여서 개울가에 솥걸고 잔치를 벌여 술 마시고 노래하며 춤을 춘다. 봄을 즐기고 싶은 마음은 꽃을 보는 것만으로는 부족하여 떡에 꽃잎을 박아 기름에 지져서 먹는다. 이것이 '화전(花煎)놀이'이다.

이렇게 야외에서 인근 동리에 사는, 글줄이나 한다는 자들이 모여 한창 분위기가 무르익고 있을 때, 그곳을 지나는 과객이 있었다.

"미안하오만, 지나는 과객이 요기나 좀 하고 갑시다."

하니, 모두 얼굴만 처다 볼 뿐 응답이 없었다. 그도 그럴 것이 친하고 낯익은 글하는 사람들끼리 모여 즐기는데, 거지도 아니고 녹록치 않게 생긴 사람이 난데없이 끼어든다는 것은 분위기상 달갑지 않기 때문이다. 잠시 침묵이 흐르다가 한 사람이 쫓아 보낼 양으로 대응을 한다.

"여기는 글을 짓지 못하면 같이 어울릴 수가 없소"

하였다. 그러나 나그네는 내심 좋아서 그냥 물러서지 않았다. 그는 짐짓

"시장한데, 언제 글을 짓고 먹는단 말이요. 나는 글도 잘 하지 못하오."

하였다. 그 말을 듣자, 그들은 속으로 '그러면 그렇지, 제가 무슨' 하며

"그러면 할 수 없소, 여기는 아무나 술 마시는 데가 아니니. 다른 데나 가보시오" 하였다. 그러자 과객은

"꼭 지어야 한다면, 서투른 솜씨로라도 지어보리다." 하고는

鼎冠撑石小溪邊 정관탱석 소계변(에)
白粉淸油煮杜鵑 백분청유 자두견(을)

작은 시냇가에 솥뚜껑 돌 괴어 걸어놓고,
흰 가루 맑은 기름에 두견화를 지지네.

雙箸挾來香滿口 쌍저협래 향만구(하니)
一年春光腹中傳 일년춘광(을) 복중전(이라)

두 젓가락으로 찝어 오매, 향기 입에 가득하니,
일 년 동안의 봄빛을 배속에 넣어 전하리.

이렇게 시를 부르자 사람들의 눈이 휘둥그레졌다. '즉흥적으로 이 수준의 시를 짓을 정도라면, 대단한 시인임에 틀림이 없다'고 생각하고 상좌에 모시고 여러 사람들이 다투어 술을 권하였다. 과객이 어느 정도 먹었을 때, 좌중에 한 사람이

"실례하오만, 귀한 분의 존함이나 좀 압시다."
하니, 그는 "나는 내세울 만한 이름도 못 되오" 하고는 훌쩍 떠나버렸다. 그는 바로 백호 임제(白湖 林悌)였다.

이 시는 사람들의 입에 회자되었는데, 규방가사에서도 많이 인용하고, 지금도 많은 사람들이 즐겨 외고 있다.

157 牧隱의 중국에서 逸話

목은(牧隱)은 유학자이지만 불교에도 정통하였다. 조선시대 고지식하고 고집스런 유학자들은 목은이 불교를 공부했다하여 약간의 배척하는 기풍을 가졌던 것은 현대 사회로 볼 때, 참으로 우스꽝스러운 일이다. 어찌 자기 것만이 제일이고, 남의 것은 안 된다는 것인가?

목은은 포은 정몽주(圃隱 鄭夢周), 도은 이숭인(陶隱 李崇仁), 그리고 삼봉 정도전(三峰 鄭道傳)에게도 스승이었던 것이다.

그는 너무나 글을 잘했기 때문에 중국에 갔을 때, 중국의 선비들로부터 많은 도전을 받았다. 중국 당대 문인 요수(姚燧), 염복(閻復), 구양현(歐陽玄) 등 대문장가들과 자리를 같이 하였다. 이 때, 요수가 먼저 도전해 왔다.

"자위백어왈(子謂伯魚曰)" 이렇게 써 놓고, 이 뜻에서 인물을 사서(四書: 『大學』, 『論語』, 『孟子』, 『中庸』) 중에서 찾아서 말하라 하였다. 물론 말이 통하지 않아 필담(筆談)을 하였던 것이다. 그러자 중국의 여러 학자들이 주시하는 가운데 목은은 바로

"고자(告子)" 하고 일필휘지 썼다. 거기에 앉았던 모든 중국학자들이 감탄하였다. 자기들도 얼른 머리에 떠오르지 않는 것을 목은은 즉시 알아맞춘 것이다. 곧, 子는 孔子이고, 백어(伯魚)는 공자의 아들이다, 공자가 아들에게 말했으므로 '告子'인 것이다. 고자(告子)는 『맹자(孟子)』 6권에 나오는 인물이다.

다음은 염복이 문제를 냈다. 앞에 4글자는 『시경(詩經)』에서 글귀를 따오고, 뒤에 5言은 자기가 지어서 약명(藥名)으로 만들라는 것이다. 그

리고 자기가 먼저 예를 들어 줄 테니, 둘만 해 보라 하였다.

"습습곡풍(習習谷風: 詩經), 일모엄시비(日暮掩柴扉): 방풍(防風)"

곧, 습습곡풍은 『詩經』, 小雅篇, 谷風章으로 *바람*의 뜻을 취하고, "일모엄시비"는 저물게 사립문을 닫으니, 도적을 막는다는 말로, *막는다*는 뜻을 취하였다. 그러므로 '바람을 막으니, "防風"이 되는 것이다. 방풍은 글자 그대로 중풍 예방과 치료에 쓰이는 한약이다. 이 요령을 들은 목은은 바로,

"고양지피(羔羊之皮: 詩經), 경세우경년(經歲又經年): 진피(陳皮)"
"벌목정정(伐木丁丁: 詩經), 시문문견폐(柴門聞犬吠): 목적(木賊)"

곧, 羔羊之皮는 『시경』, 國風, 羔裘章으로 *가죽, 껍데기*의 뜻을 취하고, "경세우경년"은 *해묵었다*는 뜻이므로, 해묵은 껍데기는 바로 귤껍질인 '陳皮'가 된다. 또 伐木丁丁은 시경 小雅 伐木章으로 *나무*란 뜻을 취하고, "시문문견폐"는 사립문에 개짓는 소리를 듣는다는 뜻으로, *도적이 왔음*을 의미하니, 나무 도적은 바로 '木賊'이 된다. 이 목적은 '속새'라고도 하며, 한약으로 쓰이고, 나무를 곱게 깎고 다듬는 데에도 쓰는 것으로, 정교한 가구를 만들 때 쓴다.

다음은 구양현이 한 문제를 냈다.

持盃入海曰 海大 지배입해왈 해대

"술잔을 들고 바다에 들어가서 바다가 크다고 말한다."는 뜻으로, 소국의 사람이 대국에 와보니, 실제로 중국이 큰 줄을 알았을 것이라고 비유하며 목은을 은근히 야유한 것이다. 그러자 목은은 곧,

坐井觀天曰 天小 좌정관천왈 천소

"우물에 앉아서 하늘을 처다 보며 하늘이 적다고 말한다."는 뜻으로, 중국인들은 그래봐야 '우물안개구리'라고 되받아 야유한 것이다. 이렇게 되자, 구양현은 노골적으로 도전해 왔다.

獸蹄鳥跡之徒 交於中國 수제조적지도 교어중국
짐승발자국, 새 발자국이 중국에 돌아다닌다.

『맹자(孟子)』에 있는 문구다. 곧 '당신처럼 금수(禽獸) 같은 무리들이 중국인과 교제하게 됐다'는 야유였다. 목은 바로

鷄鳴狗吠之聲 達于四隣 계명구폐지성 달우사린
닭 울고 개 짖는 소리가 사방 이웃에 퍼지는구나.

『사기(史記)』 맹상군전(孟嘗君傳)에 있는 문구다. 곧 '너희들은 계명구도(鷄鳴狗盜) 같은 무리와 무엇이 다르냐?' 하는 야유였다. 한 번도 굽히거나 지지 않고 중국 선비들의 콧대를 꺾고 돌아왔던 것이다.

고려 때나 조선시대 문인들은 실제로 중국인과 겨루어도 손색이 없었다. 조선 후기에 와서도 홍대용 같은 이는 중국인과 글을 겨루고 싶어 사신 행렬에 끼여 연경에 가서 중국인과 학문을 대결하며 교제하였다. 그러나 산문을 씀에 있어, 그는 항상 중국인을 압도하였던 것이다.

158 太祖 李成桂의 포부

조선 태조 이성계는 함길도(咸吉道:함경도) 어느 한촌(寒村)에서 태어났다. 그가 태어나기 전 아버지 이자춘(李子春)은 포의(布衣)의 한 젊은이로서 낮잠을 자다가 홀연히 꿈을 꾸었다.

"나는 백두산 신령이다. 너에게 길운이 뻗쳤으니, 너는 오늘부터 산천기도를 하면 장차 동방을 다스릴 귀동자를 얻으리라" 하였다. 그리하여 이성계는 그 아버지의 산천기도로 태어났다. 그는 어려서부터 범상한 인물이 아니었는데, 글을 배우게 되자, 10여 세 때 백두산에 올라 다음과 같은 시를 썼다.

攀葛引藤上碧峰 반갈인등 상벽봉(하니)
小菴寄在白雲中 소암(이) 기재백운중(이라)
칡을 붙들고 등나무를 잡아 푸른 봉우리에 오르니,
작은 암자들이 흰 구름에 의지해 있도다.

若將眼界爲吾土 약장안계(로) 위오토(덴)
楚越江南豈不容 초월강남(을) 기불용(고)
만약 이 보이는 경계가 다 내 땅이 된다면,
초, 월나라, 강남인들 어찌 내 땅 되지 않으리.

159 宣祖, 압록강 가에서 痛歎하다

다음 시는 임진왜란에 선조가 의주(義州)로 몽진(蒙塵)가서 지은 것이다. 일국의 국왕이 서울의 구중궁궐을 다 버리고, 압록강 가의 초라한 집에서 그 심회가 어떠하였을까?

痛哭關山月 통곡관산월(이요)
傷心鴨水風 상심압수풍(이라)

관산(義州)의 달에 통곡하고
압록강 바람에 상심하도다.

君臣此後日 군신차후일(에)
寧復各西東 영부각서동(가)

임금과 신하가 이 훗날에도
어찌 다시 동인이니, 서인이니 하랴

어떤 이는 '關山月'을 '龍灣月'이라고도 한다. 조선 시대 당파싸움이, 그 혹독한 난리를 겪고는 좀 깨달아 뉘우침이 있었던가? 조선이 망할 때까지 점점 더 심하여, 국가의 안위와 발전에 대해서는 관심이 없고, 오로지 개인의 영달과 파당의 이익에만 열을 올려 싸우다가 국력이 약해져 결국 조선은 망하게 되었다.

그리고 선조가 외모는 출중하지 못했던 모양이었다. 의주에 있을 때, 중국장수 이여송(李如松)이 "조선의 왕은 저 영의정 이덕형(李德馨)이 해야 하는데, 왕이 어쩌면 저렇게도 못생겼나?" 했다 한다.

이 말이 이덕형의 귀에도, 선조의 귀에도 모두 들어간 후에는 이덕형이 계속 잠을 잘 수가 없었다. 오성(鰲城)과 한음(漢蔭)은 친한 친구 사이었다.. 한음 이덕형이 혼자 있는데, 오성 이항복(李恒福)이 들어왔다. 한음은 오성을 보자,

"난 요새 며칠 통 잠을 못 잤어." 하니, 오성이 "왜?" 하였다. 한음이 "이여송, 그 미친놈이 쓸데없는 소리를 해 가지고…" 하니, 오성이

“아, 걱정하지 마. 내가 풀어 줄게” 하였다. 그 후 오성은 선조와 이덕형, 자신 이항복, 이 3사람이 자리를 같이 하는 기회를 만들었다. 오성이 선조에게

“전하, 우리나라에서 역대에 제일 못난 놈이 누구인지 아십니까?” 하니, 선조는

“글쎄?” 하였다. 오성은,

“전하께오서는 중종대왕 때, 백호 임제(白湖 林悌)라는 자를 아십니까?” 하니, 왕은 “알고 있지.” 하였다. 오성이

“그 자가 글쎄, 자기도 중국의 오호십육국(五胡十六國)시대에 태어났더라면, 왕을 한 번 했을 것이라고 했다니, 왕은 하늘이 내야지. 아무나 할 수 있는 겁니까? 그런 싱거운 놈이 어디 있습니까?” 하니, 왕도

“글쎄, 그런 싱거운 놈이 어디 있어.” 하였다. 또 오성이

“그보다 더 못난 놈이 있습니다. 바로 이여송입니다. 저 이덕형을 보고 조선의 왕은 이덕형이 해야 한다고 말했다는데, 왕을 아무나 합니까? 그런 못난 놈이 세상에 어디 있습니까?” 하니, 왕도 또

“그래 말이야. 그런 싱거운 놈이 어디 있어.” 하였다. 오성은 이어

“그보다 더 못난 놈이 있습니다. 저 이덕형입니다. 그 말을 듣고는 며칠 밤잠을 통 못 잤답니다.” 하니, 왕은 대뜸 무슨 뜻인지 알아차리고,

“아니야, 당초 그런 생각은 하지 말아. 그 미친놈이 싱겁게 한 마디 한 것을 가지고…” 하며, 왕이 정색으로 말하여, 이덕형은 그제서야 안심할 수 있었다 한다.

선조는 속은 영리하지만 외모 때문에 지어낸 얘기가 많다. 이여송이 조선의 왕이 못 생겨서 전쟁을 않고 중국으로 돌아가겠다는 것이었다. 그래서 어떤 신하가 독을 덮어쓰고 울라고 했다. 그 신하의 말대로 했더니 이여송이 듣고 ‘조선의 왕은 외모는 시원찮아도 울음소리 한번 우렁차다’

고 전쟁에 임했다 한다. 이 얘기를 지어낸 것은 선조의 외모를 가지고 이런 말이 생겨났을가? 선조가 이순신 장군 같은 충신을 제거하려는 등 민심의 향배와는 동떨어진 행위를 하는 데에서 나온 것이 아닐까?

160 淵蓋蘇文의 天堂, 地獄觀

연개소문은 고구려 말기 막리지(莫離支: 국무총리)로서 막강한 권력을 가진 사람이었다. 왕도 자기의 마음대로 가라치울 정도이어서 영류왕(榮留王)을 시해(弑害)하고 보장왕(寶藏王)을 세웠으면서도 그의 권력에는 흔들림이 없었으니 그 위세를 가히 알 만하다.

그는 침략해 온 당태종을 보기 좋게 물리치며, 쫓겨 가는 당태종에게 시를 지어 훈계하였다.

天堂地獄何處在 천당지옥(이) 하처재(오)
只在三峰半月中 지재삼봉 반월중(이라)

천당과 지옥이 어느 곳에 있는고?
다만 세 봉우리, 반달 속에 있느니라.

곧 천당과 지옥이 마음에 달려 있다는 말이다. 마음 심(心)자는 반달 모양에다가 3개의 봉우리(점)로 되어 있다. 그러니 당태종은 마음을 잘못 먹어, 남의 나라를 침략했다가 전쟁에 패하고 돌아가는 중이므로 이후로는 마음을 고쳐먹고, 다시는 이런 일이 없도록 하고, 죽어서라도 지옥에 떨어지는 일이 없도록 하라고 경계하였던 것이다.

161 運命이란 있는 건가, 없는 건가?

윤필상(尹弼商)은 조선 성종 때 재상이었다. 일찍이 연경에 사신으로 갔을 때, 점 잘 치는 사람을 찾아가서 점을 봤는데, 모두가 여합부절(如合符節)하였다. 그래서 필상은 무릎을 치며 감탄하였다. 그런데 끝구에

日落三林下 일락삼림하(에)
永別一枝春 영별일지춘(이라)

해가 진 삼림에서
영영 '한 가지 봄'을 이별하네.

위 글귀의 뜻을 모르고 지냈는데, 그 후 연산군 갑자사화 때, 앞서 성종대왕이 연산군의 어머니 윤비를 폐비할 적에 윤필상도 관여하였다 하여 진도(珍島)로 귀양을 보냈다. 어느 날 이른 아침에 이웃사람이 주인에게 김맬 사람을 청하러 와서 말하기를

"인부를 상림(上林)으로 보내 주십시오." 하고 가 버렸다. 그래서 필상은 주인에게 "어디를 상림이라 하오?" 하고 물었더니, 주인은

"여기서 한 5리 되는 곳에 상림(上林), 중림(中林), 하림(下林)이란 동내가 있는데, 합하여 삼림이라 부릅니다." 하였다. 필상은 깜짝 놀라 옆에 있는 기생에게 이름을 물어보니, '일지춘(一枝春)'이라 하였다. 그만 윤필상은 망연자실하였는데, 그 날 오후에 사약(賜藥)이 내려졌다.

윤필상의 증손(曾孫)인 윤부(尹釜)가 또 북경에 사신으로 간 일이 있었다. 또 점치는 자를 찾아가서 점을 쳤는데, 그 끝구의 글이 다음과 같았다.

一官雙印綬 일관쌍인수(에)
魂斷白雲中 혼단백운중(이라)

한 벼슬에 두 개의 인수를 차는데,
혼이 흰 구름 속에서 끊어지도다.

그 후 부가 강원도관찰사가 되어서, 죽을 때는 병사(兵使) 임무까지 겸하였으니, 두 개의 인수(印綬)를 찬 것이고, 죽은 곳이 원주 백운산 북쪽이었다. 점이 그대로 맞았다고 볼 수 있다.

매계(梅溪) 조위(曺偉)는 점필재(佔畢齋) 김종직(金宗直)과 동서 간이었다. 조위가 중국에 사신으로 다녀오는 중이었다. 조의제문(弔義帝文) 사건에 연루되어 조위가 압록강을 건너오면 바로 참(斬)하라는 명이 내려졌다. 조위는 심양에 당도했을 때 이 소식을 듣고 참담해 하였다.

그 때 조위의 동생, 조신(曺伸)이 정원결(鄭源潔)이란 중국 점쟁이에게 점을 쳤는데, 점쟁이는 거의 한 시간이나 지나도록 고심해도 점괘가 나오지 않더니, 드디어 두 구의 글을 써 주었다.

千層浪裏翻身出 천층낭리(에) 번신출(이러니)
也須岩下宿三宵 야수암하(에) 숙삼소(라)

천 길이나 되는 풍랑에서 몸을 뒤쳐 나왔는데,
또 바위 밑에서 사흘 밤을 자고야 마네.

동생 조신이 말하기를 "첫 구는 보면 화를 면할 것 같으나, 다음 구는 알 수가 없습니다. 일단 압록강까지 가고 봅시다." 하고 압록강을 향해 갔다. 강에 당도하니 벌써 금오랑(金吾郞)이 와 있었다. 두 형제는 서로 안고 오열하였다. 안 갈 수는 없는 처지라 급히 강을 건너가니, 도리어 기쁜 소식이었다. 이극균(李克均)의 역구(力救)로 죽음은 면하고 전라도 순천으로 귀양 가게 되었다 하였다. 그리하여 조위는 순천 유배지에서 병으로 세상을 떠났다.

그런데 얼마 아니 있어 갑자사화 때, 또 연산군으로부터 부관참시(剖棺斬屍)하라는 명이 내려 시체를 파서 꺼내어 바위 밑에서 3일간이나 폭치(曝置)하였던 것이다. 아우 신(伸)은 중국 점괘에 탄복하였다.

홍계관(洪繼寬)은 조선 명종 때 사람이다. 점을 잘 쳐서 신복(神卜)으로 유명하였다. 일찍이 자기의 수명을 점쳐 보았더니, 비명횡사(非命橫死)할 점괘가 나왔다. 구생(救生)할 방도를 점치니, 임금의 용상 밑에 들어가면 살 수 있어서 상께 청하였더니, 상은 허락하였다. 그 때 마침 쥐 한 마리가 임금님 앞으로 지나가기에 왕은 홍계관에게 물었다.

"네가 그렇게 용하다니, 지금 내 앞에 쥐가 몇 마리가 지나갔는가?" 하니, 계관은

"10마리이옵니다." 하였다. 왕은 노하여 이놈이 왕인 나를 능멸하는가? 하고 홍계관을 끌어내어 참하라 하였다.

드디어 한강변 당현(堂峴)사형장에 이르렀다. 또 계관이 점을 쳐보니 그 시간만 넘기면 살 것 같아, 일식경(一食頃)만 지연해 달라 청하니, 사형관은 그렇게 하마하였다. 왕은 계관을 사형장에 보내놓고 그 쥐를 잡으라 하여 배를 갈라보니, 새끼가 9마리가 들어 있었다.

왕은 "과연 홍계관은 신복(神卜)이다. 어서 가서 사형을 중지시켜라" 하였다.

급히 사자를 보내어 한강변이 내려다보이는 고개에서 멀리 보니, 아직 사형을 집행한 것 같지 않아, 손을 흔들며 집행하지 말라고 하였다. 그러나 집행관은 자기가 법을 어기고 지연시켰기 때문에 빨리 집행하라는 동

작으로 잘못 인식하고 얼른 사형을 집행하고 말았다.

왕이 이 소식을 듣고 "아차 가였다" 하고 무릎을 쳤다 한다. 그래서 이 고개를 지금까지도 "아차고개"라 한다.

남곡(南谷) 김치(金緻)는 광해조에 홍문관에 벼슬하면서 시문(詩文)과 명과학(命課學)에 뛰어난 학자였다. 더구나 시인 백곡(栢谷) 김득신(金得臣)의 아버지라는 점에서 세상 사람들이 그를 잘 안다. 그는 점을 잘 볼 줄 알았기 때문에 앞일을 미리알고, 홍문관 교리(校理)까지 지내고는 퇴직하여 두문불출하였다. 하루는 누가 점을 보러 왔다며 문밖에서 찾았다. 김치는 거절했다가 점을 쳐보니 좋은 운이 열릴 것으로 점괘가 나와서, 돌아가는 사람을 뒤따라가서 붙들어 들였다. 그 당시는 모르는 사이였지만, 그는 바로 심기원(沈器遠)이었다.

하나는 심기원 자기의 사주, 하나는 조용히 살고 싶은 평범한 사람의 사주라면서 두 명의 사주를 내놓고 보아달라고 했다. 심기원의 사주는 매우 귀하게 점괘가 나왔고, 또 한 사람은 보더니 김치는 깜짝 놀라며, 마당에 자리를 펴고 상위에 그 사주를 올려놓고 향을 피우고 절을 하였다. 이분이 바로 다음에 왕이 될 인조였다. 그리고 심기원을 자고가라고 붙들어 앉히고, 반정(反正)의 날짜까지 길일(吉日)로 잡아주었다. 그는 인조반정 후 심기원이 도와서 화를 면했고, 도리어 그 훗날에 경상도관찰사까지 나갈 수 있었다.

그렇게 점을 잘 치는 김치도, 그 훨씬 앞서 연경에 사신으로 갔을 때, 중국에서 용하다는 점쟁이에게 점을 보았는데

華山騎牛客 화산기우객(이)
頭戴一枝花 두대일지화(라)

화산에 소를 탄 손이
머리에 한 가지 꽃을 이었도다.

이런 점괘가 나와 점쟁이에게 자세한 내용을 물었으나 더 이상 답을 해주지 않았다. 그는 점을 몹시 좋아하는 사람이기에 항상 염두에 두고 살았다. 그가 경상감사로 나가 순시차 안동부(安東府)에 들렀을 때, 갑자기 오한이 나고 몸이 아파 누웠는데, 어떤 사람이 소를 거꾸로 타고 동헌 뜰을 몇 바퀴 돌면 병이 치유된다하여, 그렇게 하고 방에 들어가 누워 잠이 들었다. 눈을 떠보니 머리맡에 웬 여인이 앉아서 자기의 머리에 손을 얹고 간호하고 있었다. 그는

"당신은 누구이기에 나를 이토록 정성스레 간호하는가?"
하고 물으니, 본 고을에 기생이라 하였다. 이름을 물으니,

"일지화(一枝花)라 하옵니다." 하였다.

"그러면, 여기에 화산이란 산이 있느냐?" 하니,

"이 동헌(東軒) 뒷산이 바로 화산입니다" 하였다. 그는 깜짝 놀랐다. 중국에서 본 점괘 생각이 났다. 일지화가 머리맡에 있으니, 일지화를 머리에 이고 있는 것이다.

"나는 이제 죽는구나." 하고, 새 자리를 내어 오라 하여, 눕자마자 거기에서 바로 운명하였다 한다.

김안로(金安老)는 조선 중종 때 사람이다. 소시 적에 중국에 갔다가 용한 점쟁이에게 점을 보았는데,

"극부극귀, 단사우갈(極富極貴, 但死于葛: 부귀가 극에 달하나, 다만 갈에서 죽는다.)"

이렇게 점괘가 나왔다. 그는 그 후 국혼(國婚)으로 세력을 손아귀에 쥐

고 부귀영화를 누렸다. 그러나 항상 "但死于葛"은 깨닫지 못했다. 그것은 죽을 때가 되어야 아는 일이기 때문이었다. 그는 국권을 제 마음대로 농락하다가 나중에는 문정왕후(文定王后)를 폐위시키려다 실패하여, 귀양가는 길에 경기도 진위(振威)에 있는 갈원(葛院)에 이르러 사약(賜藥)을 받을 때, '아하' 하고 비로소 알았다.

정경세(鄭經世)의 자는 경임(景任), 호는 우복당(愚伏堂)이고, 본관은 진주(晉州)로 유성룡(柳成龍)의 문인이다. 1586년에 문과에 급제했는데, 과거보러 갈 때, 영주를 거쳐 단양(丹陽)을 지나다가 밤에 길을 잃고 한 초가에 들어갔는데, 가만히 보니, 주인 노인이 자지 않고 책을 보고 있었다. 경세청년은 말을 걸어 얘기를 나누니, 그 노인은 단병(團餅)을 먹으라고 주며, 선술(仙術)을 하는 사람이었다. 경세는 선술을 배우자고 하니 "당신은 골격이 선술을 하기엔 부적합하고, 급제를 해서 출세할 수 있으나, 3번 옥살이를 면치 못하겠소" 하였다.

그는 그 후 과연 이진길(李震吉)의 일로 나포되어 국문(鞫問)을 받았고, 김직재(金直哉)의 옥(獄)에 연루되었고, 김몽호(金夢虎)의 당(黨)에 연루되었으니, 그 단양 노인의 말과 꼭 맞았다. 그래서 그는 다음과 같은 시를 썼다.

> 賦命每憐三不幸 부명(이) 매련삼불행(이나)
> 行身何啻七宜休 행신(이) 하시칠의휴(아)
>
> 내 운명, 항상 3번 불행하다 하여 가련했는데,
> 몸을 처신하는 일이 어찌 7가지 안 해야 할 일뿐이랴!
>
> 東華久作紅塵客 동화구작 홍진객(이러니)
> 欲向丹丘訪道流 욕향단구 방도류(를)

동쪽 나라에서 오랫동안 떠도는 객이 되었더니,
단양을 향하여 도교 하는 노인을 방문코자 하네.

정경세는 정직한 정치가이면서 성리학자로서 여러 서원에 봉향(奉享)된 인물이다. 위 시에서 칠의휴(七宜休)는 7가지 안 해야 할 일을 뜻한다. 조선 성종 때 손순효(孫舜孝)의 호가 칠휴거사(七休居士)인데, 그는 유성룡(柳成龍)의 문인이면서 성리학에서 퇴계의 학설을 따르지 않고 율곡의 학설을 따랐으니, 학문에 있어서도 인맥을 따르지 않고, 학문의 내용에 충실한 정직한 사람이었다. 대개는 퇴계의 인맥은 퇴계의 학문을, 율곡의 인맥은 율곡의 학문을 따르는 것이 조선 선비의 형태였다. 그는 7가지 하지 말아야 할 덕목을 정해 놓고 실천하였다. 이와 같이 고인들이 인격 수양을 함에 있어 호(號)를 지음에도 자기가 지향해야 할 학문의 목표를 두고 실천에 노력을 기울였던 것이다.

162 雷溪 兪好仁

유호인은 성종대왕이 무척 사랑하던 사람이라는 걸 웬만한 사람은 다 알 것이다.

있으렴. 부디 갈다, 아니 가든 못 할소냐,
무단히 네 싫더냐, 남의 권을 들었난다.
그래도, 하 애닯고나 가는 뜻을 일러라.

유호인은 옥당(玉堂: 弘文館)의 선비로서 성종과 각별한 사이였다. 이 시조는 유호인이 늙은 어머니를 봉양하기 위하여 중앙의 관직을 사양하고 지방 수령을 자원하자, 성종이 섭섭하여 전직을 만류하며 지은 시조다. 왕은 그의 뜻을 꺾을 수가 없어 그의 고향인 함양군수(咸陽郡守)로 내려 보냈다. 그는 시골에 내려오자마자

北望君臣隔 북망(하니) 군신격(이요)
南來子母同 남래(하니) 자모동(이라)

북을 바라보니, 임금과 신하가 막혀 있고
남으로 오니, 아들과 어머니가 함께 했네.

하고 시를 지었다. 성종은 보내놓고도 마음이 놓이지 않았다. 그가 학문이야 잘하지만, 과연 고을을 잘 다스릴 수 있을까 늘 걱정이 되었다.

유호인은 부임하자마자 실수가 많았는데, 한 번은 고을 늙은이로부터 솥을 도둑맞았다는 소(訴)가 들어왔다. 그래서 사또 유호인은 제사(題辭)를 이렇게 썼다

"무릇, 솥이란 사람의 생활에 있어서 잠시도 없어서는 안 될 물건이다. 밥을 짓거나 죽을 쑤거나 간에 사람의 생명이 여기에 달려 있는 것이니, 도둑이여, 가지고 간 솥을 빨리 본인에게 돌려줄지어다."

하관(下官)이 작문을 잘하는 사람으로서 유호인이 쓴 이 글을 보고, 제사는 간략하게 써야 한다고 알려주었다. 그 후에 백성 중에서 친족끼리 다투다가 제소한 이가 있었다. 군수 유호인이 보니 한심하였다. 친족끼리 소송을 하다니, 그래서 이번에는 제사를 간단히 3자로 썼다.

"무래소(毋來訴)"

하관이 보고는 무슨 뜻인 줄 몰라서

"영감께서 쓰신 제사는 무슨 뜻이오니까? 어미와 함께 와서 소를 청하란 말씀이십니까?" 하고 물었는데, 유호인은 자기를 야유하는 줄 알고, 몹시 화가 났다.

"네가 전 번에는 나에게 제사를 간략히 쓰라고 하더니… 그 글자가 무(毋)자이지, 어찌 모(母)자란 말이냐, '와서 제소하는 일이 없도록 하라' 이 말이야, 그것도 모르느냐" 하였다.

이 소문이 성종의 귀에까지 들어갔다. 성종은

"이도(吏道)와 학문은 다른 것이야" 하고는, 다시 홍문관 교리로 불러 올렸다. 한다. 성종대왕은 관대하고 사리에 달관한 나랏님으로 신하에 대한 사랑이 이 같이 극진하였던 것이다.

163 교훈을 주는 짤막한 對句들

어린 아이들이 머리에다가 두꺼운 털모자를 쓰거나, 털목도리를 칭칭 감고 다니거나, 밤에 잘 때 배를 차가운 데에 대고 자거나 하면, 어른들은 문자를 써서 훈계하였다.

> 頭無冷痛 두무냉통(이요)
> 腹無熱痛 복무열통(이라)
>
> 머리는 차서 아픈 법이 없고,
> 배는 더워서 아픈 법이 없느니라.

라고 일러주신다. 또 사람의 머리 생김새를 보고 평할 때도,

> 頭無惡骨 두무악골(이요)

面無好點 면무호점(이라)

머리에는 보기 싫은 뼈가 없고,
얼굴에는 좋은 점이 없느니라.

하고 말한다. 곧, 머리통은 툭툭 불거지게 생기거나, 앞뒤로 남북대가리로 생겨도 외모가 크게 보기 싫지 않지만, 얼굴에는 어떤 점이라도 점이 하나만 있어도 보기 흉하다는 말이다.

아마 머리는 두발(頭髮)에 가리어 그런 모양이다. 특히 여성들이야 두발에 가리어 있기 때문에 머리뼈가 나왔는지 들어갔는지 알 수가 없다. 그러나 얼굴은 드러내놓고 있기 때문에 어떤 작은 점이라도 하나 있으면 표시가 나는 것이다.

164 해학의 대가 呂春永

회옹(回翁) 여춘영(呂春永)은 조선 영조 때 사람이다. 문장과 재주를 다 갖추고 있었건만 현관(現官)은 얻지 못했다. 그는 구변이 좋아서 아무리 어려운 일이라도 그가 끼기만 하면 해결되지 않는 일이 없었다. 그리하여 그가 가는 곳에는 항상 웃음꽃이 만발하였다.

한번은 그의 당숙모가 달려와서 '과부가 된지 얼마 안 된, 자기의 딸이 자꾸 통곡만 하고 있으니, 가서 위로 좀 해 달라' 하여, 그는 그 말을 듣고 재종매에게로 달려갔다. 곧이어 그의 당숙모가 뒤 따라 가보니, 회옹이 무슨 말을 했는지는 몰라도, 자기 딸이 뱃가죽을 움켜쥐고 허리를 구부리고 일어나지 못했다 한다.

한 번은 어느 모임에서 그 좌중에 좌랑(佐郎)벼슬로 있는 임희일(任希

一)이란 자가 있었는데, 그날따라 표정이 매우 어두웠다. 원래 그는 근엄하면서도 남의 농담에 웃지도, 성내지도 않는 대범한 사람이었다. 더구나 그 날은 안 좋은 일이 있었던지 침울해 있었다.

회옹은 아직 그 방에 들어가기 전이라. 옆에 있는 사람에게 귓속말로 "내가 이제 저 임좌랑을 화내게 했다 금방 웃게 만들 테니, 나와 내기를 하자"고 했다. 다른 사람에게도 귓속말로 전달되어 그렇게 하라고 했다. 임좌랑을 화냈다, 웃겼다 하면, 회옹에게 말 한 필을 사 주고, 그렇게 못하면 그 날 그 모임에 술값을 회옹이 다 책임지기로 하는 내기였다.

회옹이 좌중에 들어서면서 임좌랑을 보고는

"아, 이 여씨(呂氏)네 손자가 왜 여기에 와 앉아 있는가?" 하니, 임좌랑은 분명히 자기를 보고 여씨라고 하고 또 여씨 집의 손자라 하니, 임씨가 여씨네 덤받이가 된다. 덤받이란 성이 다른 사람을 양자로 삼은 사람을 말한다. 물론 옛날에는 덤받이를 천하게 여겼던 것이다. 또 임(任)씨를 여(呂)씨네 손자라니, 이만저만한 모독이 아니어t다.

"뭐라고?" 하며 화를 내면서 소리를 버럭 질렀다. 또 옆에서 말하기 좋아하는 이들은

"회옹! 자내 언제부터 임좌랑을 손자로 삼았나?" 하니, 임좌랑은 더욱 화가 나서

"뭐야, 내가 자네 집안 덤받이라고? 자내 손자라고?" 하고 식식대며 빨리 대답을 하라고 재촉하였다. 회옹은

"사람 참 거, 말로 하니 안 되겠고, 내가 써 놓을 테니 봐" 하면서 다음과 같이 썼다.

呂氏八代孫 여씨팔대손(이)
任門一名人 임문일명인(이라)

여씨의 8대 손이
임씨 문중, 한일자 이름을 가진 사람이네.

我言小無欠 아언(이) 소무흠(인데)
彼聽發大嗔 피청발대진(이라)
내 말이 조금도 잘못됨이 없는데,
저쪽에서는 듣고 크게 화를 내도다.

이 글을 본 임좌랑은 "예끼, 이 사람, 장난을 해두. 남의 족보를 들춰내고 그러나?" 하고 웃었다. 그러나 좌중에 사람들은 여전히 그 말을 이해하지 못하여 멍청히 두 사람의 눈치만 보았다. 그러자 한 사람이 회옹에게 그 해명을 요구하자, 회옹은

"이 사람 8대조(代祖)가 성함이 임려(任呂)야, 그리고 이 사람은 이름은 희일(希一), 한일(一)자가 들어가는 이름이 아닌가?" 하니, 여러 사람이 모두 웃었다.

여기 '呂氏'의 氏자는 성씨란 말이 아니고, 이름 밑에 존칭으로 붙이는 氏자이다. 해석해 보면 다음과 같다.

呂氏八代孫
任門一名人
이름이 '呂'자인 분의 8대손이
임씨 문중에 이름이 한일(一)자를 가진 사람일세.

이다. 회옹이 말을 한 필 얻은 것은 너무도 당연하였다.

165 韓明澮의 狎鷗亭詩

세조와 단종은 전생에서는 어떤 관계였을까? 세조는 일평생 죄의식에서 불행하게 살았는지 모른다. 자기의 맏아들 덕종(德宗)이 일찍 세상을 떴고, 본인은 문둥병을 앓으면서(요즘 의사들은 세조의 병이 문둥병이 아니고, 주사 한 대만 맞으면 낫는 부스럼병이었다고 한다) 평생 가책을 받았고, 밤이면 꿈에서 유응부(兪應孚), 성삼문(成三問), 박팽년(朴彭年) 등이 나타나 시달려야 했다.

그래서 그는 단발령 고개를 넘으면서 머리를 깎고 중이 되고 싶다고 했으니, 속리산 문장대에 올라서는 무슨 생각을 했을까? 신숙주(申叔舟)도 "부귀는 일시요, 명예는 영원한데, 나는 성삼문에게 졌다." 라고 했다.

그런데 한명회만은 처음부터 양심에 가책이란 찾아볼 수도 없었다. 당연하다는 듯, 평생 부귀영화를 누리며, 의기양양, 정정당당, 한강변에 압구정을 짓고 노년을 마음껏 즐길 때, 어느 아침 잘하는 자가 다음과 같은 시를 선물하였다.

> 青春扶社稷 청춘(에) 부사직(하고)
> 白首娛江湖 백수(엔) 오강호(라)
>
> 청춘 시절에는 사직을 붙들었고,
> 늙어서는 강호에서 즐기는도다.

그래서 한명회는 이 시를 현판에 새기어 압구정에 걸고 사람들에게 자랑하였다. 하루는 충청도에 산다는 유생 한 사람이 찾아와서 압구정의 절경을 구경하고서는 주인 대감을 뵙기를 청하여, 그 절경과 한명회 대감을 극구 칭찬하자, 한명회는 은근히 좋아서 그를 자기의 별실로 불러들여 술

대접을 잘 하였다. 시자들이 모두 물러가고 주객 단 둘이 남자, 그는 돌변하여 한명회를 주먹으로 쳐서 쓰러뜨리고 배에 올라타서 꾸짖기를,

"너 같은 놈이 뭐 사직을 부호(扶護)했다고? 무슨 네가 강호의 경치를 즐길 자격이 있어? '붙들 부(扶)자'를 '위태로울 위(危)자'로 고치고, '즐길 오(娛)자'를 '더럽힐 오(汚)자'로 고쳐서, 다시 조각하여 걸어라" 하고는 나가버렸다.

> 靑春危社稷 청춘(에) 위사직(하고)
> 白首汚江湖 백수(엔) 오강호(라)
>
> 청춘에는 사직을 위태롭게 했고,
> 늙어선 한강물을 더럽혔도다.

한명회는 분하여 종들을 풀어서 찾아보았지만, 그 유생은 어디로 달아났는지 찾을 길이 없었다.

여기에서도 구비시 특성이 나타난다. 『대동기문(大東奇聞)』에는 심정(沈貞)의 얘기로 나온다. 심정은 중종반정에서 3등공신으로 좌의정에까지 이른 사람이다. 그러나 기묘사화를 일으켜 정암 조광조(靜庵 趙光祖) 등 훌륭한 여러 학자들을 죽였다.

그는 만년에 소요정(逍遙亭)이란 정자를 짓고, 다음과 같은 현판을 조각하여 걸었다.

> 靑春扶社稷 청춘(에) 부사직(하고)
> 白首臥江湖 백수(엔) 와강호(라)
>
> 젊어서는 사직을 붙들었고,
> 늙어서는 강호에 누웠도다.

어느 날 밤 꿈에, 젊은 협객(俠客)이 문을 열고 들어와, 심정의 머리채를 감아 잡고, 죄목을 열거하며 꾸짖기를,

"네가 사화를 일으켜 착한 선비를 거의 다 죽여, 사직이 쓰러질 뻔했는데, 뭐 사직을 붙들었다고? 당장에 '扶자'와 '臥자'를 고치라" 하니,

심정은 백배사죄하면서

"'扶'자를 '危'자로, '臥'자를 '蟄'자로 고치겠습니다." 하니,

그 젊은이는 "'蟄'자는 '汚'자로 고치라" 하여, 심정은

"예, 명령대로 시행하겠습니다." 하였다 한다.

심정의 5세손 심 노(沈魯)의 "소요정감고시(逍遙亭感古詩)" 연구(聯句) 중에 다음과 같은 시가 있다.

舊恨波難洗 구한(은) 파난세(요)
新愁酒欲春 신수(는) 주욕춘(이라)

옛 한은 파도로도 씻기 어렵고,
새 근심은 술로써 생기 있게 하려네.

라고 표현한 것이, 자기의 선조의 허물을 생각하여 한탄의 의미가 담겨있는 것이 아닌가, 사람들은 해석하였다.

166 대동강을 두고 쓴 시

예부터 대동강을 소재로 쓴 시는 너무나 많을 것이다. 몇 10년 전에만 해도 대동강에 대한 구비시가 한없이 많았겠지만, 구연하던 옛사람들은

다 저 세상으로 가고 없다. 다음은 을밀대(乙密臺)에서 능라도(綾羅島)를 굽어보고, 유유히 흐르는 대동강을 보며 쓴 것이 있다. 구비로 전하여 올 뿐, 작자를 알 수 없다.

牡蘭峰吐浮碧樓 모란봉토부벽루(하고)
大洞江囚綾羅島 대동강수능라도(라)

모란봉은 부벽루를 토해냈고,
대동강은 능라도를 가두고 있도다.

고려 초기에, 김황원(金黃元)은 한림학사(翰林學士)로서, 정지상(鄭知常) 이전에는 시에 있어, 고려에 제1인자라 했다는데, 그는 평양에 부벽루(浮碧樓)에 올라 시 한 연을 쓰고는 더 생각이 나지 않아 붓을 꺾고 울고 내려왔다고 한다. 그 시에 왈

長城一面溶溶水 장성일면(엔) 용용수(요)
大野東頭點點山 대야동두(엔) 점점산(이라)

긴 성 한쪽에선 펑펑 솟는 물이요,
큰 들 동쪽엔 점점이 산이로다.

그러나 위 시는 김황원의 '浮碧樓' 율시에 제2연으로 들어 있다.

167 빠른 승진과 느린 승진의 두 형제

이건명(李建命)의 자는 중강(仲剛)이고 호는 한포재(寒圃齋)니, 조선 숙종 때 사람이다. 그는 문과에 급제하고 10년이 지나자 벌써 우의정에

올랐으니, 역대에 그만큼 출세가 빠른 이도 드물 것이다. 그가 현감으로 있을 때, 그의 형 관명(觀命)은 동생보다 12년 늦게 문과에 급제하였다. 그래서인지, 동생이 우의정일 때, 형은 겨우 홍문관 교리(校理)였다.

그러나 형 관명은 자신이 승진이 늦다고 하여 조금도 불평한 적이 없었다. 교리로 있을 때 같은 교리인 이수민(李壽民)이 관명의 승급이 늦은 것을 말하자, 관명은

"나는 명정(銘旌)에 교리로 쓸 수 있는 것만도 영광으로 생각한다."고 했다. 저녁에 퇴근하여 관명이 동생에게 그 얘기를 말하자, 동생 건명은

"양녕대군과 세종대왕의 관계를 말씀 하시지 그랬어요." 하자, 형 관명은

"내가 무슨 양녕대군처럼 덕이 있나?" 하였다. 경종이 즉위하여 병으로 불예(不豫)의 날이 많게 되자, 건명은, 경종의 아우님인 영조의 세자(世弟) 책봉을 말한 죄로, 연경에 사신으로 갔다 미처 돌아오기도 전에 포박이 되어 적소(謫所)로 향했고, 이어 이참(莅斬: 귀양가는 사람을 追使가 뒤따라가서 참수하는 일)으로 죽게 되었다. 그는 형장으로 가면서 절필시(絶筆詩)를 이렇게 썼다.

許國丹心在 허국 단심재(하니)
死生任彼蒼 사생 임피창(이라)

나라를 위해 몸 받쳐 단심 있으니,
죽고 삶은 저 하늘에 맡길 뿐.

孤臣今日痛 고신 금일통(은)
無面拜先王 무면 배선왕(이라)

외로운 신하의 오늘 이 아픔은
선왕을 뵐 면목 없으리.

하였다. 형 관명도 겨우 옥관자(정3품 이상의 관리가 망건에 다는, 옥으로 만든 단추)를 붙일 만하자, 아우가 역적으로 몰리는 바람에 자기는 덕천(德川) 고을의 관노(官奴)가 되었다. 관리가 하루아침에 종의 옷을 입고 청소 등의 잡일을 하였으며, 다시 경종이 죽고 영조가 즉위하자 다시 벼슬길에 나아가 기로소(耆老所: 관리가 70세가 넘으면 들어가는 곳인데, 영조는 왕이라도 기로소에 들어갔다. 요즘으로 말하면, 고급관리들의 경로당 격인 관청)에 들어갈 때까지 관직에 있었다.

그리하여 소학 가언편(小學 嘉言篇)에는

灼灼園中花, 早發還先萎 작작원중화(는) 조발환선위(요)
遲遲澗畔松, 鬱鬱含晩翠 지지간반송(은) 울울함만취(라)
찬란히 핀 정원의 꽃은, 일찍 피었건만 도리어 먼저 시들고,
더디게 크는 시냇가 솔은, 울창하게 늦도록 푸르도다.

이것이 이관명, 이건명 형제를 두고 읊은 시가 아니겠는가?

168 成三問의 참혹한 죽음

세종대왕의 둘째 아드님 수양대군은 어린 조카 단종 임금의 위를 빼앗아 왕위에 오르니 그가 세조다. 세조가 등극하는 날 성삼문은 예부승지로 옥새를 바치는 일을 해야 하는데, 옥새를 받들고 한참 울다가 왕에게 올렸다. 물론 세조가 눈치 채지 못하게 그랬다.

사육신들이 비밀히 합의하여 기회만 오면, 세조를 제거하고 단종을 복위시키기로 했는데, 마침 명나라 사신이 돌아가는 의식에서 칼을 뽑는 의

식이 있어 이 때 세조를 죽이기로 하였다. 세조 측에서는 만일을 알 수 없어 운검(雲劍) 뽑는 일을 생략하자, 같이 거사를 하기로 가담한 김질(金礩)이 겁이 나서 모두 세조에게 고해바침으로 하여 6신이 모두 체포되었다. 역모로 몰려 국문을 받는데, 성삼문은 그의 어린 젖먹이 자식을 태기 쳐서 죽이자 눈물을 흘렸다 한다.

"다른 이들이야 자기의 죽는 이유를 알고 죽지만, 저 젖먹이야 어찌 자기의 죽는 이유를 알랴" 하였다 한다. 그는 조금도 굴하지 않고 세조가 친국(親鞫)을 하는데, 호칭을 꼭 "나리"라고 불렀고 쇠를 달궈 단근(斷筋)질을 하는 데에서도 쇠가 식었으니 다시 달궈 오라 했다. 그는 형장으로 끌려가며 다음과 같은 시를 지었다.

擊鼓催人命 격고최인명(하니)
回頭日欲斜 회두일욕사(라)

북을 쳐, 내 목숨을 재촉하는데,
고개를 돌려보니 해가 기울려고 하네.

黃泉無一店 황천(엔) 무일점(인데)
今夜宿誰家 금야(에) 숙수가(오)

황천에는 한 개의 객점도 없을 텐데,
오늘 저녁엔 뉘 집에서 자야 할고?

성삼문이 사형장에 가기 위하여 수레를 탔을 때, 평생 모시던 종이 술 한 사발을 바치니 그는 단숨에 들여 마시고 다음과 같이 시를 불렀다.

食人之食衣人衣 식인지식 의인의(하며)
所一平生莫有違 소일평생 막유위(라)

남과 같이 먹고, 남과 같이 입으며,
평생에 조금도 도리를 어기는 일은 없었노라.

一死固知忠義在 일사고지충의재(하니)
顯陵松柏夢依依 현릉송백(이) 몽의의(라)

죽더라도, 오직 충과 의만 알고 살다가 가니,
현릉(문종의 능)에 소나무와 잣나무가 꿈속에 아련하네.

하였다. 필자는 사육신 사건을 읽을 때마다, 사람의 피는 있는 것인가? 하고 생각해 보았다. 효종 2년에 역모죄로 사형당한 김자점(金自點)은 김질(金礩)의 자손이기 때문이다.

169 狂人 아닌 狂人 鄭壽銅

정수동은 중인 출신이었다. 신분 때문에 출세를 할 수 없었던 그는 그 사회에 틈을 엿보며 풍자극을 연출하는 것이 그의 낙이었다. 그래서 그는 그 방면에 명인이며, 달인이며, 광인이었다. 그의 본명은 지윤(芝潤)인데, 수동은 손바닥에 '목숨 수'(壽)자가 있다하여 붙여진 그의 별호다. 銅은 한서(漢書)에 지생동지(芝生銅池: 지초는 구리못에서 난다)에서 따왔다.

권문세가의 행동을 한번 보고, 한번 크게 웃으며, 움직이면 고관대작도 그의 소름끼치는 경구(警句)에는 두려움을 느꼈다. 그러면서도 뭇사람에게는 통쾌감을 주곤 했다. 그는 주로 권력과 금력에 대한 풍자로 비분강개(悲憤慷慨)하는 글을 지었다.

그는 아무리 어려운 글을 보아도 다 깨달았으며, 알아도 모르는 척 겸손했다. 현감이라도 한 자리 하려고 시골서 피땀 흘려 모은 재산을 톡톡

털어 바치고 한정 없이 기다리는 문객 들, 한 자리 주겠다고 황금 덩어리를 뚝 따먹고, 뱃심 좋게 시침 떼는 날도둑 대감들을 보며 돌아다니는 것이 그의 일과였다. 그리고는 수표교 위에서 술 한 잔 하고 돌아오는 것이 그의 홍취이기도 했다.

慶尙監司誰爲之 경상감사(를) 수위지(오)
弘文提學我不知 홍문제학(은) 아불지(라)

경상 감사를 누가 했더냐?
홍문관 제학은 나는 모르네.

水標橋上三盃酒 수표교상 삼배주(하니)
正是男兒得意時 정시남아득의시(라)

수표교 위에서 술 석 잔 하니
이게 남아가 뜻을 얻은 때이네

그는 일찍이 조두순(趙斗淳)의 청으로 하루 저녁에 오언시 100수를 지었으니, 그의 재주를 알만하다. 그는 양반출신이 아니면서, 그와 친한 이는 당시 세도가 장동 김흥근(金興根)이나, 대학자 추사 김정희(秋史 金正喜) 등이었다.

이와 같이 사람이 나면 세도가이던 학계이던 아무리 뜨르르한 인물이라도 친구로 사귈 수가 있었으니, 파주에 구봉 송익필(龜峯 宋翼弼)도 그런 사람이 아니었던가?

170 송도 기생 황진이의 시

황진이는 이팔청춘 시절에 같은 동리에 사는 총각이 짝사랑하다가 죽자, 그 상여가 황진이의 집 앞에서 멈추어 꼼짝도 하지 않고, 나가지 못하므로 황진이의 웃옷을 벗어 상여에 얹으니 상여가 나갔다 한다. 그 후부터 그는 기생이 되기로 마음먹었다. 얼굴도 제대로 보지 못하고, 살은 더더구나 대어 보지 못했지만, 자기의 옷을 벗어 던졌다면 그것은 분명 사건이었나? 시집가는 일을 포기했으니…

그는 생각했겠지. '한 여자의 아름다움, 절세미인의 아름다움, 그것은 아름다움이 아니고 사람을 죽이는 독으로 작용했으니, 이 어찌 미(美)라 할 수 있으랴, 미라면 살인미가 아닌가? 그 죄악을 무엇으로 씻어야 하는가' 그래서 그는 기생이 되기로 결심하고 이름을 기적에 올렸을 것이다.

동짓달 기나긴 밤을 한 허리를 둘로 베어
춘풍 이불 아래 서리서리 넣었다가
어룬 님 오시는 날이어든 굽이굽이 펴리라

그의 시는, 시조도 이같이 주옥같지만 한시도 또한 그에 못지않았다. 누구를 사모해서일까? 아래의 시를 보자

誰斲崑崙玉 수착곤륜옥(하야)
裁成織女梳 재성직녀소(아)

뉘 곤륜산 옥을 찍어내어
직녀의 얼레빗을 만들었는고.

牽牛一去後 견우일거후(에)

愁擲碧空虛 수척벽공허(이라)

견우가 한 번 간 후에는
그 그리움 허공중에 던져버렸네

그녀는 기생이지만, 규중에 있는 여자와 같이 깨끗하게 노래와 시와 웃음으로 손님을 대접하였지, 살로 대접하는 일은 아니하는, 굳은 정조를 간직하고 있었다 한다.

171 忠宣王과 연꽃

충선왕은 고려 26대왕이다. 충렬왕(忠烈王)과 원나라 제국대장공주(齊國大長公主)의 사이에서 태어났다. 당시 고려의 처한 운명이 원나라와의 갈등관계에서 부왕과의 불화로, 부왕의 본의 아닌 양위를 받았고, 또 아들 충숙왕(忠肅王)에게 본의 아니게 양위하기도 했다. 원나라에서 태어나 컸기 때문에 원나라에서 있었던 향수를 버릴 수 없어 아들 충숙왕에게 양위하고 원나라에 가서 돌아오지 않았다.

그는 개혁정치를 시도하였으며, 고려의 익재(益齋) 이제현(李齊賢)을 원나라로 불러들여 문화적 교류로 많은 업적을 남겼다.

그는 원에서 고려로 돌아올 때, 원나라에서 어릴 때부터 사귄 여인과 정이 들어서 떨어지기가 힘들었다. 고려로 데리고 오려니 고려에는 왕비가 있어 적잖은 물의가 따르므로 할 수 없이 원나라에 남겨 두고 올 수밖에 없었다. 그녀와 헤어질 때 그녀에게 연꽃을 주면서

"내가 보고 싶을 때는 이 꽃을 보며, 나의 얼굴을 보는 것처럼 하라" 하였다. 그녀와 헤어지고 고려로 향하여 이틀 동안 걸었지만, 그 녀가 생

각이 나서 참을 수가 없었다. 그래서 귀로에서 그는 이제현에게 다시 그 여인에게 가보라 하였다. 만일 여인이 울며 그 자리에 있으면, 자기는 고려왕을 포기하고 원나라로 되돌아가 그곳에서 일생을 그 여인과 살려는 심산이었다.

이제현이 헤어졌던 장소에 가보니 그 여인은 그곳에서 울면서 그대로 있었다. 여인은 이제현을 보자, 자기를 데리러온 것인 줄 알고 반색을 하였다. 그러나 이제현이 다른 일로 왔다고 하자, 실망하고 시를 지었다.

贈送蓮花片 증송연화편(이)
初來的的紅 초래적적홍(이라)

이별할 때 받은 연꽃잎이,
처음에는 싱싱하고 붉었었다.

辭枝今幾日 사지금기일(에)
憔悴與人同 초췌여인동(이라)

하직할 때 꽃가지 며칠을 지내니,
시들어 나와 같이 초췌하다네.

이 시를 이제현에게 주면서 충선왕에게 전해달라 하였다. 이제현이 다시 걸어 충선왕에게 오니, 몹시 기다렸던 충선왕은 그 여인의 상황을 물었다. 이제현은 "제가 가보니 그 여인은 벌써 다른 남자와 교제하고 있었습니다." 하였다. 충선왕은 여인의 가짜 사랑에게 빠진 자기를 부끄럽게 생각하고, 정치에 열중할 수 있었다. 왕이 한창 개혁정치에 몰두하고 있을 때, 하루는 술자리가 벌어졌는데, 이제현이 갑자기 뜰 아래로 내려가 꿇어앉아 대죄하였다.

왕은 갑작스런 이제현의 행동에 의아해 하였다. 이제현은 위의 시를

왕에게 바치면서, 지난 날 거짓말 한 것을 사죄하여 아뢰고 처벌을 청하였다. 왕은

"벌을 줄 게 아니라, 그대의 충정에 상을 주겠노라" 하고, 큰 상을 내렸다 한다. 그러나 충선왕은 아무리 정치에 바쁜 나날을 보냈지만, 그 여인을 잊을 수가 있었을까? 그리하여 나중에 왕위를 버리고 원나라로 돌아간 것은 복잡한 정치적인 사정도 물론 있었겠지만 그 여인과 아주 무관하다고는 못할 것이다.

172 花浦 洪翼漢

화포선생(花浦先生)은 병자호란 때, 삼학사(三學士)의 한 사람임을 한국 사람이라면 다 알 것이다. 그의 자는 백승(伯升)이고 호가 화포이고, 월사 이정구(月沙, 李廷龜)의 문인이다. 소시 적에 어머니가 전염병으로 세상을 떠나자, 다른 이들은 간호와 시체의 수렴(收斂)을 꺼렸으나, 그는 혼자 모든 것을 다 하였다. 그는 문과에 장원하고, 장령(掌令)이 되었을 때, 병자호란이 일어나자 최명길의 화친을 적극 반대하였다. 삼전도 수욕(三田渡羞辱) 이후에 조정에서는 화포를 살리려고 평양부 서윤(平壤府庶尹)에 임명하여 부임하였으나, 끝내 화친을 반대하여 청나라로 끌려가 노관(盧館)에 갇히게 되었다. 이 때, 다음과 같은 시를 썼다.

陽披細草坼新胎 양파세초탁신태(하니)
孤島攀籠意轉哀 고도반롱의전애(라)

태양이 어린 풀을 헤쳐 새 눈을 틔우는데,
외로운 섬에 갇혀 있어 창살을 잡고 슬퍼하네.

荊俗踏青心外事 형속답청(은) 심외사(오)
錦城浮雲夢中來 금성부운(은) 몽중래(라)

초나라 풍속에 답청놀이는 나와는 상관없는 일이고,
고국 서울에 뜬 구름은 꿈속에서나 오네.

風飄夜攪山陰動 풍표야교산음동(이요)
雪入春澌月窘開 설입춘사월군개(라)

밤 바람은 어지러이 나부끼어, 음산하게 산을 움직여 대고,
봄눈은 녹아내리며, 달은 흐리멍덩 떠 있구나.

飢渴僅能全縷命 기갈근능전루명(하니)
百年今日淚盈腮 백년금일(에) 누영시(라)

배고프고, 목마르고, 겨우 목숨 이어 가니,
먼 훗날에도 오늘은 눈물이 뺨에 가득하겠지.

이 시가 감졸(監卒)에게 발각되어 청태종(淸太宗)에게 전해지자, 청태종은 측은히 여겨 살려보려고 불러 회유하여 보았으나, 듣지 않자 추담 오달제(秋潭, 吳達濟), 임계 윤집(林溪 尹集)과 함께 살해되었다. 이들을 삼학사라 한다. 모두 홍문관 관료들이었다. 화포의 이 때 쓴 화포일기(花浦日記)가 유명하다. 화포가 죽자 아들 수원(睟元)도 화를 당하고, 부인 허씨와 자부 이씨도 자결하였으니 절개 있는 집안이었다.

173 秋潭 吳達濟

오달제는 25세에 문과에 장원하고 27세 때 홍문관 부교리(副校理)로 있을 때 병자호란이 일어났다. 그는 청나라에 적극적으로 저항하여 주화파

(主和派)인 최명길(崔鳴吉)을 탄핵하고, 남한산성에서 인조가 항복한 후에도 적장 용골대(龍骨大)에게 저항하여 중국 심양으로 끌려가게 되었다.

그 곳에서 가서도 조금도 굽히지 않았다. 청태종은 인재를 아껴 어떻게든 살려보려고 갖가지로 회유하였으나 듣지 않고, 자기 홍문관의 상사이자 동료인 화포 홍익한(花浦 洪翼漢), 임계 윤집(林溪 尹集)과 함께 죽음을 당하였다. 당시에 그는 아버지는 안 계셨고, 어머니와 형에게 쓴 애절한 글이나 시도 사람들의 심금을 울렸지만, 특히 그의 아내에게 쓴 시는 널리 인구에 회자되었다.

琴瑟恩情重 금슬은정중(하니)
相逢未二朞 상봉미이기(라)

금슬은 사랑스런 정이 중한 건데,
우리 만난 지 2년도 못 되었구려.

今成萬里別 금성만리별(하니)
虛負百年期 허부백년기(라)

이제 이별하여 머나먼 땅에 와 있으니,
헛되이 백년의 약속을 저버릴 것 같으오.

地闊書難寄 지활서난기(요)
天長夢亦遲 천장몽역지(라)

땅이 멀어 서신을 부치기 어렵고,
하늘 또한 멀어 꿈마저 더디구려.

吾生未可卜 오생(을) 미가복(하니)
善護腹中兒 선호복중아(하라)

내 삶을 확실히 예측할 수 없으니,

뱃속의 아이나 잘 보호하시오.

어린 나이에 목숨을 아끼지 않고 애국하다가 죽은 오달제는 신혼에 아내와 생이별하고 유복자를 잘 길러달라는 유언이 애처롭다.

174 不遇詩人 蓀谷 李達

조선시대 삼당시인(三唐詩人)이라면, 손곡 이달, 고죽 최경창(孤竹 崔慶昌), 옥봉 백광훈(玉峰 白光勳)을 든다. 이달은 조선조에 유명한 시인이지마는 기생의 소생이라는 것 때문에 벼슬길에 나가지 못하고 평생을 불우(不遇)시인으로 전국을 유랑하였다. 그의 많은 시는 사람들을 놀라게 하였다. 어느 스님에게 보낸 시를 보자

病客孤舟明月在 병객고주(에) 명월재(하고)
老僧深院落花多 노승심원(에) 낙화다(라)

병든 손이 탄 배에는 밝은 달이 비취고,
늙은 중이 사는 으슥한 집에는 떨어진 꽃잎이 많구나.

그의 시는 어둡고 음울하고 슬프다. 자기의 불우한 처지에서 심층적인 한이 그대로 표출된다. 한 번은 최경창이 영광(靈光)군수가 되었다는 소문을 듣고 찾아갔다. 가자마자 기생하나를 소개받았는데, 때마침 비단장수가 와서 기생 앞에서 자운금(紫雲錦)을 팔았다. 기생이 갖고 싶어 하는데, 적권선생(赤拳先生: 맨주먹만 쥔 선비) 손곡이 사줄 수는 없고, 시 한 수를 지어 최경창에게 보내니,

湖商賣錦江南市 호상(이) 매금강남시(하니)
朝日照之生紫煙 조일조지 생자연(이라)

호남의 비단장수 강남에서 비단을 파는데,
아침햇빛 비취니 보랏빛 연기가 피어오르네.

佳人正欲作裙帶 가인(이) 정욕작군대(하나)
手探粧奩無値錢 수탐장염 무치전(이라)

고운 님 그것을 사서 예쁜 옷 만들려 하나,
화장대를 아무리 뒤져도, 돈 한 푼도 나오지 않네.

이 시를 본 최경창은 쌀 4섬을 보내니, 이달은 기생에게 주어 비단을 사도록 하였다.

또 한 번은 부사(府使)로 있는, 봉래 양사언(蓬萊 楊士彦)을 찾아갔는데, 대접이 소홀하여 담 벽에 시를 써 놓고 왔다.

行子去留意 행자거류의(는)
主人眉睫間 주인미첩간(이라)

길손이 가고 머무는 것은
주인의 눈살에 달려있다.

秋風蘇季子 추풍(에) 소계자(는)
又出穆陵關 우출목릉관(이라)

가을바람에 소계자의 신세 되어
또 다시 목릉관을 나가는 수밖에

계자(季子)는 전국시대 소진(蘇秦)의 자. 소진이 합종술(合縱術)로 나중에는 6국의 정승이 되었지만, 처음에는 백수건달로서 형수에게도 괄시를 받아, 형수는 밥도 주지 않고 베를 짜면서 베틀에서 내려오지도 않았다. 이렇게 멸시를 당하고는 고향을 떠나 목릉관을 나아가 출세의 길로 내달렸던 것이다.

양봉래가 이 시를 보자, 범상한 인물이 아닌 줄 알고 사람을 시켜 찾았으나 벌써 떠난 후였다.

또 그의 홍류동(紅流洞) 시를 보면,

中天笙鶴下秋宵 중천생학(은) 하추소(하고)
千載孤雲已寂寥 천재고운(은) 이적요(라)

중천에 울던 학은 가을밤을 타고 내리고,
천 년 전 외로운 구름은 너무나 고요하다.

明月洞門流水在 명월동문(에) 유수재(하니)
不知何處武陵橋 불지하처(에) 무릉교(오)

달 밝은 동네 어구엔 물만 흘러가는데,
알지 못거라 어느 곳이 무릉의 다리인고.

또 그의 해상시(海上詩)를 보면,

碧海波空雲影涵 벽해(에) 파공 운영함(하니)
白鷗無數下苔巖 백구무수하태암(이라)

푸른 바다에 물결은 자고, 구름 그림자 자맥질 하니,
흰 갈매기는 수없이 이끼 낀 바위에 내리네.

山花落盡不歸去 산화낙진 불귀거(하고)
家在石峰江水南 가재석봉 강수남(이라)

산꽃이 다 지도록 돌아갈 줄 모르고,

다만, 집은 석봉, 강 남쪽에 있거니 하네.

그가 무슨 죄이런가? 재주가 아무리 좋아도, '서얼차대'라는 신분 때문에 뜻을 펴지 못하고 한리학관(漢吏學官)에 임명되어 일해 보았으나, 자기의 포부와 능력에 맞지 않자, 곧 사퇴해 버리고, 현감 자리도 넘보지 않은 채 시로만 세월을 보내다 갔다.

175 洪景來의 詩

조선 순조 때, 평안도 용강(龍岡) 땅에 세상을 건지고, 백성을 구해보겠다고 갑옷을 입고 분연히 일어난 사람이 있었으니 그는 바로 홍경래였다. 그는 어려서부터 엉뚱한 행동을 많이 하여, 평범한 초부(樵夫)로 늙어 죽을 사람이 아니라는 것을 짐작하게 하였다.

아홉 살 때, 글을 배우던 중,

"왕후장상(王侯將相)의 씨가 어찌 있으랴, 인간이 영원히 산다면 모르되, 어차피 죽을 바에야 이름이라도 남기고 죽어야 할 게 아니냐?" 하는 글귀에 이르러서는 감탄하며 그 구절만 계속 읽었다고 한다. 또

"사람은 원래 차별이 없는 것인데, 나도 장차 왕후장상이 되겠습니다." 하니, 서당 선생은 그 말을 듣고 깜짝 놀라며

"그런 소리를 함부로 하면 큰일 나는 법이니, 앞으로는 그런 말을 당초 입 밖에 내서는 절대 안 된다."고 하였다. 그가 12살 때, 용강군수가 군내를 순시하였는데 그 거드름이 하도 아니꼬와서 아이들과 함께 숲속에 숨어서 돌팔매질을 했다 한다. 그는 공부에 눈이 좀 뜨이자, 병서와 술서를 자득하여 공부하였고, 어느 날 정주(定州)에 있는 장대(將臺)에 올랐을

때, 다음과 같은 시를 지었다.

清北將臺上 청북장대상(에)
海東元帥登 해동원수등(이라)

북청 장수대 위에
해동의 원수가 올랐도다.

西看神外陸 서간신외륙(하니)
千秋恨不勝 천추한불승(이라)

서쪽으로 중국 대륙을 바라보니,
천추의 한을 이길 수 없네.

또한 영변(寧邊)에 있는 철옹성(鐵甕城) 남장대(南將臺)에 올랐을 때도, 또 같은 시를 지었으니.

萬古鐵甕南將臺 만고철옹남장대(에)
北溟西海小放盃 북명서해(에) 소방배(라)

만고의 철옹성 남장대 위에,
북쪽, 서쪽 바다에서 작은 술잔을 기울이네.

山因劍氣衝天立 산인검기충천립(이요)
水學兵聲動地來 수학병성동지래(라)

산은 검의 기를 받아, 하늘을 찌르고 섰고,
물은 전쟁하는 소리를 배워, 땅을 흔들며 오도다.

라 하였으니, 이 두 시만 보아도 우레 같은 기상을 가지고, 가슴에 얼마나 큰 뜻을 품고 있는가를 알 수 있다. 이것이 14~5세 때 있었던 일이다.

그는 18세 때 한양에 올라가 과거를 보고, 당시 팔도강산을 뒤흔들던 안동김씨 세도를 보고는 훌연히 과거로써 입신하겠다는 생각은 접고, 고향으로 내려가 같은 뜻을 가진 인물을 끌어 모았다. 세력이 집결되자 군사를 조직하여 훈련에 들어갔고, 군량과 마초를 저축하였다.

드디어 근거지인 간산(嘉山)의 다복동(多福洞)에서 스스로 평서대원수(平西大元帥)라 칭하고 각 군에 격문을 보내어 항복을 권유하였다. 명분은 평안도, 함경도 사람은 아무리 훌륭해도 문관은 지평(持平), 장령(掌令)에 지나지 않고, 무관은 만호(萬戶), 첨사(僉使)에 지나지 않으며, 북부의 사람은 일괄하여 천시하니, 어찌 앉아서 당하고만 있겠는가? 하는 것이었으니, 그는 물론 실패는 했지만 사나이 중에 사나이라 할 수 있다.

176 詩 경쟁을 하던 兄弟

조선 정조 때, 차천로(車天輅), 차운로(車雲輅) 두 형제는 시에 있어서만은 서로 경쟁하는 상대였다. 서로 자기가 낫다고 생각하며 양보하는 기색이라고는 전혀 찾아볼 수 없었다. 항상 시를 지으면, 상대방의 것은 무시하곤 했는데, 아우 운로가 하루는 개울을 건너가다가 문득 시상이 떠올라 다음과 같은 시를 지었다.

明月隨人同渡水 명월수인동도수(요)
밝은 달이 사람을 따라, 같이 물을 건너고,

이렇게 지어놓고는, 댓귀가 생각나지 않아서 고심하고 있는데, 하루는 꿈에 두보(杜甫)가 나타나서 "뭐 그리도 고심하는가?" 하고, 댓귀를 다음과 같이 일러주었다.

清風送客獨登山 청풍송객독등산(이라)

청풍은 손을 보내고, 홀로 산으로 가버렸도다.

동생은 아침이 되기가 무섭게 형네 집으로 달려갔다.

"형님, 저는 시를 한 구 지었는데, 明月隨人同渡水 라고 지었습니다." 하니, 형이

"그러면, 그 댓귀는 뭐라고 지었는가?" 하고 물어서 " '清風送客獨登山'으로 지었습니다." 하고 대답했더니, 형 천로가 하는 말이

"야, 어찌 바깥 글귀는 두보 냄새가 난다." 하였다. 그 후로는 아우가 형의 시 재주를 인정하였다 한다.

177 梁周翊의 '渡漢江' 詩

양주익(梁周翊)은 남원(南原) 사람으로 참의(參議)를 지낸 사람이었다. 그는 한강을 건너다가 백구가 떠 있는 모습을 보고 시상이 떠올라 다음과 같이 시를 썼다.

誰曰漢江深 수왈한강심(가)
白鷗半不沈 백구반불침(이라)

누가 한강이 깊다고 말했던가?
백구가 반도 잠기지 않는 것을…

世間難測事)세간난측사(는)
非水卽人心 비수즉인심(이라)

세상에서 측량하기 어려운 일은
물이 아니고, 곧 사람의 마음이로다.

한국 속담에 "천 길 물속은 알아도, 한 길 사람 속은 모른다."라는 것이 있다. 이것을 양 참의는 시로써 잘 나타내고 있다.

178 海西기생 桂月의 시

해서(海西) 기생 계월(桂月)이 황해도백 이광덕(李光德)과 사랑에 빠졌다가 이별할 때 바친 노래다.

醉香亭上送情人 취향정상(에) 송정인(하니)
楊柳千絲不繫人 양류천사(도) 불계인(이라)

취향정 위에서 정든 임을 보내니,
버들가지 천 가닥으로도 매어놓을 수가 없네.

含淚眼看含淚眼 함루안간함루안(하고)
斷腸人送斷腸人 단장인송단장인(이라)

눈물 머금은 눈이, 눈물 머금은 눈을 보고,
애를 끊는 이가, 애를 끊는 이를 보내네.

사람 인(人)자를 운자로 하여 썼지만, 구성이 너무나 아름답고 애절하다. 이렇게 서글픈데 왜 꼭 떠나야만 했을까? 인간에 일이란 참으로 억지로 뜻과 같이 되지 않는 것을…

179 소바위(牛岩)

강을 낀 마을에는 '소바위'라는 바위가 많다. 강 얕은 어구에 바위가 소처럼 누워있으면 아이들은 수영하다가 거기에 올라타고 논다. 꺼멓고 넓적한 바위, 어릴 때 향수가 묻어있다. 이 시는 기로사(奇蘆沙)가 아이 때 지었다 하는데 작자를 확실히 알 수는 없다.

以岩得牛名 이암 득우명(하고)
何故臥江中 하고 와강중(고)

바위로서 소의 이름을 얻고서,
무슨 이유로 강 가운데 누웠는고.

田單勝戰後 전단 승전후(에)
尾熱洗滄浪 미열 세창랑(이라)

전단이 전쟁에 이긴 후에
꼬리 뜨거워 창랑물에 식히고 있구나.

전단(田單)은 전국시대에 제(齊)나라 사람이다. 연(燕)나라와의 전쟁에서, 소 일천여 마리의 뿔에다 칼을 묶고, 꼬리에 기름 부은 솜방망이를 달아 불을 붙여 연나라 진영으로 내모니, 소는 꼬리가 뜨거워 연나라의 군사를 닥치는 대로 살상하여 제나라가 대승을 거둔 고사이다. 창랑은 중국의 개울 이름이다.

180 林白湖, 곶감을 읊다

丹心百箇子 단심백개자(는)
白面十弟兄 백면십제형(이라)
속이 붉은 백 개의 자식들은,
흰 얼굴을 한, 십 형제끼리 모였네.

腰帶旄丘節 요대모구절(이요)
頭開栗里英 두개율리영(이라)
허리는 모구절 깃발의 모양을 했고,
머리엔 밤꽃을 피워 이었도다.

임백호가 시에 있어선 유명하다지만, 위 시는 5언 절구로서 간략하면서도 곶감이 눈에 보이는 듯하다. 한 접은 백 개이고, 한 꽂이는 10개다. 곶감 꽂이가 잘록잘록한 것이 마치 군대에 모구절(旄丘節) 깃발과 같고, 밤꽃이 하얗게 핀 것처럼 곶감은 표면에 하얀 분이 나 있다.

181 성삼문, 夷齊碑를 두고 쓰다

當年叩馬敢言非 당년(에) 고마 감언비(하니)
忠義堂堂日月輝 충의 당당 일월휘(라)
당시에 말을 저지하며 감히 부당함을 말하니,
그 충의 당당하여 해와 달처럼 빛나도다.

草木亦霑周雨露 초목(도) 역점주우로(어늘)
愧君猶食首陽薇 괴군유식수양미(라)

초목도 역시 주나라의 비와 이슬을 맞았거늘,
그대가 수양산 고사리를 먹은 것까지도 나는 부끄러워하노라.

성삼문이 요동에서 백이·숙제(伯夷叔齊)의 사당에 들러 그 비석을 읽으며 감회를 쓴 것이다. 다른 이들도 이 같은 충의(忠義)시를 많이 써 왔지만, 생각만 그러할 뿐, 과연 몸이 실천을 하였던가?

성삼문은 학문을 실천한 사람이다. 배워 옳게 여기는 일은 어떤 어려움과 희생을 무릅쓰고 실천에 옮기었으니, 참 사람이요, 참 학자였다.

오늘날 개인의 영달을 위해서는 어떤 사회악도 마다하지 않고, 또 그러한 올바르지 못한 정신을 두호하고, 모든 악을 아무렇지도 않게 여기는 자들에게는 성삼문 선생의 희생이 하나의 의미도 가치도 없는 것이다.

182 松䭏을 읊은 시

手裏團團回鳥卵 수리단단회조란(하야)
指端箇箇合蚌脣 지단개개합방순(이라)

손 속에서 새알을 굴리듯 동글동글 굴려
손가락 끝에서 하나하나 조개입술을 아무리하네.

盈盤新錯峰疊疊 영반신착봉첩첩(하고)
串箸斜懸月半圓 천저사현월반원(이라)

소반에 가득 빚어 새 봉우리 첩첩이고,
젓가락에 꿰니, 반달이 빗겨 달려있네.

작자를 알았으면 좋으련만 우리 추석 명절에 송편 빚는 것도 놓치지 않고, 읊었다. 작자가 여성이었으면 더 좋으련만…

183 南怡將軍과 女鬼

조선 세조 때, 남이(南怡)장군은 태종의 외손자이고, 의산위(宜山尉) 남광휘(南光輝)의 아들이었다. 효용(驍勇)이 뛰어나 무과에 급제하여 출세가 빨랐다. 어릴 때, 거리에서 놀고 있는데, 계집종 아이가 푸른 보자기로 싼 보따리를 이고 가는 걸 보니, 보따리 위에 얼굴에 분을 바른 계집 귀신이 앉아 있어 매우 이상히 여겼다.

호기심에 이를 뒤따라가 보니, 한 재상집으로 들어갔다. 조금 있더니 그 집에서 곡소리가 나는지라. 물어보니 재상의 딸이 갑자기 죽었다 하였다. 남이가 말하기를

"내가 들어가면 살릴 수 있으므로, 들어가 보겠다." 하니, 그 집에서는 믿지 않고 거절하였다. 그러다가 그 집에서 다시 생각하기를, 사람은 이미 죽었는데 후회나 없도록 하겠다고 허락하였다. 남이가 들어가 보니, 그 여귀(女鬼)가 낭자의 목을 조르고 있다가 남이를 보고는 풀어놓으니, 낭자는 살아서 일어나 앉았다. 그러나 남이가 나오면 또 그 여귀가 장난하는지라, 낭자는 또 죽고, 남이가 들어가면 살고, 나오면 또 죽곤 하였다.

남이가 그 보따리에 무엇이 들어있더냐고 물으니, 홍시(紅柹)가 들었는데, 낭자가 먹고 기도가 막혀 졸도하였다고 하였다. 남이가 그 분귀(粉鬼)의 장난임을 말해 주었다. 그 낭자는 좌의정 권람(權擥)의 4녀였다. 권람이 남씨 가문에 청혼하고, 남이의 앞일을 점쟁이에게 물어보니,

"아주 귀하게 될 괘(卦)이나, 횡사(橫死)를 면치 못 한다" 하였다. 또 그 딸도 함께 점쳐본 결과, 남자보다도 더 단명하다고 하였다.

권람이 말하기를

"점이란 알 수 없는 것, 복이란 부부가 같이 누리는 것이고, 화(禍)란 눈에 보이지 않는 것이다" 하고 사위를 삼았다.

남이는 17세에 무과에 급제하고, 이시애(李施愛)의 난과 건주위(建州衛) 정벌에 일등공신이 되어 27세에 병조판서에 올랐다. 그는 전에 북정(北征)했을 때, 다음과 같은 시를 쓴 바 있었다.

白頭山石磨刀盡 백두산석(은) 마도진(이요)
豆滿江流飮馬無 두만강류(는) 음마무(라)

백두산 돌은 칼을 갈아 다 없어졌고,
두만강 물은 말을 마시켜 다했도다.

男兒二十未平國 남아이십(에) 미평국(이면)
後世誰稱大丈夫 후세(에) 수칭대장부(아)

남아가 약관에 천하를 평정하지 못한다면.
후세에 누가 대장부라 이르리.

예종이 왕이 되자, 간신 유자광(柳子光)이 남이가 일찍 출세하는 것을 시기하여, "未平國"의 平자를 得자로 고쳐 모반(謀反)으로 몰아 죽였다.

예종은 형 덕종이 죽는 바람에 19세에 갑자기 왕위에 오르는 행운을 맞았다. 건강이 좋지 않아 13개월 동안 용상에 앉아 있기는 했건만, 그는 도량이 바늘구멍처럼 좁아서 그 짧은 기간에 사람을 너무 많이 죽였다. 남이를 죽인 것이 유자광(柳子光)의 죄도 크겠지만, 예종은 남이와 내외종간으로 어릴 때부터

"너는 저 남이 좀 봐라. 얼마나 의젓하냐? 너는 어찌도 그러하냐?"

이런 말을 항상 들으며 남이를 질시하며 살아오다가, 나라의 한 동량지재를 꺾고 말았으니, 왕으로서 어찌도 그리 국량이 좁았던가!

『예종실록』을 읽다가 『연산군일기』를 읽으면, 연산군은 그래도 예종보다 도량이 훨씬 넓다. 나중에는 유례없는 폭군으로 변하기는 했지만…

강순(康純)은 영의정 자리에 있으면서 사실을 뻔히 알면서도 자기 몸 조심하느라 한 마디 말도 하지 않았으니 같이 죽어 마땅하였다.

184 喪歌僧舞老人歎(哭)

조선 성종대왕이 미행할 때, 남산 밑을 지나다가, 어느 작고 허름한 초가집에서 노인의 울음소리가 들려왔다.

방문을 두드려 들어가 보니, 음식상 앞에서 흰 머리의 노인이 울고 있고, 한 명의 상주는 노래하고, 한 여승(女僧)은 춤을 추고 있었다. 성종은 이상히 여겨 물어봤더니, 노인이 대답하기를,

"상주는 저의 자식이고, 머리 깍은 여인은 저의 며느리인데, 오늘이 저의 환갑날입니다. 집이 너무 가난하여, 며느리가 머리를 잘라 팔아서 이 음식을 장만하고, 이 몸을 위로하느라 노래도 하고 춤도 추고 있습니다. 그래서 제가 슬픔을 이기지 못하여 울고 있습니다."

하였다. 왕이 보니, 자식 내외가 홀로된 아비를 위한 효성이 한없이 측은하고 갸륵한 일이었다. 그래서 말하기를

"소문을 들으니, 돌아오는 몇 월 몇 일에 대궐에서 별시를 보인다는데, 젊은이도 한번 응시해 보구려."

하고는 그 집을 나왔다. 환궁하여 이조판서에게 명하여 부랴부랴 그 날짜에 별과(別科)를 열어 과거를 보게 하고, 시험의 제목을

"상가승무노인탄(喪歌僧舞老人歎)"으로 하여, 그 아들에게 급제시키고, 그 며느리에게는 효부 포상을 내려 주셨다 한다.

185 南山放糞詩

조선 중종 때, 영의정 김안로(金安老)와 병조판서 이항(李沆)과 찬성 채무택(蔡無擇)이 조정을 어지럽히고, 충신을 해롭게 하여 사람들은 삼흉(三凶)이라 불렀다. 이 때 어떤 사람이 종루(鐘樓)에다 이 세 사람을 배척, 비방하는 글을 붙였다.

곧, 채무택의 택(擇)자는 왕의 이름자와 같은 탁(鐸)자로 쓰고(옛날에는 왕과 이름자가 같으면 다른 글자를 써야 함), 이항의 항(沆)자는 '저항한다'는 항(抗)으로 썼으니, 왕에게 항거한다는 뜻이었다. 당시 사람들은 이글을 쓴 사람이 아마 심정(沈貞)의 아들 심사순(沈思順)의 소행이라 하니, 심사순은 그 때 승지(承旨)로 있다가 파직되어 집에 있었다. 잡혀 하옥되고, 필적 감정을 받고 그 집을 뒤지니, 난산방분시(南山放糞詩: 남산에서 똥을 깔기다) 한 구가 나왔다.

一聲雷雨掀天地 일성뇌우(가) 흔천지(하니)
香滿長安百萬家 향만장안 백만가(라)

한 큰 소리, 우레와 비가 천지를 뒤흔드니,
그 향기가 온 장안 백만 집에 가득하도다.

하였다. 상께서 보시고, 나쁘게 여겨, 심사순을 신문하였는데, 여러 차례 고문 끝에 그만 옥중에서 죽고 말았다.

그러나 누가 썼는지는 끝내 알 수 없었다. 심정은 기묘사화를 일으켜 죄 없는 많은 사람을 너무나 억울하게 죽이더니, 자신이 사사(賜死)됨은 물론이거니와, 자식마저도 억울하게 죽음을 당한 것은 하늘이 내린 벌이었다.

186 五行堂上

광해군 때, 임진왜란에 불탄 궁궐을 재건하느라 백성은 곤궁하고, 국가의 재정은 고갈되었다. 조정에서는 할 수 없이 백성들에게 벼슬을 팔았는데, 은(銀)이나, 베, 쌀, 소금은 물론이지만, 그 외에 개간한 토지를 받아드리기도 하고, 방천(防川)과 저수지도 받았으며, 혹은 석탄이나 쇠붙이도 모두 받았다.

그래서 이렇게 물건을 내면, 정3품 옥관자(玉貫子) 이상의 벼슬을 주었으니, 당시 사람들은 이렇게 산 벼슬을 일러 오행당상(五行堂上)이라 했다. 온갖 물건(五行: 金木水火土)을 바치고 벼슬을 샀다는 뜻이다. 이충(李沖)이란 자는 잡채를 헌납하고 호조판서를 얻었고, 한효순(韓孝純)이란 자는 산삼을 진어(進御)하고 정승의 교지를 얻었다.

이에 대하여 어떤 사람이 시를 쓰기를

> 山蔘閣老人爭慕 산삼각로(를) 이쟁모(하고)
> 雜菜尙書勢難當 잡채상서(도) 세난당(이라)
> 산삼 헌납하고 딴 정승을 사람들이 모두 사모하는데,
> 잡채를 드리고 딴 판서도 그 권세를 당하지 못 하도다.

하였다. 이 벼슬은 실제 관직에 임명하는 게 아니고, 일반 백성들에게 직첩(職帖: 敎旨)만 주었다. 그러나 이 직첩을 사서 가진 이들은 매우 영광스럽게 여겼다. 그러니 당시에 얼마나 벼슬을 좋아했는가를 알 수 있으며, 양반이 얼마나 상민들을 탄압했으면 실제 벼슬도 아닌 달랑 종이 한 장을 그 많은 돈을 주고 샀을까?

187 詩獄

광해군 때, 권필(權韠)은 성격이 활달하여, 거리낌이 없고 형식에 구애받지 않는 사람이었다. 당시 왕의 처남 유희분(柳希奮)이 세력을 얻어 독주하니, 진사 임숙영(任叔英)이 시정(時政)을 신랄하게 비판하다가 벌을 받게 되었다. 권필은 이 사건을 가지고 시를 썼다.

宮柳靑靑鶯亂飛 궁류청청 앵난비(하니)
滿城冠蓋媚春輝 만성관개(가) 미춘휘(라)
궁궐에 버들이 푸르고 푸르러, 꾀꼬리 어지러이 나니,
성에 가득한 출세한 자들, 봄에게 아양 떠느라 빛이 난다네.

朝家共賀昇平樂 조가(는) 공하승평악(이어늘)
誰識危言出布衣 수식위언(이) 출포의(아)
조정 신하들은 모두 태평성대라고만 칭송하고 있는데,
바른 말을 하는 이가 벼슬하지 않은 사람임을 뉘 알리.

하였으니 '宮柳'는 유희분이고, '布衣'는 진사 임숙영이고, 媚春煇는 유희춘(柳希春)에게 아부하느라고 야단이라는 말이다. 이 시로 인하여 권필은 광해군의 노여움을 사서 경원(慶源)으로 귀양을 떠날 때, 동대문 밖에서 자면서 송별주를 너무 많이 마시고 죽고 말았다. 그래서 동대문 벽에는 다음과 같은 시가 적혀있었다.

況是靑春日將暮 황시청춘(이) 일장모(하니)
桃花亂落如紅雨 도화난락 여홍우(라)
청춘시절의 아름다운 날이 장차 저무는데,
복숭아꽃 어지러이 떨어져 붉은 비와 같네.

勸君終日酩酊醉 권군종일 명정취(하라)
酒不到劉伶墳上土 주불도유령분상토(어니)

그대에게 권하노니, 하루 종일 실컷 마시고 취하여라.
술은 유령의 무덤 위에도 가져갈 수 없는 것이어니.

술이야, 아무리 술 잘하는 유령(劉伶)이라 하더라도 죽은 자에게는 술이 필요가 없다. 죽기 전에 실컷 마시라 하였다. 그런데 낙귀(落句)에 한 글자 더 많은 것이 이채롭다.

누가 써 붙였는지는 모르지만, 이렇게 쓴 것을 보면 한 기개 있는 신하를 가상히 여겨 쓴 것이리라. 모두가 속으로 생각만 할 뿐, 몸조심하느라고 말 한 마디 하지 못하는데 유독 권필만은 죽을 때 죽더라도 할 말 하고, 마실 것 실컷 마시고 갔던 것이다.

188 今日에는 火出火出

조선 광해군 때, 과거시험 3일 전에, 권신(權臣) 이이첨(李爾瞻)이 자기 친척인 이진사(李進士)에게 붓 한 자루를 선사하였다. 그러나 전하는 사람이 그만 잘못 전하여, 이웃집으로 배달되었다. 이웃집에서 받아보니, 붓 뚜껑 속에서 작은 종이쪽지가 들어 있었다. 열어보니 내용인즉, 3일 후에 과거시험의 제목이었다.

擬唐朝群臣 謝賜楡柳火 의당조군신 사사유류화

당나라 조정에서 여러 대신들에게 느릅나무, 버드나무의 불을 하사하는 제도를 헤아려 그 고마움을 써라.

옛날에는 정월 초에, 왕이 대신들에게 불을 내려주는 제도가 있었다. 현대에는 불을 일으키는 도구가 얼마나 많은가? 성냥, 라이터, 전기 등등… 옛날에도 불이야 집집이 있었지만, 불이란 옛날에 그만큼 중요한 것이었다. 원시시대를 생각해 보라. 그래서 불은 임금의 권위의 상징이기도 했다. 왕이 정초에 대신들에게 불을 내려주는 풍속은 중국에서부터 전래되었다. 이것을 조선에서도 수입하여 시행하였으니, 느릅나무, 버드나무를 쓰는 것은, 그 껍질이 불이 잘 꺼지지 않기 때문이다.

그래서 이 이웃집 사람은 얼른 문제를 베껴놓고는, 다시 본집인 이진사의 집으로 전해 주었는데, 두 집에서 모두 급제하였다. 과거 날, 벌써 시험장에서는 그 소문이 새었는지 사람들은

火出火出 화출화출

불에 대하여 나온다. 불에 대하여 나온다.

하였다 한다. 이것으로 볼 때 이이첨의 위인을 알 수 있으며, 조선 시대에도 과거부정이 있었음을 알 수 있다. 요사이 대학시험, 공무원 채용시험에서 시험지유출 사건이나, 시험지 대리 작성 사건이 나와서 교육당국은 매우 곤혹해 하고 있다. 이것이 바로 "火出火出" 사건인 것이다.

189 嗟君萬里行

유희분(柳希奮)은 광해군의 처남이었다. 어릴 때 밤에, 어쩌다 사람이 살지 않는 허물어진 고가(古家)에 들어갔다가, 나막신을 벗어놓고, 대변을 보고는 다시 나막신을 신으려 하니, 그 나막신 속에는

嗟君萬里行 차군 만리행(이라)

아! 그대는 만 리를 가누나.

이란 송지문(宋之問)의 당시(唐詩) '별두심언(別杜審言)'의 글귀가 혈서(血書) 5자로 써 있었다. 매우 괴상히 여겼는데, 나중에 커서 임진왜란이 일어났을 때, 어가(御駕)를 호종하고 천 리 땅 의주(義州)로 갈 때, 배에서 일본군의 총을 맞았지만 살아났다. 그 때 유희분은 그 혈서를 생각했었다.

그 뒤에 또 문창부원군(文昌府院君)이 되었을 때, 그는 항상 벼루집에 깨끗한 종이를 넣어 두곤 했었는데, 하루는 열어보니,

同作逐臣君更遠 동작축신 군갱원(하니)
青山萬里一孤舟 청산만리(에) 일고주(라)

함께 귀양 가는 신하가 되어, 그대 또한 멀어지니,
청산 만 리 먼 곳에, 한 척의 외로운 배일세.

하는 당시(唐詩)에 유문방(劉文房)이 배낭중(裵郎中)이 귀양갈 때 쓴 시가 붉은 글씨로 적혀 있어 이상하다 생각했는데, 곧 인조반정(仁祖反正)이 일어나 쫓기어 가다가 만리동 고개(萬里峴)에서 죽음을 당하면서 그 시가 떠올랐다. 그래서 이 일을 옆 사람에게 전했다 한다.

190 嶺南樓 詩

이 영남루 시는 조선시대 경남 밀양 땅에 영남루를 짓고, 근처 선비들에게 백일장을 보여서 뽑은 글이라 한다.

西風人倚嶺南樓서풍(에) 인의영남루(하니)
水國青山散不收수국청산(이) 산불수(라)

가을바람에 사람들은 영남루 난간에 기대어,
물에 비친 푸른 산 경치가 흩어져 거둘 수가 없네.

萬戶笙歌明月夜만호생가(는) 명월야(오)
一江漁笛白雲秋일강어적(은) 백운추(라)

여러 집의 피리 소리는 달 밝은 밤에 들리고,
강 어선에 호드기 곡조는 흰 구름 뜬 가을이라네.

老僧院裏疎鐘晚노승원리(엔) 소종만(이요)
烈女祠前落葉流열녀사전(엔) 낙엽류(라)

노승원 안에는 저녁 종소리 드문드문 나고,
열녀사당 앞에는 낙엽이 떨어져 흘러가네.

滿岸蘆花三千里만안노화 삼천리(에)
雁鴻無數下長洲안홍(이) 무수하장주(라)

언덕에 가득한 갈대꽃 삼천리에,
기러기 수없이 긴 물가에 내리네.

191 釋迦, 抱腹絶倒하다

조선 시대는 억불숭유(抑佛崇儒)의 정책으로 스님들이 수난을 당하는 때가 많았다. 점잖은 사람은 그렇지 않았지만, 수준이 낮은 사람들은 고의로 스님을 골려주는 자가 있었다.

하루는 어떤 싱거운 유생(儒生) 한 사람이, 공자(孔子)가 석가(釋迦)의 배를 한 대 치니까, 석가는 땅바닥에 꼬꾸라져서 배를 움켜쥐고, 아파서 어쩔 줄 몰라하는 그림을 그려 가지고 스님에게 주면서, 그 해설을 써 달라고 하였다. 그래서 이 스님은 다음과 같이 그림 해설을 써 주었다.

孔子不知三世 釋迦抱腹絶倒공자 부지삼세, 석가포복절도(라)

공자께서는 삼세(三世: 전세, 현세, 내세)도 몰라서, 석가께서 하도 가소로워서 땅에 쓰러져서 일어나지 못하고 있다고…

1950~60년 초에 춘천사범학교 김정묵(金正默) 교장님은 황해도 출신으로 한시(漢詩)도 잘하시고 저술도 잘하시고, 유학(儒學)은 물론이지만, 불교에는 더욱 정통하신 분이었다. 70연대 중반에 모 대학에서 법회가 열렸는데, 한국 불교계의 제1인자라 할 수 있는 인사의 강연에서 그 연사에게 불교의 학문적 조언을 하시는 것을 듣고, 다시 한 번 김 교장님의 깊은 학식에 놀랐다. 그러나 그 바로 후 교통사고로 가실 줄이야…

192 柳希春의 부인 宋氏

조선 중종 때, 미암 유희춘(眉岩, 柳希春)의 부인 송씨는 덕행과 문장이 겸비하였다. 을사사화(乙巳士禍) 때, 유공이 정언(正言) 벼슬에서 파직되고, 함경도 종성(鍾城)으로 귀양 가서 19년간 지냄으로 하여 송씨는 고생이 많았다.

유공은 총명하여 한 번 본 글은 잊지 않았는데, 사람들은 유공을 일러 "一過目輒不忘(한 번만 눈이 지나만 가도 잊지 않는다)"이라 하였다. 그는 그곳에서 수천 권의 책을 보았다. 송씨는 남편을 찾아 북청(北青)

마천령(摩天嶺)을 넘어, 동으로 바다를 보며 시를 읊었다.

行行遂至摩天嶺 행행수지마천령(하니)
東海無涯鏡面平 동해무애경면평(이라)

한 걸음 한걸음, 드디어 마천령에 당도해 보니,
동해는 끝없이 거울 면처럼 편편하네.

萬里婦人何事到 만리(에) 부인(은) 하사도(아)
三從義重一身輕 삼종의중 일신경(이라)

만 리 길, 이 여인네 무엇 하러 여길 왔나?
삼종의 의리가 중하여 내 일신은 가벼이 했다네.

193 百花堂의 부인

백화당은 영조 때 사람이다. 그는 성품이 맑고 시 짓기를 좋아하였다. 부모님께 여쭈어 자기의 배필은 문벌도 보지 말고, 다만 시 잘하는 신부를 맞자고 했다. 그래서 그는 30세가 되도록 장가를 들지 못했다.

드디어 빈한한 집이었지만, 시 잘하는 규수가 마침 있어 다행히 결혼하게 되었다. 그녀는 소문처럼 시를 잘했다. 착하고 시격 또한 맑았다. 그리고 그 집 뜰에는 여러 가지 꽃을 심어, 그 집의 당호(堂號)를 백화당이라 하였다.

그러나 불행히도 그의 남편은 40세도 못 되어 죽고 말았다. 부인은 통곡을 하며 따라 죽지 못하고 시로써 그 심정을 토로하였다.

三從無一可從人 삼종(에) 무일가종인(하니)

此死遲遲恨此身 차사 지지한차신(이라)

삼종(三從) 중에 따라야 할, 한 종(從)이 없어졌으니,
이 몸 죽음이 더디고 더디어 사는 것이 한스럽네.

憔悵百花堂獨在 초창백화당독재(하니)
鸚啼蠶睡又殘春 앵제잠수우잔춘(이라)

슬프고, 원망스러워라, 홀로 백화당만 남았으니,
앵무새 울고, 누에잠 자며, 잔인한 봄만이 남았네.

194 여류시인 金蒼巖

김창암은 조선 성종 때 여인으로, 본관은 광산(光山)이었다. 자기의 얼굴이 못생겨서 푸른 바위 같다는 뜻으로, '창암'이란 호를 스스로 선택했다. 그러나 그는 가례(家禮)를 읽어 법도를 잘 알았고, 효경(孝經), 예기(禮記) 등을 많이 읽어 여성으로서 교양을 갖추고 있었다.

김부인은 남편이 죽자 슬픔을 달래기 위해 바다 속 어떤 섬에 들어갔다가, 남편 생각이 하도 나서 다음과 같은 시를 지었다.

鸞仙一隻去不廻 난선일척(이) 거불회(하니)
碧桃花發老雲臺 벽도화발노운대(라)
선계(仙界)의 난새 한 마리 가서 돌아오지 않는데,
벽도화는 노운대에 피었구나.

早歸來兮東海上 조귀래혜 동해상(하니)
瑤琴共醉綠葉盃 요금공취록엽배(라)

일찍이 돌아왔도다. 동해 바다 위로,
옥으로 만든, 거문고에 함께 푸른 잎 잔에 취했도다.

그는 시 짓는 일을 잘 하지 않았으나, 한 번은 남편이 양양(襄陽) 가는 길을 따라가며 자경시(自警詩)를 지었다.

據德懷仁可謂人 거덕회인(이라야) 가위인(이니)
華簪寶貝莫安身 화잠보패(는) 막안신(이라)

덕에 의거하여 인애한 마음을 품어야 사람이라 할 수 있을지니,
화려한 비녀 보배로운 장식은 몸을 편안케 함이 아니라네.

脂膏榮祿吾還畏 지고영록(은) 오환외(하니)
上有王章下有民 상유왕장 하유민(이라)

맛 있고 기름진 음식, 영화로운 녹봉이 나는 도리어 두려워,
위에는 군왕의 법도 있고, 아래에는 백성이 있다네.

195 光海君의 柳妃

광해군의 왕후 유비는 유희분(柳希奮)의 누이었다. 그는 덕이 있고 문장가였다. 그리하여 광해군의 잘못함을 항상 간했다. 그 친정어머니 봉원부부인(蓬原府夫人) 정씨의 환갑날에 광해군이 장모를 위하여 서총대(瑞葱臺)에서 잔치를 베풀었다. 그 때 유비는 어머니를 위하여 수연시(壽宴詩)를 지어 드렸다.

叩侍宮闈十九年 고시궁위 십구년(에)
翟褕徽典愧前賢 적유휘전 괴전현(이라)

궁궐에서 상감을 모신 지 어언 십구 년,
화려하고 아름다운 전장은 앞에 가신 이에 부끄럽다네.

初逢宣廟中興日 초봉선묘 중흥일(이요)
更見吾王至德全 갱견오왕 지덕전(이라)

처음 만났을 때는, 선조대왕 한참 잘 나가는 때였고,
다시 우리 임금님 지극한 덕을 온전히 하는 때를 맞았네.

亂世幾添龍御運 난세(엔) 기첨용어운(이요)
時平長亨鳳帷邊 시평(엔) 장형봉유변(이라)

난세에는 몇 번이나 임금님 모시는 행운이 겹쳤고,
평화시에는 길이 봉황의 장막에서 형통했노라.

慈顔鶴髮通明殿 자안학발 통명전(에)
稱壽還駕寵渥編 칭수환가 총악편(이라)

자애로운 어머님 얼굴, 흰 머리, 통명전에서
수(壽)를 드리려 어가(御駕) 오시니, 그 은혜 후히 엮으리.

196 富貴에 兼風流라

남치원(南致元)은 조선 성종의 넷째 따님 경순옹주(慶順翁主)의 남편 의성위(宜城尉)다. 그는 임금의 사위로 귀인이 되었으나, 조금도 귀인의 티를 내지 않고, 성격이 활달하여 풍류를 좋아하는 기풍이 대장부다운 기상을 가지고 있었다.

그리하여 술과 시와 여색을 고루 즐겼다. 그 언젠가, 어촌 심광언(漁村, 沈光彦)이 잔치를 벌려 남치원을 대접할 때, 당시에 유명한 기생 벽련화

(碧蓮花)를 오게 하였다. 남치원은 이 날 밤에 시 한 수로써 주인에게 사례하였는데, 사람들은 모두 이 시가 당시(唐詩)보다 낫다고 칭탄하였다.

宜城美酒碧蓮花 의성미주 벽련화(는)
勝事可觀此夜多 승사가관(이) 차야다(라)

의성위는 좋은 술, 거기다가 벽련화까지,
좋은 일과 볼 만한 것이 오늘 밤에 많다네.

唱到感君恩一曲 창도감군은일곡(하니)
不知河漢已西斜 부지하한(이) 이서사(라)

감군은 한 곡조를 부름에 이르니,
은하수가 벌써 서쪽으로 기운 것도 알지 못하네.

조선시대, 임금의 부마(駙馬)가 되면, 어떤 면에서 매우 불행했다 한다, 남존여비 시대에 여존남비이기 때문이었다. 시부모도 며느리에게 존댓말을 써야 하고, 남편은 사생활에 일거수일투족 제약을 받으며, 남자로서 곁눈질 한번 제대로 못하며 부인의 감시를 받아야 했다. 말도 부인에게 항상 존경어를 쓰며 매우 구속적인 삶이었었다.

그런데 남치원은 보통 사람과 다름없이 할 짓 다 하고 기생파티까지 하며 즐겼으니, 본인의 호탕한 점도 있었겠지만, 부인이 그 너그러우신 성종대왕의 따님이었기에 가능하지 않았겠는가?

일반적으로 부마하면, 예쁜 여인 그리고 권력, 왕의 따님과 산다는 것은 또한 일생의 행운이었다. 그래서 서로 왕의 사위가 되려고 했던 것이다. 그렇지만 제도상, 부마는 평생에 행정직 벼슬을 하지 못하게 되어 있어서, 정치에 참여하지도 못하고 일생을 부마라는 벼슬 아닌 벼슬로 포시랍게 먹고 놀기만 하였다.

그래서 어느 시대인가? 윤덕중이란 사람은 궁중에서 공주와의 중신이 한창 무르익어 혼인이 거의 성사되어가는 무렵에

"나는 당당히 과거에 급제하여 벼슬하겠다."

고 부마의 직위를 사양했다 한다. 그런데 재미있었던 것은, 그는 일평생 과거에 번번이 낙방하고 맨머리로 늙어 죽었다 한다. 벼슬이건 부마건 모두가 팔자소관이 아니겠는가?

197 藥泉 南九萬

동창이 밝았느냐, 노고지리 우지진다.
소 치는 아이는 상기 아니 일었느냐,
재 너머 사래 긴 밭을 언제 갈려 하나니.

이 시조는 약천 남구만의 작품이라는 것쯤은 초등학생도 다 잘 알고 있다. 조선시대, 시만 잘 쓰면 인품이 부도덕해도 그 시가 인구에 회자되는가? 그렇지 않을 것이다. 남구만은 숙종 때, 유명한 재상일 뿐 아니라. 덕망과 정치이념이 후세에도 존경을 받았고 거기에 시를 잘 했으니, 이와 같이 금상첨화이면 더욱 좋을 것이다.

이렇게 훌륭한 재상도 변덕 많은 숙종의, 엎치락뒤치락 하는, 노론과 남인 두 당파의 손을 번갈아 들어주던 다난다단(多難多端)한 판국에 조석풍운은 그 앞날을 귀신도 장담하지 못하였다. 그는 갑자기 하루아침에 인수(印綬)를 끌러놓고, 위리안치(圍籬安置)의 중형을 받고, 천리 길 경흥(慶興) 땅으로 귀양을 떠날 때, 백성들은 길에 나와 그를 잡고 눈물을 흘리며 울어댔다.

함경도 명천(明川) 땅에 이르렀을 때, 백성들이 낙루석별(落淚惜別)하는 가운데, 어떤 선비 한 사람이 가마를 붙잡고, 남공에게

"기왕 이렇게 되었으니, 시나 한 수 읊어 주십시오." 하였다. 남공은 그 자리에서 서슴지 않고, 다음과 같이 불러주었다.

十五年前觀察使 십오년전 관찰사(가)
三千里外流浪人 삼천리외 유랑인(이라)

십오 년 전에 관찰사가,
삼천리 밖에서 떠도는 사람이 되었네.

정치인의 무상함을 읊은 것이다. 이 시가 삽시에 함경도에 퍼져서 모르는 사람이 없었다. 당시에 함경도 관찰사, 만휴 박태상(晩休, 朴泰尙)이 이 소문을 듣고, 서문을 쓰고 그 시를 목판에 새겨 관아(官衙)에 현판으로 달았다. 그것을 보고, 이 고을 선비들 역시 자기 고을 향교에다 이 현판을 만들어 달았다고 한다. 만약에 약천이 덕이 없었던들 이 시 한 구절을 가지고 여러 사람들이 이렇게 할 수 있었으랴!

198 구성이 좀 다른 律詩

필자가 1971년도 고향에 다녀오면서 중앙선 열차를 탔었다. 옆 자리에는 회색빛 승복(僧服) 같은 두루마기를 입은 60대 초반쯤 되어 보이는 분과 같이 앉아왔다.

그는 풍기(豊基)에 있는 사립 고등학교 교장을 지냈다 했는데, 화술이 매우 능란하였다. 청량리역까지 얘기를 하고 오면서, 그는 율시 한 수를

소개했다.

자기가 어릴 때, 영주(榮州)에 사는 이모(李某) 노인이란 자가 부석사에 올라갔는데, 주지가 처음에는 노인의 주제가 허름한 것을 보고, 대수로이 알지 않더니, 이 시를 지어주니 매우 존경하고, 음식 대접을 잘 하였다고 하였다.

白雲裏 洞府深深 백운리(에) 동부(가) 심심(하니)
連石逕 眞界喜尋 연석경 진계(를) 희심(이라)

흰 구름 속에 동리가 아주 깊이 있어,
돌이 연이은 산길을 걸어, 좋은 곳을 기쁘게 찾았노라.

溪水聲 彈琴曲曲 계수성(은) 탄금곡곡(이요)
山紅葉 畵彩林林 산홍엽(은) 화채임림(이라)

시냇물 소리는 골짜기마다 거문고 타는 소리를 내고,
붉은 단풍잎으로 그린 경치는 그 색갈이 곱디곱다.

沙門入 忽忘塵世 사문입(하니) 홀망진세(요)
佛殿升 混脫俗心 불전승(하니) 혼탈속심(이라)

불계에 들어오니, 갑자기 홍진의 세상을 잊었고,
성전에 오르니, 홀연히 속된 마음에서 벗어나도다.

香積山 無窮景槪 향적산 무궁경개(를)
一詩中 不盡勝吟 일시중 부진승음(이라)

향적산의 끝없이 아름다운 이 경치를,
한 수의 시로써는 다 읊지 못하겠네.

다른 시들은 7언이면 구조가 대개 위로 4자, 아래 3자로 되어있다. 혹은 앞에서 남치원(南致元)의 시에 "唱到感君恩一曲"처럼 위로 2자, 아래로 5자, 또는 위로 3자, 아래 4자로 구성되기도 하지만, 기본은 위로 4자, 밑으로 3자이다. 이 시처럼 모든 것이 일률적으로 위로 3자, 아래로 4자로 구성된 것은 없다. 그런 면에서 이 시는 매우 특수하다. 그러면서도 율시로서 대가 잘 되어있고, 1연, 4연도 무리 없이 잘 썼다고 본다.

199 사부사부 조지서

조지서(趙之瑞)의 자는 백부(伯符), 호는 지족당(知足堂)이니, 임천(林川) 사람이다. 그는 소과, 대과, 무과, 삼과(三科)에 모두 장원하여, 사람들은 삼장원봉(三壯元峯)이라 불렀다. 그의 고향이 진주였는데, 진주(晋州)에 세 봉우리인 삼장원봉이 있어, 그의 어머니는 그 산에서 빌고 조지서를 낳았다고 사람들은 말하였다.

그는 26세에 어유소(魚有沼)가 건주위(建州衛)를 정벌할 때 발탁된 후, 교리(校理)를 거쳐, 세자 연산군의 보덕(輔德)이 되었다. 보덕은 세자시강원(世子侍講院)의 벼슬로 세자의 훈도이다. 연산군이 나쁜 짓만 일삼자, 책을 던지고 꾸짖었는데, 그만 원수지간이 되었다. 반면, 같은 보덕 허침(許琛)은 세자인 연산의 비위를 잘 맞추며 잘 지냈다. 하루는 연산이 조지서가 거처하는 벽에다 글을 써 붙였다.

"조지서는 소인이요, 허침은 대인이다"

이것을 본 조지서는 그만 보덕을 사퇴하였고, 창원군수(昌原郡守)를 자청하여 부임했다가, 연산의 성품을 잘 아는지라, 장차 불행이 닥칠 것 같아 사퇴하고 산골로 숨어들어가, 지족당(自足堂)이란 정자를 짓고, 자족하며 살았다. 그 시에 이르기를

秋坐情宵數漏籤 추좌정소 수루첨(하고)
朝來簾捲對山尖 조래렴권 대산첨(이라)

가을 정겨운 밤에 앉아, 몇 시간 글 읽으며,
아침이 오니, 발을 걷고 뾰족한 산을 대하누나.

鶯含脫色啼深樹 앵함탈색 제심수(요)
燕掠輕陰入短簷 연략경음 입단첨(이라)

꾀꼬리는 샛노란 색깔을 머금어 깊은 숲에서 울고,
제비는 엷은 그늘을 가져다가 처마 끝에 들도다.

臥隱自知身慣懶 와은(엔) 자지신관라(요)
家貧非是我爲廉 가빈(은) 비시아위렴(이라)

숨어 누우니, 스스로 게으름을 알겠고,
집이 가난한 것은 내가 청렴해서가 아니라네.

平生壯志消磨盡 평생장지 소마진(하니)
羞抱菱花照老髥 수포능화 조노염(이라)

평생에 장한 뜻, 다 녹아 없어져 버렸으니,
부끄러이 마름꽃 안음에, 그 빛이 늙은 수염에 비추이네.

연산군이 왕위에 오르자, 죽은 사람의 묘도 파헤쳐 다시 죽이는 판인데, 아무리 산골에 숨어산다 해도 못 찾을 리가 없었다. 안이나 다를까 그는 그럴듯하게 사건에 연루되어 한강에 던져져 고기밥이 되고 말았다.

그의 부인은 포은 정몽주(圃隱, 鄭夢周)의 증손녀로서, 남편이 죽은 후에도 자식을 잘 키우고, 조상의 향화를 끊이지 아니하였다. 재산이 적몰(籍沒)되어 먹고살 수 없게 되자, 친정아버지가 와서 친정으로 가자고 하였으나, 말을 듣지 않고 그 집을 떠나지 않았다. 그래서 사람들은 그

지아비에 그 아내라고 사부사부(斯夫斯婦)라 하였다.

200 중늙은이의 푸념

옛날에는 40대만 되어도 중늙은이로 쳤다. 지금은 아마 60대는 되어야 중늙은이로 간주할 수 있지 않을까? 옛날에 어떤 이가 중늙은이가 되더니 다음과 같이 읊었다.

酒量漸大黃金盡 주량(이) 점대(하니) 황금진(이요)
世事纔知白髮新 세사(를) 재지(하니) 백발신(이라)

주량은 점점 커지는데, 돈은 다 써버렸고,
세상일을 겨우 알 만한데, 흰 머리는 늘어나도다.

百不二三知己者 백불이삼 지기자(요)
十常八九害吾人 십상팔구 해오인(이라)

백 사람 중, 나를 알아주는 이는 두, 셋이 못 되고,
열 중에 여덟 아홉은 나를 해롭게 하는 자이네.

"인심은 고금동(人心古今同)"이라더니, 예나 이제나 나를 도와주는 이는 소수고, 나와 경쟁하는 이가 대다수다. 위 시에서 '害吾人'은 나를 해롭게 한다기보다는 나와 경쟁을 하는 자이기 때문에 나를 도와주지 않는다. 곧 나의 몫을 그가 가지고 가려 하기 때문이다. 또 어떤 때는 내가 이룩해 놓은 것도 그가 가지려고 한다. 위에서 주인공은 중늙은이가 되어서야 그것을 깨달은 것이다.

201 柳誼의 民情視察

유의(柳誼)의 자는 의지(誼之)이고, 호는 선암(善庵)이니, 영조 때 사람이다. 홍주(洪州) 군수가 되었을 때, 좀 공사가 한가로울 때는 헌 갓에 때 묻고 헤진 도포를 입고, 비루먹은 말을 타고 논밭이 가득한 들판으로 나갔다.

말을 길가에 매어놓고, 논둑길을 걸어 농부들이 점심 먹는 데 가서

"여보게 자내들, 내가 염치없는 말을 해야겠네. 노자가 떨어져서 밥을 사 먹을 수도 없으니, 자네들 먹는 김에 좀 같이 먹으면 안 되겠나?" 하니, 젊은이는 '얻어먹는 주제에 오만스레 반말인가' 생각하고,

"밥이 넉넉하면 주겠는데, 우리 먹을 것도 빠듯하니, 다른 데로나 가 보게" 하였다. 그 중 나이 먹은 이는 '저 사람이 행색은 초라해도, 반말하는 것이라든가, 태도가 저렇게 당당하니, 예사 사람이 아니다' 생각하고,

"아, 사람들 하고는, 우리는 주인이고 저 어른은 손이 아니신가? 주인이 손을 보고 그러는 법이 어디 있나?" 하고는 수저를 씻어 주었다. 유의가 한 술 떠보니, 아무리 농촌 빈민의 음식이라 해도, 음식이 깨끗하지 못하고, 맛이 없어 도저히 먹을 수가 없었다. 한 술만 더 뜨고 숟가락을 놓았다. 그 눈치를 알아차린 늙은이는,

"저 정자에서 점심 먹는 집으로 가 보십시오. 그 집은 곰국까지 주니, 먹을 만할 겁니다." 하였다.

그는 정자에서 식사하는 집으로 가 보았다. 같은 방법으로 밥 먹기를 청하여 먹어 보니, 너무나 분에 넘치게 호화스러웠다. 그는 몇 술 뜨다가,

"어디 아니꼬와서 먹겠나." 하고 술을 놓았다. 그러자 한 젊은이가

"무엇이 아니꼽소?, 음식이요? 사람이요?" 하였다. 그는

"음식이요, 나랏님보다도 더 잘 먹으니…" 하고는 들판을 떠나 말을 타

고 가버렸다. 그 광경을 본 농부들은

"나 별 아니꼬운 놈 다 봤네. 맛있는 음식을 주면 고맙게 먹고 갈 일이지. 무슨…" 하고 저마다 한 마디씩 욕을 했다.

그리고 2~3일 후, 그 들판에서 음식을 먹은 두 집이 다 불려갔다. 유의는 예방(禮房)을 시켜 교육을 시켰다.

"검소하게 살아야 할 백성이 육고기, 물고기며, 곰국을 다 갖추고 사니, 임금님보다도 더 호화롭다. 그리고 한 집은 아무리 가난하다고 하나, 음식이 깨끗하지 못하면 맛도 맛이거니와 질병이 생길 수도 있다" 하고 타일러 보내고, 언어에서부터 일상생활의 예절에 이르기까지 교육을 시켰다. 그래서 그 고을 백성들은 아주 친근한 목민관에게 가까운 정을 느꼈다. 그가 떠난 다음, 그의 선정비(善政碑)에는 아래와 같이 적혀 있었다.

來而淸風 내이청풍
去而情風 거이정풍
來去情風 내거정풍
萬古情風 만고정풍

왔을 땐 맑은 바람(깨끗한 정치)
갈 때는 정든 바람(정든 사람)
오나가나 다정한 바람(다정한 목민관).
두고두고 다정한 바람(영원한 목민관).

202 成宗大王과 貴元

綠羅剪作三春柳 녹라(로) 전작삼춘류(하고)
紅錦裁成二月花 홍금(으로) 재성이월화(라)
若使公侯爭此色 약사공후(로) 쟁차색(이면)

韶光不到野人家 소광(이) 부도 야인가(로다)
아마도, 至極公道는 하늘인가 하노라.

푸른 비단을 오려서 봄철 버들을 만들고,
붉은 비단을 말라서 이월의 꽃을 만들었네.
만약, 공경재상으로 하여금 이것을 다투어 갖게 한다면,
이 좋은 풍광이 백성에게는 돌아가지 않으리.
아마도 지극히 공평한 것은 하늘인가 하노라.

이러한 엇시조가 있다. 어느 날 성종대왕이 비원에서 거닐다가, 봄 날씨가 하도 좋아 문득 시 한 구를 생각하였다.

綠羅剪作三春柳, 紅錦裁成二月花

그러나 이렇게 1연을 지어놓고 시상이 떠오르지 않아 다음 연을 더 이상 짓지 못하고, 이 1연만을 써서 정자 기둥에 붙여놓고 돌아왔다. 왕이 3일 후 다시 후원을 거닐 때 보니, 누가 다음 한 연(聯)을 더 써 넣어 절구(絶句)를 마무리 하였다.

若使公侯爭此色, 韶光不到野人家

왕은 그것을 보고 깜짝 놀랐다. 후원에는 왕과 궁녀만이 들어갈 수 있는 곳인데, 이 시는 누가 써 놓았단 말인가? 그래서 동산의 문지기를 불러 물어보았다.

"여봐라, 이 후원에 누가 들어온 사람이 있었더냐?"

그러자 "아무도 없었습니다." 하였다.

"그렇다면, 저 기둥에 쓴 글은 누가 썼는지 아느냐?" 하니,

"황공하옵니다. 죽여주시오소서. 감히 소인이 강감마마 글 밑에 짝을

채워 놓았습니다." 하였다. 그래서 왕은

"네 이름이 무엇이냐?" 하니,

"귀원(貴元)이라 하옵니다." 하였다.

"고향은?" 하니, "영월(寧越)이옵니다" 하였다.

"네가 대궐에는 어찌하여 들어오게 되었느냐?" 하니

"고향 향교에서 공부를 하였사온데, 공부가 모자라서 과거에 낙방하고 여기에 문지기로 들어왔습니다." 하였다.

성종은 귀원의 글귀가 백성을 사랑하는 뜻이 담아있어 더욱 좋았다. 왕은 귀원의 말을 듣고 벼슬을 내려주시고 치하하였다 한다. 이 시조에서 끝에 종장 한 줄,

"아마도 지극공도는 하늘인가 하노라"는 시조로 만드는 사람이 지어 넣었을 것이 분명하다.

203 冤魂으로 쓴 端宗의 시

단종이 폐위된 후에도 성삼문 등과 통하고 있다고 하여, 세조는 노산군(魯山君)으로 강등시켜 영월로 추방하였다. 영월읍에서도 30리를 더 들어가야 하는 깊은 산골짝에는 숲만 울창할 뿐, 사람이라곤 내시 한 사람과 궁녀 두서너 명이 고작이었다.

바람소리, 시냇물 소리, 그리고 산새들과 산짐승 우는 소리만 들릴 뿐이었다. 단종은 이 세상 밖에 나오자마자 어머니를 여의고, 여러 사람의 궁녀의 손끝에서 자란 몸으로, 이 때 꽃다운 나이 열일곱에 비참하기 짝이 없는 신세였다. 차라리 평민으로 태어났더라면….

그는 그 때의 환경을 다음과 같이 적었다.

嶺樹參天老영수(는) 참천로(요)
溪流得石喧계류(는) 득석훤(이라)

고개에 나무들은 하늘로 뻗쳐 늙었고
흐르는 시냇물은 돌에 부딪혀 울도다.

山深多虎豹산심다호표(하니)
不夕掩柴門불석엄시문(이라)

산이 깊어 호랑이 표범 많으니,
저녁이 되지 않아도 사립문을 닫네.

구중궁궐에 귀하디귀하던 몸이 호랑이 울부짖는 심심산골에 오직 산과 물 그리고 나무와 산짐승, 구름과 푸른 하늘만을 보며 살았다.

위의 시를 볼 때 17세 단종은 대시인이었다. 어쩌면 그리도 시가 깔끔할까? 단종의 여섯째 삼촌 금성대군(錦城大君)이 삭녕(朔寧)에 유배되었다가 단종이 영월에 있단 소식을 듣고, 영월의 옆 고을 순흥부사(順興府使)와 내통하여 단종의 복위를 꾀하려다가 탄로가 났다. 세조는 단종에게로 쏠리는 민심을 막으려고, 약사발을 내려 보내야 했다.

그냥 두어도 사약을 마시고 죽을 텐데, 영월읍에서 나온 통인(通引)놈이 큰 상이라도 타려고 활시위로 목을 걸어 질식시켜 죽였다. 그 후 영월부사는 부임만 하면 죽어 나갔다. 영월부사의 꿈에 단종이 목에 활시위를 벗겨달라고 나타났기 때문이었다. 어느 부사가 부임하자마자 묘를 파고 활시위를 벗겼더니, 다시는 나타나지 않았다 한다. 얘기인즉 그러하나 장사지낸 엄흥도(嚴興道)가 어찌 활시위를 벗기지 않았으랴!

단종의 한이 서린 시 2수를 더 첨부한다.

月白夜, 蜀魂秋.월백야, 촉혼추.

含愁情, 倚樓頭.함수정, 의루두
爾啼悲, 我聞苦.이제비, 아문고
無爾降, 我無愁.무이강, 아무수

달 밝은 가을밤, 두견새 울 제,
근심에 잠긴 몸을 누두에 비꼈으니,
너는 슬피 울고, 나는 듣기 괴롭다.
네 소리 없으면, 내 금심 없으리.

寄語世人勞苦人 기어세인 노고인(하노니)
愼登美春三月子規樓 신등미춘삼월자규루(하라)

세상에 번민하는 사람에게 말하노니,
삼가, 아름다운 춘삼월에 자규새 우는 누에는 오르지 말지니.

단종은 그 나이에 어쩌면 이다지도 시를 잘할 수가 있을까? 다음은 그의 7언 율시(律詩)를 소개한다.

一自寃禽出帝宮 일자원금(이) 출제궁(으로)
孤身隻影碧山中 고신척영(이) 벽산중(이라)

한 원통한 새가 제궁으로부터 나온 뒤로,
외로운 몸, 외짝의 그림자 푸른 산중에 있다네.

假眠夜夜眠無假 가면야야(에) 면무가(하고)
窮恨年年恨不窮 궁한연년(에) 한불궁(이라)

잠 설치는 밤마다 잠잘 겨를 없고,
원한 다한 해마다 원한이 끝이 없네.

聲斷曉岑殘月白 성단효잠(엔) 잔월백(이요)
血流春谷落花紅 혈류춘곡(엔) 낙화홍(이라)

소리 끊어진 새벽 산에는 조각달만 어리고,
피눈물 흐르는 봄 골짜기엔 꽃이 떨어져 붉었네.

天聲尙未聞哀訴 천성(이) 상미문애소(하고)
胡乃愁人耳獨聽 호내수인(으로) 이독총(고)

하늘은 나의 슬퍼 하소연 소리를 아직 듣지 못하고,
어찌 근심하는 사람으로 하여금 귀를 이다지도 예민하게 하나?

그는 항상 사람도 없는 깊은 산골에서 언제 자기를 죽이러 오나 하는 공포심에서 잠을 이루지 못하고, 예민한 귀를 토끼처럼 쫑긋 곤두세우고 있는 광경은 사람으로 하여금 참으로 측은하게 한다.

204 생시에 屈原의 넋을 만나다

이예(李芮)는 형조(刑曹)에 근무할 때, 세조(世祖)의 신임을 독차지했으나, 천성이 충직하고 경술(經術)에만 능할 뿐, 사교술이 부족하다고 왕은 이것을 항상 근심하였다.

왕은 발영시(拔英試)를 발표한 후에, 친히 어제시(御製詩)를 지어 신하들로 하여금 그 운으로 화찬(和撰)을 명하였다.

이예는 화찬시(和撰詩) 끝에 이르러 다음과 같이 마무리하였다.

歌詠聖德欲起舞 가영성덕 욕기무(하니)
天風吹袖助回旋 천풍(이) 취수 조회선(이라)

성덕을 노래하고 읊으며, 일어나 춤추고자 하니,
은혜로운 바람이 소매에 불며, 춤추는 나를 돕네.

세조가 이 글을 보고, "이예는 평소에 용렬한 선비로만 알았더니, 호기당당한 데도 있구나." 하였다. 나인들로 하여금, 비파를 타며 이예의 시를 읊으라 하고 본인으로 하여금, 시 내용 그대로 춤을 추게 했다.

이리하여 이예는 취하여, 춤추며 빙빙 돌았는데, 왕은 이예에게

"과인이 지금 경에게 명할 일이 있는데, 듣겠는가?" 하였다. 이예는

"어명이시라면, 물불도 가리지 않겠습니다." 하니, 왕은 즉시

"그렇다면, 저 물속에 들어가 내가 나오라 하거든 나오너라." 하였다. 이예는 말을 했으니, 안 할 수는 없고 내심으로 '임금의 희롱이 너무 지나치구나.' 생각하고, 할 수 없이 경회루 연못에 다리를 넣었다가 중얼중얼하며 훌쩍 나와 버렸다. 그러자 왕은,

"아직 나오라는 명령을 하지 않았거늘 경은 어찌하여 벌써 나오는가?" 하니, 이예는

"신이 물속에서 굴원(屈原)의 넋을 만나 부득이 떠밀려 나왔습니다." 하였다. 왕은

"뭐, 굴원의 넋을 만나? 그래 굴원이 뭐라고 하더냐?" 하니, 이예는

"네, 굴원이 하는 말이 '자기는 초회왕(楚懷王) 같은 암군(暗君)을 만나, 원통하게 물속에 있거니와 그대는 성군(聖君)을 만나 어찌 여기를 들어 왔느냐?' 하고 내쫓았습니다." 하였다. 참으로 대단한 기지(機智)였다. 이정도의 임기응변이라면 어찌 고지식한 사람이라 할 수 있으리.

205 잘못 짚은 地方守令

유운(柳雲)은 중종 때 사람으로 대사헌을 지냈다. 활달한 성격에 주색을 좋아하여 친구인 정암 조광조(靜庵, 趙光祖)도 그의 과주과색(過酒過

色)을 경계하라고 충고한 바 있었다.

그는 어사로서 충청도를 안찰한 바가 있는데, 공주(公州)에 이르렀을 때 일이다. 의례히 순찰사가 오면 기방에 아리따운 방기(房妓)를 뽑아 천침(薦枕)함이 상례이거늘, 그는 독수공방 홀로 지샜다. 그가, 명기를 뽑아 노독을 풀게 하겠지 하는 기대는 완전히 빗나가고 말았다.

공주의 성주(城主)는 생각하기를

"들건대, 유공은 조정에서도 바른 말 잘하기로 유명하고, 권귀(權貴)와 강호(强豪)를 무서워하지 않는다니, 여자를 바치거나 진수성찬을 대접했다가는 어떤 책망을 들을 지도 모르니, 아예 맛있는 음식과 기생 따위는 생각지도 말아야 한다."는 판단 때문이었다. 그래서 그를 모시는 사람은 사동(使童) 하나밖에 없었다.

이튿날 어사가 떠나가고, 그 방에 들어가 보니, 그 벽에는 다음과 같은 시 한 수가 붙어 있었다.

公山太守怯威稜 공산태수(는) 겁위릉(하야)
御使風流識未曾 어사풍류(를) 식미증(이라)

공주태수가 (어사의) 위엄에 겁먹어,
어사의 풍류를 일찍이 알지 못했다네.

公館無人消永夜 공관(에) 무인 소영야(에)
南來行色淡於僧 남래행색(이) 담어승(이라)

공관에 사람은 없고, 긴 밤을 지새울 제,
남쪽으로부터 온 나의 행색이 스님보다 더 맑았다네.

누구한테도 강직하였던 유운도 여색에는 생각을 떨쳐 버릴 수 없었던 것은 그 당시에는 여자를 즐기는 것이 부도덕한 일이거나 잘못된 일이 아니라고 생각했기 때문이었다.

206 西山의 老寡婦

어우야담(於于野談)을 쓴, 어우 유몽인(於于 柳夢寅)은 광해군의 총신(寵臣)이었다. 그리하여 인조반정 후에 정처없이 떠돌아다녔다. 그러다가 무진역옥(戊辰逆獄)이 일어나자, 오해를 받고 채포영장이 내렸으나, 그가 어디에서 사는지 아무도 몰랐다. 그러다 어찌어찌하여 서산에서 그를 찾아냈다. 주국대신(主鞫大臣)이

"너는 어찌 역모를 하고 숨어 살았단 말이냐?"

하고 물으니,

"나는 숨어산 것이 아니요, 이사를 했을 뿐이요. 폐주(廢主)는 이미 망했고, 신왕(新王)의 성덕은 삼척동자도 다 아는 바이거늘, 내가 어찌 혼주(昏主)의 복위를 도모하겠소?"

하였다. 그러자 주국대신이

"서산에 이주함은 다 알겠으나, 옛날 무왕(武王)이 만일 기자(箕子)를 천자로 삼았다면 백이(伯夷), 숙제(叔齊)가 수양산으로 들어갔겠는가?"

하니, 몽인은 한참 있다가,

"내가 과부사(寡婦詞)를 지어서 나의 소회(所懷)를 나타낸 바 있으니, 이것이 죄가 된다면 할 수 없으니 죽이시오" 하였다.

七十老寡婦 칠십노과부(가)
端居守空壼 단거수공곤(이라)

칠십 살 된 늙은 과부가

단정히 살며 빈 규방을 지켰도다.

傍人勸之嫁 방인권지가(하니)
善男顔如槿 선남안여근(이라)

옆 사람들이 그를 시집가라하니,
좋은 남자 얼굴이 무궁화 꽃 같네.

慣誦女史詩 관송여사시(하고)
稍知妊姒訓 초지임사훈(이라)

늘 여자에 관한 역사와 시를 읽었고,
조금 여자 덕행의 교훈을 알았다네.

白首作春容 백수 작춘용(이면)
寧不愧脂粉 영불괴지분(가)

이 늙은이가 청춘의 얼굴로 꾸민다면,
어찌 연지분이 부끄럽지 않으리.

위 시의 내용에서 '70된 늙은 과부가 젊은 신랑에게 시집가서 몸가짐을 조신이 하고 얼굴을 치장함이 연지분에게 부끄럽지 않느냐' 하는 것은 광해군을 섬기던 자기가 인조에게로 마음을 돌려 충성을 다하는 것이 부끄러운 행동이 아니냐는 뜻이다. '어찌 연지분이 부끄럽지 않느냐' 비유한 대목이 당시 인조에 대한 불충이라면 불충이라 할 수 있으니, 죽일 테면 어서 죽이라고 한 것이다.

이 시를 듣고, 그냥 용서하려 하였으나, 대신들 중에는 반대하는 자가 있었다. '만일 몽인을 용서하면 지금에 입조(立朝)하지 않는 이들을 어떻게 막아야 할까' 하는 주장 때문에 그는 그만 아깝게도 죽음을 당하고 말았다.

그러나 입신출세함은 모든 사람들의 욕구이거늘, 어찌 은자를 입조시키기 위하여 죄도 없는 큰 학자요, 지조 있는 선비를 죽여야 했던 일은 납득할 수 없는 처사라 아니할 수 없다.

207 江皐 柳尋春

세상에는 호와 이름을 잘 어울리게 지으면 좋다하는데, 용궁(龍宮) 어득수(魚得水), 청송(青松) 백운학(白雲鶴), 강고 유심춘(江皐 柳尋春), 모두가 호와 이름이 잘 어울려 팔자가 좋다 하였다.

강고 유심춘은 서애 유성룡(西崖, 柳成龍)의 후손이다. 그는 너무나 후덕한 군자였다. 장수현감(長水縣監) 때는 민심을 얻어서, 그곳에 서원이 설립되었고, 의성현감(義城縣監) 때는 너무도 청렴하여, 그 부인도 쓰던 문래를 고향에서 가져왔다가 도로 고향으로 가져갔다 한다. 그래도 노론 측 감사(監司)는 그의 고과를 평할 때 다음과 같은 글을 썼다 한다.

秋毫不犯 추호불범(이라 하나),
國庫蕩竭 국고(는) 탕갈(하고)
愛民如子 애민여자(라 하나),
民怨衝天 민원(은) 충천(이로다)
추호도 나랏돈을 축내지 않았다고 하지만,
국고는 바닥이 나 곡식은 없고,
백성 사랑하길 제 자식 같이 하였다 하나,
백성의 원성은 하늘을 찌르도다.

이같이 조롱과 중상을 하였으나, 그는 개의치 않고 도리어 감사에게 "변변치 못한 이 하관(下官)을 여헌(旅軒)선생과 같은 평을 해 주시니,

황송하옵니다." 하였다.

훌륭한 여헌 장현광(張顯光)도 원님 시절에 윗사람으로부터 이런 평을 받은 적이 있기 때문이었다.

강고 유심춘에게는 또 이러한 얘기가 전한다.

선생의 먼 친척 되는 이의 부인이 찾아와서 선생의 셋째아드님을 양자로 달라하여 마음이 착한 선생은 허락을 했는데, 그 당사자인 아드님이 싫다하므로, 부인은 아들이 안됐어서 유공에게 아들 뜻대로 하게 하자고 조르며, 양자를 취소할 것을 애원하였으나, 유공은 이미 허락한 일이라고 듣지 않자, 그 부인은 그만 순간적으로 자살을 하였다. 그런데 그 부인의 친정이 당시에 당당하던 풍양조씨 세도가문이라 부인의 자살을 이 집에서 죽인 살인사건으로 몰아 유씨 집안은 참으로 곤경에 빠졌다.

그런데 풍고 김좌근(楓皐 金佐根)이 전에 의성현감의 전임이므로 유강고의 인품과 가풍을 잘 아는지라, 당색이 다른 노론과 남인관계인데도 불구하고 "유강고 댁은 그럴 분들이 절대 아니라고 적극 설득하여 풍양조씨 댁 사람들이 그만 수그러지고 말았다 한다.

208 총각과 처녀, 저절로 통하다

홍총각은 시골 청년으로 과거에 급제하려면 아무래도 서울에 가서 귀동냥이라도 좀 해야겠기에 고향을 떠나 잠시 서울 장모라는 집에서 기식을 하고 있었다. 그는 글재주가 있어 사람들은 그를 수재라 불렀다.

홍수재는 객지에서 공부에도 재미가 있었지만, 때로는 외로움을 달랠 길 없어 다음과 같이 시를 썼다.

忽聞天外雁聲秋 홀문천외(에) 안성추(하니)
遊子無端動客愁 유자 무단동객수(라)

홀연히 하늘 밖에 가을 기러기 소리를 들으니,
유학하는 이 몸, 무단히 객고의 근심이 움직이네.

遙望鄕關千里隔 요망향관 천리격(하니)
萍水孤身誰與歸 평수고신(이) 수여귀(오)

고향 땅 바라보매, 천리길 멀고 머니
부평초 같은 외로운 이 몸, 누구와 함께 돌아갈꼬.

이 시는 매우 잘 썼다는 소문이 퍼졌다. 그래서 딸을 가진 이들이 속으로 장수재를 사위를 삼으려고 여기저기에서 기식하는 집으로 신분을 물어오곤 했다. 정작 그 주인집 아가씨 장소저는 홍수재를 항상 사모하고 있었는데 이 소식을 늦게야 듣고는 좋은 신랑감 놓칠세라 매우 불안해하였다. 기회를 놓쳐서는 안 된다고 생각하고 다음과 같이 차운(次韻)하여 부모님 몰래 종을 시켜 홍수재에게로 전달하였다.

落葉蕭蕭九月秋 낙엽소소 구월추(에)
閨中少女亦深愁 규중소녀(도) 역심수(를)

낙엽이 우수수 떨어지는 구월 하늘에,
규중에 소녀 또한 근심이 깊었습니다.

莫言千里離家恨 막언천리(에) 이가한(하고)
匹馬春風我與歸 필마춘풍(에) 아여귀(하소)

천리 머나먼 길 고향 떠난 한을 말하지 말고,
봄바람에 한 필의 말로 나와 함께 돌아가 주오.

홍수재도 또한 평소에 장소저를 항상 마음에 두고 있었던 터라, 시를 보니 사랑하는 마음이 불같이 일어나, 두 사람은 바로 만나 말을 함께 타고 고향으로 향했다 한다.

209 花潭 徐敬德

선생의 이름은 경덕(敬德), 호는 복재(復齋)인데, 개성 동문 밖, 화담에 살았기 때문에 화담으로도 호를 삼았다. 그는 조선 성종 20년에 빈한한 농가에서 태어나 어려서는 주경야독으로 공부하였다 한다.

또 훌륭한 부모님을 만나 옥같이 순수하고 유리처럼 명철한 품성이 더욱 빛을 발하게 되었다. 그는 우주의 이치를 궁구하여 한 가지 이치를 깨닫기 위하여서는 밤낮을 먹지 않고, 자지 않고 연구하였다 한다.

중종 때는 정암 조광조(靜庵, 趙光祖)의 천거로 현량과(賢良科)의 수반으로 임명되었으나 사양하고, 오로지 공부에만 열중하다가 병을 얻어 금강산으로 들어가 수양하기도 했다. 그 때의 시 가운데는

聞說金剛勝 문설금강승(하고)
空懷二十年 공회이십년(이라)

금강산의 아름다움을 들은 이후,
헛되이 20년 동안이나 생각만 했다오.

旣來淸景地 기래청경지(인데)
況値好秋天 황치호추천(이라)

이미 이 아름다운 곳에 왔는데
거기에다 또 좋은 가을하늘을 만남에랴!

溪菊香初動 계국(은) 향초동(이요)
岩楓紅欲燃 암풍(은) 홍욕연(이라)
시내 국화는 향기가 나기 시작했고,
바위 사이에 단풍은 붉어 타는 듯하다.

行吟林壑底 행음 임학저(하니)
心慮覺蕭然 심려 각소연(이라)
골짜기 수풀 속으로 걸으며 읊으니
이내 마음 쓸쓸해짐을 깨닫겠네.

그는 43세가 되어 어머니의 분부로 진사시험에 급제하고, 성균관 생원이 되었으나 곧 농촌으로 되돌아갔다. 그는 참봉도 사양하고 한운야학(閒雲野鶴)으로 자연을 벗 삼아 일생을 진리탐구에만 몰두하였다.

210 明나라 妃가 된 權氏의 詩

고려에서 원(元)나라 공주를 데려다 왕비를 삼은 것은 원나라 때 대대로 있었으니, 노국대장공주(魯國大長公主) 등이 그들이다. 반대로 고려에서 원의 비가 된 여인들도 많다. 기철(奇轍)의 누이 기황후(奇皇后)는 황후 자리에 오르고 태자까지 낳아 황제의 어머니가 되기도 했다.

명(明)나라도 원의 제도를 답습하여 조선에서 비를 데려갔다. 명태조에게는 석비(碽妃), 명태종에게는 현비(賢妃) 권씨(權氏), 순비(順妃) 임씨(任氏)가 있었고, 소의(昭儀)로는 이씨(李氏), 여씨(呂氏)가 있었다. 그 중에서도 권씨는 한시에 능하고 호적(胡笛-簫)을 잘 불었다 한다.

忽聞天外玉簫聲 홀문천외옥소성(하고)
花底徐行獨自聽 화저서행독자청(이라)

홀연히 하늘 밖, 옥피리 소리 들려와,
꽃 아래서 천천히 걸으며, 홀로 듣누나.

三十六宮秋一色 삼십육궁(이) 추일색(인데)
不知何處月偏明 부지하처 월편명(고)

이 우주가 모두 가을의 한 가지 색깔인데,
알지 못거라, 어느 곳에 달이 한쪽에만 밝았는고.

황제에게는 후궁들이 너무 많았다. 달은 밝은데 왕을 모시지 못한 후궁들의 외로움이야 잠이 올 리 없다. 가을 달밤 홀로 거닐며 고향을 생각하기도 하고, 왕의 은혜가 오늘 밤에는 어느 한 쪽에만 밝아 있는가 생각하며, 자기는 쓸쓸히 퉁소를 불기도 하였을 것이다.

211 고려 사신의 시

고려 시대에는 중국으로 사신을 보낼 때 수로를 이용하였다. 개성 벽란도(碧瀾渡)에서 출발하면 중국 산동성(山東省) 등주(登州)로 접안하여 송(宋)의 수도에 들어갔다. 안 향(安珦), 정몽주(鄭夢周) 등 모두 산동성 등주(登州)를 거쳐 출입한 분들이었다.

이름은 알 수 없으나 고려 때 강상서(康尙書)라는 사람이 중국에 사신으로 가다가 위해(威海) 해상에서 쓴 시가, 중국인들의 입에서 입으로 구전하는 것을 강희(康熙), 건륭(乾隆) 연간에 위해 사람 필무제(畢懋第)와 곽문대(郭文大)가 각각 편찬한 『威海衛志』에 실려 전한다.

不是江東去 불시강동거(요)
又非赤壁遊 우비적벽유(라)

강동으로 가는 것도 아니고,
또는 적벽강 뱃놀이도 아니라네.

如何柱石使 여하주석사(가)
風雨夜行舟 풍우야행주(아)

어찌하여 중요임무를 맡은 사신이
비바람 맞으며 밤에 배를 저어 가는가.

尙書 康 - 失名

옛날에 배가 지금의 배처럼 안전하였던가? 속도가 빠르기를 한가, 당시에 기상관측을 제대로 하였는가, 비바람 몰아치는 캄캄한 밤에 망망대해에서 항해하는 사신의 심정은 어떠하였을까? 진(晉)나라 장한(張翰)처럼 벼슬하다말고 갑자기 순채(蓴菜)와 농어회가 먹고 싶다고 벼슬을 버리고 고향 강동으로 가는 것도 아니고, 소동파(蘇東坡)가 달밤에 술병을 차고 친구와 더불어 적벽강에서 뱃놀이하는 것도 아니다. 이 사신은 몇 사람의 수행원과 함께 망망대해를 어두운 밤에 사나운 폭풍우와 싸우며 뗏목이나 엉성한 배를 타고 가는 것이다. 그들은 얼마나 두려웠을까 그 분위기를 이 시에서 잘 말해주고 있다. 그리하여 그는 중요한 임무를 띤 사신이 안전한 육로를 택하지 않고 위험한 뱃길로 가야만 하는가 하고 한탄하고 있다.

그러다가 명나라가 수도를 북경으로 옮긴 후 영락제(永樂帝) 2년에 중국인 영록경(永祿卿) 권영균(權永均)이 통사(通事)로 조선에 왕래할 때, 영락제가 수로는 위험하니, 안전한 육로를 권유한 것이 계기가 되어, 그 다음부터는 육로를 이용하게 되었다 한다.

위 시는 작자는 고려 사람이지만 한국의 구비시가 아니고 중국의 구비시이다. 한국과 가장 가까운 중국 위해의 땅, 그 『위해위지(威海衛志)』에 실려 전하기도 하지만, 현재도 중국인들에 의하여 작자는 모르는 체, 애송되고 있기에 그 자료를 귀중히 여겨 여기에 싣는다.

212 靜庵 趙光祖

정암 조광조는 조선 중종 때, 김굉필(金宏弼)의 문인이요, 김종직(金宗直)의 학통을 잇는 사림파(士林派) 영수였다. 그는 벼슬길에 나아가 왕도주의(王道主義), 지치주의(至治主義)를 주장하며 왕의 신임을 받았다.

그는 지방에 향약(鄕約)을 실시하고, 훈구파의 공훈을 삭제하는 등 급진적인 정치를 단행하다가, 훈구파로 하여금 기묘사화(己卯士禍)를 일으키게 하여 도리어 죽임을 당하고 말았다. 그는 죽음에 당하여 다음과 같은 시를 썼다.

憂國如憂家 우국(을) 여우가(하고)
愛君如愛夫 애군(을) 여애부(하다)

나라 근심하기를 내 집을 근심하듯 했고,
임금 사랑하기를 아내가 남편 사랑하듯 했다.

白日在天上 백일(이) 재천상(하니)
照照臨下土 조조 임하토(라)

저 밝은 해가 하늘에 있어,
훤히 이 아래를 비추고 있도다.

조정암의 정치는 정정당당하고 조금도 부정하거나 흠이 없었다. 그러나 너무 급진적이어서 기득권 세력인 반대파에서 "走肖爲王"이란 사악한 방법으로 무너뜨리자, 하늘이 내려다보고 있다고 외쳤던 것이다.

213 사람들이 인용하던 중국 시

人心朝夕變 인심(은) 조석변(이나)
山色古今同 산색(은) 고금동(이라)

인심은 조석으로 변하지만,
산의 색깔은 예나 이제나 같다네.

年年歲歲花相似 연년세세 화상사(나)
歲歲年年人不同 세세연년 인부동(이라)

해마다 피는 꽃은 같은 꽃이지만,
해마다 태어나고 만나는 사람은 같은 사람이 아니라네.

같은 나무에서 꽃은 해마다 새로 피지만, 사람은 한 번 가면 오지 못하는 인생무상을 읊었다.

이 시는 중국 당나라 때 유희이(劉希夷)의 규정시(閨情詩)의 일부분으로, 한국인들도 사람이 바뀔 때마다 이 시를 인용하곤 하였다. 50년, 60년대만 해도 한문공부 한 이가 많아서 고등학교 교장님이 전근할 때면 곧 잘 인용되곤 하였다.

214 불귀신이 된 志鬼

신라 선덕여왕 때, 지귀(志鬼)라는 청년이 있었다. 활리역(活里驛) 사람으로, 한번은 서울 경주에 왔다가 4월 초파일에 선덕여왕이 절에 불공드리러 가는 어가를 보고, 그 황홀하고 아름다운 미모에 빠져 스스로 깊이 사모하게 되었다.

선덕여왕은 진평왕의 따님으로, 인자하고 명철하며, 덕을 지니고 거기에다 미모까지 출중하였으니, 왕의 행차만 있다하면 백성들이 서로 보려고 길을 메워서 어가가 지나갈 수가 없었다.

지귀는 선덕여왕을 보고는 잠도 못자고, 밥도 못 먹고 하더니, 상사병을 넘어 정신이상이 왔다. 그리하여 그는 길거리를 다니며, "오! 나의 여왕, 나의 사랑" 하며 돌아다녔다. 여왕이 행차하는데 길옆에 사람이 모여 옥신각신 몹시 시끄러우니, 왕이 궁금하여 시자(侍者)에게 가보고 내용을 알아오라 하였다. 시자가 다녀오더니,

"미친 사람이 어가로 뛰어들려고 하여 사람들이 말리고 있습니다." 하였다. 왕은 더욱 궁금하여

"미친 사람이 왜 어가 앞으로 뛰어든단 말이냐? 어서 사실대로 말하라" 하자, 시자는 자기가 죄나 진 듯이

"아뢰옵기 황송하오나, 그 미친 자가 상감마마를 지극히 사모한답니다." 하니, 여왕은 껄껄 웃으며,

"거참, 재미있는 일이로군." 하고는 지귀로 하여금 어가를 따라오라 하였다. 절에 든 여왕은 지귀를 탑 밖에 있게 하고는, 재를 올리느라 시간이 많이 걸려도 나오지 않자, 며칠 굶은 지귀는 쓰러져 실신하였다.

여왕이 불사를 마치고 나와 실신한 지귀를 보고는, 가엾이 여겨 자기의 금지환(金指環)을 빼어 주면서 지귀의 가슴 위에 얹어주라 하였다.

왕의 행차가 떠난 후, 지귀는 정신이 들어 눈을 떠 보고는 왕이 금지환을 주고 간 사실을 알자, 가슴에 금지환을 꼭 대고 부르르 떨었다. 그의 가슴은 이글이글 타기 시작했다. 숨이 답답하고, 가슴속의 심화(心火)는 불덩이가 되어 머리에도 불이 붙고, 팔다리며, 손발까지도 온 몸이 불덩이가 되었다. 지귀는 탑을 잡고 벌떡 일어서니 탑도 불이 붙어 이글이글 타 올랐다. 거리로 뛰어 나오자 온 거리마저 불이 붙어 활활 탔다. 서울 장안은 온통 불바다가 되어 어찌할 바를 몰랐다.

선덕여왕은 이 보고를 받고, 불귀신을 쫓아내는 주문을 써 읽었다.

> 志鬼心中火 지귀 심중화(는)
> 燒身變火身 소신변화신(이라)
>
> 지귀의 마음 속 불은
> 몸을 태우고, 불몸으로 변했네.
>
> 流移滄海外 유이창해외(리니)
> 不見不相親 불견불상친(하라)
>
> 먼 바다 밖으로 옮겨 갈지니,
> 보지도 말고, 친하지도 말라.

이 주문을 외자, 지귀는 사라져 버렸다. 신라 풍속에서 대문에다 이 글귀를 써 붙이면 화재를 막을 수 있었다 한다.

인간의 한 단신(單身)이 다른 한 단신을 사모함에는 그 열의 심화(心火)가 돌탑을 녹이고 이 우주를 불바다로 만든다. 그러나 그 어느 쪽이 다른 한 쪽을 거부하면, 그 측정할 수 없는 불덩이도 자연히 식어서 얼음보다 더 냉정하게 되어 냉철한 이성을 찾게 되어 본래 모습으로 되돌아갈 수 있는 것, 이 또한 자연의 섭리인 것이다.

215 新延吏房駄去

신연이방태거(新延吏房駄去)란 속담은 원이 새로 부임하자마자, 새로 천거된 이방을 얼굴도 보지 않고 가라치운다는 뜻이다. 그래서 다른 일에도 즉시 가라치우는 것을 '신연이방태거'라 한다. 이방이란 지방 행정청에 행정을 맡은 수석 실무자이므로, 6방(六房: 吏房, 戶房, 禮房, 兵房, 刑房, 工房) 중의 선임자다. 대개 원이 새로 부임하면 자기의 사람을 쓰려고 전임 원이 천거한 이방은 거들떠보지도 않고, 다시 임명하는 것은 예나 이제나 인지상정이다.

옛날 전라도 해남군에 오영렬(吳英烈)이란 이방이 있었는데, 키는 너무 작고 얼굴은 빽빽 얽은 아주 볼품사나운 위인이 독이방(獨吏房)을 20년이나 하였다. 왜냐하면 지식이나 총명이나 전후 범백사를 처리함에 있어 가장 현명하였기 때문이었다.

조정에서는 동래정씨(東萊鄭氏) 중에서도, 회동정씨(晦洞鄭氏)에 정창연(鄭昌衍), 정지화(鄭知和), 정태화(鄭太和), 정치화(鄭致和) 등이 정승을 하고 있을 때다. 전라도 해남 땅에 민정을 알기 위하여 정대감의 자제들을 현감으로 내려 보낼 때 일이다. 해남에 오영렬이 19년째 이방으로 있으면서 해남의 새로 부임해오는 원님을 맞이하기 위하여 다른 동료 이속(吏屬)과 함께 서울 정대감댁의 작은 사랑에 있었다.

급창(及唱)이 목소리를 높여 아뢰었다.

"신연 이방(新延夷房) 오영렬이 현신(現身)이요"

새 원은 젊디젊은 청년에 의기 발랄한 기상으로

"여봐라, 너의 고을에는 저 아전밖에는 이방할 자가 그렇게도 없더냐? 난쟁이에 새까맣고 빽빽 얽은 괴물을 어디 창피해서 세우겠느냐? 당장에 개차(改差)하여 드려라" 하였다.

오영렬은 체신을 가지고 퇴짜를 맞은 것이다. 그래서 수리(首吏)는 키가 크고 얼굴 잘 긴 아전을 택하여

"아뢰오, 개차한 신연 이방 현신이요" 하였다. 새 원님은 보더니,

"그렇지, 이방이라면 이 정도는 신수가 훤칠해야지. 이방거행 잘 하겠구나." 하였다. 이 때 원님의 어린 조카들이 이 광경을 보고 자기 할아버지 방에 가서 방금 본 광경을 고대로 흉내 내었다. 그러자 정대감은 청지기를 불러 전의 이방을 데려 오도록 하였다. 대감이 문틈으로 오영렬을 내다보니, 외모가 보잘것없이 초라하나, 얼굴에는 맑은 기운이 감돌고, 키는 작아도 태산 같은 무거운 힘이 가득 차 있었다. 대감은 오영렬을 맞아서 물어보았다.

"해남에서 이방노릇을 몇 해나 했나?"

"예, 작년까지 18년을 했습니다."

"너의 고을에 안산(案山)은 매우 크다지. 얼마나 큰가?"

"예, 서울에 남산만 합니다." 하였다. 안산이란 풍수에서 자기(본 묘)를 도와주는, 앞에 책상처럼 놓인 산을 말한다. 서울의 남산만 하다면, 자기는 서울에 와서 나라님을 돕는 정승을 해도 손색이 없다는 비유로 될 수도 있다. 정대감은 계속 시험해 본다.

"그 산이 일 년에 몇 번이나 변하는가?" 하였다. 오영렬은 금강산이 춘봉래(春蓬萊), 하금강(夏金剛), 추풍악(秋楓岳), 동개골(冬皆骨)로 변하는 것을 연상하여,

"예, 봄부터 초가을까지는 청산(靑山)이옵고, 가을부터 초겨울까지는 황산(黃山)이옵고, 겨울부터 이른 봄까지는 눈으로 덮여 백산(白山)으로서 3번 변합니다." 하였다. 역시 국내 최고인 금강산에 비한 것이다. 이어 대감이 또 물었다.

"너희 관아에 연못이 있다지?" 하여, "예, 있습니다." 하였다. 대감이

"그 연못이 얼마만큼 큰가?" 하여, "대감댁의 마당 만할 것입니다." 하였다. 대감은

"그 물이 몇 말이나 될까?" 하였다. 오영렬은 이어

"이 마당의 반절되는 말로 된다면 두 말이 될 것이고, 이 마당만한 말로 된다면 한 말이 될 것입니다." 하였다. 대감은 "그래, 그러하겠지." 하고는

"거 잠간 있으라." 하고 나갔다. 대감은 아들 새 현감을 불러 앉히고,

"어찌하여 신연이방을 부려보지도 않고 태거하였느냐? 사람이란 외모만 가지고 취하였다가는 실수가 많은 법이다. 어서 복구시키고 책방(策房: 비서)도 필요 없이 그냥 이방만 데리고 내려가서 평생토록 그 사람과 잘 지내도록 하라" 하였다. 책방이 필요 없다면 이방을 그만큼 신임한다는 뜻이다.

그로부터 10여 년 후에 현감은 승진하여, 전라감사가 되었다. 물론 오영렬은 전라도 관아에서 책방으로서 감사를 모셨다. 그래서 오영렬이 호방비장(戶房裨將)으로 있을 때 일이다. 담양부사(潭陽府使)로 온 자가, 감사의 부친과 동문수학(同門受學)한 친구로, 70세가 되는 노인이었다. 가난하여 70년 동안 주린 배를 한꺼번에 채워보려고, 왕(王)갈퀴질에다 세(細)갈퀴질까지 하여 백성의 원성이 자자하였다.

감사는 부하 수령(守令)들의 포폄(褒貶)을 위하여 고과점수를 매겨야 하는데, 담양부사는 아버지의 친구라서 난처하였다. 관리란 겉보기는 잘 해놓고 속은 텅텅 비게 한 것을 "추호불범(秋毫不犯)이나 관고탕갈(官庫蕩竭)"이라 부른다. 이렇게 되면, 도목(都目)의 과만(瓜滿)을 기다릴 필요 없이 개차(改差)를 해야 한다.

관리가 부하를 폄하(貶下)하여 파면을 시키면, 파면된 자는 자기 잘못은 생각 않고 자손대대로 원수가 되기 때문에 이것도 신중해야 한다. 더

구나 아버지의 친구를 어떻게 다뤄야 하나 감사의 고민은 이만저만이 아니었다. 아버지의 친구이니. 오영렬과 상의할 수도 없고 고민에 고민 끝에, 사신(私信)을 보내어 권고사직(勸告辭職)하는 방향으로 비밀리에 사람을 보냈다. 사자가 도착하였을 때, 담양부사가 깨죽을 먹고 있었다. 담양관아의 이방이

"사또, 감사의 비장이 왔음을 아뢰오." 하였다. 사또가 감사의 비장이 왜 왔는지 물어보았다. 그러자 이방은 사신을 가지고 왔음을 알렸다. 사또는

"그러면, 그 서신을 가져오라" 하였다. 이방이 가져오니, 사또는 글공부는 했지만, 무식하여 제대로 읽지를 못하고 이방에게 뜯어 읽으라 하였다. 사또는 즉석에서 답장을 쓰라고 명하였다. 이방은 붓을 잡고 사또가 부르는 대로 쓸 참이다. 사또가 말하기를 "내가 지금 깨죽을 먹고 있으니, '깨죽을 먹는다.'라고 쓰라" 하였다. 이방은 영문은 모르지만, 그대로 썼다. 또 '비 한 자루' 이렇게 쓰라 하였다. 이방은 그대로 썼다. 또 쓸 게 없나 고민하던 끝인데, 아침에 뒷동산에서 꿩이 울었다. 그러자 사또는 "아! '아침 꿩 한 마리'라고 써라" 하였다. 이 방은 또 그렇게 썼다. 그러자 사또는 이제는 편지를 봉하여 보내라 하였다.

감사가 이 서신을 받고 보니, 무슨 말인지 알 수가 없었다. 처음부터 오영렬과 상의했더라면 물어볼 수도 있을 텐데, 고민하다 병이 나서 누웠다. 오영렬이 볼 때, 분명 고민거리로 병이 났는데 물어도 대답도 않고, 앓는 것이 딱하였다. 그는 봇짐을 싸고 떠날 차비를 하여 가지고 감사에게 나아가

"소인이 대감을 모신 지가 어언 10여 년이 넘었습니다. 이제 저에게는 신뢰(信賴)가 떨어져 정사에 지장이 있을까 염려되오니, 훌륭한 보좌관을 맞아 보필하심이 옳을까 하와, 소인은 대감의 곁을 떠날까 하옵니다." 하

니, 감사는

"아니, 아닐세. 이 사람아, 담양부사는 세의(世誼)가 있고, 내 가친의 친구란 말일세. 고민 끝에 권고사직 쪽으로 생각하고 사신을 보냈는데, 그 답장을 내가 해석을 할 수 없네 그려" 하였다. 듣고 있던 오영렬이

"그것으로 고민하셨습니까? 고과 점수를 상지상(上之上)으로 주시옵소서." 하였다. 감사는 영문을 몰라서

"어째서 이런 사람의 고과점수를 최고로 주어야 하는가?" 하고 물으니, 오영렬은 말하기를

"좋은 점수로 영전이 되어 가면, 앞으로는 선정을 베푸는 명관(名官)이 될 것이옵니다." 하였다. 이어 감사는

"깨죽은 무슨 뜻이며, 비 한 자루, 아침 꿩은 뭔가?" 하니, 오영렬은

"전에는 보리죽을 먹다가 지금은 깨죽을 먹으니, 팔자가 피었다는 뜻이고, '비 한 자루'는 감사는 자기 앞이나 깨끗이 쓸라는 뜻입니다. 그리고 '아침꿩'은 조치(朝雉)로서, 좋지 않겠느냐는 뜻입니다. 그러므로 깨죽 먹는 내 걱정 말고 자네 앞이나 잘 쓸고 있으면 좋은 일이 있을 거라는 뜻입니다" 하였다. 그래서 감사는 고과점수를 상지상으로 주었더니, 그 부사는 승진하여 다른 곳으로 옮겨가서는 선정을 베풀었다 한다.

그런데 이 조선 제일의 아전, 오영렬이 출세할 날이 왔다.

명나라에서 사신(使臣)이 나와, 그림 한 장을 바치고, 화제(畵題)를 써서 제출하라는 것이었다. 그림의 내용은 백발노옹(白髮老翁) 앞에 황계(黃鷄) 한 마리를 놓고 앉아있는 그림인데, 조정의 여러 신하들이 아무리 연구해도, 이 그림이 무슨 뜻인지 알지를 못하고, 드디어 전라감영에 호방비장 오영렬을 불러올리라는 것이었다. 조정에서는 정대감이 이일을 관장하였기에 때문에 오영렬이 불려가게 된 것이었다.

오영렬은 정대감을 비롯한 여러 대감 앞에서

“황공하옵게도 조정에는 명사들이 많사온데, 천한 소신에게 묻자오면 방자하여 어찌 고하오리까?” 하니, 정대감은 빙그레 웃으며,

“이 사람아, 이 문제를 맞히는 데 상하귀천이 어디 있으며, 명사가 따로 있겠나, 맞추는 사람이 명사일세. 자네 생각대로 말해 보게” 하였다. 오영렬은

“이 그림은 나이를 알아맞히는 것 같사온데, 노인은 황제일 수도 있습니다. 닭을 부를 때, ‘구구’ 하고 부르므로 9·9는 81입니다. 그러므로 이 노인의 나이는 여든 한 살입니다.” 하였다. 그래서 화제를 다음과 같이 썼다.

八十一歲靜坐翁 팔십일세 정좌옹(이)
見色見空色卽空 견색견공 색즉공(이라)

여든 한 살의, 조용히 앉은 저 늙은 이,
물질을 보고, 또 텅 빈 것을 보니, 물질이 바로 빈 것일세.

莫恨世事心如違 막한세사 심여위(하라)
一片浮雲滅復起 일편부운(이) 멸부기(라)

세상 일 자기의 뜻과 같이 안 된다고 한탄 말라.
한 조각 뜬 구름같이 없어졌다가, 또 생겨나는 것을.

이 화제를 명나라 사신에게 주고 맞느냐고 물었더니, 중국 사신은 “하오하오(好好)” 하였다. 정대감은 오영렬의 위인과 내력, 그리고 화제를 알아맞힌 공로로 하여 상감께 아뢰어 해남현감으로 임명하도록 주청(奏請)하였다. 난장이, 얽박이 이방이 목민관(牧民官)이 되었던 것이다.

216 窮達轉換

조선 효종 때, 영의정 홍명하(洪命夏)는 학식과 기국(器局)이 탁월하였다. 집이 하도 가난하여 소시 적부터 50까지 처가살이를 했는데, 장인은 항상 그를 끔찍이 여기며 다음과 같이 사위 홍명하에게 말하였다.

"세상 이치란 사람이 알 수 없는 것이 많다네. 전패무상(顚沛無常)하여 초년영달(初年榮達)이 종말락출(終末落黜)로 되는가 하면, 초년고생이 대기만성으로 되는 경우도 허다하이. 위인걸사(偉人傑士)는 말할 것도 없고, 보통 사람도 모년현달(暮年顯達)이 얼마든지 있다네." 하고 위로하면서 용기를 북돋아 주었다. 그는 또 말을 이었다.

"초년고생이 왜 있고, 모년 영달이 왜 있는지 자네가 더 잘 알겠지. 자기의 이상과 경륜이 시대와 맞으면 영달하게 되지만, 맞지 않으면 영달할 수 없는 거야." 하고 사위에게 말하였다. 홍명하의 장인은 선조의 부마(駙馬) 동양위 신익성(東陽尉 申翊聖)이었다.

신익성은 그 유명한, 상촌 신흠(象村, 申欽)의 아드님이요, 병자호란에 척화오신(斥和五臣)의 한 사람이다. 그는 청태종에게 반항하다가 심양에 잡혀가서 나중에 소현세자(昭顯世子)와 함께 돌아왔다.

홍명하의 아래 동서는 김좌명(金佐明)으로 소년에 등과하여, 일찍 참판까지 올라갔다. 또 신익성의 둘째 아들이요, 홍명하의 처남 신면(申冕)은 위인이 덕보다는 재주가 넘치고, 소년 등과하여 현달했을 뿐만 아니라, 왕의 외손(外孫)에다가 당시에 권신인 김자잠(金自點)과 절친하였고, 부조경박(浮藻輕薄)하고 오만방자(傲慢放恣)하였다. 동양위는 반대로 온후겸덕(溫厚謙德)하여 항상 아들 면의 행동을 놓치지 않고 타일렀다.

홍명하는, 병자호란에 공을 세우고 죽은 홍명구(洪命耈)의 아우다. 가난하여 내외가 다 처가에 와서 신세를 지고 살았다. 그는 50이 되도록 과거에 응시하였으나, 번번이 낙방만 하였다. 처가에서 방에만 처박혀 있으니, 처남 신면은 재상 반열에 올라 교만하고, 아랫동서 김좌명은 아경(亞卿)인 참판이니, 인간 세상에 염량세태(炎凉世態)란 불을 보듯 뻔하였다. 종들에게까지도 괄시 받는 홍명하는 형언할 수 없이 처참하였다.

그러나 장인 동양위만은 큰 사위의 대기만성의 그릇을 알고 끔찍이 위하였다. 한 번은 장모 생일에 다른 이들의 조반상에는 어육이 풍성한데, 홍서방의 상에는 무와 채소뿐인데 뜻밖에 꿩고기가 서너 점이 놓여 있었다. 처남 신면이 이것을 보고는 일어나 우르르 달려가서 그 고기를 집어 마당에 던지며

"빈사(貧士)의 밥상에 고기는 당치 않는 과람(過濫)이라" 하고는 눈을 흘기며 자기 자리로 돌아갔다. 그러나 홍서방은 안색을 조금도 변하지 않고, 태연자약하게 밥을 먹으며, 웃음으로 그 어색한 분위기를 넘겼다.

그 광경을 본 동양위는 '제가 언젠가는 저의 매형 손에 탈이 나지' 하고 걱정하였다. 장인은 그 후부터는 맞사위와 자기는 항상 겸상을 하여 먹었다. 한번은 신면이 자기의 둘째 매형과 벼슬이 쟁쟁한 친구들을 불러 풍류를 즐기며 놀았는데, 자기의 큰 매형 홍명하는 부르지도 않았다. 장인은 그것이 안스러워 음식준비를 새로 하게하고 장악원에서 악공을 데려다 둘이 같이 놀았다 한다.

하루는 홍명하가 김좌명에게 자기가 지은 표문(表文)을 보여주며 좀 보라 하자, 김좌명은 表자가 음이 豹, 彪가 같으므로, 아롱범 표(豹)인가? 칡범 표(彪)인가? 하고 비웃었다 한다.

장인 신익성이 눈을 감을 때, 다른 이들을 다 물리치고, 맏사위 홍명하 한 사람만을 불렀다. 사위의 손을 꼭 잡고,

"홍서방, 자내 앞으로 말이야, 저 패륜아 면(冕)의 죄가 크니, 죽어도 좋겠으나, 나를 봐서라도 일루(一縷)의 목숨만은 부지하게 해 주게" 하고

간청하였다. 그러자 홍명하는 머리를 흔들며,

“저 같은 궁조대(窮措大: 미천한 쪼다)가 어찌 그런 약속을 할 수 있겠습니까?” 하였다. 그리고 장인의 마지막 청도 뇌각(牢却)하고 말았다. 얼마 후 그는 과거에서 알성장원(謁聖壯元)에 뽑혔다. 과거에 응시한 지 30년 만에 급제하였다. 그리고 그는 기국이 훌륭하여, 급제한 지 7,8년 만에 영의정이 되었다.

그 때, 김좌명은 대제학이었다. 외교문서의 결재를 받으려고, 영의정이요, 맏동서인 홍명하에게 표문을 올렸다. 홍명하는 보지도 않고, “이게 아롱범 표자인가, 칡범 표자인가” 하니, 김좌명은 얼굴이 붉어지고, 등에 땀이 났다. 신면은 김자점이 역모로 하여 옥에 있을 때, 상감(효종)은, 면이 선조의 외손이긴 하지만, 동양위 신익성은 소현세자와 친하였지 봉림대군(효종)과는 별로였다. 죽이고 살리는 것을 홍명하에게 묻자, 홍명하는

“신이 동양위 생관(甥館)에서 거처하온 지 30여 년이 되었사오나, 면과는 소격(疏隔)하여 빙탄(氷炭)과 같이 지냈습니다. 설사 정의가 좋다고 하더라도, 사은(私恩)으로써 어찌 공법을 어기오리까? 성상(聖上)께오서 작량(酌量)하시오소서” 하였다. 결국 신면이 죽었으니, 역시 장인 동양위의 임종부탁(臨終付託)을 뇌각한 것이 관철 된 셈이었다.

홍명하는 결국 처남을 구제하지 않았다. 도량이 크다는 것은 남을 용서하는 도량이 아니었고, 자기의 입신출세에 있어 자기의 감정을 잘 관리하는 도량이었다고 볼 수 있다. 처남 면에게는 30년간의 멸시를 받았지만, 그 대가로 장인에게는 상대적으로 극진한 보상을 받았다. 더구나 그는 30면간 자기의 처와 함께 처가에서 글공부하며 무위도식하지 않았던가?

사람이 어떤 경우는 살인을 해도 용서해 주는 이가 있는데, 30년간에 걸친 모멸은 순간적인 살인보다도 훨씬 힘들었던 모양이다.

사람의 운명은 궁할 때도 있고, 달할 때도 있다. 궁에 처한 사람도 참

기 어렵지만, 그를 보는 사람이 괄시하지 않기도 어려운 일이다.

홍명하가 처한 것은 운명이었다. 초년고생도 만년 대운이 형통한 것도…, 그래서 옛날에도

時來風送滕王閣 시래(에) 풍송등왕각(이요)
運退雷轟賤福碑 운퇴(에) 뇌굉천복비(라)

때가 오면, 바람은 등왕각에 보내 주고,
운수가 물러가매 벼락이 천복비를 때렸네.

란 말이 있다. 당(唐) 나라에 왕발(王勃)이 운수가 없었던들 등왕각 서문(滕王閣序文)을 짓는 장소에 대갈 수 있었으리. 또 어떤 이는

時來天地皆同力 시래(엔) 천지(가) 개동력(이요)
運去英雄不自留 운퇴(엔) 영웅(도) 불자류(라)

때가 오면, 하늘과 땅이 다 힘을 합하지만,
운수가 물러가면, 영웅도 스스로 머물러 있지 않도다.

라고 하였다. 또 조선 말기에 대원군은 돈에 대하여 강조하였다.

有酒江山多豪傑 유주강산(엔) 다호걸(이요)
無錢天地小英雄 무전천지(엔) 소영웅(이라)

술이 있는 강산에는 호걸이 많고,
돈이 없는 천지에는 영웅도 작아진다.

하였다. 홍명하가 초년에 돈이 있었다면 처남의 모멸을 그토록 뼈에 새겼을까? 또 같은 시대에 김병기(金炳驥) 대감은 미래의 운명에 다음과 같이 읊었다.

億千年去山猶碧 억천년거 산유벽(이나)
十五夜來月復圓 십오야래 월부원(이라)

변함없는 푸른 산은 억 천 년이 가도 그대로이지만,
화려한 보름달은 현재는 둥글지만 다시 기운다.

고 하였다. 50년간 세도정치하던 쩽쩽한 안동김씨의 김대감도 늘 이런 것을 염려하며 살았던 모양이다. 그러니 인간의 처세가 어찌 쉽다하리!

217 金夫人의 詩才

서이원(徐履元)의 부인 김씨는 김육(金堉)의 딸이다. 시재(詩才)가 있어 시를 잘하였다. 그의 남편이 평양감사로 있을 때, 시를 부쳐 이르되.

向來消息問如何 향내소식(이) 문여하(오)
一夜想思髮欲華 일야상사 발욕화(라)

요 근래 소식 묻자오니, 어떠하십니까?
하룻밤 님 생각에 머리카락이 흰 머리가 되려 합니다.

獨倚雕欄眠不得 독의조란 면부득(하니)
陋簾疏行雨聲多 누렴소항 우성다(라)

홀로 마루 난간에 기대어 잠을 자지 못 하니,
성긴 발, 틈 사이로 빗소리만 요란합니다.

또한 그의 영학시(詠鶴詩)를 보면, 너무도 청아하여 속세를 떠나 신선계에서 노니는 느낌이 나게 한다.

一雙仙鶴叫淸宵 일쌍선학(이) 규청소(하니)
疑是崑丘弄玉簫 의시곤구(에) 농옥소(라)

한 쌍의 선학(仙鶴)이 맑은 저녁에 우니,
아마도 곤륜산 신선의 옥피리 소리인가 하노라.

瑤海碧天歸思遠 요해벽천(에) 귀사원(이요)
滿庭風露刷寒毛 만정풍로(가) 쇄한모(라)

아름다운 바다, 푸른 하늘, 돌아갈 생각은 멀고,
뜰에 가득한 바람과 이슬은 찬 머리카락을 씻어주네.

218 宣川妓生의 詩

옥계 노사신(玉溪 盧思愼)이 등과하기 전, 총각 때 일이다. 약혼을 해 놓고는 혼수 장만할 돈이 없어서 선천부사(宣川府使)로 있는 당숙을 찾아갔다. 그러나 사또가 자기 사비가 없는 바에야 당숙도 어쩔 도리가 없었다. 그런데 우연히 선천기생 동기(童妓)를 알게 되어 한 달간을 머물면서 정이 들어 그 기생이 모아둔, 중국 비단 두 필과 은 오백 냥을 자기의 혼수 비용으로 얻어가지고 돌아왔다.

기생은 이것을 주면서도 평생을 같이 할 것을 기약하며, 자기의 곁을 떠나기 싫어하는 옥계를 떠나보내고도 못내 아쉬워 곧 사람을 뒤딸려 보내어 앞날을 기약하는 시를 다음과 같이 전달하였다.

征馬蕭蕭放四蹄 정마소소 방사제(하니)
出門相送手重携 출문상송 수중휴(라)

가는 말 쓸쓸히 네 발굽을 내딛는데,

문에 나와 서로 보내며, 여러 번 손을 잡네.

請君忘却別離苦 청군 망각별리고(하고)
金榜掛名到浿西 금방(에) 괘명도패서(를)

님에게 청하노니, 이별의 괴로움을 곧 잊으시고,
금방에 이름 걸고서, 곧 이 평양으로 오시요.

219 三從相門 洪暹의 어머니

조선 선조 때 홍섬(洪暹)은 자가 퇴지(退之), 호가 인재(忍齋)다. 그는 아버지 홍언필(洪彦弼)도 영의정, 외조부 송질(宋軼)도 영의정, 자기 자신도 영의정을 지냈다. 그러니 그의 어머니 송씨는 삼종(三從)이 모두 영의정이었다.

홍섬은 20세에 문과 장원, 31세에 대제학, 43세에 예조판서가 되니, 사람들은 화문갑족(華門甲族)의 자제라서 그리 되었다고 하나, 실제로는 그만한 자격을 갖추고 있었기 때문이었다.

그는 청렴하고 공근(恭謹)하여 교만한 기가 없었고, 밥상에도 어육(魚肉)의 두 가지 고기가 함께 오르는 법이 없었으며, 영의정 10여 년 동안에 비단을 몸에 걸치지 않았다. 그러한 것은 그의 어머니 교육이 컸다. 그가 영의정 때, 왕으로부터 궤장(几杖)을 하사받는 자리에 우의정 노수신(盧守愼)은 축시를 다음과 같이 썼다.

三從不出相門闈 삼종(이) 불출상문위(어늘)
此事如今始有之 차사 여금 시유지(라)

삼종이 모두 정승 되는 일, 좀처럼 나지 못하는데,

이런 일은 이제까지 처음으로 있는 일일세.

更拄省中靈壽杖 경주성중(에) 영수장(이요)
却被堂上老萊衣 각피당상(에) 노래의(라)

모시는 데에는 영수목(靈壽木) 지팡이가 괴여 있고,
집안에는 노래자의 색동옷을 입고 있도다.

恩承雨露眞千載 은승우로(는) 진천재(요)
歡接冠紳盡一時 환접관신(은) 진일시(라)

나라의 은혜를 입은 지는 진실로 천년이나 되었고,
기쁘게 접대하는 일은, 당대의 귀인들을 모두 했다네.

何處得來叨席次 하처득래 도석차(하야)
愧無佳句賁黃扉 괴무가구 분황비(라)

소생은, 외람되이 한 자리를 얻어 앉아서,
거친 시구로 이 영광스런 자리를 축하함이 부끄럽도다.

홍섬의 어머니 송부인은 이렇게 귀족으로 살았지만, 언행을 조심하고, 음식과 의복을 검소하게 하여, 항상 무명과 삼베 외에는 입지 않았다 한다. 한번은 친정조카 여성위 송인(礪城尉, 宋寅)이 산수화 삼협도(三峽圖)를 선물하니, 그녀는 그림 위에 화제를 다음과 같이 썼다 한다.

淸猿啼不盡 청원제불진(한데)
送我上危灘 송아상위탄(이라)

원숭이들이 울기를 그치지 않는데,
나를 이 위태로운 여울 위로 보내누나.

이 글은 자기의 어렵게 살아온 것을 표현하였다. 남 보기는 화려한 자리이지만, 그만큼 조심스럽게 살아왔음을 알 수 있다. 그는 조상의 덕으로 태평성대에 살면서 지위가 높아도 위태롭지 않고, 가득해도 넘치지 않으며, 복을 아끼고 조심하는 마음으로 내일을 맞이하며 평생 살았던 것이다.

220 灑淚妓塚 李雲岡

이청(李淸)의 호는 운강(雲岡)이니, 조선 현종 때 사람이었다. 그는 일찍이 안변(安邊)에 순찰사(巡察使)로 나갔는데, 안변부사(安邊府使)가 관기(官妓)를 천침(薦枕)하였으나, 운강은 기생 보기를 소가 닭 보듯이 하였다.

안변부사는 순찰사에게 환심을 사려고 이방에게 명하여 관기는 물론, 반반한 사기(私妓), 동기(童妓) 할 것 없이 샅샅이 훑어오라 하니, 수하들은 그 중에서 나이는 14세이나, 괜찮은 여아가 하나 있어 부사에게 대령하였다. 부사는 이 아이를 보자마자 화를 내며

"어디서, 이런 젖비린내 나는 아이를… 이 아이가 뭘 안다고, 이걸 기생이라고 데려 왔느냐" 하고 이방에게 야단을 쳤다. 그러자 동기 아이가

"사또, 아니까 여기를 왔지요. 저는 새끼기생이오니, 저에게 맡겨 주시오소서" 하였다. 그리하여 부사는 그 아이가 다부지기도 하고, 우습기도 하여 순찰사의 침소에 들여보냈다. 이운강은 부사의 호의가 고마워서 그 동기와 한 이불 속에서 자기는 했지만 아무런 일은 일어나지 않았다. 그 이튿날 아침 헤어질 때,

"네가 나중에 크거든 내 너를 찾을 테니, 너도 내 얼굴을 기억해 두어라" 하였다. 그리고 수년 후에 안변에 갔을 때, 이 기생은 커서 전 날의 언

약을 기억하고 있다가 정조를 바쳤다. 그러나 운강은 작첩(作妾)할 처지가 못 되어 부채와 향을 선물로 주고, 다음에 찾겠노라 하고 이별하였다.

그 후 세월이 흘러 잊고 있는데, 하루는 안변에서 왔다는 청년이 뵙기를 청하여 접견하였더니, 그 기생의 오라비로서 기생은 상사병으로 죽었다는 것이다. 유언으로 부채와 향을 전하여 주라 하여 왔다고 했다.

이운강은 그 부채를 펴 보니, 다음과 같은 글이 써 있었다.

銘佩當年殊愛恩 명패당년(에) 수애은(하며)
安陵送別黯消魂 안릉송별(이) 암소혼(이라)

그 때 특별한 사랑과 은혜, 마음에 새기고 차고 다녀,
안변에서 송별은 슬픔이 제 혼을 녹아버렸습니다.

試看篋禮留團扇 시간협례류단선(하니)
半是淸香半淚痕 반시청향반루흔(이라)

상자에 간직한 예물, 둥근 부채가 남아 있음을 보니,
반은 님의 맑은 향기였고, 반은 눈물의 흔적이었습니다.

운강은 자기의 무심함을 오라비에게 사과하고, 장례에 들었던 돈을 후히 줘 보냈다. 그리고 그 이듬해 자기가 직접 가서 묘를 찾아 분향하고 눈물을 흘렸다. 그리고는 비에는 "安邊節妓某某之墓"라 썼다.

221 한국의 五月飛霜

오월비상은 중국 춘추시대에 제(齊)나라 혜왕(惠王)이, 추연(鄒衍)을 아무 죄도 없이 가두었는데 그 해 5월에 서리가 내렸다. 그래서 사람을

억울하게 했을 때 벌이 내림을 말한다.

신라 51대 진성여왕(眞聖女王)은 48대 경문왕(景文王)의 딸로서 정사에는 뜻이 없고, 음탕한 생활로 젊은 남자들만 침실로 끌어들이며 살았다. 어느 봄날에 상대등(上大等) 위홍(魏弘)을 자기 침실로 끌어드렸는데, 위홍은 죽어서 나왔다. 그가 왜 죽었는지 그 이유는 진성여왕과 위홍만이 알았다.

그 후에도 진성은 나라의 미소년들을 침실로 끌어드렸고, 조정에서 바른말로 간하는 자는 누구든 살려두지 않았다. 골목마다 벽보가 나붙어도 벽보붙이는 주인공을 잡기에만 급급했다. 이러는 중에 옥에 갇힌 은자(隱者) 한 사람이 있었는데, 사람들은 거인(巨人)이라 불렀다.

그는 왕에게 음탕한 행동을 즉시 중지하고, 백성을 위하여 선정을 베풀고 백성의 소망을 풀어달라고 애원했다. 여왕은 격노하여 그를 죽이고 말았다.

그는 죽기 전에 유시(遺詩)를 다음과 같이 남기었다.

> 于公哭慟三年旱 우공 곡통(하니) 삼년한(이요)
> 鄒衍含悲五月霜 추연(이) 함비(하니) 오월상(이라)
>
> 우공 때, (효부가) 통곡을 하니, 삼년이나 가물었고,
> 추연이 슬픔을 머금으니, 오월에도 서리가 내렸도다.
>
> 我今幽愁還似古 아금 유수(가) 환사고(한데)
> 皇天無語但蒼蒼 황천(은) 무어 단창창(이라)
>
> 내 지금 철천의 원한이 꼭 옛날 일과 같건만,
> 저 높은 하늘은 말없이 푸르기만 하구나.

한서(漢書)에 보면 춘추전국시대 제(齊)나라에 한 효부가 있었는데, 자

식도 없는 청상과부였다. 그의 시어머니는 나이 어린 며느리가 불쌍하여 재가를 권했지만, 듣지 않고 시어머니를 극진히 모시며 시집갈 생각은 전혀 하지 않았다. 그러던 중 시어머니가 죽었는데 시누이들이 올케가 시집 가고 싶어서 시어머니를 죽였다고 관가에 고소하여 효부는 감옥에 갇히게 되었다. 이 때 우정국(于定國)이 이 고을 태수(太守)로 있었는데 효부가 억울하여 통곡을 하니 3년 동안 비가 내리지 않았다. 우태수(于太守)가 효부를 석방하자, 비가 내렸다 한다.

조선시대에 연산군이 있었다면 신라에는 진성여왕이 있었다. 시집도 안 가고 그 춘원(春怨)을 많은 남자로 충족하였다면 그 때 상황을 충분히 짐작할 수 있을 것이다.

222 奇高峰과 高霽峰

고봉 기대승(高峰, 奇大升)과 제봉 고경명(霽峰, 高敬命)은 조선 중기 유명한 학자였다. 이들은 고향이 서로 같았지만 어릴 때는 서로 알지 못했다. 고제봉은 기고봉의 명성을 듣고, 광산군(光山郡) 임곡면(林谷面) 신룡리(新龍里)에 사는, 자기보다 6살 위인 기고봉을 찾아 갔다.

그러나 기고봉은 당시 벌써 성리학자로 명성이 높아서, 젊은 학도 한 사람이 찾아오는 것을 의례 오가는 사람이거니 생각하고, 그저 보통사람 대하듯 하였다. 고제봉으로서는 그래도 집을 떠날 때 토포악발(吐哺握髮)의 후대를 기대하고 갔었는데, 서운하고 분한 생각이 들어 '국화'란 제목으로 시를 한 수를 지어 인편에 전해 준 채 그대로 뒤돌아왔다.

正色黃爲貴 정색(이) 황위귀(나)

天姿白亦奇 천자 백역기(라)

본래 색깔은 노란 것이 귀하나,
자질이 흰 것도 또한 기이하다네.

世人看自別 세인(이) 간자별(하나니)
均是傲霜枝 균시 오상지(라)

세상 사람이 보고, 스스로 분별하리니,
모두 서리를 업신여기는 꽃이라네.

국화의 빛이 노란 황국(黃菊)이 정상이지만, 흰 색도 또한 품질이 좋은 것이다. 사람들의 보는 눈은 다르지만 모두가 서리를 이겨내는 꿋꿋한 절개를 가지고 있다. 곧, 기고봉에게 사람을 잘 식별하여 오만의 누를 범하지 말라는 은유를 담고 있는 내용이었다.

고봉은 이 임기교묘(臨機巧妙)한 시재(詩才)를 보고는 그 호담(豪膽)함에 감탄하여 몸소 10리를 뒤쫓아 가서 자기의 소홀함을 사과하고 집으로 다시 맞아 연하의 준일(俊逸)과 더불어 담론을 즐겼던 것이다. 그리하여 제봉의 자긍(自矜)과 고봉의 솔직함이 두터운 교분으로 평생 이어졌으며, 지금도 호남의 큰 인물로 추앙받고 있다.

223 高麗太祖

고려태조 왕건은 신라의 금성태수 왕륭(金城太守 王隆)의 아들이다.

그는 도량이 크고, 천품이 영명(英明)하고 무술 또한 뛰어나, 20세 때 벌써 궁예는 그를 발어참성(勃禦塹城)의 성주를 삼았다. 그는 육전과 수전에 모두 능통하여 후백제 견훤의 군사와 싸워 공을 세웠으며, 특히 해

전에 능함으로 하여 왕업의 기초를 닦는데 성공을 할 수 있었다.

그는 무예뿐만 아니라, 문장에도 능하여 어느 변방을 돌며, 다음과 같은 시를 지었다.

龍城秋日晩 용성(에) 추일만(하고)
古戍暮煙生 고수(에) 모연생(이라)

용성에는 가을 햇빛이 깊었고,
옛 수자리엔 저녁연기 피어나네.

萬里無金革 만리(에) 무금혁(하니)
胡兒賀太平 호아(가) 하태평(이라)

만리에 전쟁이 없게 되니,
오랑캐가 와 태평을 축하하네.

이 때는 장수로 있을 때이지만, 하나의 나라를 창업할 국왕으로서 그 호기가 잠재해 있으며, 태평천하를 구가하는 제왕의 기상을 볼 수 있다.

224 억울했던 崔永慶

최영경은 서울 출신이고, 남명 조식(南冥 曺植)의 문인으로 학문이 높고 명망이 두터웠다. 그는 천거로 지평(持平) 등 여러 벼슬에 임명되었으나 나가지 않았다. 그러나 "경서훈해(經書訓解)"를 만들 때, 교정청 낭관(校正廳郎官)으로 잠시 교정에 참여했다가 바로 퇴직하였다.

정여립(鄭汝立)의 모반 사건이 일어나자, 정여립이 민심을 얻기 위하여 여러 가지 참설(讖說)을 만들어 퍼뜨렸다. 『정감록(鄭鑑錄)』에 의하여

'이(李)씨가 망하고 정(鄭)씨 도읍이 된다.' 등등. 그런데 정여립의 배후에는 길삼봉(吉三峯)이란 상징적인 인물이 있다는 설이 떠돌아서 '길삼봉'을 찾을 때, 최영경이 바로 '길삼봉'이라는 유언비어가 나돌았다. 결국 강해(姜海)와 양천경(梁千頃)의 무고로 투옥되었다.

본인은 그렇지 않다고 해도, 조정에서는 소홀히 다룰 리가 없었다. 그의 서고(書庫)를 뒤졌을 때, 다음과 같은 글귀가 나왔다.

牛溪一夜風生虎 우계일야풍생호
仙李根搖有髮僧 선리근요유발승

이렇게 해석할 수 없는 괴상한 글을, 그를 죽이려고 하는 무리들이 일부러 써서 그 서고에 넣었을 것이다. 최영경 본인은 자기는 전혀 모르는 일이라 했지만, 국문하는 쪽에서는 그냥 넘어가지 않았다.

그는 결국 서인(西人)들의 국문에서 죽고 말았다. 그 이듬해 동인(東人)이 집권하자 바로 신원되었다. 그러나 죽은 다음에 신원되면 무엇 하랴. 하기야 자손을 위하여서는 꼭 신원되어야 할 일이지만, 학문이 높은 학자를, 그것도 아무 죄도 없는 사람을 이렇게 무참하게 죽여야 하는 일, 한 번 역적이라는 누명을 쓰면 어떻게 해서라도 죽이지 않으면 안 되는 조선시대의 그 풍토는 참신한 선비들에겐 참으로 가공할 일이었다.

225 李恒福과 역적

오성부원군(鰲城府院君)을 지내서 오성대감이라 불리는 백사 이항복(白沙 李恒福)은 조선 명종 11년(1566)에 태어나 광해군 10년(1618)에 죽은 유명한 재상이었다. 그는 풍자로써 유명하였으니, 말 한 마디로 역적에 걸려든 사람들을 살려내곤 하였다.

임진왜란 후에는 백성이 먹고 살기가 힘들어서 지방에는 각지에 토적(土賊)이 일어났고, 자주 역모 신고가 들어와 조정에서는 여간 골치가 아니었다. 역적이란 이름으로 올가미에 한 번 걸려들기만 하면 살아나가는 일이 드물었고, 국문하는 쪽에서도 소홀히 다룰 수는 없는 일이었다. 아무리 자기의 지위가 높아도 피의자를 두호했다가는 자기마저 걸려들 우려가 있기 때문에 무고한 사람이라 해도 서뿔리 두호할 수가 없었다.

어느 날, 무고하게 있지도 않는 역모에 걸려든 사람을 심하게 고문하자, 그는 거짓 자백을 하였다. 이를 본 백사는 국문하는 자를 보고 히쭉이 웃었다. 국문하는 이가 백사에게

"대감은 왜 웃는 것이요?" 하였다. 백사는

"내, 소나무 껍질을 빻아서 송편 만든다는 말을 들었더니, 이제 사람을 빻아서 역적을 만드는 것을 보았기 때문이요."(吾嘗聞 搗松皮而成餠, 今見搗人而成逆賊) 하였다. 그 말을 들은 국문하던 관원도 생각한 바 있었던지, 같이 웃고 피의자를 풀어주었다.

그 후 백사는 체찰사(體察使)에 임명되어 호남지방을 순시했다. 보통 사람 같으면 자기의 업적을 남기려고도 건수(件數)를 만들었을 것이다. 그러나 그는 다음과 같은 장계(狀啓)를 올렸다.

"역적이란 저 새, 짐승 물고기, 자라 등속처럼 아무데서나 나는 것이 아니기 때문에 찾아내기가 어렵사옵니다.(逆賊 非如鳥獸魚鼈 處處生産之物 難以體察)"라고 하였다. 이 장계를 보고는 선조의 마음도 누그러져 부질없이 역적을 잡는 일을 중지했다고 한다.

한 번은 광해군 때, 자산(慈山) 땅에 이춘복(李春福)이란 자가 역모를 하고 있다고 신고가 들어왔다. 그리하여 금오랑(金吾郎)이 그 고을로 투

입되어 찾아보았으나, 아무리 찾아봐도 이춘복이란 사람이 없자, 그 대신에 이름이 비슷한 이원복(李元福)이란 자를 잡아 서울로 압송하여 올라왔다.

잡아온 이원복의 국문을 가지고 갑론을박할 때, '이미 잡아왔으니 국문을 해 보는 것이 옳다'는 쪽으로 의견이 기울어지고 있었다. 백사는 어이가 없어서 아무 죄도 없고 상관도 없는 자를 잡아다가 이름자 한 자 때문에 국문을 하다니, 백성의 인권을 이렇게 함부로 짓밟는 것이 너무도 안타까웠다.

그래서 백사는 또 우스갯소리를 한 마디를 던지며 행동으로 맞섰다.

"여보시오, 국문대감들, 이춘복을 찾다가 없어서 이원복을 데려왔으니, 내 이름도 이항복이요, 나도 고문을 받아야 하지 않겠소?" 하고는 뜰아래 형틀로 내려가는 것이었다. 그러자 모두들 깜짝 놀라며

"과연 백사의 말씀이 옳소이다." 하고는 이원복을 풀어주었다.

이와 같이 백사는 일의 분별이 명철하고 정의를 위하여서는 자기의 한 몸을 사리지 않는 분이었다.

226 강릉 기생, 紅粧

관동팔경의 하나인 강릉 경포대(鏡浦臺)는 경치가 아름다울 뿐만 아니라, 사람이 빠져죽은 일이 없었으므로 하여 군자호(君子湖)라 부른다.

전설로는, 이 호수가 옛날에는 큰 부자의 집터였는데, 그 부자가 어떻게나 인색하였던지 집에다가 수십 만 석의 곡식을 쌓아 놓고서도, 걸인에게 동냥 한 푼을 주지 않았다 한다.

하루는 갈포(褐袍) 장삼(長衫)에 육환장(六環杖)을 짚은 늙은 스님이

목탁을 두드리며, 문 밖에서 시주를 청했다. 그러자 인색한 주인은 보리쌀 한 톨을 주지 않고, 오히려 욕설을 퍼부으며, 똥을 한 바가지 가져다 주었다. 스님은 그 똥을 바랑에 쏟아 넣고는 가 버렸다.

그 스님이 가고, 얼마 아니 되어 장대같은 비가 쏟아지기 시작하였다. 그러더니, 그 집과 주위가 그만 호수로 변해 버렸다. 그 집 사람들은 하나도 살아남지 못하고, 곡식은 모두 조개가 되어, 그 후부터는 흉년이 들면, 그 지방 사람들이 모두 이 조개를 캐 먹고 기근을 면했다고 한다.

조선 태종 때 박신(朴信)이 순찰사(巡察使)로 강릉에 갔다가, 기생 홍장을 알게 되었는데, 어찌나 미인이었던지, 하룻밤 새에 폭 빠져들어 다른 고을을 순찰하면서도 홍장을 잊지 못하고, 다른 지역의 순찰은 대충하고는 다시 강릉으로 되돌아왔다. 부사에게는 다시 순찰할 일이 있어 왔노라 하고 인사를 나눈 다음, 대뜸 홍장부터 찾았다. 그러나 홍장은 간 곳 없고, 썰렁한 빈 집 뿐이었다.

강릉부사의 말로는 홍장이 그 동안 박순찰사를 사모하다가 상사병으로 며칠 전에 죽었다 하였다. 그는 맥이 풀린 채로 한숨을 쉬며, 객사에 누워 상심하고 있었는데 밤이 되었다. 부사가 그를 위로하기 위하여 경포대에 배를 띄우고, 박신과 단 둘이서 술병을 기울이고 달을 감상하였다. 그러나 박신은 마음이 매양 쓸쓸할 뿐, 홍장의 생각으로 슬픔만이 가득하였다.

그러던 중, 시간이 지나자 가냘픈 퉁소 소리가 은은히 들리며, 멀리서 배 한 척이 오고 있었다. 가까이 오는 것을 보니, 사람들이 몇 명 타고 있었는데 흰 돛대에 다음과 같은 시가 적혀 있었다.

新羅聖代老安祥 신라성대(에) 노안상(의)
千載風流尙未忘 천재풍류(를) 상미망(이라)

신라 전성시대에 늙은 안상이란 사람의,
천 년 전의 그 풍류를 아직도 잊지 못하겠네.

聞說使華遊鏡浦 문설 사화(가) 유경포(하니)
蘭舟不忍載紅粧 난주(에) 불인재홍장(이라)

얘기를 들으니, 사신이 경포대에서 논다던데,
저 아름다운 배에, 차마 홍장을 태울 수 없구나.

박신이 자세히 보니, 배는 꽃으로 장식되어 있고, 수염이 허연, 우의(羽衣)를 입은 선관(仙官)이 있고, 어여쁜 선녀, 그리고 푸른 옷을 입은 동자아이 둘이 있었다. 부사와 순찰사가 탄 배에 다다르자 배를 멈추니, 부사는 절을 하며,

"선관이 오시는 줄도 모르고 마중하지 못하여 죄송하나이다." 하였다. 그러자 선관 노인은

"나는 인간 세상에 내려온 지 40년이나 되었소. 이렇게 만난 것도 기연이 아니겠소?." 하면서

"이 여인은 본시 옥황상제의 향낭 시녀(香娘侍女)였는데, 죄가 있어 잠시 하계에 내려 왔다가, 다시 올라가던 중, 여기를 하 못 잊어하기에 다시 잠시 온 것이요. 새벽 날이 새기 전까지 말미를 줄 테니, 그대는 그 시간 안에 이 여인을 돌려보내야 하오." 하였다. 박신이 보니, 선녀는 바로 홍장이 아닌가! 죽은 사람을 다시 만나니 얼마나 반가우랴! 고맙다고 선관에게 정중히 인사하고는 처소로 데려가 홍장과 회포를 풀었다.

박신은 깊은 잠에 곯아떨어졌다가 눈을 떠 보니, 아침 날이 하얗게 새었고, 홍장은 옆에서 앉아 화장을 하고 있었다. 박신은 눈이 휘둥그레졌는데, 부사가 들어오며,

"순찰사나리, 어제 저녁에는 살아 돌아온 사람과 재미가 꽤 좋으셨던

모양이요." 하고 너털웃음을 웃는 게 아닌가? 그제서야 박신은 부사한테 완전히 속은 줄을 알았다. 그도 큰 소리로 웃었다.

박신은 서울로 돌아와 강릉부사 조석간(趙石間)에게 다음과 같은 시를 보냈다.

少年時節接關東 소년시절(에) 접관동(이러니)
鏡浦淸流入夢中 경포청류(가) 입몽중(이라)

소년 시절부터 관동에 갔었더니,
경포대에 맑은 물결 꿈속에 들어와 흐르네.

臺下蘭舟思又泛 대하난주(를) 사우범(이나)
却嫌紅粧笑衰翁 각혐홍장(이) 소쇠옹(이라)

경포대에 배를 띄우고 또 한 번 놀고 싶으나,
홍장이 이 늙은이를 비웃을까 혐의스럽구려.

경포호는 한국의 유명한 명승지이건만 또 홍장고사로 하여 그 낭만이 더욱 고조되었다.

227 姜邯贊 장군을 치하한 顯宗의 시

강감찬(姜邯贊) 장군은 고려 현종 때 사람이다. 문과에 장원한 사람으로 용맹이 뛰어났다. 거란이 침입하여 모든 조신(朝臣)들은 항복을 주장했지만, 강장군은 혼자 반대하여 적군을 설득시켜 스스로 물러가게 하였다. 그 후에 거란 장수 소배압(蘇排押)이 침입했을 때, 강감찬 장군은 상원수(上元帥)가 되어 거란 오랑캐를 완전히 물리쳤다. 그리하여 그는 가장 높은 지위인 문하시중(門下侍中) 자리에 올랐고, 특진검교태사시중천

수군개국후(特進檢校太師侍中天水郡開國侯)에 봉해졌다.

현종은 그를 찬양하여 다음과 같은 시를 썼다.

庚戌年中有虜塵 경술년중(에) 유로진(하야)
干戈深入漢江濱 간과(가) 심입한강빈(이라)

경술년에 오랑캐의 침입이 있어서,
적군들이 깊이 한강 가에까지 들어왔었네.

當時不用姜公策 당시(에) 불용강공책(터면)
擧國皆爲左衽人 거국(이) 개위좌임인(을)

당시에 강공의 계책을 쓰지 않았더라면.
온 나라가 모두 오랑캐가 되었을 것을.

조선에서 이순신이라면, 고려에는 강감찬이다. 그러나 시대가 멀다보니, 사람들은 이순신 장군처럼 많이 친숙하지 못하다. 그는 거란과 담판할 때, 일부러 적장이 자기를 알아보는가 상대를 시험하기 위하여 또는 기선을 제압하기 위하여, 자기는 뒤에 따르고, 부하장수 중에서 체격이 건장하고 얼굴이 잘생긴 사람으로 뽑아 위풍당당하게 뽐내며 앞에 가도록 하였더니, 적장은 앞에서 으스대고 오는 사람을 제쳐놓고 강감찬에게 와서 인사를 건넸다 하니, 적장의 사람 보는 지혜도 훌륭하거니와 강장군의 겉으로 풍기는 기백이 위대하였음을 알 수 있다.

228 소년 鄭夢周의 글

포은 정몽주는 고려 말 충신이요, 고려의 대표적 유학자로 꼽는다. 그가 12세 때, 그 집에 여종이 남편을 서울에 보내놓고 편지를 써야 하는데, 자기는 까막눈이고, 누구에게 부탁할 데가 없었다. 다만 12세 된 주인 도령이 하도 의젓하여 남편에게 보내는 글을 대필토록 부탁을 하였다.

그러자 주인 도령 정몽주는 다음과 같이 써 주었다.

雲聚散 운취산(하고)
月盈虛 월영허(라도)
妾心不移 첩심불이(로소이다)

구름은 모였다 흩어지고,
달은 찼다가 기울지만,
저의 마음만은 변함이 없습니다.

글을 다 지어놓고, 여종이 읽어달라고 하여 읽어주었더니, 너무 짧으니 좀 더 길게 써 달라고 하였다. 그래서 정도령은 한 연을 더 붙여 주었다.

緘了却開添一言 함료각개 첨일언(하노니)
世間多病是相思 세간다병(은) 시상사(라)

봉했다가 다시 열어 한 말씀을 더 붙이오니,
이 세상 살면서 많은 병은 상사병인가 합니다.

12세 포은 역시 어린이인지라. 그 나이에 어른처럼 곰살갑게 서간문을 쓸 수 있었으랴! 서당에서 배운 것은 오직 시(詩)이거니, 시로서는 간결하면서도 압축하여 할 말을 다 한 것이다. 낭군을 사모하는 충정이 이보다 어찌 더 절실할 수 있으랴.

229 元曉大師의 깨달음

원효대사와 의상대사(義湘大師)가 불도를 닦기 위하여 당나라에 들어갈 때 얘기다. 한반도를 지나 요동벌판에서 가도 가도 끝이 없는 한 들판에서 잠을 자게 되었는데, 여름철 모기와 곤충은 얼마나 많은가? 별빛만 비취고 희미한 조각달만이 있는 곳에 다 허물어진 집이 하나 있기에 거기에 들어가 그냥 쓰러져 잤다.

한 밤중쯤 되었을까? 목이 몹시 말라 물을 찾는데, 마침 바가지에 물이 담겨있는 것을 발견하고 마시니, 그렇게 시원하고 꿀맛 같을 수가 없어, 온 몸이 편안하고 정신이 상쾌하여 육체란 무엇이며, 사람이란 무어며, 삶이란 무엇인가? 생각하며 다음과 같은 생각을 하였다.

生從何處來 생종하처래(며)
死向何處去 사향하처거(오)

산다는 것은 어디에서 온 것이며
죽는다는 것은 어디로 가는 것인가?

生也一片浮雲起 생야(는) 일편부운기(요)
死也一片浮雲滅 사야(는) 일편부운멸(이라)

살았다는 것은 한 조각 뜬 구름이 생긴 것이고,
죽었다는 것은 한 조각 뜬 구름이 사라진 것이다.

浮雲自體本無實 부운자체(가) 본무실(하니)
生死去來亦如然 생사거래(가) 역여연(이라)

뜬 구름 자체가 본래 실상이 없는 것이어니,
살고, 죽고, 가고, 오고함이 또한 그러한 것을…

獨有一物常獨露 독유일물(이) 상독로(하니)
幾經劫火常湛然 기경겁화 상잠연(이라)

홀로 한 물건이 있어 항상 혼자 드러나 있으니,
몇 번이나 겁화를 겪어도 마음이 항상 깊고 고요한 것을…

이렇게 읊고는 며칠 동안의 노독(路毒)을 풀고, 단 잠을 자고 일어났다. 일어나자마자 물바가지가 눈에 뜨이어 보니, 사람의 해골이 아닌가? 순간에 그는 "윽" 하고 토할 것만 같았다. 그러면서 그 순간 오도(悟道)를 한 것이다.

'아하, 모든 것은 마음먹기에 달린 것이다.' 어제 저녁에는 그렇게도 감로(甘露)와 같았는데, 해골이라는 것을 아는 순간, 이미 마신 물도 더러워 토해야 되다니, 이게 바로 "일체유심조(一切唯心造)이고, 일체만유작(一切萬有作)이로구나" 하고 다음과 같은 글귀를 지었다.

心生則種種法生 심생즉 종종법생(하고)
心滅則種種法滅 심멸즉 종종법멸(이라)

마음이 살아 있으면 종종 법도 살아 있고,
마음이 죽으면 종종 법도 없어지는 것이다.

그는 당나라에 가서 배우는 일을 그만 두고 서라벌로 발길을 되돌렸던 것이다. 불교는 깨달음의 종교이기 때문이다. 이리하여 의상은 당나라에 가서 불교의 진리를 깨쳐오고, 원효는 당에 가지 않고서도 깨달아 득도하였던 것이다.

요즘 기독교는 불교의 깨달음에 비하여 성령체득의 종교다. 성령을 체득하지 못하면 기독교인이라 할 수 없다. 성령을 얻음으로 그 믿기 어려운 사항들을 모두 믿게 되고 따라서 예수의 가르침을 받아 사랑을 실천하게 된다. 도교도 마찬가지 영(靈)을 얻어야 한다. 그래서 도교도 천존(天尊)과 노군(老子)과 영보(靈寶-성령에 해당)는 삼위일체로 높이고 있다. 또 샤머니즘도 신이 내려야 한다. 다 같은 이치가 아니겠는가?

결국 모든 종교의 목적은 사랑과 자비와 선을 행하는 것인데, 방법에 따라 어떤 종교는 깨달음으로, 어떤 종교는 성령체득으로 각기 목적에 도달하고자 하는 것이다.

230 崇禎宮人 屈氏

굴씨는 명나라 말에 중국 강소성(江蘇省) 사람이다. 부친이 죄를 짓고 중국 운남(雲南) 땅에 귀양가서 죽고 가세가 기울자, 굴씨는 북경으로 가게 되었는데, 어찌어찌하여 궁중에 뽑히어 들어갔다. 그는 미모에다가 다재다능했으므로 숭정황제(崇禎皇帝)의 총애를 받았다.

그러나 명나라는 이자성(李自成)의 난과 오삼계(吳三桂)의 청군(淸軍)의 요청 등을 거치는 동안에, 굴씨는 다른 궁인들과 함께 죽지 못하고 민가에 피난했다가 청나라 궁으로 다시 붙잡혀 들어가게 되었다.

그러다가 병자호란에 우리나라 소현제자(昭顯世子)와 봉림대군(鳳林大君)이 볼모로 청나라 심양에 가 있을 때, 굴씨와 친하게 되어, 두 왕자들이 조선으로 나올 때, 청태종에게 허락을 얻어 굴씨를 데리고 조선에 오게 되었다. 그리하여 그는 우리 인조대왕의 왕후인 장렬왕후(莊烈王后) 조씨(趙氏)의 시녀로 만수전(萬壽殿)에서 살았다.

장렬왕후가 죽자 성균관 옆에 집을 새로 마련하여 살도록 했는데, 조선의 궁녀들에게 비파 타는 법을 가르치기도 했다. 그녀는 조선에 나와 특별한 대접을 받은 것은 조선이 그만큼 명나라를 좋아했기 때문일 것이다.

그는 죽으면서 명나라가 잘 보이는 곳에 묻어 달라 했고, 죽어서도 명나라 사신이 오가는 것을 보고 싶다고 해서 그 유언대로 고양군(高陽郡) 대자산(大慈山) 밑에 묻어 주었다. 그리고 명나라에서 귀화한 광평전씨(廣平田氏: 尙書를 지낸 田應揚의 후손)에게 제수료(祭需料)를 주고 제사를 지내주게 하였다.

자하 신위(紫霞, 申緯)는 그곳을 지내다가 "過崇禎宮人屈氏墓"란 제목으로 다음과 같이 시를 썼다.

斷原一望草芊芋 단원(에) 일망초천우(하니)
萬里宮人尙可憐 만리궁인(이) 상가련(이라)

깎아지른 언덕에 풀 우거진 옛 무덤을 바라보니,
만리타국에서 온, 한 궁인이 가엾어라.

湘女瑤絃愁月夜 상녀요현(은) 수월야(요)
昭君玉佩冷秋烟 소군옥패(는) 냉추연(이라)

아황, 여영처럼 비파소리는 달밤에 근심 어리고,
왕소군처럼 허리에 찬 옥소리는 가을 연기인 양 차갑구나.

精靈已化遼陽鶴 정령(은) 이화요양학(이요)
恨淚難禁蜀帝鵑 한루(는) 난금촉제견(이라)

맑은 혼령은 이미 심양의 학이 되어 날아갔고,
한스런 눈물은 두견새 울음에 금할 수 없었다네.

幸有廣平田氏子 행유광평전씨자(하야)
年年寒食祭香傳 연년한식(에) 제향전(이라)

다행이 광평전씨의 자손 있어,
해마다 한식이면 제사지내며 향 피워 전하네.

굴씨는 소현세자를 심양에서 사귀어 보고는 그가 왕의 자격이 없음을 5가지로 열거하여 말했다 하니, 아마도 그는 효종과 노론 대신들과 친하게 지내며 그들의 보호를 많이 받은 것으로 추측된다.

231 僧房의 奇緣

옛날 이시원(李時源)이란 자가 총각 적에 일이다. 그는 18세 소년이었으나, 헌헌대장부의 풍모를 갖추었고, 누가 보아도 귀티가 풍기는 귀공자였다. 그런데 그는 운명론자였던가? 도승(道僧)의 말을 너무 믿었던 탓이었을까? 자기에 대하여 점친 것을 믿고는 공부도 않고 한숨만 쉬다가, 드디어 부모의 허락을 얻고 금강산 어느 스님을 찾아 길을 떠났다.

遊盡天下之好山 유진천하지호산
交盡天下之好友 교진천하지호우
讀盡天下之好書 독진천하지호서

천하의 명산은 다 다녀보고,
천하의 좋은 친구는 다 사귀어보고,
천하의 좋은 책은 다 읽어보고자

이렇게 다짐하며 금강산으로 향했던 것이다. 절에 당도하니, 전부터 알고 있던 스님은 자기를 끔찍이 대접해주었고, 날마다 그 근처에 산천이며 암자도 모조리 구경시켜 주었다. 그런데 어느 초막을 들렀을 때, 여승들이 있었는데 한 처녀가 유독 이 소년에게 눈꼬리를 치며 관심을 가졌다. 이심전심 소년도 또한 그 소녀에게 마음을 다 빼앗기게 되었다. 그리하여 소년은 날마다 그 초막에 가서 놀았다. 그러는 사이에 남녀는 정이 들고 저희끼리 약혼까지 하였다.

그리고 며칠 후 두 사람은 스님의 허락까지 얻어, 정화수 떠 놓고 혼인식을 올렸다. 첫날밤 신랑은 뒤척이며 잠을 이루지 못했다. 서로는 신분을 모르는 처지, 서로는 상대방을 알려고 했다. 신부는 신랑에게 어떻게 돼서 여기까지 혼자 와서 혼인식까지 올렸는지 알려 달라 했다. 남자는 자기가 죽을 운명이란 걸 말하고, 도승이 써 주었다는 때 묻고 꼬깃꼬깃한 종이 한 장을 내 놓으며 말했다.

"난 화촉동방에서 죽는다 했으니, 바로 오늘 저녁인가 보오. 이렇게 점이 맞을 줄이야, 나는 오히려 당신의 정체가 궁금하구려." 하였다. 그 종이에 적힌, 두 사람에게 주는 글은 다음과 같다.

贈公子 증공자　공자에게 주다

蒹葭白露爲霜後 겸가백로위상후(에)
伊人在水之一方 이인재수지일방(이라)

갈대발에 흰 이슬이 서리로 된 후에
그 사람은 물가 한 곳에 있었도다.

誰知金剛長安寺 수지금강장안사(에)
華燭侍緣空洞房 화촉시연공동방(가)

뉘 알았으리, 이 금강산 장안사에서
화촉을 밝히는 빈 골방에서 모시는 인연 될 줄이야.

贈伊人** 증이인　**그 사람에게 주다

以奴殺主綱常賊 이노살주(는) 강상적(이요)
以婦殺夫綱常賊 이부살부(도) 강상적(이라)

종으로서 상전을 죽이는 일은 강상을 어긴 도적이요,
아내로서 지아비를 죽이는 일도 강상을 어긴 도적이로다.

三千之罪寧或贖삼천지죄(는) 영혹속(이나)
綱常之賊天必戮강상지적(은) 천필륙(이라)

삼천 가지 죄는 차라리 용서받을 수 있을지 모르나,
강상죄를 범한 도적은 하느님이 반드시 죽이리라.

이 글을 보자, 신부는 신랑이 바로 자기가 죽이려고 여지껏 찾고 있던 이시원임을 잘 알았다. 신부는 순간 살기를 느꼈지만, 너무나 신랑을 사랑하기에 그만 몸에서 맥이 풀렸다. 신부는 신랑에게

"당신은 오늘, 아니면 내일이 죽는 날이지만 살 방도가 있소. 그러니 내 시키는 대로 하시오" 하고는 지필묵을 주며

"이 종이에 나와 평생 살겠다고만 쓰시오" 하였다. 신랑은 그거야 뭐 어렵겠나 하고 신부의 요구대로 써 주었다.

그리고 신부는 신랑에게 말했다.

"나는 이제 당신이 이시원임을 알았소. 그러나 당신은 내가 누구인지 모르고 있지 않소. 우리 아버지는 당신네 종이었소. 당신의 아버지가 문경군수로 있다가 올라올 때, 새재에서 화적을 만났는데, 밤중에 도적의 얼굴은 못보고, 그 화적이 내 아버지와 음성이 같다고 하여, 내 아버지를 도적으로 몰아 죽였소. 그 뿐 아니요, 저 초막에 있는 여승 2명도 내 아버지처럼 당신 아버지에게서 억울하게 죽은 사람들의 아내요. 이 글에서 '伊人'은 바로 나요" 하였다. 그녀는 또 말을 이었다.

"나는 유복녀였는데, 어려서부터 지금까지 복수를 위하여 무술과 글공부를 하여 왔소. 당신네 집의 대를 끊고, 외아들인 당신을 죽이려고 밤낮으로 벼르고 살아왔소. 그러나 나는 지금 당신을 너무 사랑하기 때문에, 당신을 도저히 죽일 수가 없소" 하였다. 신랑은 이제야 두 사람의 관계를 알았다. 신부는 시퍼런 비수를 꺼내더니,

"당신의 윗저고리를 벗어 나에게 주시오." 하여, 벗어 주었더니 신부의 비수가 신랑의 저고리에서 번쩍였다. 그리고는 비수를 던지고

"내 원수 이시원은 이미 죽었소. 나는 이제부터 내가 가장 사랑하는 남편 이시원에게 신명을 바치겠소." 하고는 신랑의 품에 와락 안기며 엉엉 울었다.

그 이튿날 신부는 스님을 찾아가서 어제 첫날밤에 있었던 얘기를 다 털어놓았다. 그리고

"스님, 이게 모두 스님께서 만드신 일이지요?" 하니, 스님은

"다 부처님의 뜻이오. 내가 무슨 재주로 이렇게 할 수 있었겠소? 아들이 무슨 죄가 있나요? 모두 용서해 주구려." 하였다.

232 밭두둑 무너지는 날 만납시다

옛날 어느 노총각이 미모의 노처녀에게 청혼을 했는데, 그 처녀는 총각을 시험하기 위하여, '밭두둑 무너지는 날' 만나자고 하였다. 총각은 체면상 그 이상 더 물어볼 수도 없고, 그냥 궁금한 채로 돌아왔다. 그러나 집에 와서 아무리 생각해 봐야 알 수는 없고, 남이 보기에도 그의 얼굴에는 수심이 가득한 것이 역력하였다.

그래서 가족들이 그를 가엾어 생각하고, 성심을 가지고 그 이유를 물어보고서야 '밭두둑 무너지는 날'을 몰라서 고민하는 것을 알았다. 가족이 모두 그게 무슨 뜻일까? 생각하며 잠잠히 있는데, 여동생이

"아이고, 오라버니도, 그것도 몰라서 그렇게 죽을상을 해 가지고 있소? 바로 이거요"

"田 - 口 = 十" 하였다.

곧, 밭가의 두둑이 모두 무너졌으니, 남은 것은 '열십자' 뿐, 그러므로 10일이 되는 것이다. 그는 10일 날 처녀를 만나 성공하게 되었다 한다.

233 孟子見梁惠王

앞에서 얘기는 모두 옛날 얘기만 했는데, 이번에는 요사이 일어난 얘기를 하려고 한다. 요사이 모임이 얼마나 많은가? 고향친구 모임, 초등학교 동창회를 비롯한 각 동창회, 직장모임, 각 경조상문(慶弔相問)을 위한 지역적으로 모이는 모임, 등등 수없이 많다.

모임이 끝나서 모두들 집에 돌아가려고 신발을 찾아 신는데, 한 사람의 신발이 없어져 버렸다. 그는 대뜸,

"맹자견양혜왕"이네 하였다. 한문 줄이나 읽었다면 『맹자(孟子)』 첫머리에 나오는 "孟子見梁惠王(맹자께서 양나라 혜왕을 만나보았다)"를 모르는 이는 없을 것이다. 그러나 이 말을 듣는 이 중에는 한학이 듬뿍한 이는 얼른 머리가 돌아가지만, 그렇지 않으면 무슨 뜻인가 몰라서 의아해 할 것이다.

곧, '盲者牽兩鞋往'(소경이 두 짝의 신발을 끌고 가버렸다)이다. 이런 재미있고 재치 있는 어구는 고금을 막론하고 계속 저절로 생겨나고 있다.

234 楊州牧使 宋座首

고금을 막론하고 술자리에는 다른 말도 많지만, 술 마시는 규정과 방법에 대한 애기도 많았다. 5~60년대 이전에는 공후백자남(公侯伯子男)

으로 마셔야 한다고 떠들어댔다. 중국 고대 관작인 '공후백자남'이 아니고, 곧, 공후백자남(空厚百自濫)이다.

空은 부어놓으면 속히 마셔서 비운다는 뜻이다. 厚는 남의 술잔을 부을 때는 후하게 부우라는 것이고, 百은 백 잔을 마셔야 하고, 自는 남이 부어줄 새 없이, 자기가 스스로 자작(自酌)하라는 뜻이다. 그리고 濫은 술을 잔에 부울 때는 철철 넘치게 부으라는 것이다.

1950년대만 해도, 술을 마실 때, 사람들은 보통 1, 3, 5, 7, 9의 숫자로 마셔야 한다고 권했는데, 짝수만큼 마셨을 때 하는 말이다. 만약에 현재 마신 숫자가 홀수이라면 2, 4, 6, 8, 장으로 마셔야 한다고 떠들어댔다. 어찌되었던 많이 마시게 권하려는 짓이었다.

한 30년 전에는 젊은이 사이에서 놓, 털, 카, 찡, 띠, 웃이라 하더니, 여하튼 이런 것은 모두 술자리의 흥을 돋우고, 많이 마시게 하기 위한 것이었다.

그러면 "양주목사 송좌수(楊州牧使宋座首)"는 무엇인가? 이것은 "맹자견양혜왕"처럼 한자(漢字)를 달리 써야 한다. 곧 "讓酒目射送左手"다. 음만 같고 내용이 다르다. 곧 싫다고 술을 사양하면서도 눈은 술잔을 쏘아보며, 오른손은 싫다고 내젔고, 왼손은 술잔 쪽으로 보낸다(내민다)는 뜻이다. 그래서 속으로는 술을 주었으면 하면서도, 겉으로 공연히 술을 사양 척하는 사람이나 그런 행동을 일러 "양주목사송좌수"라 한다. 이것도 요즘에 생겨서 유행하는 말이다.

235 가짜 공에 대한 박문수의 시

이인좌(李麟佐)의 난 때, 그 무리들이 청주목사가 알지 못하도록 상여에다 무기를 싣고, 청주에 옮겨 놓고 주막에서 술을 먹고 있을 때, 이것을 본 사람들이 청주병사 이봉상(清州兵使, 李鳳祥)에게 보고했건만, 이봉상은 이를 무시하고 청주목사 박당(朴唐)과 함께 술잔치를 베풀고, 기생과 함께 이불속에 있었다. 술잔치를 벌릴 때, 까치가 짖으니, 이봉상은 예쁜 기생과 술 마시는 것보다 더 좋은 기쁜 소식이 있을 거라고 좋아했다 한다. 이들은 "저녁까치는 근심까치"라는 말을 몰랐던 모양이었다.

청주 영문(營門) 안에는 이미 비장 양덕부(裨將, 梁德傅)와 기생 월례(月禮)가 이인좌 무리와 내통하고 있어, 병사 이봉상은 이불 속에서 난군에게 붙잡혀 피살되었고, 박당은 가까스로 탈출에 성공하여 조정에 장계(狀啓)를 올리는 바람에, 죄는 묻지 않고 오히려 공으로 인정되어 벼슬이 승차되었다.

박문수는 그 얘기를 듣고 한심스러워 다음과 같은 시를 지었다.

三更靈鵲繞樑喧 삼경(에) 영작(이) 요량훤(에)
燭滅華筵醉夢昏 촉멸화연(엔) 취몽혼(을)
삼경에 신령스런 까치가 대들보를 돌며 울 때,
촛불이 꺼진 침실에는 취한 꿈이 무르익었다네.

裨將能成蓮幕節 비장(은) 능성연막절(이나)
元帥謾作竹林魂 원수(는) 만작죽림혼(이라)
비장들은 큰 집을 지키는 절개를 이루었건만,
원수는 더렵혀져 대숲에서 외로운 넋이 되었구나.

雲猶死耳垂唐史 운유사이수당사(나)
陵獨何心負漢恩 능독하심부한은(고)
당나라 운장군은 죽어 이름을 청사에 빛냈건만,

한나라 이릉은 어찌하여 조국의 은혜를 저버렸던고.

可笑漁人功坐取 가소어인(이) 공좌취(하니)
一時榮寵耀鄕村 일시영총(이) 요향촌(이라)

가소롭도다. 엉뚱한 사람이 앉아서 공을 취하니,
목사의 일시적인 영화와 은총이 향촌에 빛나네.

박문수는 이 시를 쓴 다음, 오명항(吳命恒)과 함께 경상도로 달려가서 안음(安陰), 거창(居昌), 합천(陜川), 삼가(三嘉)를 함락한 정희량(鄭希亮)을 잡아 난을 평정시켰다.

236 天下文章 李慶全

이경전은 이산해(李山海)의 아들이다. 본관은 한산으로, 고려 말 목은 이색(牧隱, 李穡)의 후손이다. 이산해가 영의정을 지냈고, 광해군 1년에 죽었다. 이경전은 광해군의 멀지 않은 세상을 예견하고, 자기가 대북파의 한 사람이면서도 아들을 시켜, 친구이자 대북파의 영수 이이첨(李爾瞻)을 탄핵하게도 했다. 이렇게 함으로써 집안이 온전할 수 있었다.

그래서 오히려 인조의 즉위를 알리는 주청사(奏請使)로 명나라에까지 다녀왔다. 그 전에 임진왜란이 끝나고 명군이 철수할 때 일이다. 이여송(李如松)이 개가(凱歌: 전쟁에서 이겼을 때, 그 전공을 기리는 노래)를 가지고 돌아가자, 중국장수 형개(邢玠)는 전공을 자기에게 돌리지 않음을 이여송에게 몹시 분개하였다. 그리하여 조선 조정에서는 형개에게도 개가를 주어야 하는데 개가 지을 시간이 없어, 영의정 이덕형(李德馨)은 1

시간 이내로 개가를 지을 사람은 이경전밖에 없음을 알고 그에게 부탁하여 개가를 짓고, 한석봉의 글씨로 써 주었다.

그런데 형개는 믿지 않았다. 개가 짓는다는 말을 못 들었는데, 갑자기 자기에게 개가를 선사하다니! 귀신이 아니고서야 어찌 그 동안에 개가를 지을 수 있단 말인가? 어디에서 베껴온 것이 아닌가? 형개는 받아들고 읽어 내려가다가

> 登壇祭旗, 天地爲之感應 등단제기(하니) 천지(도) 위지감응(이요)
> 出師誓衆, 鬼神聽其指揮 출사서중(하니) 귀신(도) 청기지휘(로다)
>
> 단에 올라 깃발 꽂고 제 지내니, 천지도 그에게 감응하였고,
> 군사를 출동하며 군졸과 맹서하니, 귀신도 그의 지휘를 따랐도다.

라는 구절에 이르러서는 무릎을 치며 감탄하였다. 그래도 형개는 믿지 못하고, 개가 지은 이를 불러오라 하여 이경전이 앞으로 나갔다. 마침 그때 책상 위에 고문진보(古文眞寶)가 있었는데, 그 책을 펼치고 백거이(白居易)의 비파행(琵琶行)을 차운하여 글을 지어보라 하니, 이경전은 그 앞에서 즉시 지었다. 그 때 형개는 이경전을 또 시험하기 위하여, 노대가작상인부(老大嫁作商人婦)의 '婦'자를 '夫'로 고쳐서 불렀다. 그러자 이경전은 틀린 점을 시로써 답하였다.

> 傷時自古有志士 상시(는) 자고(로) 유지사(요)
> 恨別從來無丈夫 한별(은) 종래(로) 무장부(라)
>
> 때를 슬퍼하는 것은 예부터 지사들이 하였고,
> 이별을 한스러워하는 것은, 장부에겐 전부터 없었노라.

라고 하니, 그제야 형개는 크게 감탄하고,

"그대는 참으로 천재다. 이제 나와 더불어 중원에 들어가 중화문물을 돌아보고 옴이 어떠하냐?" 하여 그는 형개를 따라 중국에 가서 유람하고 돌아왔던 것이다.

237 成世昌과 玉簫仙

성세창의 자는 번중(蕃仲), 호는 둔재(遯齋)이니, 용재(慵齋) 성현(成俔)의 아들이다. 그 또한 아버지를 닮아서 글재주가 뛰어났고, 글씨와 그림까지 잘 그려 시, 서, 화 삼절(詩書畵三絶)로 알려진 인물이었다.

그는 아버지가 평양감사일 때, 아버지를 따라 평양에 갔으나, 오직 글공부만 할 뿐, 풍류에는 조금도 관심이 없었다. 사람이 하 그러하니, 아버지 성현은 오히려 아들이 좀 풍류도 즐겼으면 하는 생각조차 있었다.

하루는 추향당(秋香堂)에서 용재의 생일잔치가 벌어졌는데, 평안도 수령들이 다 모이고, 기생들이 가무로 축하해도, 아들 세창은 기생에게 눈길 한 번 주지 않았다.

그래서 아버지 성현은 16세 된 기생 중에 제일 어여쁜 옥소선(玉簫仙)에게 지금의 이 감정을 즉경(卽景)으로 하여 시를 지으라 했다. 그 말을 들은 옥소선은 지체 없이 시를 불렀다.

華堂琴瑟綺筵開 화당금슬 기연개(하니)
北斗南山暎壽盃 북두남산(이) 영수배(라)

화려한 집안에 금슬 좋아 화려한 자리가 열리니,
사방에서 모인 훌륭한 인사들의 獻壽의 잔 빛나네.

但願年年春不老단원연년 춘불로(하야)
庭蘭拜舞月中回정란배무 월중회(라)

다만, 해마다 봄이 늙지 말아서,
뜰아래 자손들이 절하고 춤추기를 다달이 하기를 바랍니다.

감사는 물론이요, 모인 여러 귀빈들이 칭찬이 대단하였다. 아들 세창도 기생이면 술이나 따르는 줄 알았는데 이렇게 주옥같은 시를 토해내는 데는 의외라서, 얼굴을 한 번 보니 아름답기가 그지없었다. 이렇게 눈길이 자주 가니 이심전심 옥소선도 세창에게로 눈길이 왔다.

감사는 이어 아들에게 "너도 저 아이의 시를 받아 화답할 수 있겠느냐?" 하니, 세창 또한 지체 없이 앞 시에 화운(和韻)하여 불렀다.

此日蟠桃幾度開차일번도(가) 기도개(오)
新春瀲灩萬年盃신춘염염 만년배(라)

오늘 이 생신이 몇 번째였던고
새 봄에 넘치는 이 운치 만년을 누리소서.

寸忱願上龜蓮壽촌침원상귀련수(하야)
長向高堂綵舞回장향고당(에) 채무회(를)

작은 정성 원하여 드리노니, 거북이만큼 사시오소서,
길이 아버님 계시온 곳을 향해 색동옷 춤이 이어지기를…

모였던 손들은 모두 갈채를 보내며 "그 도령에 그 처자"라 축하하였다. 성세창은 이렇게 되어 옥소선과 친분이 두터워지기 시작하였다 한다.

238 楊士彦의 글

다음의 봉래 양사언(蓬萊, 楊士彦)의 시조를 모르는 이는 없을 것이다.

태산이 높다하되 하늘 아래 뫼이로다.
오르고, 또 오르면 못 오를 리 없건마는,
사람이 제 아니 오르고 뫼만 높다 하더라.

그는 승지 양희수(楊希洙)의 아들이다. 글씨도 잘 써서, 특히 초서에 능하여 조선 4대서예가에 든다. 그리고 거문고도 잘 하여 봉래금(蓬萊琴)이라면 모르는 이가 없었다.

그는 어머니가 안변(安邊)사람이다. 아버지 양희수가 산천경계를 구경하기 위하여 철령(鐵嶺), 마천령(摩天嶺)을 지나 안변에 갔을 때, 잘 곳이 없어 과객으로 어느 농가에 들렀었다. 14세 여자 아이와 농담하며 청홍부채를 선물한 것이 인연이 되어, 몇 년 후 이 처녀는 다른 곳으로 결혼하지 않고, 기어이 서울로 양희수를 찾아와서 사언(士彦), 사준(士俊) 두 아들을 두게 되었다.

나이가 어렸지만 50세가 다된, 상처한 남편을 받들고, 자기보다 나이 많은 며느리를 거느리며, 행신범절이 하 놀라와 주위 사람들의 존경을 받았고, 양사언과 같은 훌륭한 인재를 만들었다. 아들 양사언은 강릉도호부사, 안변부사 등을 지냈다. 이 여인은 안변의 농가에서 태어나, 그 아들이 안변의 사또로 부임하였으니, 옛날 세월에 그는 얼마나 영광이었을까?

성종대왕은 야행하다가 사언, 사준 두 형제의 글 읽는 소리가 하도 낭랑하여, 찾아들어가 칭찬하고 돌아와 동궁으로 불러들여 동궁에게 소개하고 춘방가어사(春坊假御使)를 제수했다니, 복 받은 사람이었다.

양사언이 안변부사로 부임할 때, 다음과 같은 시를 남겼다.

美人如玉隔三山 미인여옥격삼산(하니)
十載江湖鬚雪斑 십재강호수설반(이라)

옥처럼 아름다운 님과는 세 산이 막혔으니.
십년 동안 강호 생활, 수염이 눈처럼 아롱지네.

願寄衷情明月夜 원기충정명월야(하노니)
和風吹入玉欄干 화풍(이) 취입옥란간(을)

달 밝은 밤 (소신 -小臣의) 충정을 드리옵노니,
훈훈한 바람 불어 옥난간에 들어가기를 바라옵니다.

임금님을 그리워하여 지은 시이다.

239 神童 金梅月堂

매월당(梅月堂) 김시습(金時習)의 3세 때 시에 이르기를,

桃紅柳綠三月暮 도홍유록삼월모(하니)
貫珠靑針松葉露 관주청침송엽로(라)

복사꽃 붉고 버들은 푸르고, 삼월은 저물었는데,
푸른 바늘 솔잎에 방울방울 꿰어진 구슬이여!

이렇게 하여 시 잘 짓는다는 소문이 났다. 어느 날 여인들이 맷돌로 콩을 타개고 있었다. 이것을 가지고 시를 지어보라 하니,

無雨雷聲何處動 무우뢰성(이) 하처동(고)
黃雲片片四方分 황운(이) 편편 사방분(이라)

비도 내리지 않는데 우레 소리는 어디에서 나는고.
누른 구름 조각조각 사방에서 부서지네.

라고 지은 것은 콩의 색깔이 누르기 때문이다. 5세 때에는 대학(大學)을 읽어 통하였는데, 당시에 재상 허조(許稠)가 찾아왔다가 대학의 내용을 물으니, 어린 시습이 응구첩대(應口輒對)하자, 허조는 감탄하면서

"네가 나를 두고 시를 지을 수 있겠느냐?" 하니, 시습은

枯木生花心不老 고목생화심불로

마른 나무에 꽃이 피었으니, 마음은 늙지 않았다.

라고 지었다. 허조는 신동이라고 혀를 내두르고 돌아갔다 한다.

김시습의 소문은 조정에까지 알려져 5세 아이가 조정에까지 불려들어 간 것은 처음 있는 일이었다. 먼저 지신사 박이창(知申事 朴以昌)이 자기의 글에 대를 하라고 하며 다음과 같이 글을 불렀다.

童子之學 白鶴舞蒼空之末 동자지학(이), 백학(이) 무창공지말(이라)
아이의 학문이, 백학이 푸른 하늘 끝에서 춤을 추누나.

하니, 시습은 곧바로 대하기를

聖主之德 黃龍飜碧海之中 성주지덕(이), 황룡(이) 번벽해지중(이라)
임금님의 성덕이, 황룡이 푸른 바다 가운데서 뒤척임과 같다.

하였다. 박이창은 아이가 하도 신통하여 무릎에 앉히면서 "저 벽에 걸린 산수도(山水圖)를 보고 시를 지어 보아라." 하니,

小亭舟宅何人在 소정주택(에) 하인재(오)

작은 정자, 배 집에는 누가 사는고?

하였다. 세종대왕이 명주 5필을 하사하시고 전교하기를 "저 아이에게 그 명주를 한꺼번에 다 가지고 가라 해보라" 하시니, 시습은 명주 한 끝을 손에 잡고 나왔다 한다. 이후로는 이 아이의 이름이 시습으로 불리지 않고 김오세(金五歲)로 불렀다 한다.

그리하여 그는 21세까지는 서울 삼각산 속에서 글을 읽었다. 세조가 찬위하자, 읽던 책을 불태우고, 죽장망혜로 강산을 집을 삼고, 명산대천을 두루 돌아다녔다. 그러다가 중이 되었지만, 수염은 기르고 다녔다. 그는 자기의 모습을 다음과 같이 썼다.

削髮逃塵世 삭발도진세(나)
有髯表丈夫 유염표장부(라)

머리를 깎고 속세에서 도망쳤건만,
수염은 두어 장부란 것을 표시했노라.

하였다. 그는 유명한 사찰에 머물면서 여러 학문을 박람강기(博覽强記)하기도 하고, 돌아다니다가 고관대작을 만나면 욕하기도 하였다. 설잠대사(雪岺大師)란 이름으로 주로 금오산 사찰에서 책을 읽었다. 그는 오랜 만에 작은 집, 달 비취는 방에서 향수를 느끼며, 다음과 같은 시를 남겼다.

矮屋青氈暖有餘 왜옥청전(에) 난유여(하니)
滿窓梅影月明初 만창매영(에) 월명초(라)

작은 집, 푸른 담요에 따뜻한 기운 남아있어,
창에 가득한 매화 그림자 달 밝아 본 적 처음이네.

挑燈永夜焚香坐 도등영야(에) 분향좌(하야)
閑著人間未見書 한저인간 미견서(라)

등불을 도우고 긴긴 밤 향을 피우고 앉아,
한가로이 인간에서 보지 못한 책을 쓰고 있다네.

그는 또 자기는 전혀 벼슬에 뜻이 없음을 다음 시로써 말하고 있다.

玉堂揮翰已無心 옥당휘한(에는) 이무심(하니)
端坐松窓夜正深 단좌송창(에) 야정심(이라)

홍문관에서 글 짓는 것, 나는 이미 마음에 없어,
소나무 창가에 단정히 앉아 있으니 밤은 벌써 깊었네.

香罐銅甁烏几靜 향관동병(도) 오궤정(한데)
風流佳話細搜尋 풍류가화(를) 세수심(이라)

향로, 구리 병, 그리고 책상마저 다 조용한데,
풍류와 아름다운 얘기를 세세히 찾아 적누나.

그는 경주 금오산에서 나와서, 홍산(鴻山) 무등사(無等寺)에서 49세를 일기로, 천재 시인 김시습은 수많은 일화를 간직한 채 영영 눈을 감았다.

240 科擧에서 試官과 싸운 黃守身

조선시대 취재(取才)는 과거시험에 의하여 행해졌지만, 왕실이나, 대신의 자제들은 음사(蔭仕)로 벼슬길에 나가는 이도 많았다. 그러나 음사로 특채의 길을 갈 수 있는 사람이라도 과거시험의 길을 택했다. 그것은 자기의 실력을 인정받아, 조상의 덕으로 벼슬하지 않고 당당히 자기 힘으로 진출했음을 명예로 알았기 때문이었다.

또한 과거시험에 합격하는 것도, 조선 후기 부패했던 시절에는 간혹, 소위(所謂) 관절(關節)이란 게 있었다 하는데, 이것은 정식이 아니고, 과거에 자신이 없으면, 포기하고 몰래 뇌물을 주고 합격하는 부정합격이었던 모양이나, 매우 극소수에 불과할 뿐이었을 것이다.

그런데 세종 때 십년 독상(獨相)을 지낸 방촌 황희(尨村, 黃喜)의 아들 황수신(黃守身)은 과거시험장에 나아가 시험관과 다투고는 그만 붓을 꺾고, 음사(蔭仕)의 길을 택했다. 당시에 그가 시관과 다투고 쓴 시를 보면,

> 澤民濟世非科第 택민제세 비과제(니)
> 不必平生作腐儒 불필평생 작부유(라)
>
> 백성을 위하고, 세상을 구제함에 꼭 과거해야 됨은 아니니,
> 나는 평생에 썩은 선비는 되지 않겠노라.

이렇게 하여 그는 나중에 영의정에까지 올랐지만, 과거를 거치지 않고 벼슬한 것을 몹시 부끄럽게 생각하였다 한다. 당시에 글을 하는 사류(士類)들은 오직 글이 아니면, 오랑캐로 여겼을 정도로 글에 대한 명예욕이 강하였던 것이다.

조선후기에 와서도, 과거는 여전히 선비들의 전부라고 해도 과언이 아

니었다. 그러나 과거가 쉬운 것이 아니었다. 글을 함에 있어서 산문도 잘 하고, 시도 잘해야 과거에 합격할 수 있었는데, 산문은 잘하지만 시를 못 해서 과거에 번번이 낙방하는 이들도 많았다. 뇌물로 합격하자니, 자존심과 양심도 허락하지 않지만, 기회 또한 얻기 힘들었을 것이고, 벼슬을 포기하자니 인생에서 낙이 없고, 결국에는 음사로 늦게 벼슬길에 나가는 이도 많았다. 그러나 이들이 결코 무능한 인사는 아이었다. 왜냐하면 글을 잘한다고 하여 꼭 정치를 잘하는 것이 아니었기 때문이다.

241 老御使를 사모한 童妓

관양 이광덕(冠陽 李匡德)은 참판(參判)이었을 때, 관북지방에 암행어사로 간 적이 있었다. 함흥에 가 보니, 성 안에 백성들이 수의사또(繡衣使道)가 당도하셨다고 떠들썩하였다. 이광덕은 깜짝 놀라 수종(隨從)들이 비밀을 탄로냈나 싶어 물어보았으나 도무지 그럴 리가 없었다.

그는 관영(官營)에 들어가 공무를 마치고, 물어보았다.

"그대들은 내가 온 것을 어찌 알았소?" 하니, 모두가 일찍부터 알았지만, 누가 먼저 알았는지는 모른다 하였다. 그리하여 누가 먼저 발설하였는지를 그 발원지를 캐본 결과, 놀랍게도 7세 되는 동기(童妓) 가련(可憐)이란 아이였다.

"너는 이제 겨우 강보(襁褓)를 면한 듯한데, 네가 어찌 암행어사가 온 줄을 알았느냐?" 하니, 아이의 대답이

"천인(賤人)의 집이 거리에 있아와, 창으로 내다보니, 거지 두 사람이 앉아있는데, 옷에 전혀 때가 묻지 않았고, 얼굴에는 위엄이 있어 보였으며, 한 사람이 다른 한 사람에게 물건을 줄 때, 심히 공경하는 태도를 취

하여 상전과 하인관계라는 것을 알게 되었습니다." 하였다.

이참판은 7세 아이의 담력과 통찰력에 감동하여 시를 한 수 써 주고 온 것이 이 아이에게는 크게 결심한 바가 되었던 것이다. 남자란 것은 고 어린 것에게도 "사랑한다."는 말을 했던지 이 아이는 세월이 흘러 꽃다운 나이에 시집을 가야 하는데도 이 참판의 말을 믿고 몸을 조심하고 살았던 것이다.

이참판은 7세 어린아이에게 한 농담을 기억할 리가 없었고, 다시 옥사(獄事)에 연루되어 다시 관북지방으로 귀양가게 되었다. 이 소문을 들은 가련이는 이참판을 찾아가 시종을 들게 되었다. 그러나 이참판은 가련에게 시집을 권유하고 깨끗한 관계였지만, 가련은 말을 듣지 않고, 저녁이면 이참판을 위하여 제갈량(諸葛亮)의 출사표(出師表) 두 편을 외워 들려주었다. 이광덕도 시를 써서 응답해 주었다.

咸南女俠頭滿綠 함남여협(이) 두만록(한데)
爲我高歌兩出師 위아고가 양출사(라)

함경도 남쪽, 여걸(女傑)이 머리에 젊음이 가득한데,
나를 위하여 높이 전후 출사표를 소리 높여 노래하네.

唱到草廬三顧地 창도초려 삼고지(하야는)
逐臣淸淚萬行垂 축신청루(가) 만항수(라)

노래가 삼고초려(三顧草廬)한 부분에 이르러서는,
귀양 온 이 몸의 맑은 눈물이 일만 줄기나 흐르네.

이참판은 적거(謫居)에서 풀려 서울로 올라오면서, 가련을 데려간다 하였다. 그러나 서울에 와서 가련이를 데려오기도 전에 본인은 병으로 돌아올 수 없는 길을 영영 가고 말았다. 이 소식을 들은 가련은 통곡하다가 그 자리에서 자결하고 말았다.

뒤에 박문수가 어사로 여기에 왔다가, <咸關俠妓可憐之碑>란 묘비를 세워주었다 한다. 그런데 동기가 어사를 사모한 것은 그렇다 치고, 나이 차이가 많은데 왜 앞을 내다보지 못했을까? 사랑에 눈이 멀면 야무지고 다부진 여성도 어쩔 수 없었던가? 순사(殉死)를 할망정 잠시를 살아도 어사와 사는 게 영광스러웠던가, 사람으로 하여금 너무도 측은하게 한다.

242 黃眞伊를 찾아간 蘇世讓

소세양(蘇世讓)의 자는 언겸(彦謙)이요, 호는 양곡(暘谷)으로 조선 중기 사람이다. 그가 정언(正言)이었을 때, 용재 이행(容齋 李荇)은 중종에게 소세양을 글 짓는 직책으로 크게 쓸 것을 주청하였다. 그래서 그 후 소세양은 양관대제학(兩館大提學)을 지냈다.

대제학은 글을 심의한다 하여 문형(文衡)이라고도 하는데, 조선 초기에는 한번 대제학이 되면 그 사람이 죽기 전에는 좀처럼 그 벼슬을 바꾸지 아니하였다. 그런데 이런 훌륭한 이가 송도에 사는 황진이를 일부러 찾아갔다면, 여색만이 좋아서가 아니라 글과 인품 때문이었다고 할 것이다.

당시 엄수(嚴守)라는 사람은 나이 어려서부터 전국 명창, 국수(國手)들만 찾아다니며 배운 가객(歌客)이고, 그 이름이 전국에 떨쳐진 거장으로, 평생 최고의 화류장에서 놀던 사람이었다. 그는 나이 70에 말하기를

"내 50년 동안 화류계에서 놀았지만, 황진이처럼 미인이고, 명창은 어디서든지 다시 찾을 수 없다"고 항상 감탄한 것을 보면, 황진이의 실력을 가히 알 만하다.

양곡 소세양이라고 사람이 아니랴! 한번 황진이를 보고는 여러 날 묵

으며 떠날 줄을 몰랐다. 그러나 벼슬에 있는 사람이 무한이 있을 수는 없는지라, 작별을 고할 때, 황진이 또한 섭섭하지 않았으랴! 그녀는 다음과 같이 시를 지어 작별하였다.

月下庭梧盡 월하(에) 정오진(이오)
霜中野菊黃 상중(엔) 야국황(이라)

달빛 어린 뜰에는 오동잎 다 졌고,
서리 내린 들에는 국화가 누르다네.

樓高天一尺 누고 천일척(이요)
人醉酒千觥 인취 주천굉(이라)

다락이 높으니 하늘은 짧아 한 자이고,
사람이 취하니 술을 천 잔이나 마셨구나.

流水和琴冷 유수(는) 화금냉(이요)
梅花與笛香 매화(는) 여적향(이라)

흐르는 물은 거문고에 화답하여 차갑고,
매화는 피리 소리와 어울려 향기롭도다.

明朝相別後 명조 상별후(에)
情如碧波長 정여벽파장(이라)

내일 아침 서로 이별한 후에는
우리 정이 푸른 물결처럼 길으리.

이행(李荇)은 중종께, 항상 소세양은 능력에 비하여 직위가 낮다고 주청하여 대제학을 거쳐 종1품 찬성이 되었을 때, 상진(尙震)은 아직 그 밑에 있었다. 상진이 정승이 되어, 학을 그린 산수화를 가지고 와서 소세양에게 시를 지어 달라고 청하여, 그는 다음과 같이 지어주었다.

蕭蕭孤影暮江尋 소소고영 모강심(하니)
紅蓼花殘兩岸陰 홍료화잔 양안음(이라)

쓸쓸한 외로운 그림자 저문 강가를 찾으니,
붉은 여귀꽃 시들어 양 언덕에 음산한데.

謾向西風呼舊侶 만향서풍 호구려(하니)
不知雲水萬重深 부지운수 만중심(이라)

부질없이 가을바람에 옛 친구 부르며,
구름 낀 내, 만중이나 깊은 줄 알지 못하네.

상대감의 산수화가 음산하여서일까? 아니면 상대감이나 소대감이 모두 늙어서일까? 시가, 서로 우정을 잘 표현한 점은 있으나, 시의 분위기가 침울함을 금치 못한다.

243 숨은 여성의 힘

홍인모(洪仁模)는 영의정 홍낙성(洪樂成)의 아들이요, 좌의정 홍석주(洪奭周)의 아버지다. 그는 홍국영(洪國榮)을 좋지 않게 생각하여 백수로 지내다가 홍국영이 실각한 후에 음사로 출발하여 호조참의(戶曹參議), 우부승지(右副承旨) 등을 지냈다.

그의 부인 서씨(徐氏)는 교양과 행검이 훌륭하여 참으로 여중군자(女中君子)였다. 시 또한 잘하였건만 여성이 시를 하여 여러 남자의 입에 오르내림은 온당치 못하다하여 남편에 화답하는 정도에 그쳤다.

아들 3형제 석주, 길주(吉周), 현주(顯周)를 두었는데, 모두 벼슬길에 나갔다. 맏아들 석주는 일찍이 중국사신으로 연경엘 두 번이나 다녀왔는데, 그는 그 아들을 염려하여 시를 지어 훈계하였다.

寄長兒燕行途中 *기장아연행도중* ***맏아들 연행하는 도중에 부치다***
幄手不忍別 악수불인별(터니)
悠悠意無窮 유유의무궁(이라)

손을 잡고는 차마 이별을 못하였더니,
내내 너의 생각 무궁하도다.

擧頭望行塵 거두망행진(하니)
蕭蕭起秋風 소소기추풍(이라)

머리를 들어, 가는 모습 바라보니,
쓸쓸히 가을바람이 일어나누나.

其二 *기이* ***그 둘째***
送汝向何處 송여향하처(오)
煙雲三千里 연운삼천리(라)

너를 어디로 보내는가?
구름 연기 머나먼 삼천리 길.

征鞭去珍重 정편거진중(하니)
何用戀兒子 하용연아자(오)

말을 몰아, 가는 모습 의젓도 하니,
어찌 자식 염려에 마음을 쓰랴.

其三 *기삼* ***그 셋째***
王事皆有期 왕사개유기(하니)

勿爲戀家鄕 물위련가향(하라)

나랏일이 다 기회가 있는 법,
집 생각에 마음 쓰지 말지니.

令聞月以彰 영문(이) 월이창(하야)
勝事在我傍 승사(가) 재아방(하라)

명예로운 소문 달처럼 빛나게 하여,
좋은 일 가져와 내 곁에 있게 하라.

其四** 기사 **그 넷째

凉風忽已至 양풍(이) 홀이지(하니)
遊子衣無寒 유자 의무한(가)

벌써 가을바람 산들거리니,
외지 나간 아들, 옷이나 춥지 않은지.

念此勞我懷 염차노아회(하니)
種種報平安 종종보평안(하라)

이런 것 생각하느라 내 마음 걸리니,
가끔 잘 있다는 소식이나 전하여 다오.

其五** 기오 **그 다섯째

光聖有遺訓 광성유유훈(하니)
莫若敬其身 막약경기신(이라)

훌륭한 성인들의 유훈이 있으니,
몸조심보다 더 중요한 것은 없다.

常存履氷戒 상존이빙계(하면)
身安德日新 신안덕일신(이라)

항상 어름을 밟는 훈계를 간직한다면,
몸도 편안하고 덕이 날로 새로우리.

시를 짓는 솜씨가 이정도의 실력이라면 여성을 떠나서 가장 수준 높은 문장가일 것이다. 자식을 염려하는 노파심과 이별의 서운함과 타국에서 몸조심할 것을 당부하고 있다. 다음 그의 일반시를 하나 더 음미해 보자.

江風時送採菱歌 강풍(이) 시송 채릉가(하니)
夕樹煙籠歸帆多 석수(엔) 연롱 귀범다(라)

강바람이 때때로 채릉가(淸樂府)를 보내니,
나무엔 저녁 밥 짓는 연기 가득한데, 돌아오는 배 많도다.

估客漁人爭渡急 고객어인(은) 쟁도급(인데)
滿灘明月委金波 만탄명월(이) 위금파(라)

상인들과 어부들이 다투어 강 건너기 급한데,
여울에 가득한 밝은 달빛, 금물결에 맡겨 아롱졌구나.

영풍농월(詠風弄月)의 시도 매우 잘 하였음을 알 수 있다.

다음은 그의 남편 홍인모의 시를 보자. 한번은 홍인모가 수원부(水原府) 판관(判官)으로 있을 때 서씨부인이 남편에게 야복(野服)은 언제 입으려 하느냐고 농으로 물었던 모양이다. 곧 벼슬을 언제 내 놓고, 자연과 벗하며 유유자적하게 살겠느냐고 물었던 것이다. 그는 시를 지어 부인에게 답하였다.

靑春證約已成翁 청춘(에) 증약 이성옹(하니)
野服多年在篋中 야복(이) 다년 재협중(이라)

청춘에 약속을 하였는데 벌써 늙은이가 되었으니,
야복을 지어놓고 몇 년을 장롱 속에 두었다네.

湖上煙花三月暮 호상연화(가) 삼월모(하니)
竹符還愧漢梁鴻 죽부(가) 환괴한량홍(이라)

호수 위에는 안개와 꽃이 이미 삼월이 저물었는데,
공무에 매인 몸, 도리어 한나라 양홍이 부끄럽구나.

후한(後漢) 시대 양홍(梁鴻)은 벼슬을 버리고, 아내 맹광(孟光)과 함께 방랑하며 살았다. 위 시는 그 아내에 그 남편, 매우 아름답다.

여성의 시가 이렇게 훌륭한데 조선시대에 여성들에게 문을 열어놓고 문학을 하게 하였다면 주옥같은 작품들이 얼마나 많았을까?

244 張綠水 그리고 愼言牌

조선조 제10대왕 연산군(燕山君)은 고금을 통하여서도 폭군이며, 또 색군(色君)이었다. 포악하고도 모든 음탕한 짓이란 짓은 다 하였으니 말이다. 중종반정이 일어난 것은 백성이나 국가를 위하여 다행이었다.

옆에는 장녹수(張綠水)란 계집이 있어 아양을 떨면, 여기에 사랑의 노예가 된 연산은 항상 상금을 내리고, 국고는 탕갈되어도 장록수만은 큰 부자가 되었던 것이다.

그러니 장녹수의 권세는 어떠했을까? 제 마음대로 벼슬을 시켰으니, 모든 사람들의 아첨과 뇌물은 날마다 창고를 지어도 모자를 지경이었다. 또 생사여탈권을 쥔 장녹수는 아무리 무식꾼이라도 대제학(大提學)을 시켜 줄 수 있었고, 연산은 그의 치마폭 안에서 응석만 부렸다.

그래서 당시에 백성들 사이에는 다음과 같은 노래가 불리었다.

張使天下父母心 장사천하부모심(인덴)
不重生男重生女 부중생남생중녀(라)
장녹수가 천하의 부모들 마음을 제 마음대로 하였다면,
아들 아니 낳고, 딸을 전부 낳도록 하였을 것을…

때마침 연산의 비위사실을 언문(한글)으로 투서한 자가 있어, 언문을 쓰는 자는 법을 만들어 엄벌하도록 하였으며, 범인을 색출한다고 8일간이나 성문을 걸어 잠그어 교통이 두절되게도 하였다.

또한 말을 못하게 하기 위하여, 신언패(愼言牌)라는 것을 목에 걸고 다녔는데, 나무 조각에 다음과 같은 글을 새기었다.

口是禍之門 구시화지문(이요)
舌是斬身刀 설시참신도(라)
閉口深藏舌 폐구심장설(하면)
心安處處牢 심안처처뢰(하리라)
입은 재화(災禍)의 문이 되고
혀는 몸을 베이는 칼이 된다.
입을 다물고 깊이 혀를 감추면,
마음이 편안하고, 곳곳이 편안하리라.

이러한 나무 조각을 대신들에까지도 목에 걸고 다니게 하였다 하니, 당시에 대신들이란 어떤 부류의 사람들이 모였는지 짐작할 수 있다.

245 盧守愼과 기생 蘆花

옛날 전라도 장흥 땅에 노화라는 기생이 있었는데, 어떤 벼슬아치도 이 기생한테만 걸리면 꼼짝을 못하여 기생귀신이란 별명이 생겼다. 어떤 수령이나 방백도 노화만 보면 그 곁을 떠나지 못하고 공사를 전폐하다시피 하였다 한다.

이 소문이 서울에까지 알려져, 지방수령을 홀려 정사를 그르치게 하는 기생이야말로 아주 없애버려야 옳겠다고 조정에서는 암행어사를 파견시켰다. 이일을 담당한 어사는 노수신이었는데, 노화를 아주 괘씸하게 생각하고 단단한 각오를 하고 내려갔다.

노화는 이 소식을 듣고, 자기 조카를 하인 행색으로 차려 데리고 집을 나와, 암행어사가 오는 길목을 잡아, 와서 묵을 만한 주막 근처에 유숙하였다. 그러던 중 며칠이 안 되어 남루한 옷차림에 찌그러진 갓을 쓴 그럴싸한 사내가 주막에 들어, 노화는 그가 암행어사임을 직감하였다.

그래서 노화는 하얀 소복으로 맵시 있게 갈아입고, 머리를 단장하고 노어사가 든 방 앞을 왔다 갔다 하였다. 노어사는 처음에는 관심이 없다가 자주 보니 너무 고와서 눈에 새기고 말았다.

노화 또한 지나다가 한 번 눈을 슬쩍 맞추고는 자기 집으로 들어와 버리곤 하였다. 드디어 노어사는 가짜하인 노화의 조카를 통하여 누구냐고 물어왔다. 그래서 이 하인 아닌 하인은 대답하기를

"이 집 주인의 딸로서 몇 달 전에 과부가 되어 친정에 와 있으며, 지조가 강한 여자라" 하였다. 노어사는 하인에게 보수는 후히 줄 테니, 그 과부를 한번 만나게 해 주면 그 과부를 평생을 데리고 산다고 일러라 하여, 하인은 응낙하였다.

밤중이 되자 과부는 종을 거느리고 노어사에게로 왔다. 과부는

"처음 뵈어도 분명히 양반 같사온데, 저를 평생 데리고 사신다면, 저 또한 다른 데로 시집가지 않겠사오니, 저를 평생 데리고 살겠다는 약조로 소첩의 팔뚝에 귀하의 함자를 새겨 주시오소서" 하였다. 노어사는 벌써 혼이 빠져 과부의 팔뚝에 자기의 성명을 묵자(墨刺)하고 하룻밤을 즐겼다.

그리고 노어사는 장홍 관청에 도착하여 요사스런 기생귀신 노화를 잡아드리라는 엄명을 내리어, 노화를 잡아다가 동헌 마당에 무릎을 꿇렸다. 그리고 명하기를,

"저 요사한 것을 모두 한번만 보면 환장들 한다니, 당장 끌어다 물고(物故: 죽임)를 내라" 하였다. 그러자 노화는

"죽어도 시나 한 수 쓰고 죽는 게 쉔네의 소원이오니, 마지막 소원을 들어 주시오소서" 하였다. 마지막 소원이란 말에 어사는 그녀의 소원을 들어주었다. 그 글에 가로대,

蘆花臂上刻誰名 노화비상(에) 각수명(고)
墨入雪膚字字明 묵입설부 자자명(이라)

노화의 팔뚝에 누구의 이름을 새겼던고.
먹이 흰 살갗에 들어가, 글자마다 분명하다네.

寧使川原江水盡 영사천원강수진(이언정)
丈夫終不負初盟 장부종불부초맹(을)

차라리 천원강 물이 다 마를지언정,
대장부 끝까지 처음의 맹세를 저버려서는 안 될 것을…

이렇게 시를 지어 바치고, 노화는 어사를 쳐다보며 쌩긋이 웃었다.

노어사는 조정에 복명하는 자리에서 왕에게 이실직고하였더니, 왕은 크게 너털웃음을 웃었다 한다.

246 처녀의 종아리를 친 金安國

김안국은 조선 중종 때 사람으로 호는 모재(慕齋)다. 그는 한훤당(寒暄堂) 김굉필(金宏弼)의 문인으로, 조선시대에 추앙을 받는 인물이었다. 정암 조광조(靜庵 趙光祖)와 같이 지치주의(至治主義)를 주장하였으나, 급진적인 개혁은 반대한 분이다.

당시 대사헌(大司憲) 양모(梁某)는 자기 집에서 '김안국은 역모를 꾀하고 있으며, 시골 과부와 음탕한 생활을 하여 여인들이 그 집에 들락날락한다.'는 것이었다. 그래서 양모는 내일 출근하면 당장에 김안국을 잡아 국문하겠다고 벼르고 있었다.

그 말을 들은 그의 어머니는 깜짝 놀라며,

"그 어른은 절대로 역적질을 하거나, 여인네와 음란한 짓을 할 분이 아니시다. 그 분을 모함하는 무리들이 조작한 말일 것이다. 너는 당장 그런 생각을 버려야 한다." 하였다. 아들 양모는 의아해서

"아닙니다. 어머님께서 어찌 아시겠습니까? 내일이면 그는 죽게 될 것입니다." 하며 결연한 의지를 나타내어 그의 어머니는 할 수 없이 아들에게 자기의 종아리를 걷어 보이며

"이것을 보아라, 이 흉터가 그것을 증명하느니라." 하였다. 곧 처녀 때, 김안국과 이웃에 산 그녀는 사모한 나머지 밤중에 그 방에 들어갔다가 도리어 종아리를 맞으며 교훈을 받아, 마음을 고쳐먹고 양씨가문으로 출가하였던 것이었다.

아들 양대사헌(梁大司憲)은 김모재의 인품에 감탄하고, 남곤(南袞)의 모함을 받고 곤경에 처한 모재를 힘써 구원하여 무사하도록 만들었다. 모재 김안국은 대제학이 되었을 때 다음과 같은 시를 썼다.

隱逸庭中十九春 은일정중 십구춘(에)
餘生何意覲中宸 여생(에) 하의관중신(고)

숨어 지냈노라. 집 뜰 안에서 19년간을…
남은 생애에 또다시 대궐을 볼 줄이야.

鴻私進退皆有命 홍사진퇴(가) 개유명(이니)
堯日誠深祝聖民 요일성심 축성민(이라)

공과 사, 그리고 진퇴는 다 하늘의 명이어니,
거룩한 세상에, 거룩한 백성 되기를 성심으로 빌 뿐이로세.

247 세 사람의 肉詩 경쟁

육시(肉詩)란 말을 사용하여 적합한지 모르겠다. 대관령 너머 어느 마을에 사는, 세 친구는 죽마고우에 동문수학한 사이였다. 다 같이 집안이 넉넉하여 글공부를 할 때나, 향시를 보거나, 대과에 응시할 때도 행동을 같이하는 친구 사이였으니.

과거공부를 하다가 하루는 머리도 식힐 겸해서 주막에 들러 술을 마시다 주홍이 달아오르자 이름 있는 기생집으로 자리를 옮겼다. 뜨거운 피를 가진 세 청춘이 처음으로 기생을 대해보는 감회란 상상 그대로였다. 또 백수한량에서부터 고급관료까지 편력한 기생은 닳고 닳아서 젊은이들을 자유자재로 다룰 수 있었으나, 거나하게 취한 청년들 또한 녹록치 않은 상대였다.

청년들은 서로 차지하려고 하기도 하고, 언행도 노골적으로 숨기는 게 없었다. 기생이 보기엔 젖비린내도 풍겼지만 귀엽기도 하여

"보아하니 글공부만 하는 백면서생들 같은데, 언동이 너무 과감하시구

려. 그렇다면 나도 거기에 보조를 맞추리다." 하고는

"지금부터 내가 지명하는 대로 육시를 지어보시오. 애송이이긴 하지만 제일 잘 짓는 이를 애인으로 삼겠소."하고, 옆에 앉은 청년에게 '여성의 거기'에 대하여 글을 지어보라 하며, 운자를 '痕'자와 '門'자로 주었다. 그 청년은 기생의 말을 듣자마자,

元來有口更無言 원래유구(나) 갱무언
億毛山頭擁斧痕 억모산두(에) 옹부흔(이라)

원래는 입이었지만 한 마디 말이 없어,
억만 개 털산 어귀엔 도끼로 찍은 흔적이 있네.

一切衆生迷途所 일체중생(의) 미도소(오)
十方諸佛出身門 시방제불(의) 출신문(이라)

일체 중생의 가는 길을 미혹하게 하는 곳이기도 하고,
시방의 모든 부처들도 모두 이 문을 통하여 나왔다네.

기생과 듣던 친구들도 킬킬대며 웃었다. 그리고 기생도 한마디 하였다.

"암요, 세상에 아무리 점잖은 성현군자도 다 그 문으로 나왔지요. 그렇다면 이번에는 이쪽 옆에 앉으신 청년이 당신들의 남근(男根)에 대하여 長, 剛, 狂, 鄕, 場을 운자로 하여 지어 보시오" 하였다. 그러자 그 청년도 한 마디 하였다.

"여성의 것은 절구(絶句)로 지으라 하고, 남성의 것은 율시(律詩)로 지으라 하니, 남성은 두 개가 더 달려 그러한가 보네. 아, 지으라면 짓지 뭐." 하고는

一物從來六寸長 일물(이) 종래(로) 육촌장(인데),

無事柔軟有事剛 무사유연 유사강(이라)

한 물건이 본래부터 여섯 치의 길이로서,
일 없을 땐 유연하하다가 일만 있으면 금강석이 된다네.

軟如醉漢東西倒 연여취한(이) 동서도(하고)
硬似風僧上下狂 경사풍승(이) 상하광(이라)

부드럽고 연할 때는 술 취한 이가 이리비실 저리비실 꺼꾸러짐 같고,
딱딱하고 야물 때는 폭풍 속에 중이 이리 뛰고 저리 뜨는 것 같네.

出牡入陰本爲事 출모입음(이) 본위사(요)
腰州臍下作家鄕 요주제하(에) 작가향(이라)

방망이를 내어 음침한 곳으로 들어감이 본 임무이고,
허리 고을 배꼽 밑을 자기 고향집으로 삼고 산다네.

天生二子隨身便 천생이자(들) 수신편(이어늘)
曾與佳人鬪技場 증여가인투기장(가)

하느님이 두 가지를 한 몸에 다 주셨다면 살기에 편할 것을,
어찌 일찍이 아름다운 이에게 주어서, 투기장을 만드는가.

두 친구와 기생은 잘 지었다고 칭찬하였다. 기생은 또 남은 청년에게 지시하였다.

"댁에서는 두 물건이 투기(鬪技)하는 장면을 가지고 절구로 지으시오. 운자는 戰, 還으로 하여 부르시오." 하였다. 그 청년도 한 마디 한다.

"나는 종합예술을 소재로 하여 지으니, 점수를 후히 주게나." 하며 다음과 같이 부른다.

氣勢衝天無骨將 기세충천 무골장(이)

茂林斧谷陣臨戰 무림부곡(에) 진임전(이라)

기세가 하늘을 찌를 듯, 뼈도 없는 장군이
욱어진 숲, 도끼 찍힌 고을에서 진치고 전쟁에 임하네.

一進一退死力盡 일진일퇴(에) 사력진(하야)
白血吐瀉急縮還 백혈토사급축환(이라)

한 번 전진하고 한 번 후퇴하며 죽을힘을 다하다가
흰 피를 토해 내고는 급하게도 쭈그러져 돌아오도다.

모두들 박장대소를 하였다. 그리고는 3사람이 기생에게 장원을 가리라고 독촉하였다. 그리하여 기생은 강평하기를

"첫 번째 분의 시는 '元來有口更無言'은 '元來是口一無言'이 더 좋을 것 같지만, 그런대로 80점은 된다고 보고, 두 번째 분의 시는 3번째의 연이 대가 좀 덜되기 때문에 율시로서는 부족하지만, 다른 이의 절구에 비하여 율시를 지었으므로 80점을 주기로 하고, 3번째 분의 시는 무난하지만 특별한 묘처가 없음으로 그도 또한 80점으로 본다면, 세 분의 시가 자웅을 가리기가 어려움으로 장원은 다음 기회에 결정하렵니다." 하고 도망가 버렸다. 옛날이나 이제나, 선비이거나 시정잡배이거나 간에 사람이 사는 동내는 음담패설도 한담의 한 몫을 차지하였으니, 긴장을 풀고 건강을 증진시키며 정신적 안정에도 도움이 되었기에 사람들이 기호로 싫지 않아 했을 것이것다.

248 秋史와 權敦仁

조선후기 큰 실학자의 한 사람으로 추사 김정희(秋史 金正喜)라면 모

르는 이가 없을 것이다. 우선 서예로 유명하니, 그는 중국 소동파(蘇東坡)의 글씨와 송설체(松雪體)를 합하여 한국 희대의, 전무후무한 한국고유의 서체인 추사체(秋史體)를 개발하여 더욱 유명하다.

그는 학문에 있어서도 실사구시(實事求是)를 주장하였고, 청나라에 가서 청의 학자 옹방강(翁方綱)과 교류하였으며, 금석학에도 중국에서 배워와 많이 연구하였다. 그는 글씨뿐만 아니라, 산수화 죽란(竹蘭)도 잘 그렸다.

하루는 그의 친구, 이재 권돈인(彛齋 權敦仁)이 수심(愁心)이 깊은 얼굴을 해 가지고 찾아왔다.

"원춘(元春: 김정희의 자), 나는 이번에 또 낙방거자(落榜擧子)가 되었다네. 내가 공부가 부족하여 그러니 누구를 탓하겠나. 내 나이 벌써 40이 넘었으니, 20년간 과거에 낙제한 것이 부끄럽기만 하이. 이제는 과거를 접고, 절간에 들어가 중이 되려고 하네. 이렇게 보는 것이 이게 마지막 인사일세." 하며, 방에도 안 들어오고 인사만 하고 가겠다고 하였다.

추사는 우선 방으로 강제로라도 붙잡아 들였다.

"아, 이 사람아, 근고(近古)만 해도 그래. 병산 이관명(屛山 李觀命)이나 수촌 오시수(水村 吳始壽) 같은 어른은 모두 50이 넘어 과거해도 모두 정승의 지위까지 되었잖아. 임당 정유길(林塘 鄭惟吉)도 마찬가지야. 이제 40이 되어 가지고 뭘 그리 낙담을 하나?" 하고 위로하였다.

그리고 그 직후, 해석 김재찬(海石 金在瓚), 풍고 김조순(楓皐 金祖淳), 유당 김로경(惟堂 金魯敬), 죽석 서영보(竹石 徐榮輔) 등 증경(曾經), 또는 현임 대제학이 모여 시회(詩會)하는 자리에 추사는 권돈인을 강제로 밀어 넣고, 권돈인의 처지를 말하였다. 그러자 그들은 모두

"그만한 학문을 가진 사람이 절에 가서 중이 되겠다는 게 말이나 되는가? 아예 그런 생각은 말고, 같이 어울려 시나 지어보세." 하여, 모두 시

를 지었다.

추사는 시축(詩軸)을 자신이 쓰지 않고, 일부러 권돈인에게 쓰라고 맡겼다. 권돈인 또한 글씨 솜씨가 추사 다음가는 명필로 좌중이 모두 칭찬을 아끼지 않았다. 그리고 권돈인이 지은 글에는

欲作山中宰相否 욕작산중(에) 재상부(아)
其於天下蒼生何 기어천하 창생하(오)

산 속의 재상이 되려고 하는가?
천하에 있는 백성들은 어떡하고?

하는 구가 있었는데, 모두들 "아, 오늘의 압축(壓軸)은 바로 이 시야." 하고 관주(貫珠: 잘 쓴 시에 빨간 색으로 동그라미를 함)를 주었다. 이 날 이재 권돈인은 인물 좋고, 글 잘하고, 글씨 잘 쓰고 신언서판(身言書判) 중에 하나도 빠질 게 없었다. 이렇게 점수를 딴 그는 다음 과거에 급제하여 결국 우의정, 좌의정, 영의정을 모두 지냈다. 사람이 기가 살아나면 이렇게 안 되는 게 없었다. 이재는 추사 같은 지기지우를 둔 것이 행복하지 않았겠는가?

249 斷髮의 女探偵

조선 인조반정은 서인(西人)의 득세였다. 김류(金瑬), 이귀(李貴), 최명길(崔鳴吉), 김자점(金自點), 신경진(申景鎭), 이서(李曙), 심기원(沈器遠), 장유(張維) 등이었다.

이 외에 인조반정에 공을 세운 이로서, 세상에 알려지지 않은 홍일점

이 있었으니, 바로 이귀의 딸 이예순(李禮順)이었다. 그는 용모가 빼어나고, 말 잘하고, 시문에 능하고, 똑똑하여 아버지 이귀의 사랑을 독차지하며 자랐다.

그러나 미인박명(美人薄命)이라더니, 그는 운명이 기구하였다. 그는 김자점의 아우 김자겸(金自兼)에게 출가했으나, 청춘과부가 되었고, 그녀는 승려가 되어 참찬(參贊) 오겸(吳謙)의 아들 오언관(吳彦寬)과 정을 통하다가 도망하여 경상도 거창군 산중에서 둘이 살았는데, 언관이 유괴도주죄에 연루되어 그만 장살형(杖殺刑)을 당하고, 예순은 여승으로서 유랑생활을 하였다.

그 후 얼마 아니 되어, 그녀가 몸담고 있는 절에서 중들이 절도(竊盜) 사건에 연루되는 바람에 그녀도 궁비천역(宮婢賤役)에 입적(入籍)되었다. 장차 인조반정의 주역이 될 이귀의 고명딸이 천역의 종이 되다니, 사람의 팔자는 알 수 없는 일이었다.

이때 그는 자탄시(自歎詩)를 다음과 같이 지었다.

祇今衣上活黃塵 지금의상(에) 활황진(하니)
何事靑山不許人 하사(로) 청산(은) 불허인(고)
지금 내 옷에는 흙먼지 흩날리니
무슨 일로 청산은 나를 데려가지 않는가?

圓宇只能囚四大 원우(도) 지능수사대(리니)
金吾難禁遠遊身 금오(는) 난금원유신(이라)
감옥도 다만 사대의 큰 일만 가둘 수 있으리니
사헌부는 나의 멀리 갔던 일은 감금하기 어려우리.

그는 자색이 뛰어나고 영리하였다. 불행 중 다행이었는지 광해군의 사랑하는 김상궁(개똥이)의 눈에 들어 양녀(養女)가 되니, 워낙 정이 두터워 친모녀 간이나 다름없었다. 궁인들이 대궐 밖으로 출입하게 되면 의례히 그녀를 대동하였다. 그리하여 천역의 몸이지만 하나의 세력을 만들 수 있었다.

당시에 정치인들의 상황은 광해군의 세력과 인조반정의 세력들이 서로 물밑에서 첨예하게 대립하던 터이라, 반시소고즉상변(飯匙小高卽上變: 밥숟가락이 좀 높아도 변이 생겼다고 고변함)이라고 할 정도로 상황이 매우 삼엄하고 날카로웠다.

만약 그가 아니었다면, 반정의 성공은 고사하고 이귀를 비롯한 몇 사람의 집안은 멸문지화를 입었을 것이다. 이귀의 반정음모가 미리 누설되어 한유상(韓維翔)이 장계를 올림으로 하여 일촉즉발의 위기에 있었다. 이귀는 두 아들 이시백(李時白), 이시방(李時昉)으로 하여금 상소를 올리게 하고, 딸 예순으로 하여금 김상궁을 통하여 적극 부인함으로써 광해군은 불문에 부쳤다.

또 거사를 하는 날, 이유성(李惟聖)이 박승종(朴承宗)에게 고함으로써 탄로가 났는데, 교제에 능한 김자점이 김상궁을 매수하고, 예순이 또한 김상궁에게 변명함으로써 김상궁은 광해군에게 잘 말하여, 광해군은 고변장마저도 읽지 않고 말았다. 광해군은 김상궁의 말이라면 다 들었기 때문이었다. 그리하여 그날 밤 반정은 성공하게 된 것이다.

만약 이예순이 평범한 대감의 정경부인(貞敬夫人)이 되었더라면, 이귀의 집은 어찌 되었을까, 반정파들의 운명은 어찌 되었으며, 서인의 역사는 어찌되었을까, 조선역사의 판도는 엄청나게 다르게 전개되었을 것이다. 그는 박명한 대로 역사의 초점에서 살았다고 볼 수 있다.

250 成宗大王의 友愛

성종은 덕종(德宗)의 둘째아들로, 덕종은 병 때문에 왕위에 오르지도 못하고 일찍 세상을 떴다. 성종은 어려서부터 도량이 넓고, 영리하며 인자하고 이해와 통찰력이 깊었다.

또한 국가의 제도도 이 때 완성되어 왕의 묘호(廟號)를 성종(成宗)이라 하였다. 사적(私的)으로 당신의 동복친형인 월산대군(月山大君)과의 관계도 매우 좋았다. 순서대로 한다면 월산대군이 왕이 되어야 하겠지만 그릇으로 보면 당연히 성종이 되어야 했다. 월산대군도 서운한 마음이 있었겠지만 그래도 성종은 항상 위로하여 서운한 마음이 없도록 하였다.

新瓜初嚼水精寒 신과초작 수정한(하니)
元弟親情忍獨看 원제친정(이) 인독간(가)

새로 나온 참외를 처음 먹으니, 물이 맛있고 시원해,
이 아우, 형님 생각에 차마 혼자 못 먹고 보기만 하네.

이러한 시가 있는가 하면, 또 이런 글도 있다.

期會親戚, 招聘佳妓 기회친척, 초빙가기
義雖君臣, 恩則兄弟 의수군신, 은즉형제

친척끼리 모여 놀며 예쁜 기생 부르네.
의리는 군신간이지만, 은혜인즉 형제일세.

이렇게 자주 청하여 잔치를 베풀기도 하고, 때로는 위와 같은 글을 주어 위로하고, 안 좋은 사람들의 이간질이 틈을 타지 못하도록 하였다.

251 白沙의 浮來山 구경

백사 이항복(白沙 李恒福)이 좌의정으로 있을 때, 춘천에 귀양가 있는 상촌 신흠(象村 申欽)을 보러 갔을 때 일이다. 나귀와 종 하나를 데리고 간 백사가 소양강 나룻배에 앉아서 좌우에 경치를 살피고 있을 때, 종이 가만히 들으니, 같은 배에 탄 4~5명의 젊은 유생들이

"저 늙은이 돈 푼이나 있는 것 같다. 옥관자를 붙인 것을 보니, 돈 바치고 얻은 납속당상(納粟堂上) 같은데, 우리 놀려주다가 경우에 틀리거든 서울 상놈이 시골양반에게 무례하다고 나귀를 잡고 술이나 빼앗아먹을까?" 하고 음모를 꾸몄다.

"여보 늙은이, 자네 수염이 허옇지만 여기에서 못 본 사람이니, 타관사람일세 그려" 하고 수작을 걸어왔다. 그러자 백사가

"잘 알아보시는구려. 나는 서울에서 장사하는 중인(中人)이요. 여기에 와서 농사나 좀 지어볼까 하오" 하였다. 그러자 그들은

"거 참 잘 생각했네. 여기는 외지에서 들어온 사람들이 잘 사는 곳이라네." 하였다. 백사가

"그 까닭은 무엇 때문이요?" 하니, 그들은 앞에 있는 산을 가리키며,

"저 산이 부래산(浮來山)이라고 하는 산이라네." 하였다. 이 때 저쪽에서 배 한척이 오는데, 귀인이 한 분 타고, 종 수십 명이 초립(草笠)을 쓰고 있고, 또 붉은 옷을 입은 대전별감(大殿別監)이 자주색 철릭(天翼)을 입고 있었다.

그 배는 이 백사가 탄 배에 바싹 붙여 대더니, 귀인은 얼른 건너와 허리를 굽히며,

"오성대감 아니십니까? 저는 동양위 이시백(東陽尉 李時白)입니다. 근친(覲親)왔다 가는 중입니다" 하였다. 백사는 재상일 뿐 아니라, 이시백

에게는 부집(父執)이어서 깍듯이 공경을 하는 것을 보고 젊은이들은 얼굴이 창백해졌다. 배가 강가에 닫자, 얼른 도망쳐 버렸다.

백사는 동양위에게

"내가 시를 한 수 지었네." 하고 시를 불렀다.

晩計昭陽下 만계소양하(하야)
共君老一竿 공군로일간(이라)

늦게 계획하기를 소양강에 내려와
그대와 함께 낚시나 하며 살려 했네.

不愁生計薄 불수생계박(하라)
自有浮來山 자유부래산(이라)

생계 어려운 것은 걱정이 없다네.
저절로 저 부래산이 있는 것을…

다 읊은 다음에 좀 전에 있었던 사건을 얘기해 주었다. 일행은 우스워서 허리를 펴지 못했다. 그런데 부래산은 젊은이들이 지어낸 말이었다.

252 기재(奇才) 최수성(崔壽成)

최수성의 자는 가진(可鎭), 호는 원정(猿亭)으로 속세에 얽매이지 않고 자연을 벗삼아 벼슬을 멀리 하고 자유분방하게 살았다. 거문고 잘 타고, 그림 잘 그리고, 시 잘 하였다. 거문고도 자기 손수 만들어 썼으니 다재다능한 사람이었다.

어느 날 남곤(南袞)이 찾아왔다.

"원정 평안하신가? 오늘은 청이 있어 왔네. 긴한 청이니, 꼭 들어줘야 하네." 하였다. 그 얘기를 들은 원정은

"아, 이사람 말을 해야 들어주지. 뭐 때문인데?" 하니, 남곤은

"자암 김구(自庵 金絿)에게 산수화를 하나 선물하려 하는데, 시가 없어 써 넣어야 하니 좀 지어 주게나." 하였다. 원정은 다음과 같이 써 주었다.

落日下西山 낙일(이) 하서산(하니)
孤煙生遠樹 고연(이) 생원수(라)

지는 해가 서산에 떨어지니,
외로운 연기가 먼 나무에서 이네.

幅巾三四人 폭건삼사인(이)
誰是輞川主 수시망천주(아)

은사(隱士) 서너 사람 있으니,
누가 망천의 주인인가?

망천은 중국 섬서성 남전현(藍田縣)에 경치 좋은 곳으로, 당나라 때 왕유(王維)가 별장을 짓고 즐기던 곳이다. 남곤은 위 시에서 무언가 자신이 빠져 그런지 굉장히 서운하게 생각하였다. 그러나 최수성은 알 리가 없었다. 그 후 수성은 자기의 숙(叔)인 최세절(崔世節)에게 벼슬을 버리고 은퇴하라고 권고하며, 다음과 같은 시를 써 준 적이 있었다.

日暮蒼江上 일모창강상(에)
天寒水自波 천한수자파(라)

해 저문 푸른 강물 위에
날은 추운데, 물결이 스스로 이네.

孤舟宜早泊 고주(를) 의조박(하오)
風浪夜應多 풍랑(이) 야응다(라)

외로운 배를 일찌감치 정박하시오
풍랑이 밤에는 더 심할 것을…

그런데 최세절이 승지로 있을 때, 동료에게 자기 조카가 '소인들이 들끓는 조정에서 빨리 은퇴하라' 했는데, 그렇게 마음대로 안 된다고 말한 적이 있었다.

수성의 집안을 시기하는 무리가 이 말을 남곤에게 일러, 수성은 드디어 신사무옥(辛巳誣獄)에 걸려들게 되었다. 신사무옥이란 안처겸(安處謙)의 고종(姑從) 송사련(宋祀連)이란 자가 출세하려고 권신인 심정(沈貞)에게 붙어, 자기의 외종 안처겸이 심정과 남곤(南袞)을 제거하려고 한다고 무고하여 안처겸 등 안씨일가(安氏一家)가 잡혀 억울하게 죽은 사건이다. 최수성이 여기에 같이 걸려, 잡히어가서 왕의 친국을 받을 때, 수성은

"조정신료들이 화합을 못 하여, 장차 화(禍)가 일어날까 두려워 숙부를 은퇴하라 했습니다."하니, 왕은 즉석에서 불귀객이 되게 했다. 사림들이 남곤을 지극한 소인배로, 최수성을 아까워하였다.

우선 조정에 남곤, 심정 같은 인물이 있다는 게 불행이다. 이런 소인배들이 들끓는데 왜 최수성은, 상대방이 어떤 인물인지도 모르고 함부로 마음을 여는 삼촌 최세절의 입단속을 못했을까?

253 대원군, 閔奎鎬에게 시를 보내다

민규호는 민비의 친척이다. 대원군이 실각하자 실권을 잡기 시작하여

급속도로 승진에 승진을 거듭하여 최고의 자리 영의정까지 올랐다. 단 7일간의 영의정이긴 하지만 …

민비가 친정 집 사람들에게 권력을 맡길 때, 그래도 민규호는 임무를 맡길 만하다고 믿었던 것이다. 민규호가 죽기 직전, 대원군은 유폐생활을 하며 민비에 의해 철저한 감시를 받고 있었지만, 용케도 민규호가 죽을 병을 얻어 일어날 수 없다는 소식을 듣고, 쾌재를 부르며 사람을 시켜 시를 써 보냈다.

山西花發亦山東 산서화발 역산동(이나)
春雨春風幾日紅 춘우춘풍(에) 기일홍(고)

산 서쪽에도 꽃, 산 동쪽에도 또한 꽃 피건만
봄비, 봄바람에 그 며칠이나 붉겠는가?

世事元來慨慷多 세사(는) 원래 개강다(인데)
北邙山色古今同 북망산색(이) 고금동(이라)

세상일은 본래 의분할 일이 많은 법인데,
북망산의 사정은 예나 이제나 다름없구려.

곧 네가 죽을병에 걸렸으니, 권력을 휘두른들 며칠이나 가겠느냐? 세상은 본래 아쉬운 일이 많은 법, 이제 곧 공동묘지에 가는 일만 남았구나 하고 야유한 것이다. 대원군은 그 시를 전해준 사람에게 물었다.

"그래 병석에 있는 영의정 민규호가 그 시를 보고 무어라 하던가?" 하니, 심부름 다녀온 사람이

"아뢰옵기 황송하오나, 이놈, 이놈… 하면서 분을 참지 못하여 벌떡 일어나기에 소인은 그저 달려 나왔나이다." 하였다. 영웅도 이런 짓궂은 데가 있었다.

254 조선의 스님 西山大師

서산대사는 조선 500년 동안 가장 훌륭한 스님이었다. 고려시대에는 불교가 국교이었음으로, 스님 중에는 국사(國師)도 있었으니, 의천(義天) 스님이 대각국사(大覺國師)였다. 그러나 조선시대에는 국사는 없고, 대사(大師)가 가장 높은 직위였다.

서산대사의 호는 서산, 또는 휴정(休靜)이요, 성은 최(崔)씨였다. 안주(安州) 사람으로 일찍이 부모를 여의고 안주목사의 양자(養子)로 상경하여, 성균관에서 유학공부를 하다가 지리산에 들어가 스님이 되었다.

보우(普雨)의 후임으로 봉은사 주지(奉恩寺住持)가 되고 그 후에 금강산, 묘향산, 두류산을 돌아다니며 아래와 같은 글을 남겼다.

乞食江村 風霜刮骨 걸식강촌(에) 풍상(이) 괄골(이요)
跏趺石室 猿鶴爲隣 가부석실(에) 원학(이) 위린(이라)
강촌에 빌어먹을 때는, 바람과 서리가 뼈를 깎았고,
석실에서 가부좌하고 앉을 때는, 원숭이와 학이 이웃이 되었네,

寄隻影於萬二碧峰 기척영어만이벽봉(하고)
許一身於千溪綠水 허일신어천계녹수(로다)
짝 없는 그림자 일만 이천의 푸른 봉우리에 의지하고,
고단한 이 한 몸은 일천 개울 푸른 물에 기대었도다.

그가 지리산을 나올 때, 산 경치를 못 잊어 다음과 같은 시를 남겼다.

汲水歸來忽回首 급수귀래 홀회수(하니)
青山無數白雲中 청산무수백운중(이라)

물 길어 마시고 돌아오며 문득 뒤를 돌아보니,
청산이 흰 구름 속에 무수히 서 있도다.

그는 금강산, 묘향산에서 고행할 때, 다음과 같은 글을 남겼다.

誰知一衲千瘡裏 수지일납 천창리(에)
三足金烏半夜飛 삼족금오(가) 반야비(아)

납의(衲衣)옷 한 벌, 백공천창 구멍 난 속에,
햇빛이 속속들이 비추는 신세 될 줄 뉘 알았으리.

萬國都城如蟻蛭 만국도성(은) 여의질(이요)
千家豪傑若醯鷄 천가호걸(은) 약혜계(라)

여러 나라의 도성들은 다 개미 둑 같고,
여러 곳의 호걸들은 모두 쉬파리로세.

임진왜란이 일어나자, 73세로서 팔도십육종 도총섭(八道十六宗都摠攝)이 되어 승군(僧軍) 1천 500명을 규합하여 서울수복을 도왔다.

그는 조선불교를 조계종으로 일원화 하는 한편, 유, 불, 선 삼교통합론을 주장하여 그 기원을 만들었고, 조선시대 제일의 스님이 되었다.

255 문학 童子들

7~8세 아이 3명이 서당에서 천자문을 다 읽어 외었다. 하루는 이웃집에 사는 처녀의 오줌 누는 소리를 듣고, 천자문을 한 문장씩 적용시켰다.

한 아이가

空谷傳聲 공곡전성(이라)

빈 골짜기에서 소리를 전하네.

하였다. 그러자 둘째 아이가

川流不息 천유불식(이라)

내가 흘러 쉬지 않누나.

하니, 셋째 아이가

如松之盛 여송지성(이라)

소나무처럼 왕성하구나.

하고 세 아이가 모두 천자문 속에 있는 글을 한 구절씩 인용해서 자기의 생각을 말한 것이었다. 이것을 들은 훈장은 평하기를

"옛날 중국 당나라 때 배행검(裵行儉)이라는 이가 말하기를 '선비의 앞길을 내다보는 요령은 먼저 그 국량을 보고 뒤에 문예를 보는 것이라' 했다. 그리하여 공자(孔子)께서도 이를 경계하신 일이 있는데, 너희들이 나이는 어리지만, 말은 노숙하고, 배움은 얕지만, 재주는 기이하니, 앞으로 너희들은 재주로 세상을 울릴 수 있거니와 출세하고 못하는 것은 나는 알 수 없다" 하였다.

이 어린이들이 커서 그 스승의 말과 같이 글만 잘 하였다 한다.

256 朴燁의 어릴 때 시

박엽의 자는 숙야(叔夜)이고, 호는 국창(菊窓)이니, 본관은 반남(潘南)이다. 어릴 때, 너무 영리해서 밖에 나가 놀면 사람들을 놀라게 하였다. 한 번은 자기의 할아버지인 응천 박정현(應川 朴鼎賢)이 밤에 손자와 같이 방에 들어가 등불을 켜고는,

"너 이 등불을 가지고 시를 지어보라" 하니, 아이는 응구첩대(應口輒對)로 불렀다.

燈入房中夜出外 등입방중야출외

등이 방에 들어오니, 밤은 밖으로 나가네.

하였다. 또 한 번은 같은 또래 아이들과 같이 이웃집 최유원(崔有源)의 집에 가서 놀다가 그 집주인이 밖으로 외출하였다. 그러자 박엽 아이는 벽에다 다음과 같은 글을 썼다.

主人山中山 주인(은) 산중산(이요)
客子口中口 객자(는) 구중구(라)

주인은 산 중에 산이요,
손님은 입속에 입이로다.
(주인은 밖으로 나가 버렸고, 손님은 돌아 왔도다. - 들어왔다)

곧, 山자가 2개 합치면 出자이므로, '산 중에 산'이고, '입 속에 입'이란 口자가 2개 합치면 回자가 된다.

이윽고 주인이 돌아왔는데, 벽에 글이 써 있어

"누가 이렇게 벽을 더럽혔느냐"고 질책을 하며 물었다. 다른 아이들이 겁을 먹고 있을 때, 박엽은

"제가 썼습니다." 하였다. 최공(崔公)은 아이가 글도 잘 지었거니와 이실직고(以實直告)하는 늠름한 태도가 갸륵하여 매우 귀여워하였다.

그 후 박엽은 성장하여 문과에 급제하고 벼슬이 평안도 관찰사에 이르러 철저한 행정과 국방을 튼튼히 하는 바람에 여진족이 감히 침입하지 못했으며, 권신 이이첨(李爾瞻)이 하는 일에 참여하지 않았지만, 이이첨도 박엽을 어찌할 수 없었던 것은 그의 정당한 위엄에 눌리고, 또 그는 명망이 높았기 때문이었다.

인조반정 후 학정(虐政)을 했다는 이유로 하여 처형되었는데, 식견이 있는 사람들과 백성들은 그의 학정을 인정하지 않았고, 모두 아까워하고 불쌍히 여겼다.

인조반정의 훈신들은 박엽이 죄는 없지만 그저 자기들이 맘대로 할 수 없는 껄끄러운 존재라는 이유 외는 허물이 없는 자를 처형까지 한 것은 구시대의 정치상을 잘 말해 준다.

257 관대한 도학군자 盧守愼

노수신의 자는 과회(寡悔)이고, 호는 소재(蘇齋), 문과에 장원하였다. 을사사화 때에 순천으로 귀양갔다가 다시 진도(珍島)로 옮겼는데, 그는 근 19년간이나 유배생활을 하였다.

진도에 있을 때 진도군수 홍인록(洪仁祿)이 소재를 무척 괄시하고 박대했는데, 윤원형이 숙청되고, 소재가 방환(放還)된 후 반대로 홍인록이 나쁜 사람으로 지목받았지만, 소재는 힘써 구출해 주고 오히려 풍천부사

(豊川府使)로 승진시키니, 인록은 매우 감읍(感泣)하였다.

당시 진도에는 중매하는 풍습이 없고, 누구네 집에 처녀가 있다하면 칼이나 무기로써 위협하여 성사시키곤 하더니, 소재가 잘 타일러 풍속을 바꾸어 놓았다. 진도에 있을 때 쓴 시를 보면,

天地之東國以南 천지지동국이남(에)
沃州城下數間庵 옥주성하수간암(이라)

하늘과 땅 끝 동녘 나라 먼 남쪽에,
옥주성(진도) 밑에 몇 칸의 암자가 있다네.

有難赦罪難醫病 유난(은) 사죄난의병(이요)
是不忠臣不孝男 시불충신불효남(이라)

어려운 건 죄를 용서하는 것과 병났을 때 치료받는 것,
난 불충한 신하, 또 불효한 사람이라네.

客日三千四百幸 객일(은) 삼천사백행(이요)
行年乙亥丙辰慙 행년(은) 을해병진참(이라)

타관 생활, 3천 4백 일을 다행히 살아 왔고,
나는 을해년 병진 일에 부끄러이도 태어났도다.

汝盧守愼將無死 여노수신장무사(니)
補得公私底事堪 보득공사저사감(이라)

너, 노수신은 장차 죽지 말지니.
공사의 일을 도우려면 그 일을 감당해야지.

그는 영의정까지 지냈는데, 특별히 건의해서 한 일도 없지만, 안 한 일도 없다는 평을 받은 사람이었다. 그래서 최영경(崔永慶)은 기롱(譏弄)해

서 그의 영의정 시대의 업적에 대해 평하기를

"그는 병을 치료하는데 있어서 자고 일어나, 말하기 전에 바르는 침처럼 효과가 있었다."고 평하였다. 옛날에는 가래토시 등이 다리에 툭 불거져 돋았을 때, 자고 일어나 말하기 전의 자기 침을 바르면 삭았다.

그가 아무리 '가래토시에 침'이라지만, 그에게 수십 명이 달려들어도 그의 논리를 당해낼 수 없었다고 자손들은 말한다. 총명하고 부드럽고 과격하지 않으면서 할 일을 다하는 사람이었다. 그가 5세 때 지은 시를 한 번 들어보자. 누구에게서 붓을 선물로 받았을 때, 어른들이 말하기를

"너는 그 좋은 선물을 받았으니, 시로써 답례를 하라" 하니, 다음과 같이 시를 지었다한다.

此筆出於君차필(이) 출어군(하니)
爲君能成文위군 능성문(이라)
이 붓이 군(그대)에게서 나왔으니
그대를 위하여 글을 짓겠습니다.

未知何以報미지하이보(하니)
他日登靑雲타일(에) 등청운(이라)
어떻게 보답할 길이 없으니.
뒷날에 벼슬길에 오르는 것으로 갚겠습니다.

258 체격이 아주 작은 사람들

체격이 너무 작아도 남에게 얕보이는 수가 있다. '풍신스럽다'느니, '풍

신사납다'느니 또는 '난쟁이'라느니 한다.

옛날에 체수가 너무 작은 사람이 장가를 갔는데, 반대로 신부는 키가 매우 큰 모양이었다. 첫날밤에 신부가 보니 신랑이 너무 작아서 요강 속에 던져버렸다. 신랑은 허우적거리다, 버린 밤 껍질을 배 삼아 올라타고

春水船如天上坐 춘수선여천상좌

봄 물이 불어 배를 타니, 하늘 위에 앉은 기분이로다.

하고 읊었다. 그러다 신부가 오줌을 누니, 신랑은 쳐다보고 다음과 같이 또 읊었다.

飛流直下三千尺 비류직하삼천척(하니)
疑是銀河落九天 의시은하낙구천(이라)

공중에서 날아 떨어지는 물줄기가 곧바로 삼천 자나 되니,
아마도 이것은 은하수가 구만리 하늘에서 떨어지나 보구나.

라고 이태백의 시를 읊노라니, 폭포수는 물줄기가 점점 약해지더니 그치고, 다음은 천둥소리가 대포 쏘는 소리 같았다. 신랑이 또 그 엄청난 소리를 듣고는, 굉장히 놀라서 이런 시를 읊었다.

鐵甕城內漆黑夜 철옹성내 칠흑야(에)
轟聲雷雹振江山 굉성뢰박(이) 진강산(이라)

철옹성 캄캄한 밤중에
큰 소리 우레와 우박이 강산을 진동하네.

또, 옛날에 어느 정승이 체수가 너무 작았는데, 정원(政院)에 출입할

때는 두 사람이 양쪽에서 겨드랑이를 끼고 다녔다. 한 동료가 그 모양을 보고 시로써 조롱하였다.

何物怪形院裏過 하물괴형(이) 원리과(하니)
望之堪笑亦堪嗟 망지감소 역감차(라)

무슨 괴상한 물건이 정원(政院)의 속을 지나가니,
그 모양 바라보노라면, 웃음을 참고 탄식도 참아야 하네.

擡來兩眼疑驚兎 대래(에) 양안(은) 의경토(요)
步上層階似躍蛙 보상층계(엔) 사약와(라)

달랑 들어올릴 때는 양 눈이 놀란 토끼처럼 의심하는 모양이고,
층계에 걸어 올라갈 때는 개구리가 팔딱팔딱 뛰는 것 같도다.

手擧飯匙如扛鼎 수거반시(에) 여강정(이요)
口横煙竹似吹螺 구횡연죽(에) 사취라(라)

손으로 숟가락을 들 때는 솥을 들듯이 무거울 것이고,
담뱃대를 입에 물고 있을 때는 나팔을 부는 것만 같겠지.

人間怪事吾偏見 인간괴사(를) 오편견(하니)
始覺今年厄會多 시각금년(에) 액회다(라)

인간의 괴상한 일들에 대해, 내 편견이 있으니,
금년부터 비로소 액운이 많다는 것을 깨닫네.

이 시를 당시 사람들은 모 재상을 두고 지은 화상찬(畵像讚)이라 했다. 그런데 사람이 헌출한 키와 중후한 몸매를 가졌다면 외관이 좋겠지만, 그 사람의 됨됨이와 사상은 꼭 외형이 잘났다고 하여 훌륭한 것은 아니다.

또 하나, 근자의 얘기도 있다. 이제는 모두 고인이 되었지만, 개화기에

한국학에 최고봉이었던 두 학자, 그들은 아주 친한 친구 사이였다. L씨와 R씨, 그런데 R씨는 체수가 매우 작았다. 그래서 L씨는 그를 보면 '쪽뽕'이라 놀려 대곤 했는데, 왜 쪽뽕인가 하면, 남자가 키가 작기 때문에 "위에서 '쪽' 하면 밑에서는 '뽕'하고 빠진다"는 것이었다. 한자(漢字)로는 '남상(藍桑)선생'이라 불렀다한다. 곧 '쪽 남'자(字)에 '뽕나무 상'자이기 때문이다. 그래서 L학자와 R학자 단둘이 있을 때는, R학자의 별명이 '쪽뽕' 또는 '남상선생'이었다 한다. 그는 체수는 작았지만 매우 성실한 분으로 숭앙을 받았다.

그런데 우리 동양에서는 예부터 몸집이 작은 사람이 위인이었다는 말도 있으니, 동양의 위인 중에는 몸집이 작은이들이 많았던 모양이다.

259 扶安 기생 梅窓이 세 남자와 어울리다

부안(扶安) 기생 중에 계월(桂月)이란 기생은 시 잘하고, 노래 잘하고, 악기를 잘 다뤘으며 스스로 호를 매창(梅窓)이라 했다. 서울에 귀공재자(貴公才子)들이 부안에 내려가 다투어 시를 수창(酬唱)하였다.

하루는 류모(柳某)가 찾아갔는데, 내로라하는 김모(金某), 최모(崔某)가 벌써 가서 앉아있었다. 계월은 세 사람을 함께 접대했는데, 모두 반쯤 취하니 계월을 서로 차지하려 경쟁하였다. 그러자 계월이 제안하였다.

"여러분은 한 좋은 시를 외어 분위기를 즐겁게 하여 주오. 예를 들어

玉臂千人枕 옥비(는) 천인침(이요)
丹脣萬客嘗 단순(은) 만객상(을)

옥 같은 팔뚝은 천 사람의 베게요

붉은 입술은 일만 사람이 맛보았네.

汝身非霜刃 여신(이) 비상인(인데)
何遽斷我腸 하거단아장(고)

네 몸이 서릿발 같은 칼날이 아니어늘
어찌 이다지도 나의 애를 끊느뇨?

이와 같은 시는 내가 많이 외는 시이나, 내가 모르는 시를 외어 나의 마음을 즐겁게 한다면, 나는 그와 즐기겠소" 하였다.

세 사람은 '좋다'고 하고 김모가 먼저 외었다.

窓外三更細雨時 창외삼경 세우시(에)
兩人心事兩人知 양인심사(를) 양인지(라)

한 밤중 창밖에 가랑비 올 제,
두 사람의 마음은 두 사람만이 아네.

新情未洽天將曉 신정미흡 천장효(하여)
更把羅衫問後期 갱파라삼 문후기(라)

새로 든 정 아직도 부족한데, 날은 벌써 새니,
다시 비단 소매 잡으며, 뒤에 만날 기약을 묻네.

이렇게 외자, 최모가 이어 외었다.

抱臥紗窓弄未休 포와사창 농미휴(하야)
半含嬌態半含羞 반함교태 반함수(라)

비단 장막 안고 누워 즐거움이 그치지 않아,
반쯤 교태를 머금고, 반쯤은 부끄럼을 머금었네.

低聲暗問思我否 저성암문 사아부(아)
手整金釵笑點頭 수정금차 소점두(라)

작은 소리로 가만히 묻노니, 나를 사랑하는가?
손으로 비녀를 매만지며, 웃으며 고개만 끄덕이네.

라고 하니, 계월이 듣고는 웃으며 말하기를 김의 시는 너무 치졸하고, 최의 시는 묘하나, 솜씨가 좀 저조하여 들을 만하지 못하다. '笑'를 '少'로 수정함이 좋다. '웃는다'는 것은 신뢰성이 적다하면서, 계월 자신이 자신의 처지를 읊었다.

年纔十五窈窕娘 연재십오 요조낭(이)
名滿長安第一唱 명만장안 제일창(이라)

나이 겨우 열다섯 살 정숙한 처녀가,
이름이 장안에 뜨르르하는 최고의 명창이었네.

蕩子思情深似海 탕자사정(은) 심사해(하고)
花官威令肅如霜 화관위령(은) 숙여상(이라)

탕자들이 생각하는 정은 바다와 같이 깊었고,
꽃을 탐하는 벼슬아치 위엄은 엄숙하기가 서릿발 같았네.

蘭窓日暖朝粧急 난창(에) 일난(하니) 조장급(이요)
松峴風高夕履忙 송현(에) 풍고(하니) 석리망(이라)

난초 창에 해가 따스해지면, 아침 화장이 급하고,
솔 고개에 바람 세차면, 저녁 걸음들이 바빴도다.

相別時多相面少 상별시다 상면소(하니)
陽臺雲雨惱襄王 양대운우 뇌양왕(이라)

서로 이별할 적은 많은데, 서로 만날 기회는 적으니,
양대(남녀 즐기는 곳)에 즐거움이 高唐의 襄王을 고민케 하네.

최는 듣고 "비록 좋기는 하나, 이보다 더 좋은 시가 있다"고 읊는다.

立馬江頭別故遲 입마강두 별고지(하니)
生憎楊柳最長枝 생증양류 최장지(라)

강 어구에 말 세우고 이별 짐짓 늦추며,
야속함이 꺾어준 버드나무 긴 가지에서 나도다.

佳人緣薄含新態 가인(은) 연박 함신태(하고)
蕩子情多問後期 탕자(는) 정다 문후기(라)

고운님과 인연이 얕음에, 새로운 자태를 머금고,
방탕한 손은 정이 많아, 뒷 약속을 묻는다네.

桃李落來寒食節 도리(는) 낙래 한식절(하고)
鷓鴣飛去夕陽時 자고(는) 비거 석양시(라)

복숭아꽃 오야꽃, 한식절에 떨어지고,
자고새는 부질없이 석양빛에 날아가네.

草長南浦春波活 초장남포 춘파활(하니)
欲採蘋花有日思 욕채빈화 유일사(라)

풀이 무성한 남포에 봄 물결 세차니,
날마다 가래꽃 캐고자 생각하고 있다네.

이렇게 읊자, 계월은

"시가 노(魯)나라, 위(衛)나라 이후로, 깨끗한 맛은 있으나, 역시 사람

을 감동시키지는 못한다.” 하고, 柳모에게 읊으라 하니, 柳모는

“나는 본래 글이 짧아 좋은 글을 알지 못하고, 다만 구멍 뚫는 재주만 있을 뿐이다” 하니, 계월이 웃기만 하고 대답하지 않았다. 최모가 말하기를

“오늘은 다른 재주는 필요 없고 시를 알아야 한다.” 하니, 金모가 또 잘 아는 체, 또 읊었다.

秋宵易曙莫言長 추소이서(니) 막언장(하고)
促向燈前解繡裳 촉향등전 해수상(하라)

가을밤은 쉽게 새거니, 길다 말하지 말고,
빨리 등불을 향해 가서 비단 치마를 벗으라.

獨眼未開睛吐氣 독안(은) 미개 정토기(하고)
兩胸自合汗生香 양흉(은 자합 한생향(이라)

외눈이는 열지도 않아서 벌써 눈에 정기를 토해 내고,
두 가슴은 저절로 합해져서 땀에도 향기가 나도다.

脚如螻蟈波飜急 각여루괵 파번급(이요)
腰似蜻蜓點水忙 요사청정 점수망(이라)

다리는 땅강아지, 개구리처럼 어치락뒤치락 급하고,
허리는 물방아잠자리처럼 방아 찧기에 바쁘도다.

强健向來心自負 강건향래 심자부(하야)
愛根深淺問娘娘 애근심천(을) 문낭낭(하네)

병강쇠 같이 강건함, 딴에는 자신이 있어,
거시기 깊은지 옅은지를 낭자에게 물어보네.

읊기를 마침에 계월이 칭찬하였다. 柳모가 말하기를

“이 시가 좀 낫기는 하나 족히 괄목할 것이 못 된다. 계월이 자네가 운(韻)을 부르라 내가 지으리라” 하니, 계월이 운을 부르고, 유모는 지었다.

探春豪士氣昻然 탐춘호사(가) 기앙연(하여)
翡翠衾中有好緣 비취금중(에) 유호연(이라)

봄을 즐기는 호걸 선비, 의기가 양양하여,
비취금 이불 속에서 좋은 인연을 만났도다.

撑去玉臂兩脚屹 탱거옥비(하니) 양각헐(이요)
貫來丹穴單絃圓 관래단혈(하니) 단현원(이라)

옥 같은 흰 팔뚝을 괴며, 두 다리 높이 들고,
붉은 구멍 뚫으니, 한 줄이었던 선(線)이 둥글게 되도다.

初看嬌眼迷如霧 초간교안 미여무(하고)
漸覺長天小似錢 점각장천 소사전(이라)

처음엔 교태롭던 눈빛이 안개처럼 희미해지고,
넓은 하늘이던 것이 점점 돈짝만 하게 작아 보이네.

這裏若論滋味別 저리(에) 약론자미별(이면)
一宵高價値千金 일소고가(가) 치천금(이라)

여기에서 만약 특별한 재미를 논한다면,
하룻밤 그 가치는 천금보다 높으리.

하고 지어 읊었다. 계월이 평하기를 “이 시는 호운(呼韻)에 응하여 지어도 방사(房事)의 정태(情態)를 잘 묘사했으니, 시어가 극진하고 호기가 건장하다. 범재(凡才)가 아니라면 어찌 이렇게 할 수 있으리오. 원컨대

고명(高名)을 듣고자 합니다." 하니, 류는 "나는 류모이노라." 하였다. 계월은 "귀공의 명성은 익히 많이 들었사온대 이런 누추한 곳에서 뵈니, 영광이옵니다. 돈으로 친다면 어찌 천금만 되오리까?" 하였다. 이어 김, 최 두 사람에게도 술을 권하며 "그대들의 시는 술 한 잔의 가치에 불과합니다." 하였다. 두 사람은 시무룩하게 물러날 수밖에 없었다.

260 늙은 新郎과 어린 新婦

옛날에 72세의 노인이 16세 처녀와 결혼하였다. 노인신랑은 첫날밤 다음과 같은 시를 썼다.

二八佳人九八郎 이팔가인(과) 구팔랑(은)
蕭蕭白髮對紅顔 소소백발(이) 대홍안(이라)

이팔청춘의 아름다운 신부와 72세 신랑은,
쓸쓸한 백발노인이 홍안 소녀를 대하도다.

忽然一夜春風起 홀연일야(에) 춘풍기(하야)
吹送梨花壓海棠 취송이화 압해당(이라)

홀연히 하루 저녁에 봄바람 일어,
배꽃을 불어 보내어 해당화를 누르네.

261 詩讖

옛날에 한 사람이 친구의 집을 방문하고 돌아와서, 자기 아들에게 말하였다.

"오늘 내 친구의 집에 갔더니, 그 집 아이가 너와 동갑인데, 글을 참 잘 지었더라." 하고, 다음과 같이 불러주었다.

烽火疎星落 봉화(는) 소성락(이요)
鐘聲老龍吟 종성(은) 노룡음(이라)
봉화는 성근 별이 떨어지는 것이고,
종소리는 늙은 용이 신음하는 것이다.

"이것이야말로 재동(才童)의 시가 아니냐?" 하니, 그 아들은

"이 시는 불길합니다." 하였다. 그러자 아버지는

"무엇이 불길하다는 거냐?" 하니, 아들이 말하기를

"성근 별이 떨어진다는 것은 곧 죽을 징조요, 늙은 용이 신음한다는 것은 그 아버지가 병들겠다는 징조입니다." 하였다. 그러자 그 아버지는

"그렇다면, 너라면 어떻게 짓겠니?" 하니, 아들은

烽火千里信 봉화(는) 천리신(이요)
鐘聲萬人定 종성(은) 만인정(이라)
봉화는 천리의 신호이고,
종소리는 만인의 동작을 정하도다.

서울에서 저녁종을 인정(人定)이라 불렀다. 아들이 이렇게 짓자, 그 아버지는 그 아들을 기특히 여겼고, 그 친구 집 아이는 과연 일찍 죽었고, 그러자 그 아버지는 화병이 나서 신음하게 되었다 한다. 예부터 시를 보고 그 사람의 운명을 점칠 수 있다 했는데, 시가 활달하면 행운이 오고, 곤궁하면 그의 운명도 그같이 된다하였다. 자기가 좋아하는 노래

또한 그렇다 하니 무엇이든지 좋은 것을 선택할 일이다.

262 시로써 정을 통하다

옛날 장복년(張復年)이란 자의 처 손씨(孫氏)가 젊었을 때 병으로 인하여 주묵(周默)이란 의사에게 병을 치료하게 되었는데, 주묵은 손씨의 너무 아름다운 모습에 매료되어 사모하다가 드디어 시를 써 보냈다.

> 五十衰翁二十妻 오십쇠옹(에) 이십처(는)
> 目昏髮白已頭低 목혼발백 이두저(라)
>
> 오십 세 늙은이에 이십 세 아내는,
> 눈은 어둡고, 머리는 희고, 고개는 땅으로 숙어드네.
>
> 絳帷深處休論議 강유심처(는) 휴논의(하라)
> 天外青鸞伴木鷄 천외청란(이) 반목계(라)
>
> 비단 장막 깊은 곳은 그 정황은 논하지 말라,
> 하늘 밖 푸른 난새가 나무로 만든 닭을 짝한 것과 같으리니.

아마 손씨는 늙은 남편과 살았던 모양이다. 주묵은 이걸 알고 눈독을 들여 연애시를 보낸 것이다. 이어 손씨에게서 답이 왔다.

> 雨集枯池時暫綠 우집고지 시점록(하니)
> 藤籠古木一番新 등롱고목 일번신(이라)
>
> 마른 못에 비가 모이어, 그 때 잠시만 푸르렀고,
> 등나무로 둘러싸인 고목은 한 번만 새로웠도다.

如今更說眼前景 여금(에) 갱설안전경(하니)
粧點亭臺隨分春 장점정대(에) 수분춘(이라)

이제 다시 눈앞에 좋은 경치를 말하니,
봄 단장하는 누대에서 그대를 따라 봄을 나누리.

그리하여 손씨는 장복년이 죽으매, 주묵에게로 가서 살았다 한다. 남편이 죽은 다음에 시를 주고받는 것은 가하지만, 죽기도 전에 유부녀를 유혹하였고 여인도 예의 있는 태도로 임하지 않았으니 옳다고 볼 수 없다.

263 奇人 李平凉

이평량(李平凉)이란 자는 어디에서 사는, 무엇을 하는 사람인지 아는 사람이 아무도 없었다. 다만 그가 항상 평량자(平凉子: 패랭이)를 쓰고 다녔기 때문에 사람들은 그렇게 불렀다. 그 사람됨이 보통 사람과는 달라서 화식(火食)도 하지 않고, 항상 주과(酒果)만 먹으며, 꿀과 잣을 더욱 좋아하였다.

또 사람을 만나도 한훤(寒暄)의 인사도 없고, 그저 연기처럼, 구름처럼 왔다 사라지곤 하였다. 그러다가 동편이든 서편이든 바둑 소리만 들리면, 알고 모르고를 따지지 않고 체면 없이 들어가, 많이 이기지도 않고, 그저 몇 집만 이기곤 했는데, 비록 국수(國手)를 만나도 항상 그러하였다.

집에 돌아갈 때는 꼭 바둑에서 딴 돈으로 주과(酒果)를 가득 사가지고 돌아갔다. 또 시를 잘 읊고 다녔는데, 사람들에게 늘 옥온산휘(玉蘊山輝)의 편(篇)을 즐겨 들려주었기에, 그 글로 세상에 전하였다.

그는 '노기(老妓)'에 대하여 다음과 같이 읊었다.

一片殘花畵閣東 일편잔화 화각동(하니)
幾回經雨又經風 기회 경우 우경풍(고)

한 조각 시든 꽃이 화각 동편에 있으니,
비 맞고, 바람 맞기를 몇 번이나 했던고?

遊蜂戱蝶無消息 유봉희접 무소식(하니)
虛送光陰寂寞中 허송광음 적막중(이라)

놀던 벌, 희롱하던 나비들이 이젠 아무 소식도 없으니,
적막한 가운데 세월만 헛되이 보내고 있구려.

그는 또, 백로(白鷺)에 대하여 읊은 시가 다음과 같다.

軒軒人立夕陽時 헌헌인입 석양시(하니)
芳草淸砂倦睡宜 방초청사 권수의(라)

헌헌대장부인 양, 석양 무렵에 우뚝 서 있으니,
맑은 모래에 꽃다운 풀, 권태로움에 졸음이 오네.

意到忽然飜雪去 의도 홀연번설거(하니)
靑山影裏更誰期 청산영리(에) 갱수기(오)

마음이 내키면, 홀연히 눈을 뒤치듯 가버리니,
푸른 산 으슥한 속에서 누구와 약속을 했는고.

또, 그의 "우음(偶吟)" 시를 보면 굉장한 수준이다.

白髮愁同約 백발(이) 수동약(하야)
愁來白髮多 수래 백발다(라)

백발이 근심과 서로 약속하더니,

근심이 오니, 백발도 많아지누나.

還家愁可已 환가 수가이(나)
其奈白髮何 기내 백발하(오)

집에 돌아오면 근심은 그만이지만,
그 백발은 어쩔 것인고?

이런 시는 거의 성당(盛唐)의 시에도 대항하기를 불사(不辭)하는 정도라 하였다. 아마도 그는 도가류(道家類)의 사람이 아니었던지?

264 기생의 부탁으로 시를 짓다

영남 사람 중에서 여(呂)씨 성을 가진 사람이 명경과(明經科)에 합격하여 호서아사(湖西亞使)가 되었는데, 하루는 부여(扶餘) 백마강에 와서 기생들과 뱃놀이를 하다가 기생들에게 물었다.

"산하가 참 아름답구나. 낙화암은 왜 낙화암이라 하는가?" 하니, 기생이

"소기(小妓)가 듣자옵기로는, 백제 의자왕이 궁녀와 같이 백마강에서 놀다가 당나라 군사가 침입하자, 궁녀들이 쫓기어 가다가 낙화암에서 떨어져 죽어서 그렇게 부른다 합니다. 아사께서는 여지껏 그것도 모르고 계셨습니까?" 하니, 아사 왈

"사서삼경(四書三經)이나, 사략, 통감(史略, 通鑑)은 다 외고 있지만, 우리 동국의 역사에 대하여는 잘 모르노라." 하였다. 그러니 기생이

"이렇게 특별한 지역에 오시면, 예부터 부시(賦詩)가 없지 않거늘, 아사께서는 어찌 시 한 수가 없아옵니까?" 하니, 아사는 기생에게 부끄러워

한나절을 생각하여 겨우 절구를 만들어 큰 소리로 읊었는데,

憶昔曾遊地 억석 증유지(하니)
淫佚國雖亡 음일 국수망(이라)

일찍이 옛 놀던 곳을 생각하니(의자왕의),
음탕하여 나라가 비록 (드디어) 망하게 되었구나.

江山如此好 강산(이) 여차호(하니)
無罪義慈王 무죄의자왕(이라)

강산이 이처럼 아름다우니,
의자왕은 아무 죄가 없도다.

시를 잘 썼는데도 기생들이 웃었다. 왜냐하면, '國雖亡'의 '雖'자는 '遂'로 써야 하는데, 아사가 잘못 써서 기생들이 비웃었던 것이다. 이것은 글자에만 착오가 났을 뿐, 아사의 위 시는 5언절구로서 잘 지은 시라고 할 수 있다.

265 詩人의 字癖

옛날에 윤결(尹潔)이란 시인이 있었다. 그런데 소년시절부터 병에 한 번도 걸려본 적이 없어서 시에 병(病)자를 쓸 수 없음이 한스러웠다. 그러다가, 어느 날 갑자기 독감에 걸려 이불 속에서 추워서 벌벌 떨면서,

"야, 이제는 내 시에도 '병'자(病字)가 들어갈 수 있게 되었구나." 하고 좋아하니, 듣는 이들이 웃었다. 당시 사람이 평하기를

"꽃을 말하거나, 수풀을 말할 때는 백발(白髮)이란 단어가 들어가는 것

을 꺼리는 것이지만, 그러나 일반적으로 시에 들어가면 청신(淸新)한 맛이 있어, 그런대로 괜찮다. 그리고 부귀(富貴)는 세상 사람들이 다 좋아하는 것이지만, 시에 부귀란 어휘를 자주 쓰면 비루(鄙陋)하다" 하니. 일리가 있다 하겠다. 이 사람은 '病'자가 들어가는 게 그렇게도 좋았던 모양이다.

두시(杜詩)에 "학려삼추수가인(瘧癘三秋誰可忍: 학질 3년을 누가 견딜 수 있으리"라고 한 것은 두보가 고통스러워한 바인데, 윤결은 병에 걸린 것을 즐거워하니, 시벽(詩癖)이 너무 지나치다 하겠다.

또 윤결은 아마도 다음 두보의 '강촌(江村)'시를 무척 좋아하였을 것이다.

> 多病所須唯藥物 다병(에) 소수(는) 유약물(인데)
> 微身此外更何求 미신차외(에) 갱하구(아)
>
> 병이 많음에 필요한 것은 오직 약물뿐인데,
> 이 보잘것없는 몸, 이밖에 또 무엇을 구하리.

그런데 어린 시절 시를 처음 배울 때, 한국에서는 당시(唐詩) 5언을 읽는데, 첫 구 '馬上逢寒食, 途中屬暮春'은 분위기가 밝지만, 다음 낙구(落句)에 가서는 '可憐江浦望, 不見洛橋人'이 분위기가 매우 애상적이다. 이렇게 분위기를 쓸쓸하게 도입해 놓고, 다음 시는 같은 송지문(宋之問)의 시로서, 친구 두심언을 이별하는 '別杜審言'으로 이어진다.

> 臥病人事絶 와병(에) 인사절(하니)
> 嗟君萬里行 차군 만리행(이라)
>
> 병들어 누웠음에 인사를 할 수 없으니,
> 아! 애석하다. 그대는 만 리 길을 가누나.

河橋不相送 하교(에) 불상송(하니)
江樹遠含情 강수 원함정(이라)

강 다리에 나아가 보내주지 못하니
강가에 나무마저 멀리 애달픈 정을 머금누나.

필자는 어렸을 때 이 시가 매우 쓸쓸하고 애상적으로 느껴져 '시란 이렇게 쓸쓸하고 서글픈 것이로구나.' 하였는데, 윤결도 아마 어릴 때부터 익힌 이 시상이 굳어져서 "臥病에 人事絶" 때문에 '병(病)'자를 동경하게 되었는지도 모를 일이다.

266 두견이의 명칭

옛날 어느 마을에서 세 명의 여인이 모여서 이야기를 하였다. 한 여인이 말하기를

"우리들이 길쌈에 바쁘다가 오늘에야 좀 한가한 시간을 얻었으니, 오늘 우리 연구(聯句)나 하나씩 하자" 하니, 두 여인도 좋다 하였다. 마침 뒷산에 두견새가 울어 그 새소리로 시를 짓자고 하였다.

한 여인네가 먼저 불렀다.

禽言恨蜀小 금언한촉소

새가 촉나라 작은 것을 한스러워하네.

다른 여인들이 "왜 그러나?" 하고 물으니, 그녀의 대답이 "옛날 촉(蜀)나라가 망한 것은 나라가 작기 때문으로, 그 왕이 한이 되어 죽어서 두견새가 되어, 밤에 그렇게 슬피 운다." 하였다. 그래서 중국인들은 두견

이 '촉소, 촉소' 하고 운다 하였다.

다음 한 여인이 말하기를

"유식해서 좋긴 하지만, 시란 자기의 뜻을 말함인데(詩言志), 하필 중국고사를 인용할 필요가 있나?" 하고는,

禽言恨鼎小 금언한정소

새가 솥이 적은 것을 한스러워하네.

곧 자기 집에는 솥이 작(적)으므로, 먹을 것이 없어서 두견이 '솥적' '솥적' 하고 운다 하였다. 그래서 한국 사람들은 소쩍새가 울면 흉년이 든다 하였고, 반대로 어떤 이는 솥이 적을 정도로 풍년이 든다 하였다.

또 한 여인은 "나도 내 뜻을 말하겠소." 하면서

禽言恨陽小 금언한양소

새가 양물(陽物)이 적다고 한스러워하네.

곧 자기의 남편은 그것이 너무 작아서, 저 새는 '×소' '×소' 하고 운다고 하였다. 모두 자기의 처지에서 들었던 것이다.

267 奇自獻의 피난생활

기자헌의 자는 사정(士靖), 호는 만전(晩全)이니, 선조, 광해군 때 사람이다. 그는 영의정까지 지내면서 항상 바르게 살았고, 당파에 휩쓸리지 않았다. 자기의 목숨을 걸고 억울한 사람을 구했으며, 의리와 염치를 알아 처신하였는데, 그에게는 그것이 오히려 억울한 죽음을 가져오게 하였다. 죽은 후에 곧바로 신원(伸寃)이 되기는 했지만…

기자헌이 귀양살이할 때, 오성(鰲城)이 가보니, 아주 좁은 방에서 처첩(妻妾)이 같이 지낸다 하여, 오성이 집에 돌아와 시를 보내어 놀렸다.

不寒不熱二月天 불한불열 이월천(에)
一妻一妾正堪憐 일처일첩(이) 정감련(이라)

춥지도 덥지도 않은 2월 달에,
한 아내와 한 첩이 참으로 가여워라.

鴛鴦枕上三頭竝 원앙침상(엔) 삼두병(이요)
翡翠衾中六臂連 비취금중(엔) 육비련(이라)

원앙을 수놓은 베개에는 세 머리가 나란하고,
비취 이불 속에는 여섯 개 팔뚝이 이어졌겠네.

開口笑時渾似品 개구소시(엔) 혼사품(이요)
側身臥處恰如川 측신와처(엔) 흡여천(이라)

입을 벌려 웃을 때에는 합하면 品자가 되고,
몸을 옆으로 누워있는 곳에는 흡사 '내천 자'일세.

西邊未了東邊事 서변(을) 미료(하고) 동변사(러니)
更向西邊打一拳 갱향서변(타가) 타일권(이라)

서쪽의 일을 다 끝내지도 않고, 동쪽 일을 하더니,
다시 서쪽으로 향하다가 한 주먹 얻어맞도다.

낙구는 오성다운 상상의 음담이다. 오성이 가는 곳에는 음담이 있었다. 이 시를 받아본 기자헌은 웃으면서, "아주 묘사를 잘했군." 하였다. 기자헌, 그는 정정당당하게 정의적인 처지에서 일을 잘 처리하였으나 억울하게도 이괄의 역모에 가담했다고 무고되어 애석한 죽음을 당하였다.

268 너그러우신 성종대왕

이모(李某)라는 정승이 정승직에서 퇴직하고, 체아직(遞兒職: 대기발령)인 중추부사(中樞府事)도 그만 두고 낙향하려 하자, 성종은 인정전(仁政殿)에 불러 잔치를 베풀어 주셨다.

그는 술이 만취하자, 양물(陽物)을 꺼내들고, 그것으로 기생들의 얼굴을 돌려가며 툭툭 때렸다. 좌우에 신하들이 모두 경악(驚愕)을 금치 못했는데, 상감께서는 일부러 못 본 척하고 불문에 붙였다.

이정승이 고향으로 출발한 다음에, 사헌부(司憲府)에서 상소함으로 하여, 부득이 조정의 권위를 위하여서라도 죄를 주지 않을 수 없었다. 그때 이정승이 스스로 시 한 수를 지어 읊었다.

仁政殿中醉不知 인정전중(에) 취불지(하야)
戱將柑子打佳兒 희장감자(로) 타가아(라)

인정전에서 취하여, 아무것도 알지 못하여,
장난으로 그것을 가지고 아름다운 아이들을 때렸다네.

一朝忽被霜臺駁 일조(에) 홀피상대박(하니)
千里江南半道歸 천리강남(에) 반도귀(라)

갑자기 하루아침에 사헌부의 논박을 받으니,
천리 강남 고향으로 반쯤은 돌아온 때일레.

모두가 듣고는 지엄하신 임금님 앞에서 있을 수 없는 일이라 하였다. 그러나 대왕께서는 아무 말씀이 없어 호지부지해 버리고 말았다.

269 사랑하면 무엇이든지 아름다운 것을…

신모(申某)라는 벼슬아치가 한 기생에게 빠져서 음일(淫佚)이 고질병이 되었다. 그래서 친척과 친구들이 책망했는데, 신의 말이

"나도 조심하여 맹세코 가까이하지 않으려하나, 그 자태를 보게 되면, 너무나 아름답고 황홀하고, 털을 불어 흠집을 찾으려 해도 전혀 없소이다." 하였다. 이 말을 들은 한 친구가

"그렇다면, 그녀의 추한 면을 보면 되네. 변소에 같이 가서 그 광경을 보면 될 게 아닌가?" 하였다. 그러자 신이 대답해 말하기를

"난 이미 다 경험하였다네. 그녀가 변소에 가 앉은 것을 보면, 공작이 오운(五雲)을 타고 맑은 골짜기를 들어가는 것 같고, 치마를 걷고 둔부를 허옇게 드러낼 때는 얼음바퀴가 채색구름 사이로 굴러가는 것 같고, 그 구슬덩이를 방출하는 것을 보면, 용이 붉은 입술을 열고 구슬을 토해내는 것 같고, 방귀 소리를 들으면 꾀꼬리가 수풀에서 갖가지 소리로 노래하는 것 같고, 오줌 누는 것을 보면, 노랑 장미가 어지러이 떨어지는 것 같으면서, 모란꽃이 흐드러지게 무르익은 것 같으니, 변소에서 추함을 찾기란 서시(西施)에게 찡그리라 하는 것과 같은 것이오, 그녀의 귀여움만 더할 뿐이네. 낸들 어찌 하겠나." 하였다. 그의 친구는 듣고 크게 웃고는 시를 지어 읊었다.

美人生白媚 미인(이) 생백미(하니)
遺臭是流芳 유취(도) 시류방(이라)

미인이 아름다이 아양을 떠니,
안 좋은 냄새도 꽃답게만 여기네.

豈獨王花辱 기독왕화욕(이며)
薔薇亦可傷 장미도 역가상(가)

어찌 왕화(모란)를 욕되게 하고,
장미까지도 또한 다치게 하는가.

하였다. 이렇게 왕후장상도 치마폭에만 싸이면 헤어나지를 못하니.

270 신부 자신이 신랑을 간택하다

옛날 민촌(民村)에 총명하고 예쁘고 글 잘하는 처녀가 있었는데, 혼기가 되자 훌륭한 신랑을 맞으려고 대모집을 하니, 며칠 후 사방에서 신랑감들이 다투어 신청하여, 규수의 아버지는 그 심사에 들어갔는데 신청한 총각들의 상황은 이러하였다.

첫 번째로 글 잘하는 문장가 총각이었다. 그 지역에서는 제1인자였다.

두 번째는 무예에 능한 사람이었다. 모두 장수의 재목이라 하였다.

세 번째는 큰 부자였는데, 유산이 누거만(累巨萬)이라 하였다.

네 번째는 양도(陽道)가 좋아서 주머니를 만들어 종유석을 가득 넣고, 그의 귀두에 그것을 매달아도 그대로 매달린 채 힘이 뻗친다고 하였다.

그 규수의 아버지는 심사를 끝낸 후 그 판결을 내리지 못하고 있자, 딸이 직접 나섰다. 머리를 숙이고 시를 지어 고시(告示)하였다.

文章自古堪招禍 문장(은) 자고(로) 감초화(하고)
武士由來戰死亡 무사(는) 유래(로) 전사망(이라)

문장가는 예로부터 화를 부르기에 쉽고,
무사는 자고로 전장에 나가 죽는도다.

堤下良田應水損 제하(에) 양전(도) 응수손(이나)
石囊懸頭我心當 석낭현두(는) 아심당(이라)

언덕 밑에 좋은 토지도 홍수에 의해 손실을 보나,
돌주머니를 매달은 그것은 내 마음에 합당하도다.

하고는 처녀는 네 번째 응시자에 낙점을 찍었던 것이다.

271 報恩의 輓章

원(元)나라가 망할 무렵, 도망하여 고려로 망명한 당성(唐誠)이란 자는 고려 벼슬이 제법 달관(達官)에 이르렀었다. 당시에 왜구가 개경 승천부(開京昇天府)에 침범한 일이 있었는데, 주장(主將)인 양백연(楊伯淵)이 군율을 어겨 죽음을 당하고, 그 막료 성석린(成石磷)도 연좌되었다.

이 때 당성이 분연히 나서서 말하기를

"성석린의 죄는 군율에 의하면 연좌되지 않는다."고 주장하였다. 그러나 도통(都統)인 최영(崔瑩)이 사형에 처하려 하니, 당성이 노하여 말하기를

"도통이 군율보다 먼저인가? 아니면, 군율이 도통보다 먼저인가? 도통이 자기 마음대로 군율을 무시함은 왜 그러한가?" 하니, 도통인 최영 장군은 당성의 주장을 받아들여 성석린의 죽음을 면하게 해 주었다.

뒤에 당성이 죽으니, 성석린이 만시(輓詩)를 썼다.

學書文理兩精詳 학서문리 양정상(하니)
有益東韓孰可方 유익동한 숙가방(고)

글을 배워, 학문과 사리가 둘 다 정하고 자세하니,
우리 동국을 유익하게 함에 누가 그를 당하리오.

都統律文先後言 도통율문 선후언(은)
生當欲報死難忘 생당욕보 사난망(이라)
도통의 율문에 대하여 변설한 앞뒤의 말은,
살아서는 당연히 갚아야 하고, 죽어서도 잊지 못하리.

타국에서 귀화하여 그 책무를 다하여 간언한 당성도 훌륭하고, 생명의 은인을 잊지 않은 성석린도 또한 갸륵하다.

272 中庸의 도를 지킬 줄 알아야

벼슬아치 중에 성씨가 함(咸)씨인 자가 있었는데, 이는 평생 자기 잘난 멋에 살았다. 권귀(權貴)를 보거나 말할 때면, "권귀, 그놈들이 사람이야!" 하기 일쑤였다. 직장에 가서 일을 처리할 때도 권귀들의 일에 대하여는 시비를 거꾸로 적용시켜 권귀를 욕되게 만들거나 깎아 내리기에 열을 올리니, 벼슬도 현달하지 못하고 죽었다.

사람들은 그를 일러 "얼음을 지고 얼어 죽었다." 하였다.

또 김(金)의 성을 가진 벼슬아치가 있었는데, 품성이 너무 아첨을 좋아하여 권문세로(權門世路)에 줄을 대고, 거기에 쫓아다니느라 겨를이 없었는데, 조금도 부끄러워할 줄 몰랐다. 그리하여 임기가 만료될 때에는 토산물을 가득 싣고 좋은 자리를 구하느라 정신이 없더니, 얼마 안 되어 사고로 횡사(橫死)하고 말았다. 사람들은 "너무 뜨거워 데어 죽었다" 하였다.

그리하여 어떤 사람이 시로써 조롱하였다.

火鼠秋蟲不思議 화서추충(이) 불사의(하니)
人間寒熱性偏堪 인간한열(이) 성편감(이라)

불에 뛰어드는 쥐나 가을벌레는 불가사의한 데가 있으니,
인간 체질의 춥고 더운 성품도 편벽되이 같지 않다네.

閻羅用得平和劑 염라(가) 용득평화제(라면)
殺却炎金補冷咸 쇄각염김 보냉함(이라)

염라대왕이 공평하게 중화시키는 약을 썼더라면,
뜨거운 쇠(김씨)를 녹이지 않고, 찬 함씨를 보하였으리.

273 釋王寺의 유래

무학대사(舞鶴大師)가 안변(安邊)의 설봉산 밑 토굴에서 살았기 때문에 호를 설봉(雪峰)이라 했다. 태조 이성계가 왕이 되기 전에 그를 방문해서 말하기를

"나는 꿈에 다 허물어지는 집에 들어가 서까래 3개를 등에 졌소이다. 이 무슨 징조요?" 하니, 무학대사가 말하기를

"감축하옵니다. 등에 서까래 3개를 졌다면 이는 왕자(王字)입니다." 하였다. 태조가 또 묻기를,

"그리고 꽃이 떨어지고 거울이 깨졌습니다. 이 또한 무슨 징조요?" 하니, 무학이 대답하기를

"꽃잎이 날리니 반드시 열매가 있을 것이요, 거울이 깨졌으니 어찌 소리가 없겠습니까?" 하였다. 태조는 기뻐하며 그 자리에 절을 세우고, 이

름을 '王'자를 풀이했다 하여 석왕사(釋王寺)라 하였다. 태조의 친필이 있었는데, 병란에 없어지고 각판(刻版)만이 남아있다. 서산대사(西山大師)가 산수기(山水記)를 쓸 때, 이 일을 잘 기록하였다. 또 좋은 배나무가 있어 해마다 대궐에 배를 진상하였고, 배나무 옆에 있는 건물을 이화당(梨花堂)이라 하였다. 또 자연폭포가 30여 개나 있어 아주 절경이다.

지봉 이수광(芝峰, 李睟光)은 다음과 같이 시를 썼다.

泉舂水碓雷千杵 천용수확 뇌천저(하니)
月照梨花雪一庭 월조이화 설일정(이라)

샘물이 방아확에 쏟아지고, 우레가 천만 번 절구질하며,
달은 이화당에 비추는데, 눈은 한 마당에 그득하네.

274 꿈은 해석을 잘 해야

구비시화는 같은 한 내용이 비슷하게 변형되어 전하기 때문에 시의 내용은 같지만 이야기 내용은 다른 것이 많다.

옛날 3명의 선비가 과거하러 가다가, 각각 꿈을 꾸고는 해몽을 위하여 해몽가의 집을 찾아 들어갔는데, 마침 점치는 이가 출타중이고 그 집의 어린 아들이 있었다. 이 아이가, 자기 아버지는 언제 돌아올지 모르니, 자기가 아버지 대신 점을 봐 주겠다 하였다. 세 사람은 길은 바쁘고 하여 아이에게 꿈의 내용을 일러주었다.

첫 번째 사람은 "방문 바깥쪽 문미 위에 매달아 놓은, 쑥대로 만든 벽사(辟邪)의 인형을 보았다" 했고,

두 번째 사람은 "꽃이 떨어지는 광경을 보았다"고, 했으며,

세 번째 사람은 "거울이 깨지는 것을 보았다"고 했다. 이 아이는 이 꿈이 모두 흉몽이니, 과거에 붙지 못할 것이라 했다. 그리하여 일어서려는 차에 아이 아버지가 돌아왔다. 아이가 있었던 일을 모두 고하니, 아버지는 아들을 야단치면서 다음과 같이 해몽하여 주었다.

艾俑人所望 애용(은) 인소망(이요)
花落應有實 화락 응유실(이요)
鏡破豈無聲 경파 기무성(가)

쑥대인형은 사람들이 모두 쳐다보고,
꽃이 지면 응당 열매가 맺힐 것이요,
거울이 깨지는데 어찌 소리가 없겠는가?

라고 해석하였다. 쑥대인형은 높이 매달아 놓았으므로 사람들이 모두 쳐다 보게 되어있다. 점쟁이는 말하기를 "당신들은 모두 급제할 꿈이니 걱정 마시오." 하더니, 모두 그의 말과 같이 과거에 급제하였다 한다.

275 죽은 許曄의 통곡

허엽의 자는 태휘(太輝), 호는 초당(草堂)이다. 그는 문과에 급제하고 대사헌까지 지냈으나, 아들 허균(許筠)이 역모로 죽음을 당하자, 죽은 허엽까지도 시체를 톱으로 자르는 데까지 이르렀다.

한번은 심대부(沈大孚)가 밤에 허엽의 묘를 지나다가 묘에서 울음소리가 들려 그 마을 사람에게 물었더니,

"허엽이 부관참시(剖棺斬屍)를 당하고부터는 밤마다 울음소리가 들립니다." 하였다.

심대부는 그 얘기를 듣고는 돌 위에 시를 썼다.

不肖寧無子 불초(는) 영무자(니)
空山白骨寒 공산(에) 백골한(이라)

못난 자식보다는 차라리 없는 게 나아,
빈 산에 백골마저 싸늘하구나.

精靈休夜哭 정령(은) 휴야곡(하라)
金鋺亦人間 금원(도) 역인간(을)

맑은 영혼이여, 밤에 울지를 마오,
땅 속 혼령도 역시 인간인 것을…

자식이 너무 잘나도 문제였다. 허균은 큰 불효를 하였지만, 요사이 역사학을 하는 이들이 그의 뜻이 장하였음을 알아주니 다행이라 하겠다.

276 蘭雪軒은 중국인이 그 시집을 만들다

난설헌은 허봉(許篈)의 누이이고, 김성립(金誠立)의 아내로서 조선시대 전무후무한 여류시인인데 그만 일찍 죽고 말았다. 그의 시집이 세상에 나돌지만, 금슬이 화합하지 못했으므로 원망하는 내용이 많다.

그의 채련곡(採蓮曲)에는

秋淨長湖碧玉流 추정장호(에) 벽옥류(하니)
荷花深處擊蘭舟 하화심처(에) 격란주(라)

가을 맑은 긴 호수엔 푸른 구슬이 흐르는 듯,

연꽃 깊은 곳에서 난초로 장식한 배를 장단 치네.

逢郎隔水投蓮子 봉랑격수 투련자(라가)
遙被人知半日羞 요피인지 반일수(라)

강을 사이에 두고 낭군을 만나 연꽃을 던지다가,
멀리 보는 사람에게 들켜 한나절이나 부끄러웠다네.

중국인이 시집을 만들어, 위 시가 「耳談」이란 중국시집에 들어있다. 김성립이 결혼한 후 강사(江舍)에서 독서할 때 난설헌이 아래와 같이 시를 부쳐주었다.

燕掠斜簷兩兩飛 연략사첨양양비(한데)
落花搖亂撲羅衣 낙화(는) 요란박라의(라)

제비는 처마를 빗겨 가르며 쌍쌍이 나는데,
떨어지는 꽃은 요란히도 비단 옷을 때리네.

洞房極目傷春意 동방(에) 극목상춘의(하야)
草綠江南人未歸 초록강남 인미귀(라)

동방에 눈을 흘겨, 사랑의 뜻을 상하게 해서,
풀은 강남에 푸른데 사람은 돌아오지 않네,

위의 두 작품에서 위의 것은 유탕한 데 가깝고 아래의 것은 부부불화를 썼기 때문에 문집에 실리지 않았다 한다. 「난설헌집」 중에서 봉선화염지가(鳳仙花染指歌)는 전적으로 중국인의 "불경화성류야월(拂鏡火星流夜月), 화미홍우과춘산(畵眉紅雨過春山)"에서 좀 변화시킨 것이다. 또 "유선사(遊仙詞)" 중에 2편과 기타 악부(樂府), 궁사(宮詞) 등은 고시를 표절했다 한다.

참의 홍경신(參議 洪慶臣)과 정랑 허적(正郎 許擿)은 서로 척(戚)이 되는데 항상 말하기를, 허난설헌의 작품 2, 3편을 제외하고는 모두 위작(僞作)이라 하였다. 그녀가 지었다는 "백옥루상량문(白玉樓上樑文)도 그의 작품이 아니고 허균과 이재(李再)가 같이 찬한 것이라 한다.

277 肅川令의 아내도 詩를 잘하다

숙천(肅川) 영(令)을 지낸 왕실종친이 있었다. 그의 아내가 시를 잘했는데, 젊었을 때 '비(雨)'에 대하여 다음과 같이 읊었다.

玉索連簷直 옥색(은) 연첨직(이요)
銀鈴落地圓 은령(은) 낙지원(이라)

옥 실은 처마에 곧게 연 이었고
은방울은 땅에 동그라미로 지네.

또 선조 때, 왕의 행차를 관람하고는 다음과 같이 썼다. 아마 선조가 금방 즉위하였던 모양이다.

天中新日月 천중(엔) 신일월(이요)
輦下舊臣民 연하(엔) 구신민(이라)

하늘엔 새로운 해와 달이요,
왕의 수레 밑에는 옛 신민이로세.

278 神人의 도움으로 장원급제한 金安老

김안로의 자는 이숙(頤叔)이고, 호는 보락당(保樂堂)이다. 연산군 때 장원급제하였다. 그가 젊은 시절 관동지방을 유람한 일이 있었는데, 신인(神人)이 나타나 시를 읊었다.

春融禹迹山川外 춘융우적 산천외(요)
樂奏虞廷鳥獸間 악주우정 조수간(이라)

봄은 우(禹) 임금 천하의, 산천 밖에까지 무르익었고,
음악은 순(舜) 임금 조정의, 금수(禽獸) 사이에서도 연주된다.

신인은 이렇게 외면서 "이 글이 네가 후에 출세할 글이니라." 하였다. 다음 해에 과거시험장에 들어가니, 연산군은 과거 제목을

春日梨園子弟沈香亭畔閱樂譜 춘일 이원자제 침향정반 열악보
봄날에 이원의 자제들이 침향정 물가에서 악보를 보다

이렇게 내걸고 운자에는 "間"자도 있었다.

김안로는 전에 신인에게서 얻은 시가 여기에 합치된다고 생각하고 그 시구를 넣어 글을 지어 제출하였다. 그러자 수석 시관 강혼(姜渾)이 칭찬하며 장원으로 뽑았다.

모재 김안국(慕齋 金安國)도 시관으로 참여했는데, 이 글을 보고 다음과 같이 말했다.

"이 시는 귀신의 글이지 사람이 지은 것이 아니다." 하고 김안로에게 자기 스스로 지었느냐고 물었다. 김안로는 솔직히 대답하였다. 그러나 모제는 신인에게서 얻었다 하여 조금도 김안로를 낮추어 보지 않았는데, 모

두들 모재선생의 글 보는 안목을 칭탄하였다.

279 삼대가 글 잘하던 崔致雲

최치운의 자는 백경(伯卿), 호는 조은(釣隱)이다. 태종 때 이조참의로 중국에 갔다가 사신의 임무를 충실히 수행하고 돌아와 조정으로부터 전답과 노비를 하사받자, 사양하고 돌아와 아내에게 말했다.

"임금님이 하사하시는 전답과 노비를 사양하니, 이렇게 기분이 좋소."

하니, 아내는

"임금님의 하사도 안 받고 오시니, 복도 지지리 없구려." 하였다.

그는 술이 항상 과하여 세종께서 어찰로 경계한 것을 벽에다 붙여놓고 근신하였건만, 항상 취하여 돌아와 벽을 보고는 죄스러워 머리를 땅에다 박곤 하였다. 그의 아들 최응현(崔應賢)은 호가 수재(睡齋)로 문과에 급제하고 대사헌을 지냈는데, 다음과 같은 시를 썼다.

塵間榮辱幾番春 진간영욕(이) 기번춘(고)
案牘堆邊白髮新 안독퇴변(에) 백발신(이라)
속세의 영욕을 그 몇 해나 겪었던가?
서류 쌓인 책상 가에는 백발이 새롭구나.

半夜慣性林下計 반야 관성임하계(는)
明朝又作未歸人 명조(면) 우작미귀인(을)
밤중에 습관적으로 항상 하는 귀향의 계획은
이튿날 아침이 되면 또 귀향하지 못하는 사람이 돼 있는 것을…

응현의 아들 수성(壽成)은 기묘명현(己卯名賢)의 한 사람이었다.

280 김시습의 自畵像

서거정(徐居正)이 김시습에게 '강태공이 낚시하는 그림'을 주고 시를 부탁하니, 김시습은 다음과 같이 써 주었다.

風雨蕭蕭拂釣磯 풍우(가) 소소불조기(하니)
渭川魚鳥識忘機 위천어조(가) 식망기(라)

비바람 쓸쓸히 낚시터를 적시는데,
위천에서 낚시하며 세상을 잊은 줄 알았더니.

如何老作鷹揚將 여하 노작응양장(하야)
空使夷齊餓採薇 공사이제(로) 아채미(아)

어찌하여 늘그막에 선봉장이 되어서
공연히 백이숙제로 하여금 고사리를 뜯게 했던가?

이 시를 돌려받은 서거정은 그저 아무 말이 없었다 한다. 그는 여섯 왕조를 무난히 섬긴 사람이다.

세조가 내전에 법회를 마련하고 김시습을 청하였는데, 새벽에 몰래 도망하였다. 사람을 시켜 뒤따르자, 하수도에 들어가 얼굴만 내밀고 멀뚱멀뚱 바라보았다.

그는 47세에 머리를 기르고, 결혼을 하였다. 어쩌다 소송을 하면 관가에 들어가 괴변을 늘어놔서 이겨 놓고는 그 서류를 다 찢어버렸다 한다. 한번은 아이들과 어울려 장난치며 놀다가 영의정 정창손(鄭昌孫)이 지나

가자, 큰 소리로 들으라고,

"저놈이 빨리 벼슬을 그만 두어야 하는데…" 하였다.

이러한 김시습과 사귀던 이들은, 자기에게 화가 미칠까 상대를 하지 않았는데, 끝까지 우정을 변치 않은 이는 이정은(李貞恩), 남효원(南孝溫), 안응세(安應世), 홍유손(洪裕孫) 등이었다.

아내가 죽자, 다시 머리를 깎고 중이 되었고, 59세에 자화상 밑에 다음과 같이 찬(贊)을 써넣고 하늘로 올라간 후, 돌아오지 않았다.

爾形至藐 이형(이) 지묘(하고)
爾言至侗 이언(이) 지동(하니)
宜爾置之溝壑之中 의이치지구학지중(이로다).

네 모양은 너무나 작고
네 말은 너무 둔하도다.
너는 마땅히 구렁텅이에 밀어 넣어야 한다.

281 約婚女의 죽음에 쓴 輓詞

두 남녀는 결혼식을 며칠 앞두고, 그만 신부가 돌아오지 못 할 길을 영원히 가고 말았다. 어떤 이가 이 슬픈 사연을 못내 잊고 넘길 수가 없어 시로써 옮긴 것이다.

只結其緣未結愛 지결기연 미결애(하니)
逢何晚也別何催 봉하만야 별하최(오)

다만 그 인연만 맺었지, 사랑은 맺지도 못했으니,
만나기는 이렇게 늦게 하고, 이별은 어찌 이리도 촉급한가?

窓前細雨姸桃落 창전세우(에) 연도락(이요)
簾外秋風雁獨來 염외추풍(에) 안독래(라)

창 앞, 보슬비에 어여쁜 복숭아는 떨어졌고,
문발 밖, 가을바람에 기러기는 홀로 왔다네.

祭酒斟酬婚日釀 제주(는) 짐수혼일양(이요)
殮衣導用嫁時裁 염의(는) 도용가시재(라)

제주(祭酒)는 혼인 잔치하려고 빚은 술로 부었고,
수의는 시집갈 때 입으려고 만든 옷을 썼도다.

廚庭散從問妻母 주정(에) 산종문처모(하니)
答曰吾兒兼德才 답왈 오아(는) 겸덕재(라)

부엌이며 뜰, 그녀의 발자취를 걸어보며 장모에게 물으니,
우리 딸아이는 재주와 덕이 겸비했다 말하네.

이시는 전국 어디에서나 다들 잘 알고 있는 구비시다. 인생이 태어나 짝도 찾지 못하고 죽는 것이 가장 불행으로 여겼기에, 이 시가 널리 펴져 있는 것 같다.

282 어느 과수댁의 斷指

옛날 어떤 과부가 밤에 이웃집 남정네의 방에 들어갔다가 그만 거절당하고는 집에 돌아와 손가락 한 마디를 잘라 처마 끝에 달아매 두었다. 자기의 행동을 부끄러이 생각하고 교훈으로 삼기 위한 것이었다.

세월이 흘러 그 여인네의 아들이 커서 과거에 응시하게 되었는데, 공

교롭게도 그 이웃집의 그 남정네가 과거장의 시관(試官)이 되었다. 그 과부는 생각하기를

“부정한 여인네의 자식이라, 실력이 충분해도 낙방시키리라.”생각하고 아들에게, 다음과 같은 시를 지어, 그 잘린 손가락의 뼈와 함께 시관에게 바치라고 하였다.

數十年前指一斷 수십년전(에) 지일단(하야)
簷端枯骨曬風酸 첨단고골(이) 쇄풍산(이라)

몇 십 년 전에 손가락 하나를 잘라서,
처마 끝에 말라빠진 뼈가 햇볕과 바람에 가슴 아팠다네.

禮官觀此仍還我 예관(은) 관차잉환아(하라)
生者留堂死者看 생자유당 사자간(이라)

시관은 이를 보고 그대로 나에게 돌려주시오.
산 나는 집에 두어 교훈 삼고, 죽은 남편에게는 보이려 하오.

아들은 이 시의 뜻을 모르지만, 시관이 이 글을 보자, 전에 이웃집 과부가 밤에 몰래 찾아와서 통사정을 했지만, 자기가 거절하여 돌려보낸 일을 쓴 것임을 알았다. 그리고 그 자식임을 익히 아는지라. 그 응시한 글을 보니 좀 부족한 듯하지만, 과거에 합격시켜 주었다한다.

283 이등박문 지은 글에 이완용이 和讚하다

일제강점기에 총독 이등박문이 일본 명치(明治)의 66회 생일을 축하하기 위하여 시를 썼다.

正逢六十六年春 정봉육십 육년춘(하니)
王業兼年又日新 왕업겸년 우일신(이라)

바로 육십육 년째의 봄을 맞이하니,
왕업이 해를 겸하고, 또 날로 새로워라.

一視同仁聖王德 일시동인 성왕덕(이니)
單待恩露洽韓民 단대은로 흡한민(이라)

조선과 일본을 똑같이 자애로이 여김은 성왕의 덕이거니,
다만 한민(韓民)을 흡족히 하는 은혜를 기다릴 뿐입니다.

하니, 이완용은 아첨하는 기회를 놓칠세라, 다음과 같이 지었다.

上苑春光入 상원(에) 춘광입(하니)
中園花青開 중원(에) 화청개(라)

임금의 동산에 봄빛이 드니,
백성의 동산에도 꽃과 풀이 피었도다.

惟餘幽經草 유여(는) 유경초(인데)
尚待日光催 상대일광최(라)

오직 남은 것은 구석에 민초들인데,
아직도 햇빛이 더 비침을 기다린다.

그런데 당시 사람들은 이 '青'자를 파자하면, 12월, 아니면 3월이 된다고 해석하여 한일합방을 3월이나 12월에 하자고 아첨을 하는 것으로 풀이된다고 하였다.

284 소년 이성계를 지키는 산신령

태조 이성계가 소년이었을 때, 길을 가다가 해는 저물었는데 계속 무인지경을 만났다. 계속 걷고 있노라니 멀리 대궐 같은 큰 집이 나타났다. 달려가서 대문으로 들어가려고 할 때, 마당을 쓸고 있던 하인이 소년 이성계에게로 마당을 쓸어 흙먼지를 덮어씌웠지만, 소년 이성계는 하인을 야단치면서 대문 안으로 펄쩍 뛰어 들어갔다.

들어서자마자 고루거각(高樓巨閣)의 위를 바라보니, 한 젊은 여인네가 바느질을 하고 있었다. 창문 가까이 가서 들여다보니 절세미인의 처녀였다. 사람이 들어가도 거들떠보지도 않고 하여, 발(簾)을 걷으며 상체를 내밀었으나, 그대로 침선에만 열중하였다. 그리하여 발(足)을 방에 들여놓아도 처녀는 꼼짝도 않고, 자기의 일만 하고 있을 뿐이었다. 소년 이성계는 처녀의 옆에 바싹 다가가서

"나 여기에까지 들어왔소" 하고 말했으나, 처녀는 여전히 요지부동이었다. 그러니 소년은 기다릴 수밖에 없었다. 처녀는 자기가 하던 일을 다 마치더니, 일감을 차곡차곡 정리해 놓고는 소년을 보고 말했다.

"여기는 어떻게 들어오셨나요? 들어오실 때 하인이 그냥 들여보냅디까?" 하여, 자기는 하루 밤 유하려는 얘기와 하인을 야단치고 왔노라 말했다. 그러자 처녀는

"들어오실 때, 기둥에 쓴 주련(柱聯)을 보지 못했소?" 하였다. 소년은

"하인이 쓰레기를 뿌리는 바람에 기둥도 볼 여유가 없었소" 하니, 처녀는

"그러면 다시 가서 그 글을 보고 오시오. 그리고 그 글에 짝을 채워야 여기에서 하룻밤을 유할 수가 있소" 하였다. 소년은 다시 가서 대문기둥에 써 붙인 글을 보니,

後園楊柳無風動 후원양류(는) 무풍동(이라)

뒷동산에 버드나무는 바람도 불지 않는데 움직이누나.

이렇게 되어 있었다. 처녀에게로 가니, 이글의 짝을 채우라고 재촉을 하였다. 그러나 소년 이성계는 당장 그 자리에서 짝을 짓지 못하자, 처녀는 소년을 밖으로 쫓아버렸다. 소년이 한 마장쯤 걸었을까? 갑자기 시상이 떠올라 다음과 같은 안짝 글귀를 지었다.

鳳凰坐枝飛去後 봉황(이) 좌지 비거후(에)

봉황이 나뭇가지에 앉았다가 날아간 뒤에,

하고 안짝을 채운 것이다. 그런데 멀리서 웬 사람이 백마를 타고 그 집으로 향하여 달려가고 있었다. 소년 이성계이지만 저 백마를 탄 남자에게 그 처녀를 빼앗길 수 없다고 생각하고 대문까지 달려왔을 때, 그 사람의 화살은 벌써 처녀를 겨누고 있었다. 불꽃이 일고 연기가 이는 순간, 소년은 정신을 차려 보니, 대궐 같던 큰 집도, 사람도 모두 없고, 다만 바위 밑에 늙은 여우 한 마리가 화살에 맞아 죽었을 뿐이었다.

그 백마를 탄 사람은 소년 이성계를 향하여 말하기를

"나는 이 산의 신령이다. 앞으로 그대는 항상 여인을 조심하여라." 하고는 어디로 갔는지 찾을 수가 없었다.

285 지혜로운 남편, 지혜로운 아내

고부간에 갈등은 인류 처음부터 있었던 일일 것이다. 고부뿐 아니라,

여성들은 동서 간에도 역시 그러한 면이 있다.

또 여성뿐 아니라 남자들도 동서끼리 경쟁관계가 아닐까? 일반사회에서도 물종동류 유혐오(物從同類類嫌惡: 끼리끼리 어울리지만, 그 속에서는 서로 혐오한다)란 말이 있듯이, 어울리는 것은 동류끼리 같이 어울리지만, 속으로는 서로 시기하고 질투하고 경쟁하고 싫어하는 관계에 있다. 사람들이 모두 그러한 것은 아니지만 대개는 그러한 경우가 많다, 그러나 남자는 장인과 사위 사이는 그렇지 않다.

사람이 시기, 질투, 경쟁의식이 있는 것은 남성과 여성의 성이 달라서 그러한 것이 아니고, 환경에 따라 차이가 있다. 곧 날마다 같이 생활하며 항상 부딪치느냐 아니냐에 따라 다를 것이다. 장인과 사위는 옛날 남존여비 시대에 자기의 딸을 괄시하지 말라고 장인은 사위에게 항상 잘 대해주는 점도 있었겠지만, 사위가 잘 되어야 딸도 잘 되는 공동운명의 관계이기 때문일 것이다.

옛날 어떤 남편이 집을 떠나 몇 개월간 타관에 있다가 돌아와야 하는데, 아무리 생각해도 자기의 아내가 심성이 음흉하고 포악한 위인이라, 자기의 어머니를 어떻게 할 지 걱정이 되었다. 그래서 그 남편은 집을 떠나면서 긴 칼을 숫돌에 갈아 토란의 잎과 대궁을 모조리 잘라버렸다. 그러자 아내는 물었다.

"여보, 그 토란은 왜 모조리 잘라요?" 하니, 남편은

"이건 조금 먹으면 괜찮지만, 많이 먹으면 사람이 뚱뚱 부어서 죽을 수도 있는 독이 들어 있다오" 하고는 길을 떠나갔다. 그 말을 들은 아내는 그 후 날마다 시어머니에게 이 토란을 캐서 대접하였다. 국으로 끓여 드리고, 쪄서 드리고, 구어서 드리고, 열심히 토란만 대접하니, 정말 살이 뚱뚱하게 쪄서 며느리는 부황이 나서 부은 줄만 알았다. 그래서

磨刀老母肥 마도(하니) 노모비(요)
칼을 가니, 늙은 어미는 살찌고

하는 시구가 생겨났다.

또 이런 얘기도 있다. 옛날 어느 집에서는 고부간에 사이가 매우 안 좋았다. 아침에 눈이 떨어지면서부터 잘 때까지 서로 미워하고 시기하고 질투하며 부딪쳤다. 정말로 한 지붕 밑에서 같이 숨 쉬고 살고 있다는 자체가 기적일 정도였다. 하루는 남편이 보다 못하여 꾀를 내어 아내에게 말했다.

"여보, 나는 오늘 시내에 나갔다가 정말로 이상한 광경을 보았어." 하니, 아내는

"뭘 봤는데?" 하였다. 그래서 남편이 말했다.

"글쎄 말이야, 어떤 사람들인지 길가에 서서 살찐 안노인을 비싼 값으로 사겠다는 거야. 우리도 어머니를 살찌게 해서 팔까?" 하였다.

이 말을 들은 아내는 들은 척도 않고 아무 말도 없이 나가버렸다. 그도 그럴 것이 너무나 엄청난 얘기를 들었는데, 무엇에 쓰려고 사며, 값은 얼마며 하고 궁금하여 관심을 가지고 묻는다면, 가뜩이나 고부간에 갈등이 심한 자기가 오해받을 수 있기 때문이었을 것이다. 그날 그렇게 지나가는 말로 끝났고, 그 후로는 아내나 남편이나 거기에 대한 얘기는 전혀 없었다.

그런데 그 다음날부터 며느리가 시어머니에게 대하는 태도가 완전히 달라졌다. 무슨 말이던 순종하고, 시장에 나가 고기와 맛있는 것도 사다가 대접하였다. 시어머니는 며느리가 뜻밖에 그토록 대접을 잘하고 고분고분하니 며느리가 그렇게 귀여울 수가 없었다. 그리고 이제까지 해온 자기의 행동을 후회하였다. 며느리가 힘든 일을 하면

"애야 그 힘든 것은 내가 하마. 너는 좀 쉬어라." 하고, 며느리를 잘 도와주고 애기도 잘 봐주며 며느리를 매우 아꼈다. 시어머니는 이웃사람만 만나면 며느리 칭찬에 입이 말랐다.

이렇게 몇 개월이 지나자, 이 집 고부는 정말로 정이 들어서 어느 집의 고부간보다 못하지 않게 아껴 주었다. 시어머니는 마음이 편하여 살이 찌고 얼굴에는 언제나 화색이 돌았다. 뿐만 아니라 며느리도 마음이 안정되고 행복해하였다. 하루는 남편이 아내에게

"여보, 우리 어머니 인젠 살이 많이 쪘으니 팔아도 되겠네." 하니, 아내는 펄쩍 뛰면서

"당신 지금 제 정신이에요? 죄받으려고…" 하며 홀짝 나가버렸다.

이 남편이야말로 참으로 슬기로운 사나이였다. 고부간에 싸우면 대개는 남편이 어머니 편을 들어 아내를 야단치고 윽박지르는데, 그렇게 함으로써 고부간의 갈등은 점점 심화되고 그 앙금을 제거하지 못한 체 마는 수가 많았다. 그러나 이 남편은 하나의 재미있는 속임수를 썼지만, 인간의 원초적인 본능을 이용하여 어려운 가정을 화목한 방향으로 이끌었다.

이 일화가 인간관계에 있어 어찌 고부간에만 해당되랴! 누구에게든지 자기가 조금만 양보하면 그 앙금을 제거할 수 있는 것이다. 그래서 나는 위의 얘기를 욕매비모고부화(欲賣肥母姑婦和)라고 하겠다.

친형제간의 갈등은 왜 생기는가?

또 어떤 집에서는 두 형제가 살았는데, 형제간에 우애가 너무 없었다. 형이 문제였는데, 항상 술이 생겨도, 떡이 생겨도 동생에게는 주지 않고, 다른 친구들과 나누어 먹고 즐겼다. 그래서 그 부인이 아랫동서를 불러서로 상의하여 좋은 꾀를 생각해 냈다. 곧 돼지를 잡아 삶아놓고는 남편

이 출타했다 돌아오자,

"여보, 어찌하면 좋아요? 글쎄 내가 그만… 당신이 없는 사이, 동내 아무개가 와서 나에게 치근덕거리기에 어떻게 방어한다는 게 그만 실수로 그를 죽이고 말았소. 이 일을 어떡해요? 그 시체를 내가 가마니에 넣어 묶어 놓았으니, 당신과 가장 친한 친구인 아무개와 같이 가서 산에다 묻고 오세요." 하였다. 남편은 어쩔 도리 없이 아내가 시키는 대로 가마니를 지고 친구 집을 찾아가서 사실을 말했더니, 친구는 얼굴빛을 바꾸고 나가라고 하며 대문을 닫아버렸다.

남편이 겁먹은 얼굴로 가마니를 지고 되돌아오자, 아내가 이번에는 동생에게 부탁해 보라 했다. 남편은 또 아내가 시키는 대로 가마니를 지고 동생네 집을 찾아가서 같은 말을 하니, 동생은 놀라며

"어쩌다 형수가 그런 실수를 했소? 누가 보니까 가마니를 우선 우리 집에 숨겨 두었다가 밤이 되거든 같이 가서 묻읍시다." 하고 가마니를 받아 자기 집에 숨겼다. 형은 날이 어두우면 다시 오기로 하고, 자기 집으로 돌아왔다. 아내는 그 말을 듣고는 다행이라고 좋아했다.

남편이 방에 들어오니, 밥상에는 술 주전자가 놓여 있었다. 그리고 아내는 동생 내외도 오라고 청하여 형제 내외가 함께 앉았다. 아내는

"미안해요. 저 때문에 당신을 고생시켜서. 큰일을 하시려면 술을 드셔야지요. 안주가 없네. 거 가마니에서 안주 좀 가지고 오시구려." 하니, 남편은 얼굴이 사색이 되어

"당신 지금 농담이 입에서 나와." 하고 야단을 쳤다. 아내는

"어, 동서 자내가 가서 그 가마니 속에 고기 좀 베어와." 하니, 동서는

"예" 하며 웃으며 일어섰다. 제수가 고기를 가져오자 남자들은 더욱 놀랐다. 아내는 태연자약하게 술과 고기를 남자들에게 권하며, 남편에게

"여보, 당신은 친구가 아무리 좋아도 자기 동생만 합디까?" 하니, 남편

도 뭘 알아차렸던지, 네 사람은 함께 크게 웃었다. 그래서

殺猪兄弟和 살저(하니) 형제화(라)

돼지를 잡으매 형제가 화목하도다.

하는 시구가 생겨났다.

286 龜峰 宋翼弼의 시

송익필의 자는 운장(雲長)이고, 구봉은 그의 호이다. 서출이라 하여 벼슬길에 나가지는 못했지만, 증직(贈職)을 받고 시호까지 받은, 조선시대 큰 인물이었다. 이율곡(李栗谷), 우계 성혼(牛溪 成渾)과 교제하였고, 성리학과 예학에 뛰어났으며, 문학으로는 당대 거물인 이산해(李山海), 최경창(崔慶昌), 백광홍(白光弘), 최립(崔岦) 등과 교제하였고, 제자로는 문묘배향 된, 사계 김장생(沙溪 金長生), 신독재 김집(愼獨齋 金集) 부자 등을 비롯한 여러 명현들이 있다.

송구봉에게는 다음과 같은 일화가 있다. 당시에 벼슬도 높고 학덕도 높은 한 사람이 항상 송구봉과 교유하였다. 그러자 그 아우가

"형님은 왜 그 천한 사람과 날마다 그렇게 친하게 어울리십니까?" 하고 책망하니, 형은 "그렇다면 자네도 딱 하루만 그와 같이 놀아보게나." 하여, 아우는 마음에 내키지는 않았지만, 형의 권유인지라 거역하지 못하고 송구봉을 찾아가서 단 하루 낮을 놀다 왔다. 아우가 돌아오자마자 형은 물었다.

"그래 오늘 노는 동안에 구봉과 무슨 말을 나누었는가?" 하니, 아우는

"하루 종일 서로 아무 말도 없었고, 해 질 무렵에 제가 집에 간다고 하니까, 구봉이 하는 말이 '자내 요새 쌀값이 얼마인지 아는가?' 하고 묻기에, 저는 그저 모른다고만 대답하였습니다." 하였다. 형은

"자내 그 게 무슨 뜻인지 아는가?" 하니, 아우는

"그게 그저 쌀값을 묻는 것이지, 무슨 다른 뜻이 있겠습니까?" 하니, 형이 하는 말이

"구봉은 자내가 왜 왔는지, 자내의 속을 훤히 들여다보고 있다가, 자내는 쌀이나 축내는, 밥이나 먹고 똥이나 싸는 인물밖에는 못 된다는 뜻으로 한 말일세." 하였다 한다.

아래 구봉의 시는 달에 비유하여 인생을 달관하였다.

未圓常恨就圓遲 미원(엔) 상한취원지(터니)
圓後如何易就虧 원후(엔) 여하(로) 이취휴(아)

둥글기 전에는 항상 더디게 둥글어지는 게 한스럽더니,
둥근 뒤에는 어찌하여 그렇게도 쉬 이지러지는가?

三十夜中圓一夜 삽십야중(에) 원일야(하니)
百年心事總如斯 백년심사(도) 총여사(라)

30일 간 밤 중에서 둥근 것은 오직 하루 밤뿐,
일생의 마음도 모두 이런 것을…

그러므로 신분의 차이를 제도화했던 옛날에도 사람이 잘나면 신분에 관계없이 자기의 소신을 펼 수 있었지만, 역시 벼슬길에는 나가지 못했으니 안타까운 일이었다.

287 玄鳥玄鳥

요즘 학생들은 공부를 하기 위하여 도서관으로 간다. 또 고시를 준비하는 학생들은 학교에서 마련해준 '○○齋'나, '○○軒'으로 간다. 또 그렇지 못한 이는 개인 고시원을 찾는다. 몇 십 년 전에는 주로 조용한 절간을 찾았다. 또 시골 동리에서는 동리의 신을 모신 서낭당 조그만 집에 들어가 공부한 사람도 있었다.

옛날에도 공부하는 이들이 모두 집을 떠나 절에서 과거공부를 했었는데, 명절이 돌아오자 모두들 집으로 돌아갔다. 그런데 유독 한 사람은 너무 공부를 열심히 하려는 욕심에서 집으로 돌아가지 않고 계속 남아 공부만 하였다.

그러자 자기 집에서 독수공방 기다리던 아내에게서 편지가 왔다.

가가상실(家家桑實) - 집집마다 오되(오디)…

뽕나무 열매를 '오디'라 한다. 오디는 표준어이고, 지방에 따라 오대, 오딩애 등 이름이 많다. 편지 글의 뜻은? "집집마다 오는데…" 당신만은 왜 아니 오십니까? 하는 뜻이다. '오되'는 '오는데…'의 옛말 투다. 신랑은 그 편지를 받자마자

현조현조(玄鳥玄鳥) - 감세 감세!

하면서 사랑하는 아내에게로 돌아갔다 한다. 검을 현(玄: 감을 현)의 '감'과, 새 조(鳥: 세 조)의 '세'를 합하여 '감세'가 된다. 옛날 시골에서는 천자문을 읽을 때 天, 地, 玄, 黃을 "하늘 천, 따 지, 감을 현, 누루 황" 하

고 읽었다.

1963년 봄 육군부관학교 교수부에서는 교관들이 강의 교안을 작성하는 태풍이 일어났다. 교수부장 박 대령이 호랑이 노릇을 하면서 일반학과, 인사관리학과, 인력관리학과, 영어과 교관들에게 파쇼로 밀어붙였다. 교관들은 벌벌 떨며, 각자의 있는 지식을 총 동원하여 교안을 작성하고 찡크판 인쇄까지 하는 데 몇 개월이 걸렸다. 그리고는 교수부장 앞에서 직접 브리핑을 하고 강의 시범을 보였다.

이 '家家桑實'의 문구가 본래는 경북 출신 박 대위 입에서 나왔는데, 발표에 이용하기는, 대표 브리핑을 한 서울 출신 양 대위가 써먹었다.

당시에 교관들이 교안 작성과 브리핑 업무 때문에 밤늦도록 회의를 하곤 했는데, 양 대위는 브리핑을 마치고, 끝말에 '家家桑實'의 고사를 말하고는

"교관 여러분, 집에서는 사모님들이 '가가상실' 하시며, 찌개를 보글보글 끓여놓고 대문만 바라보고 계십니다. 여러분들은 어서 '현조현조(玄鳥玄鳥)' 하시면서 빨리 귀가하시기 바랍니다."
하였다. 원래도 능숙한 말솜씨에, 양 대위의 훌륭한 브리핑은 이 고사의 인용으로 인하여, 한층 더 빛을 발하며 여러 사람들의 박수를 받았었다.

288 西京의 어린 천재 시인들

고려 시대 초, 중기에 시인이라 하면 정지상(鄭知常)을 최고로 꼽았을 것이다. 그는 3살 때 오리를 두고 다음과 같이 시를 지었다 한다.

白毛浮綠水 백모(는) 부록수(하고)

紅掌踏靑波 홍장(으론) 답청파(라)

흰 털은 푸른 물에 떠 있고,
붉은 손바닥으로는 푸른 물결을 밟도다.

백색과 녹색, 홍색과 청색의 조화에 홍백과 청록의 대는 아이 시로서는 너무나 훌륭하다. 또 '가을'을 두고 쓴, 어릴 때 시를 보면,

庭前一葉落 정전(엔) 일엽낙(이요)
床下百蟲悲 상하(엔) 백충비(라)

뜰 앞엔 한 잎이 떨어졌고,
상 밑에는 많은 곤충이 울도다.

대가 너무도 정확하다. 또한 이런 시도 있다.

聲摧山竹裂 성최산죽렬(이요)
血染野花紅 혈염야화홍(이라)

소리는 산대를 꺾어 찢어지고,
피는 들꽃을 물들여 붉도다.

위 시는 물론 성인이 되어서 쓴 것이리라. 또한 정지상과 같은 시대에 변지익(卞之益)이란 자가 있었는데, 그는 7세에 대동강의 물결을 보고 다음과 같은 시를 썼다.

何人投綠筆 하인(이) 투록필(하야)
乙字寫江波 을자(로) 사강파(아)

어떤 사람이 푸른 붓을 던져
'새 을'자로 파도에 쓰고 있는가.

위 시는 중국 사신이 온 앞에서 변지익이 쓴 것이라 한다. 그는 또 10세에 다음의 시를 지었다 한다.

月作都元帥 월작도원수(요)
星爲百萬兵 성위백만병(이라)

달로 도원수를 삼고
별로 백만 군대를 만들다.

使風行號令 사풍행호령(하야)
一掃陣雲平 일소진운평(을)

바람으로 하여금 호령하게 하여,
진운을 싹 쓰러 평정했으면…

또 이시항(李時恒)이란 12세 된 소년은 아래와 같이 연애시를 썼다.

白紵白如雲 백저(가) 백여운(한데)
青娥手裏巾 청아 수리건(이라)

흰 구름 같은 새하얀 모시로,
청아한 아가씨의 손수건을 만들다.

年年南浦別 년년 남포별(할제)
拭淚送情人 식루 송정인(이라)

해마다 남포에서 이별할 때,
고운님 보내며 눈물을 닦네.

조선 광해조에 박엽(朴燁)이 평안도관찰사로 있을 때, 기생 초운에게 글을 짓게 한 것은 앞에서 말하였다. 박엽이 하루는 어린 기생 소백주(小

栢舟)와 함께 장기를 두다가 경기가 끝난 다음 "장기를 가지고 시조를 써 보라." 하니, 소백주는

상공(相公)을 뵈온 후로 사사(事事)를 믿사옵니다.
졸직(拙直)한 마음에 병(病)들까 염려터니
이리마 저리차하야 백년 동포(同抱) 하리라.

이렇게 서슴치 않고 내참에 불렀다. 相公은 상(象), 事事는 사(士), 拙直은 졸(卒), 病은 병(兵), '이리마'의 '마'는 마(馬), '저리차'의 '차'는 차(車), 同抱(같이 껴안음)의 '抱'는 장기의 포(包)를 뜻한다. 소백주의 즉흥적인 재치에 박엽은 감탄하였던 것이다.

289 고려 詩客들의 풍류

고려 후기 이규보(李奎報)의 시를 보면,

絳葩春艷艷 강화(는) 춘염염(이요)
朱實夏團團 주실(은) 하단단(이라)

빨강 꽃은 봄에 곱디곱고,
붉은 열매는 여름에 동글동글하다.

다음은 그의 어둡고 외로운 시를 하나 더 소개하면

蹇驢影裏碧山暮 건려영리(에) 벽산모(하고)
斷雁聲中江樹秋 단안성중(에) 강수추(라)

절룩거리는 나귀의 그림자 속에 푸른 산은 저물고,
끊어지는 기러기 소리엔 강가에 나무는 가을이라네.

獨雁何歸天杳杳 독안하귀(오) 천묘묘(한데)
行人不盡路悠悠 행인(은) 부진 노유유(라)

외기러기 어디로 가나? 하늘은 아득한데,
행인은 끊임이 없고, 길은 멀고도 멀도다.

고려의 문호 이규보는 무슨 일이 있었던지, 이다지도 서글픈 시를 지었던가? 다음은 배차산(裵此山)의 연자루시(燕子樓詩)를 보면,

燕子樓前楊柳花 연자루전(에) 양류화(는)
楊柳燕子夕陽斜 양류연자(가) 석양사(라)

연자루 앞에 버드나무 꽃은,
버드나무에 제비가 어울려 석양빛이 빗겼네.

鷰蹴飛花花蹴燕 연축비화, 화축연(하니)
散入東風萬人家 산입동풍 만인가(라)

제비는 날리는 꽃을 차고, 꽃은 제비를 차며,
동풍에 흩어 나부껴 수많은 집으로 들어가네.

다음 시는 시대와 작자는 모르지만, '그네'를 두고 쓴 시가 있다.

燕子雙雙飛去態 연자(가) 쌍쌍비거태(요)
桃花點點落來形 도화(가) 점점낙래형(이라)

제비가 쌍쌍이 날아가는 모양이고,
복사꽃이 점점이 떨어지는 모습이다.

다음도 시대와 작자는 모르지만 대가 아주 묘하다.

酒雖病我三杯少 주수병아(나) 삼배소(하고)
詩欲驚人一字難 시욕경인(이면) 일자난(이라)

술이 비록 나를 병들게 하지만, 석 잔은 적고,
시가 사람을 놀라게 하려면 한 자도 어렵도다.

290 한국적인 漢詩

이 글도 김삿갓의 글이라고 하는데 확실치 않다. 김삿갓이 어느 서당에 들어갔을 때, 몽학훈장이 하도 아는 체하며 시를 짓자고 하여, 김삿갓이 그 훈장의 수준을 보고, 야유삼아 응수한 것이라 한다.

世事熊熊思 세사(는) 웅웅사(니)
非是虎虎時 비시호호시(라)
人皆弓弓去 인개궁궁거(나)
我獨矢矢來 아독시시래(로라)
心可花花守 심가화화수(니)
言何草草爲 언하초초위(리오)
君詩竹竹作 군시죽죽작(이면)
前路松松開 전로송송개(하리라)

세상일은 곰곰이 생각해야 할지니,
이는 범범히 할 때가 아니다.
사람들은 모두 활활 가지만,
나는 홀로 살살 왔노라.
마음은 꽂꽂이 지켜야 하니,
말을 어찌 풀풀히 하랴!

그대, 시를 때때로 지으면,
앞길이 솔솔 열리리라.

이름을 잘 짓거나, 호를 잘 지으면 영달한다고 한다. 어떤 사람의 호가 삼휴(三休)였고, 또는 사휴(四休)란 사람도 있었는데, 또 어떤 이는 욕심이 많아 이 삼휴와 사휴를 합하여 칠휴(七休)라고 호를 짓고 복이 오기를 기다렸으나, 별 신통한 모퉁이가 없었다. 그래서 누가 그에게 "반대로 칠불휴(七不休)라고 지으라." 했다. 그는 또 그 말대로 호를 고친 후로 벼슬길에 나가게 되었다고 좋아하였다. 그 얘기를 들은 사람이 기롱(譏弄)하여 다음과 같이 시를 썼다.

可休休日休方好 가휴휴일휴방호(요)
休不休時休亦羞 휴불휴시휴역수(라)

쉴 수 있는 휴일에 쉬는 것이 바야흐로 좋은 것인데,
쉴 수 없는 때에 쉬는 것은 또한 부끄러운 것이다.

三四休竝七休客 삼사휴병칠휴객(이)
休休今復更休休 휴휴금부갱휴휴(라)

세 번 쉬고, 네 번 쉬고 아울러 일곱 번 쉬는 이가,
쉬고 쉰 이제에 다시 쉬고 또 쉰다네.

291 宋尤庵의 謹愼시

송우암은 요즘 4상체질로 따져보면 태양체질이라는데, 정치인으로서 죽이고 죽는 일을 다 경험한 인물이지만, 역시 문묘에 배향된 분으로서

행신에 매우 근신하였음을 잘 알 수 있다.

身是吾身口是吾 신시오신구시오(하야)
行身開口總由吾 행신개구총유오(라)

몸은 물론 내 몸이고, 입 또한 내 것이어서,
행신하고 입을 엶이 모두가 나에게서 나오네.

如何將此吾身口 여하장차오신구(로)
輕動妄言反害吾 경동망언반해오(아)

어찌 하여 내 몸, 내 입을 가지고,
가벼이 움직이고 망녕되이 말하여 도리어 나를 해롭게 하리오.

그러나 우암은 고종명(考終命)을 하지 못했으니, 정권을 누가 잡느냐 하는 문제에 있어서는 위의 시만 가지고는 잘 안되었던 모양이다.

292 일본인 巡査의 한시

일제 강점기에 한 일본인 순사가 경기도 안성경찰서에 근무했는데, 출장으로 관할구역인 유동(柳洞)을 거쳐 화전리(花田里)를 다녀오면서 다음 시를 지었다.

俄聽鶯聲柳洞去 아청앵성 유동거(러니)
更有蝶舞花田來 갱유접무 화전래(라)

좀 전에는 버드나무 골에서 꾀꼬리 소리를 들으며 갔더니,
이제는 다시 꽃밭 마을에서 나비춤을 보며 오네.

하고 지었다. 지위야 미관말직의 순사였지만 동양권의 사람들은 옛날에 한문을 공부했기 때문에 모두 한시를 지을 수 있었다. 이 시는 그 지역에 따라 柳洞과 꾀꼬리, 花田里와 나비를 잘 구상하였다는 데 묘가 있다. 그래서 여러 사람들로부터 칭찬을 받았던 것이다.

293 아내를 묻고 돌아와 짓다

兒啼號母母何之 아제호모 모하지(오)
誤道靑山採菜遲 오도청산 채채지(라)

아이가 울면서 엄마를 부르며, 엄마는 어디 갔어 하니,
거짓, 산에 나물 캐러 가서 아직 안 돌아온다 말하네.

日暮兒啼人不至 일모청산(에) 인불지(하니)
更將何說慰啼兒 갱장하설(로) 위제아(아)

해는 저물고 아이는 우는데 사람은 돌아오지 않으니,
다시 무슨 말로 우는 아이를 위로하리.

어린 아이를 두고 저 세상으로 가면, 남은 아이와 가족들이 참담하지만, 간 사람도 구천에 가서 이생의 일을 안다면 남아 있는 사람보다 더 괴로울 것이다. 이것이야말로 인생사에서 있어서는 안 될 가장 슬픈 일이다.

위 시는 저물어도 돌아오지 않는, 엄마를 찾는 아이의 애원이 인생을 가장 슬프게 한다.

294 박팽년의 절명시

廟堂深處動哀絲 묘동심처(에) 동애사(하니)
萬事如今總不知 만사(가) 여금총불지(라)

묘당(삼정승이 있는 관청) 깊은 곳에 슬픈 노래 연주하니,
모든 일 이렇게 될 줄 모두가 몰랐다네.

柳綠東風吹細細 유록동풍(은) 취세세(하고)
花明春日正遲遲 화명춘일(은) 정지지(라)

버들은 푸른데 봄바람은 살랑살랑 불고,
꽃은 활짝 피었는데 봄날은 더디기만 하네.

先王大業抽金櫃 선왕대업(은) 추금궤(요)
聖主鴻恩倒玉巵 성주홍은(은) 도옥치(라)

선왕의 대업은 큰 계획을 뽑아버렸고,
성주의 커다란 은혜는 옥잔이 엎질러졌도다.

不樂胡爲長不樂 불락(이나) 호위장불락(가)
賡歌醉飽太平時 갱가취포 태평시(라)

이 즐겁지 않은 일이, 어찌 길이 즐겁지 않으랴!
노래 이어 부르며, 듬뿍 취하여 태평시를 누릴 날 오겠지.

사육신 중에 유독 박팽년만은 자손이 전하는데, 그것은 충성스런 하인이 자기의 아들과 박팽년의 아들을 바꾸어 데리고 도망쳤기 때문이다. 이 시 낙귀(落句)에서 작자의 희망처럼 그 자손은 태평성대를 누릴 수 있겠지만 그 충성스런 하인의 영혼은 어찌 달래리!

295 三教相爭을 경계하다

조선시대는 유교일색이었다. 유교가 국교이다 보니, 다른 것은 모두 이단이라 하였다. 같은 유교 계통이라도 주자학과 설이 다르면 모두 이단이었으니, 양명학 등이 그렇다.

유교는 내세관과 기도가 없고, 신을 숭상함이 없으므로 종교라고 보기엔 미흡하나, 어떤 대상을 존숭하며 인간을 교도하는 면에서는 종교가 아니라고 할 수도 없는 것이다. 요즘 기독교, 불교, 이슬람교가 세계를 3분하다시피 하지만 이 3교는 내세관이나 기도가 공통으로 있기에 서로 신자들이 왔다갔다 할 수도 있지 않을까? 그러나 유교의 사람들이 다른 종교로 갈 수 없는 것은 학문과 논리로써 접근하기 때문이다.

전통적인 동양의 3교는 유교, 불교, 도교를 말한다. 불교와 도교는 종교의 요건을 갖추고 민간 신앙에 뿌리를 박고 있었다. 유,불,도 모두가 같은 중국에서 성장되었기 때문에 유, 불, 도는 융합되어 상통되는 점이 많다. 불교도 중국에 들어와 많이 중국화 된 점이 많지만, 모두 자기 것이 더 옳다고 열을 올렸다.

三教宗風本不差 삼교종풍(이) 본불차(하니)
較非爭是亂如蛙 교비쟁시(가) 난여와(라)

유, 불, 선의 종교가 본래 차이가 없어,
옳다 그르다 비교하며 싸우고, 어지럽기가 개구리 울음 같네.

一般是性俱無礙 일반시성(이) 구무애(어니)
何釋何儒何道耶 하석하유하도야(아)

일반적으로 이 성리(性理)가 함께 걸림이 없는데,
무엇이 불교, 무엇이 유교, 무엇이 도교란 말인가?

모든 종교의 목적하는 바는 궁극적으로 같지 않은가? 자기위주요 이기 본능인 세상에 이타적인 질서와 도덕을 지켜 아름다운 공동체를 만들며 남에게 해를 주지 않고, 자기 안녕과 더불어 공동번영하자는 목적은 어느 종교나 동일한 것이다.

296 기생 楚月의 去無情 시

기생 초월은 그의 품에 많은 고관 관리며 한량들이 수없이 다녀갔다. 한결같이 사랑하네, 데려감네 해 놓고는 가면 소식이 없다. 그래서 자신이 무언가 생각하며, 하 서글퍼서 다음과 같이 읊었다.

鳥鳥花花各有名 조조화화 각유명(하고)
山山水水自分明 산산수수 자분명(이라)
새는 새, 꽃은 꽃, 모두 이름이 있고
산은 산, 물은 물, 스스로 분명하다네.

花鳥水山長若此 화조수산(이) 장약차(한데)
煙光何事去無情 연광(은) 하사(로) 거무정(고)
꽃과 새, 산과 물이 영원히 이와 같을진대,
부연 내와 반짝이는 빛은 무슨 일로 가서 이리도 무정한고.

이렇게 초월은 남정네들을 연광(烟光) 정도로 보았던 것이다.

297 기생 楚雲의 相思詩

芙蓉花發滿池紅 부용화발만지홍(하니)
人道芙蓉勝妾容 인도부용승첩용(이라)

부용꽃이 피어 못에 가득히 붉으니,
사람들은 부용꽃이 내 얼굴보다 낫다 말하네.

朝日妾從堤上過 조일(에) 첩종제상과(러니)
如何人不看芙蓉 여하 인불간부용(가)

아침나절에 내 연못 언덕을 지났는데,
어찌하여 사람들이 부용꽃은 보지도 않는고.

앞에서도 말했지만 초운은 기생으로서 언어, 행동, 가무, 시 등 모든 것이 뛰어났지만, 얼굴만은 별로여서 도백들에게 큰 인기가 없었다. 한번은 이조정랑 김유성(金有聲)이 왔다가 서로 수작이 되어 술자리를 같이 했는데, 그 때 김유성에게 상사시(相思詩)를 바친 것이 바로 이 시다. 부용은 읊기를 "사람들은 부용이 자기의 얼굴보다 예쁘다고 하면서 실제는 연못에 부용은 보지도 않으면서, 자기의 얼굴과 비교하며 타박하더라." 하고, 자기를 멸시함을 한스러워한 것이다.

298. 名技列詩

1) 上元佳節 평양 기생 竹西 作

春雪未消寒未殘 춘설(이) 미소(하고) 한미잔(한데)

詩家子弟酒盃寬 시가자제(가) 주배관(이라)

봄눈은 녹지 않고, 추위 아직 수그러지지 않았는데,
시 하는 집 자제들은 술잔이 넉넉하네.

知君此夜不須睡 지군차야(에) 불수수(는)
月上梅花共作歡 월상매화(가) 공작환(이라)

나는 그대가 오늘 저녁에 꼭 자지 못할 것을 아는 것은,
달 비치는 매화와 함께 즐거움을 같이 하겠기에.

2) **喜雨** 扶安 기생 福介 作

數點玄雲起遠峰 수점현운(이) 기원봉(하야)
漫天終日十分濃 만천종일 십분농(이라)

몇 점의 검은 구름, 먼 봉우리에서 일어나,
하늘에서 부질없이 종일토록 끼어 있더니.

須臾化作人間雨 수유(에) 화작 인간우(하니)
幸得三秋滿野農 행득삼추 야만농(이라)

삽시간에 인간을 위하여 비를 내리니,
다행히 한 가을 들판에 가득한 농사를 얻을 수 있겠네.

3) **哀別** 義州 기생. 失名氏

去去平安去 거거평안거(하소서)
長長萬里多 장장만리다(라)

가시려면 평안히 가소서.
멀고 먼 만 리 길을.

江天無夜月 강천(에) 무야월(하니)
孤叫雁聲何 고규안성하(오)

강 하늘에 저녁달은 없는데,
외로이 우는 저 기려기 소리는 어쩌리.

4) **白馬 懷古** 湖西 기생 秋香 작

晩泊皐蘭寺 만박고란사(하야)
西風獨倚樓 서풍(에) 독의루(라)

늦게 고란사에 묵으며,
가을 바람에 홀로 누에 의지하였네.

龍亡雲萬古 용망운만고(하고)
花落月千秋 화락월천추(라)

용은 없건만 구름은 옛 그대로이고,
꽃은 졌는데 달은 옛 그대로이네.

5) **廣寒樓** 南原 기생 桂月 作

乍擲金梭懶上樓 사척금사라상루(하니)
珠簾高掛桂花秋 주렴고괘계화추(라)

잠간 금북을 던지고 천천히 광한루에 오르니,
구슬발은 높이 월계수 꽃 가을에 걸렸네.

牛郎一去無消息 우랑(은) 일거무소식(하고)
烏鵲橋邊夜夜愁 오작교변(엔) 야야수(라)

견우는 한 번 가고는 소식이 없고,
오작교 가에는 밤마다 그리움만 깊었네.

6) 三君 開城 기생 桃花 작

洛東江上初逢君 낙동강상(에) 초봉군(하야)
普濟院頭更別君 보제원두(에) 갱별군(이라)

낙동강 위에 처음 그대를 만나서
보제원 머리에서 다시 그대를 이별했노라.

桃花落地紅無跡 도화낙지 홍무적(하니)
明月何時不憶君 명월하시(에) 불억군(가)

복사꽃 땅에 떨어져 붉더니 이제 자취도 없으니,
밝은 달 아래 어느 때인들 그대를 생각하지 않으리.

299 孟思誠과 朴安臣, 駙馬를 매질하다

조선시대 명재상이며, 청백리로 이름난 사람 중, 제일로 손꼽을 사람은 방촌 황희(尨村 黃喜)와 함께 고불 맹사성(古佛 孟思誠)일 것이다. 맹고불은 인침지(印沈池) 등 숱한 일화를 가지고 있다.

고불이 사헌부 대사헌(大司憲)으로 있을 때, 박안신(朴安臣: 초명은 安信)은 지평(持平)으로 있었다. 이 두 사람은 상사요 부하관계로서 의기가 서로 잘 맞았다. 하루는 박안신이 맹사성에게

"대단히 죄송하오나, 나리의 목을 저에게 맡길 수 없겠습니까?"

하였다. 태종(太宗) 당시에 조선이 처음 건국되면서 사회기강이 아직 잡히지 않아서, 난폭하고 또 권귀(權貴)에 붙어 이를 악용하는 자가 많았다.

이런 사람 중에 조대림(趙大臨)은 개국공신 조준(趙浚)의 아들이요, 상감의 부마(駙馬)로서 갖은 불의(不義)를 자행하였다. 거기에다 목인해

(睦仁海)의 반란 사건에 혐의가 있었다. 박안신은 직책상 이 점에 대하여 결심한 바가 있어 상사인 고불에게 말한 것이다. 고불은

"내 목은 벌써 상감께 맡겼는데 상감을 위해서라면 아낄 것이 뭐가 있나?" 하였다.

그 후 조대림이 대궐문에 들어오자마자, 바로 잡아다가 국문을 한다는 게 태장이 너무 혹독하였다. 그러나 조대림은 혐의가 없었다. 그리하여 고불과 박안신은 직권남용으로 투옥되고 말았다.

왕의 사위를 심하게 매질했으니, 두 사람은 중죄로 인정되어 큰 벌을 받아야만 되었다. 그때 박안신은 다음과 같이 시를 썼다.

臣職不惜罪萬死 신직(이야) 불석죄만사(나)
恐君遺殺諫臣名 공군 유살간신명(이라)

신이야 죄가 너무 무거워, 만 번 죽는다 해도 아깝지 않지만,
상감께서 간하는 신하를 죽였다는 이름을 남길까 걱정 되옵니다.

그리하여 여러 대신들이 모두 구명운동을 벌여 끝내는 용서를 받았다. 그 때, 그들을 구해준 이들은 황희(黃喜), 하륜(何崙), 권근(權近), 성석린(成石璘) 등, 명재상들이었다.

300 산골 훈장

이 시는 김삿갓이 어느 시골 서당에 들렀을 때 몽학 선생이 어찌나 거드름을 떠는지 그 꼴불견을 시로써 표현하였다.

山村訓長太多威 산촌훈장(이) 태다위(하야)
高着塵冠種唾挑 고착진관 종타도(라)

산골 훈장이 너무 위엄을 부려,
높이 먼지 쌓인 관을 쓰고, 종종 가래만 돋우네.

大讀天皇高弟子 대독천황(이) 고제자(요)
尊稱風憲好朋儔 존칭풍헌(이) 호붕주(라)

큰 소리로 사략을 읽는 것이 고작 고명한 제자요,
풍헌이라 존경을 받는 이가 가장 좋은 친구라네.

每逢兀字憑衰眼 매봉올자(면) 빙쇠안(하고)
輒到巡杯自藉鬚 첩도순배(엔) 자자수(라)

항상 어려운 자를 만나면 눈 어둡다 핑계대고,
문득 술잔이 돌아가면 스스로 수염을 쓰다듬네.

一飯黌堂生色語 일반횡당생색어(는)
今年過客華楊州 금년과객(이) 화양주(라)

밥 한 그릇 서당에서 생색내는 말은,
금년에 다녀간 손님들은 모두 서울 사람이었다고…

301 寡婦

夫葬壇前似獨事 부장단전사독사(하야)
啾啾痛怨日常聞 추추통원일상문(이라)

지아비 장사지낸 제단 앞에서 자기 혼자 일만 같아,
아픈 한으로 킥킥 우는 소리 항상 귀에 들리네.

杳盟百世餘丹嘴 묘맹백세여단췌(요)
守節三年著素裙 수절삼년착소군(이라)

백세를 누리자던 아득한 맹세, 입술에만 남아 있는데,
수절한 지 벌써 삼년, 아직 흰 치마를 입었네.

幽愁正欲江山老 유수(는) 정욕강산로(요)
別恨恒如草火焚 별한(은) 항여초화분(라)

깊은 그리움으로 정령 강산과 함께 늙으려 하는데,
이별의 한은 항상 마른 풀이 활활 타는 것 같구나.

碧瓦紅籠來去意 벽와홍롱래거의(는)
爽墟何處訪新墳 상허하처방신분(라)

큰 집 새장에 갇힌 오갈 신세는
시원한 터전 어느 곳에 새 무덤을 찾을고.

302 꾀를 내어 물건 값을 받다

옛날 어느 곳에 봉화사란 절이 있었는데, 그 절에 있는 한 스님이 종이를 만들어 그것을 팔아 사찰의 운영경비도 쓰고 생활을 영위했던 모양이었다. 그런데 한번은 그 산 밑에 사는 강씨(姜氏) 문중에서 족보를 만들면서 그 종이를 외상으로 가져다 썼다. 그런데 족보발간이 끝나 책을 다 나누어 주고도 종이 대금을 봉화사 중에게 지불할 생각도 하지 않았다. 그래서 그 스님은 계속 독려를 했지만 아무 소용이 없어, 사람들을 만나면 자기의 억울함을 하소연하곤 하였다.

하루는 그 말을 들은, 그 마을에 사는 어떤 이가 스님을 불러 말하기를 "내가 종이 대금을 받는 방도를 알려주겠으니, 다음과 같은 글을 써다

붙이라"했다.

奉和寺僧造紙 入姜氏譜紙 紙價不出 諸未十百 速速持來 봉화사승조지 입강씨보지 지가불출 제미십백 속속지래

봉화사 중이 만든 종이가 강씨네 족보 만드는 종이로 들어갔는데, 종이 값을 내지 않는다. 모두 천원도 되지 않으니, 빨리빨리 가지고 오라.

그는 스님에게, 이 글을 우선 3부를 작성하여, 강씨 문중의 도유사(都有司), 총무(總務), 그리고 재무(財務)의 집 바깥벽에 각각 붙이고, 그들이 떼어버린다면, 다음에는 그 두 배로 써서 강씨 문중에 붙이고, 그래도 떼어버린다면 그 다음에는 또 그 두 배로 써서 마을에 붙이라고 일러주었다.

위 글이 내용은 그럴싸하지만, 발음이 영 듣기 거북하였다. 이렇게 되니 결국 강씨들이 볼 때, 매우 망신스런 것이었다.

스님은 그 사람이 시키는 대로 써 붙였더니, 예상대로 강씨네 문중에서는 보고, 깜짝 놀라며 누가 볼세라 당장 떼어버렸다. 그래서 계획대로 두 배를 써 붙였더니, 또 떼어 버렸다. 그 다음은 또 그 두 배로 써 붙였더니, 강씨 문중에서는 그 스님을 불러다 종이 대금을 즉시 해결해 주었다 한다.

또 어느 마을에는 고씨(高氏) 집성촌이 있었다. 이들도 족보를 발행하였는데, 종이가 너무 많이 남아서 문중에 팔기로 하고, 다음과 같은 녹지(錄紙: 광고)를 고씨네 마을 한 복판에 써 붙였다.

光州高氏譜紙 有毛者 二十兩, 無毛者 三十兩 如何 광주고씨보지 유모자 이십량, 무모자 삼십량 여하

광주 고씨네 족보에 쓰던 종이, 부푸래기가 있는 것은 20냥, 부푸래기

가 없는 것은 30냥에 팔면 어떻겠는가?

위 글도 내용은 손색없이 썼다 해도, '족보에 쓰던 종이'는 발음이 이상하고, 또 '有毛者'는 '부푸래기가 있는 것'을 뜻하지만, '×이 있는 사람'으로 달리 해석할 수도 있다. '無毛者'는 '×이 없는 사람'이 되는 것이다. 곧 광주 고씨네 망신이 되는 것이다.

옛날에 두 친구가 등산을 하고 있었다. 전에 가보지 않던 산길이었지만, 앞서가는 사람이 몇 갈래로 나 있는 길을 잘 찾아 인도하였다. 뒤따르는 사람이 갑자기 혼자 말하였다.

"호로자식이군!" 하는 것이 아닌가? 앞서 가는 사람이 자기 뒤를 돌아보았지만, 뒤에는 친구 한 사람만 있을 뿐, 다른 사람은 아무도 없었다. 그렇다면 '자기를 두고 하는 소리가 아닌가?' 그는 무슨 영문인지 몰라서,

"자네, 지금 나한테 뭐라고 했어?" 하니, 그는 여전히

"호로자식이야." 하였다. 그는 화가 나서,

"뭐 내가 호로자식이라고. 왜?" 하고 따졌다. 그랬더니, 뒤따르던 사람이

"호로자식(好路自識), 좋은 길을 스스로 잘 알아서 간다. 이 말이야" 하였다. 그 말을 들은 앞 친구는 '허허' 하고 웃었다.

303 宣祖대왕 畵題에 서산대사 和答詩 쓰다

조선왕조 27대왕 중에서 선조가 글씨를 가장 잘 썼다더니, 묵화 또한 잘했던 모양이었다. 선조대왕이 대를 그리고 그 화제(畵題)를 다음과 같

이 쓴 것을 보면 시도 또 잘 했던 모양이다.

葉自毫末出 엽자호말출(하니)
根無地裏生 근무지리생(이라)

댓잎이 붓끝으로부터 나왔으니
뿌리는 땅속이 아니래도 생겨났네.

月來不見影 월래불견영(하고)
風動未聞聲 풍동미문성(이라)

달이 떠도 그림자를 볼 수 없고,
바람이 불어도 소리를 들을 수 없도다.

선조가 이 그림을 서산대사에게 하사하였는데, 서산은 이 그림을 받들고 임금님 계신 곳을 향하여 향을 피우고 두 번 절하며 감사하였다. 그리고 아래와 같이, 화운으로 시를 지어 임금님께 보냈던 것이다.

瀟湘一枝竹 소상일지죽(이)
聖主筆頭生 성주필두생(이라)

소상강의 한 가지 대가
상감의 붓 머리에서 나왔도다.

山僧香熱處 산승향렬처(에)
葉葉帶秋聲 엽엽대추성(이라)

이 몸(산승) 향을 피우는 곳에
잎사귀마다 가을 소리를 띠고 있도다.

대나무라 하면 한국에서도 우선 소상강(瀟湘江)의 반죽(斑竹)을 인용하는 것은 요(堯) 임금의 두 딸을 연상하여 거룩하게 함일 것이고, 왕께서 하사하셨으니 서산은 성스럽게 표현하려 하였을 것이다. 향을 피우는 것도 '焚'을 쓰지 않고 '熱'을 쓴 것은 자기의 충성심을 나타낸 것이고, 붓 끝(筆端, 筆末)이 아니고 붓 머리(筆頭)에서 나왔다함도 나랏님에게 존경을 나타낸 것이다. '댓잎이 가을 소리를 간직하고 있다'고 한 것은 가을의 계절을 표현함과 동시에 환경의 분위기를 잘 나타내고 있다.

304 栗谷선생의 金剛山 시

眼看口難言 안간구난언(하니)
漏滿纔掛一 누만재괘일(이라)

눈으론 보지만, 입으로는 말하기 어려워
많은 것 제쳐놓고, 겨우 하나만 대상으로 삼았다네.

山中所歷庵 산중소력암(을)
多少難爲科 다소난위과(라)

산 속에서 지내온 많은 암자들을
좋고 부족한 것들, 모두 등과(等科) 매기기 어려웠다네.

율곡 선생의 금강산 시라는 것만으로도 구비에 오르내릴 만한데, 5언절구로 깔끔하고 간결한 표현은 조선시대 대표학자의 시로서 특징이 충분하다. 일만이천봉 팔방구암자를 일일이 시재(詩材)로 삼아 쓸 수는 없을 것이다. 그래서 율곡은 그 많은 암자를 등급을 매길 수가 없어 겨우 한 암자를 대상으로 삼아 읊었다고 하였다.

305 林白湖, 모란봉서 장가들다

어느 봄날, 임백호는 평양구경에 나섰다. 평양에 도착하여 우선 금수산 모퉁이 을밀대에서 평양시내를 관광하고, 다시 모란봉에 올라 절벽에서 대동강을 굽어보았다. 그 곳은 다른 곳보다 상춘객이 더 많았다.

이 모란봉에 사람들이 많은 가운데에도 임백호의 눈에 유독 들어오는 것은, 평양기생 계향(桂香)이 약간의 주효(酒肴)를 준비해 가지고 와서, 준수한 한량들과 수작하는 모습이었다. 여기서 사나이 임백호는 또한 가까이 가지 않을 수 없었다.

기생 계향은 한량들에게 자기가 글을 지을 테니 대(對)를 하라면서

牧丹峯青牧丹紅 모란봉청 모란홍(이요)

모란봉은 푸른데, 모란꽃은 붉고,

하며 불렀다. 그러나 그 한량들은 술이 취하여 그런지, 시상(詩想)이 둔하여서인지 호기 늠름하던 기상은 어디가고 갑자기 조용해졌다. 그러자 취기가 좀 오른 계향은 그 좌중에서는 대를 할 자가 없음을 간파하고, 또 과감히 제의하였다.

"이 글에 대를 하시는 분에게는 제가 서방님으로 모시겠습니다." 하였다. 그러나 한량들에게는 그 조건이 더 강박관념으로 작용했던지 더욱 조용해지고, 미간을 찌푸리며 좋은 시상을 떠올리기에 바빴다. 그러나 시를 부르는 사람은 없었다. 그도 그럴 것이 '모란'이란 단어가 두 번이나 들어 있지만 실물은 다르고, 청(青)과 홍(紅)을 대하기가 쉽지 않았다. 여기에서 임백호는 내심 미소를 짓고, 조심스레 끼어들며 말했다.

"실례하오만, 지나가는 사람도 상관이 없겠소이까?" 하니, 계향은

"암요, 남정내라면 누구라도 상관하지 않겠습니다." 누구도 대를 할 수 없다는 듯이 자신 있게 말했다. 그 소리가 떨어지기 무섭게 임백호는

杜鵑花笑杜鵑啼 두견화소 두견제(라)

두견화는 웃고 있는데, 두견새는 울고 있도다.

하고 바깥짝을 의기양양하게 불렀다. 계향은 임백호를 빤히 쳐다보더니, 늠름한 기상과 호기를 보고 품에 와락 달려들어 앉기며,

"아이고, 우리 서방님!" 하였던 것이다.

❑ 詩話를 들은 장소와 제공해 주신 분들의 공부한 지역

• 忠北地域에서 들음:

李浩潤, 李達夏, 元容日, 許 詮, 朴永澤, 康翊煥, 金奎龍,

張佑根, 張基鴻, 李君心, 辛聖輯, 辛學者, 丁仁燮, 裵相浩.

赤城面書記, 堤川中學校 講師(순회강사)

(이상 丹陽 堤川 寧越 原州 지역 출신)

• 大田地域에서 들음: 池斗鎬(대전)

• 春川지역에서 들음: 金正默(황해도)

• 江陵지역에서 들음: 鄭亢教(강릉)

• 永川 陸軍副官學校에서 들음: 박수현(경북)

• 서울지역에서 들음:

金永熙(경기), 李千永(충주), 尹吉重(서울), 朴榮漢(서울), 孔在圭(호남),

白基琓(TV에서 들음)

• 檀國大學校에서 들음:

權五惇(경기, 서울) 李江魯(충남, 서울), 金鍾旭(서울), 李斗熙(청주),

李賢植(경북), 朴龍圭(경북), 金信浩(전남), 曺命根(경북),

李忠九(경기, 서울), 許鎬九(충남), 金衡浩(전남), 金侖禹(서울),

徐智源(경북)

• 民族文化推進會 國譯硏修班 第5期生들에게 들음:

趙基大(전북), 梁鴻烈(전남), 李海權(충남), 盧弘斗(경북),

• 경기지역에서 들음: 田光弘(경북)

• 중앙선 열차에서 들음: 豊基高等學校 교장이라는 분.

찾아보기

ㄴ

■ ㄷ

■ ㅇ

ㅈ

ㅌ

ㅍ

ㅎ

조선의 口碑漢詩, 口碑短文의 해설

초판 1쇄 인쇄 2007년 8월 25일 **초판 1쇄 발행** 2007년 9월 1일
지은이 이상돈 **펴낸이** 박성복 **펴낸곳** 도서출판 월인
등록번호 제6-0364호 등록일 1998. 5. 4.
주소 142-879 서울특별시 강북구 휜구름길 19-3(수유2동 252-9)
대표전화 (02) 912-5000 팩스 (02) 900-5036
e-mail worinnet@hanmail.net homepage http://www.worin.net

ISBN 978-89-8477-366-0 93810

☞ 책값은 표지에 있습니다.